·世界法学译丛·

Choice of Law and Multistate Justice
法律选择与涉外司法
（特别版）

原著：〔美〕弗里德里希·K.荣格
译者：霍政欣 徐妮娜

北京大学出版社
PEKING UNIVERSITY PRESS

北京市版权局登记号　图字:01-2006-4011
图书在版编目(CIP)数据

法律选择与涉外司法(特别版)/(美)荣格著;霍政欣,徐妮娜译.—北京:北京大学出版社,2007.12
（世界法学译丛）
ISBN 978-7-301-13135-0

Ⅰ.法… Ⅱ.①荣… ②霍… ③徐… Ⅲ.冲突法-研究-美国 Ⅳ.D997

中国版本图书馆 CIP 数据核字(2007)第 179780 号

Choice of Law and Multistate Justice（Special Edition）by Friedrich K. Juenger © 2005 by Transnational Publisher, Inc. The Chinese translation is published with the arrangement of Transnational Publisher, Inc.

书　　　　名：	法律选择与涉外司法（特别版）
著作责任者：	〔美〕弗里德里希·K.荣格　著　霍政欣　徐妮娜　译
责 任 编 辑：	王　宁　王　晶
标 准 书 号：	ISBN 978-7-301-13135-0
出 版 发 行：	北京大学出版社
地　　　　址：	北京市海淀区成府路 205 号　100871
网　　　　址：	http://www.pup.cn　电子邮箱：law@pup.pku.edu.cn
电　　　　话：	邮购部 62752015　发行部 62750672　编辑部 62752027
	出版部 62754962
印　　　　刷　者：	北京虎彩文化传播有限公司
经　　　　销　者：	新华书店
	650mm×980mm　16 开本　25 印张　323 千字
	2007 年 12 月第 1 版　2021 年 12 月第 4 次印刷
定　　　　价：	69.00 元

未经许可,不得以任何方式复制或抄袭本书之部分或全部内容。
版权所有,侵权必究
举报电话：010-62752024　电子邮箱：fd@pup.pku.edu.cn

目　录

中文版序　　　　　　　　　　　　　　　　　　*1*
再版序言　　　　　　　　　　　　　　　　　　*5*
再版前言　　　　　　　　　　　　　　　　　　*7*
原版序言　　　　　　　　　　　　　　　　　　*9*

*　　*　　*

导　论　　　　　　　　　　　　　　　　　　　*1*
第一章　历史回顾　　　　　　　　　　　　　　*8*
第二章　法律选择的经典方法　　　　　　　　　*61*
第三章　美国冲突法革命　　　　　　　　　　　*114*
第四章　传统方法与目的论　　　　　　　　　　*193*
第五章　冲突法的重新定位　　　　　　　　　　*244*
结　语　　　　　　　　　　　　　　　　　　　*296*

2　法律选择与涉外司法

* * *

荣格教授来自天堂的问候	迈考尔·泰诺	303
天才	约翰·B.奥克利	309
超越《法律选择与涉外司法》：实体法方法与追求合理管辖权	迭戈·P.费尔南德斯·阿罗约	315
法律选择中的目的论、国家利益与多元主义：深情缅怀弗里德里希·荣格	西蒙·C.西蒙尼德斯	324
弗里德里希·荣格的法律和谐观	莱昂内尔·佩雷斯尼托·卡斯特罗	336
弗里茨·荣格箴言录	詹姆斯·A.R.纳夫滋格	341
弗里德里希·荣格著作中的世界观	雅各布·多林格	348
失去一场战役，赢得一场战争：荣格对利益分析的批判	帕特里克·J.博尔歇斯	353
一位多边主义者的感言：我惭愧，我坚持	马赛厄斯·雷曼	358

* * *

索引　　　　　　　　　　　　　　　　　　　　　　　367
译后记　　　　　　　　　　　　　　　　　　　　　　378

中文版序

弗里德里希·荣格简介
——致中国读者

能为这部杰作的中文版作序,我深感荣幸。本书作者——弗里德里希·荣格是一位真正意义上的比较法与国际私法"大师"(grand master)。他洞见独到,思想深刻,著述等身;他躬亲教学,桃李满天下,为本领域作出了不可磨灭的历史贡献。弗里茨*和我交往笃深,是我最亲密、最宽爱的朋友。对此,我深以为豪。更确切地说,我不仅是他的朋友,更是他的仰慕者之一。

1930年2月18日,弗里茨生于德国。14岁那一年,在家乡遭遇的一次空袭中,他痛失父母。当时,房屋化为一片火海,他跳进了附近一个喷泉冰冷的水池中,才侥幸逃过一劫。战后,他在德国潜心学习法律,先后就读于法兰克福的J. W. 歌德大学(J. W. Goethe University)和柏林自由大学(Free University of Berlin)。随后,他以福布莱特(Fulbright)学者的身份来到美国继续深造。在密歇根大学法学院(University of Michigan Law School)取得硕士学位后,他于1960年毕业于哥伦比亚大学法学院(Columbia Law School),获法律博士学位(J. D.)。完成学业后,他就职于当时一家顶尖级国际律师事务所——贝克 & 麦克肯兹(Baker & Mckenzie)律师事务所,先后在纽约、芝加哥和马德里从事法律实务工作。1966年,他开始执教生涯,首先任教于底特律的韦恩州立大学(Wayne State

---

* 弗里茨·荣格(Fritz Juenger)是弗里德里希·荣格(Friedrich Juenger)的昵称。——译者注

University)。1975 年,他加盟加州大学戴维斯法学院(California-Davis School of Law),并在此工作,直至 2001 年 1 月 26 日逝世。在长达 35 年的执教生涯中,他不仅在课堂上教导了数以百计的学生,还指导了大量的校外学子。对于青年学者,他向来热情鼓励、提携有加,为他们开启了成功的大门。尽管弗里茨在该领域的每个方面都贵为权威,但他不吝时间,慷慨赐教,儒雅而谦和。

在从欧洲移民来美国的那一代伟大学者中——如恩斯特·拉贝尔(Ernst Rabel)、马克斯·莱因斯坦(Max Rheinstein)及阿尔伯特·艾伦茨威格(Albert Ehrenzweig),此处仅提及德裔学者——,弗里茨是最年轻的一位。他们博学多识,眼界宽广,其著述极大地丰富了美国国际私法与比较法。弗里茨通晓 5 国语言;不过,他不仅谙熟多国语言,更洞晓多种文化,是跨文化桥梁的建筑师,是一位真正的世界公民。他指摘美国国际私法,包括 1960 年代的冲突法革命漠视历史、思想狭隘,其批判可谓切中要害。通过自己的著述,包括本书,弗里茨阐明,积累历史知识以及了解其他法律文化的成就意义重大,它可以将我们从闭门造车的窠臼中解放出来。

也许是受到童年经历的影响,从许多方面来看,弗里茨都堪为传统的叛逆者。譬如,对经典与现代国际私法的两大基本前提,他不假辞色,提出挑战。第一项基本前提是,解决涉外法律冲突的确当(如果不是唯一)方法是在有关国家(州)的法律中择一适用(即"冲突"(conflictual)方法或"选择主义"(selectivist)方法)。荣格认为,选择主义方法虽然当下盛行,但它既非不可避免,也不是最佳方案。在回溯了自古罗马以来的历史先例后,他提出"实体主义"(substantivist)方法。依该方法,不应适用与案件有关的某一国家的现存法律,而应当为具体的涉外案件构建一套新的实体规则,这套规则系从相关国家的法律中推导而得。

经典国际私法的第二个基本前提是,法律选择过程的目标是选出与案件有最"确当"(proper)的空间或事实关系的国家,然后适用该国法律,而适用结果的优劣,亦即该国法律所产生的后果("冲突法正义"(conflicts justice)),则在所不问。荣格猛烈批判这一前提,力倡"实质正义"(material justice)观。实质正义观的出发点是,涉外案件与纯国内案件在本质上并无不同,故法官不应当仅因案件具有涉外因素,便放弃其公正、公平裁判案件的职责。荣格认为,使涉外案件在实质上得到公正解决,使诉讼当事人获得公平正义,应为国际私法的目标,这一点与国内法殆无二致。因此,正义不应被分级,国际私法不应接受次质正义。职是之故,对于"确当"国家的法律即为自体法的假定,不应不加批判的接受;荣格倡导,应当直接寻找实际上能产生更好实体结果的法律。依其之见,这一过程的目标应当是实现"实质正义",而非仅仅成就"冲突法正义"。

弗里茨·荣格的学术成就彪炳千秋,这本引人入胜的巨著,则是其巅峰之作。作为美国比较法与国际私法的经典作品,本书体系闳阔、思想深刻,堪称一件艺术珍品,亦为他挚爱法律的结晶。与荣格的其他著作相似,本书论证严密,方法得当,援引文献丰厚,文风雅致而雄辩。虽然英语并非荣格的母语,但他对这门语言的驾驭能力,显然超出绝大部分母语为英语的人士。希望他睿智雄健的才思,无人能及的幽默,时而辛辣的笔锋以及优美而富有洞见的行文能在中文版中完整的呈现出来。

美国比较法学会会长
威廉梅特大学法学院院长、法学教授
西蒙·C. 西蒙尼德斯(Symeon C. Symeonides)
于美国俄勒冈
2007 年 10 月 26 日

再版序言

再版本书的工作洋溢着爱意。弗里茨·荣格是我们跨国出版社(Transnational's)编委会委员,他的地位无人可以替代,不论是过去,还是现在。即使在身体状况不断恶化的情况下,弗里茨仍然坚持深入思考与不倦工作,并一如既往,提出直率的批评意见。然而,纵使是他的批评对象,最终也对他的意见敬慕有加,因为他的批评旨在支持我们的工作,而非破坏之。他的话语,至今萦绕在耳:"亲爱的海珂(Heike),我还能为你效劳吗?"

每次见到弗里茨,无论是在会议上,还是私人会面,他浑厚的声音、敏捷的思维和锐利的才智总能左右局面。他是一位卓越的法律人、一名受人敬仰的老师;其幽默感与人格魅力在他那一代法律学者中,显然无人可及;他同时是一位挚友。当然,弗里茨亦为一名匠心独具、著述等身的学者。他的著述,如行云流水,每每读罢,足以让人相信,写作对于他而言,是何等易事。然而,多年前的一天,当我邀请他为跨国出版社撰写一本书时,他却坦言道:"写作对我来说,是一种折磨。每写一句话,我都会焦虑不已。"一位文笔如此流畅的学者竟出此言,我不禁愕然。然而,这么多年来,随着对弗里茨了解的不断加深,我才逐渐领会这句话的深意:他对别人的要求固然严格,但亦严于律己,其程度有过之而无不及。

当弗里茨的夫人巴芭拉(Barbara)请求再版《法律选择与涉外司法》时,我最初有些犹豫。因为从商业角度考虑,重印一本书,即便是一部重要著作,通常也是不划算的。于是,我萌生了一个想法,即在原有文本前*,加上本领域专家所作的述评。2004年2月,加州大学戴维斯法学院院长雷克斯·佩尔斯巴切(Rex Perschbacher)教授主持召开了"《法律选择与涉外司法》研讨会"。在此次会议上,弗里茨的好友与同事汇聚一堂,热烈探讨他的著作。若弗里茨在天有灵,一定会对各种观点(通常是针锋相对的观点)的激烈交锋感到欣慰。迈克尔·特雷纳(Michael Traynor)的"荣格教授来自天堂的问候"几乎让与会者相信,弗里茨身临会议现场,亲自参加了这场辩论。正是弗里茨引发了各种激烈辩论的观点,从这个意义上说,他确实已经身临会场。

弗里茨,我们想念你。你的著作深深启发了我们;希望各位读者能像我们一样深受启迪。

海珂·范顿(Heike Fenton)
出版人

---

* 为符合中国读者阅读习惯,中译本将9篇书评移至正文后。——译者注

再版前言

2004年2月12日是弗里德里希·K.荣格逝世3周年纪念日。这一天,加州大学戴维斯法学院组织召开了一次研讨会,邀请他的生前同事、好友及学生与会,共同探讨并缅怀这位彪炳美国及全世界的冲突法大师及其光辉著作。研讨会意义重大、非常成功,大家都有这位思想巨擘如临会场之感;他微妙而又强有力的左右着那一天。会后,大家一致认为,缅怀弗里茨、珍藏其思想遗产的最好方法并不是出版研讨会资料[1],而是重印他的不朽巨著《法律选择与涉外司法》(1993年)。这个共识的结果便是您手中拿到的这本书,随书附上了研讨会与会者慷慨呈词的摘要。

"本书是一笔财富",一位杰出学者如是评价。[2] 此言确实中肯。与20世纪美国最重要的3部冲突法著作——库克的《冲突法的逻辑与法律基础》(Cook, *The Logical and Legal Bases of the Conflict of Laws*)(1942年)、柯里的《冲突法论文选》(Currie, *Selected Essays on the Conflict of Laws*)(1942年),及卡弗斯的《法律选择之过程》(Cavers, *The Choice of Law Process*)(1965年)——相比,本书毫不逊色,甚至有所超越。荣格的书与前3本著作的相同点在于,对主流冲突法的正统理论进行了深入批判,见地深刻、论述有力;不同点则在于,本书的写作时间比前3部著作晚几十年,因此,对前3部著作所致力提倡的新正统理论,它提出了挑战,尽管本书并不主张回归传统体系。

---

[1] 会议资料由加州大学戴维斯法学院保存。
[2] Russell J. Weintraub, *Choosing Law With an Eye on the Prize*, 15 MICH. J. INT'L. 705, 722(1994).

荣格著作的另一处不同是其深厚的比较法理念及明确的国际化导向。荣格深谙外国冲突法体系及其发展历史,这在他百余篇的著述中已彰显无余。于此,遍观美国冲突法学者,尚无人可望其项背。荣格将自己看成不隶属于某特定国家的"世界公民",不仅如此,他还以其行为践行着这一理念。他是一位坚定、雄辩的国际主义者,反对现代美国冲突法的保守主义以及观点狭隘的美国方法,如利益分析法等。在其一本遗著中,荣格写道:

> 时下,"全球化"已成为世人的口头禅。在此背景下,过度关注纯国内问题,将我们这个学科建立在过时的关于国家主权的概念上,无疑与时代背道而驰。考虑到各国的相互依存度不断提高,那种两耳只闻美国事的做法,显然已不合时宜。更为重要的是,随着人、物及行为的流动性正在以前所未有的速度增大,国际冲突法问题亦与日俱增。因此,刻意回避比较法方法,必然无法令人满意地解决这些冲突法问题。[3]

本书非常贴切的印证了上文。它面向21世纪,富有前瞻性,这在其第1版中已经彰显。本书的再版使美国及外国新一代的冲突法学者与学子们有机会分享荣格无与伦比的才华与智慧;同时也为我们这一代学者提供了重读荣格优美文字的机会。这种重读亦是一次发现之旅,因为我们在第一次阅读时,往往会忽略其中许多充满智慧的闪光点,笔者即为如此。

寥寥数语,不免挂一漏万。总之,本书堪为经典。

威廉梅特大学法学院院长、法学教授
西蒙·C.西蒙尼德斯(Symeon C. Symeonides)
于俄勒冈州撒勒姆市
2004年6月8日

---

[3] FRIEDRICH K. JUENGER, SELECTED ESSAYS ON THE CONFLICT OF LAWS viii (Transnational Publishers 2001).

原版序言

本书是在海牙演讲稿的基础上修订而成的。在此,谨对出版社欣然出版本书表示谢意。惠蒙海牙国际法学院资助,我在1983年于和平宫"概论课程"上所做的演讲,早在7年前便收录在《海牙演讲集》第193卷内。这次重拾旧作,使我终于悟懂了艾伦茨威格(Ehrenzweig)所言之真谛:任何书籍,第一版都不应出版。本次修订,除了更补错漏,修正引注使之符合惯常标准,以及将文字改为美式拼写(海牙方面不接受美式拼写)外,我还尽吾所能,更新行文与脚注。由于新近诞生的法学论著与判例法迅速增多,如汗牛充栋,且自修订"概论课程"演讲稿以来,有关国际条约亦非静止不变,这个努力一经开始,就变成了无休无止的苦差事。

以下几处重要发展需要提及:海牙演讲集收录的重要文章均出自著名冲突法学者之手,这些年来,大多数重要论著已进行了修订;随着新论著的出现,那一时期论著的可适用性较之7年前,已大打折扣。此外,美国好几个州的最高法院,包括加利福尼亚州与纽约州,已经以某种微妙的方式改变了其判例法,一些外国亦如法炮制。这段时期,有不少国家,如德国、墨西哥与瑞士,颁布了冲突法典,海牙国际私法会议与美洲国家组织也制订了一些新公约。尽管产生了如此多的发展,本书所探求的法律选择的主要方法仍保持不变。

在这本早期作品中,有3个案例贯穿始末。此次修订时,我曾考虑将中其中的一个案例删掉。因为意大利人的离婚与再婚早已不成问题。如今,不仅仅是瑞士,世界上绝大多数国家,都不再禁止离婚与再婚。不允许离婚的法域已为数寥寥,且均是无足轻重的国家或地区。但是考虑再三,我还是决定把这类问题保留下来,因为"事后审视"(*post mortem* examination)更能揭示当初的错误,从而使获益更丰。或许普通律师对此并不感兴趣;然而,国际离婚法律的演变及其他数例,的确可以清晰的揭示出僵化教条所产生的不良后果。更为重要的是,国际私法在离婚问题上的演变,实际上暗合了美国"冲突法革命",因为后者正是由检讨同样垂死的"乘客法则"(guest statute)*而引发的。

---

* 乘客法则是关于机动车乘客的成文法。其中规定,在免费乘坐非商业用途的机动车时,乘客因驾驶者一般性疏忽而造成遭受伤害的,不享有损害赔偿请求权。乘客法则曾经在美国各州通行,但现仅存于为数很少的几个州。——译者注

导 论

冲突法为一门独立的法律学科自不待言；然而，关于该法律科学所要达到的目标及其采用的方法，却众说纷纭，莫衷一是。在这两个问题上极度缺乏共识，遂成为冲突法最为显著的特点。究竟应以何种方法解决涉外法律问题为宜，各路学者提出种种见解，但概念复杂、匮乏说服力。故此，不确定性弥漫四野，君临一切。早在数世纪前，达让特莱(d'Argentré)就曾抱怨，冲突法教授自己满头雾水不说，更害得学生不知所措。[1] 而今，更有普罗赛(Prosser)*写道：

---

[1] 这位法国法官兼学者对其前辈的学说颇为不满，他以上抱怨的原文是："incerti magistri incertiores lectores domittant." B. D' ARGENTRÉ, COMMENTARII IN PATRIAS BRITONUM LEGES tit. XII, atr. 218, gloss 6 NO. 1 at 675 (3d ed. 1621). 对于这些教授，达让特莱颇为蔑视，称之为"学究式的写作者(scholastic writers)"，并在前述注释中，对冲突法体系的"总则"作出了如此尖刻的结论。See F. GAMILLSCHEG, DER EINFLUSS DUMOULINS AUF DIE ENTWICKLUNG DES KOLLISIONSRECHTS 68 (1955).

* 普罗赛，全名威廉·普罗赛(William Prosser)，曾任加州大学伯克利分校法学院院长，是《第二次侵权法重述》的报告人。——译者注

> 冲突法的领地是一片阴郁的沼泽,遍布着摇颤的泥潭;居于此地者,为一群博学而乖戾的教授,他们用怪诞和令人费解的术语为神秘之物创立理论。[2]

尽管如此,有一点却众口一词:该学科晦涩难懂。事实上,正是缘于被冠以深不可测之名,冲突法才得以魅力长存,引得无数法律学人竞折腰。世界著名法学大师,如巴托鲁斯(Bartolus)、斯托里(Story)、萨维尼(Savigny)等,都曾流连其间,并为揭开它的神秘面纱而孜孜不倦。冲突法所牵动的"法理学肌肉"(jurisprudential muscles),是其他任何一个法律学科所无法比拟的。[3] 可叹的是,尽管有这些彪炳史册的大家倾力耕耘于斯,更有如山的著述经年积累于斯,冲突法还是陷于神秘与混乱的泥沼之中,无法自拔。

造成这种状况的原因之一是理论过于繁芜。它们非但未能拨云见日,反而招致迷雾重重。其实,现实生活中本有许多问题召唤着我们这个法律学科去解决;但是,无限扩张的概念与理论遮住了我们的双眼,分散了我们的注意力。对理论家的强大吸引力,招致本学科始终有沦为纯学术游戏的危险。为抵御这种危险,将注意力投向法官与律师所面临的实际跨国交易,就显得至关重要。有鉴于此,我们先来看看见诸报道的3个案例,简要分析它们所引发之争讼问题的种类。

1. 三个案例

(a) 艾蒙诺维勒空难案(The Ermenonville Disaster)[4]

土耳其航空公司DC-10航班计划从巴黎飞往伦敦。但起飞

---

[2] Prosser, *Interstate Publication*, 51 MICH. L. REV. 959, 971 (1953).
[3] Rosenberg, *Comments on* Reich v. Purcell, 15 UCLA L. REV. 641, 644 (1968).
[4] *In re* Paris Air Crash of March 3, 1974, 399 F. Supp. 732 (C.D. Cal. 1975).

不久后,飞机坠毁于巴黎附近的艾蒙诺维勒森林。机上载有来自五大洲的乘客333名(其中有美国12个州的居民)及土航机组人员13名。他们全部罹难,无一幸免。造成本次空难的原因是设计缺陷导致货舱舱门在飞机起飞前未能及时锁闭。

空难受害者家属应在何地提起索赔诉讼?诉讼应由何种法律支配?鉴于《华沙航空运输责任公约》对于管辖权有诸多限制,且设定了固定的赔偿限额,原告能否避免适用该公约?依据法国法律规则,遇难者近亲属可以获得"精神损害"赔偿,本案原告是否能据此索赔?

(b) 钻井设备受损案(The Damaged Rig)[5]

扎帕塔近海公司(Zapata Off-shore Company,以下简称"扎帕塔")的基地位于休斯敦,旗下拥有"查帕莱尔"(Chaparral)号海上油井钻探设备(以下简称"查帕莱尔")。"扎帕塔"与德国昂特维思·里德瑞拖船公司(Unterweser Reederi GmbH以下简称"昂特维思")签订拖船合同,由"昂特维思"的"不来梅"(Bremen)号拖船(以下简称"不来梅")将"查帕莱尔"由路易斯安那州的威尼斯(Venice, Lousiana)牵引至意大利的拉韦纳港(Ravenna, Italy)。船队航行至墨西哥湾水域时突遇飓风,"查帕莱尔"严重受损。受"扎帕塔"指示,"不来梅"船长将"查帕莱尔"拖至佛罗里达州的坦帕港(Tampa, Florida)。随即,"扎帕塔"在坦帕申请扣押了"不来梅",并起诉"昂特维思"。"昂特维思"则要求法院驳回原告的对物及对人诉讼,理由是双方在合同中约定,英格兰法院对该案享有排他性管辖权,且合同明确规定,"昂特维思"对其过失免责。

在该案中,美国法院是否应该基于法院选择条款驳回"扎帕塔"的起诉?"昂特维思"的责任应受何种法律规则支配,是美国

---

[5] The Bremen V. Zapata Off-Shore Co., 407 U.S.1 (1972).

法,还是德国法,抑或英格兰法？美国海商法禁止在海事拖船合同规定免责条款,而德国或英格兰法则对之持支持态度。

（c）发生在瑞士的离婚案（Divorzio a la Svizzera）[6]

利利亚纳（Liliane）是一名法国妇女,其丈夫米尔科（Mirco）是意大利人,两人的住所在瑞士。利利亚纳以米尔科殴打她并与另一女子有通奸关系为由,在瑞士提起离婚诉讼。

瑞士法院能否受理该案？如果答案是肯定的,法院究竟应允准离婚,还是援用意大利法（倘若该法不允许离婚）？如果利利亚纳因其婚姻而取得意大利国籍,瑞士法院作出的离婚判决便有可能在意大利得不到承认,这会不会对案件产生影响？如果利利亚纳无须离开瑞士就能获得法国法院的离婚判决,这是否对该案有影响？如果瑞士法院作出离婚判决,米尔科在意大利不认可再婚的情况下,能否在瑞士再婚？

2. 涉外法律问题的本质

上揭事例,就是冲突法诸多问题中的一部分。它们引发的法律问题之所以难以解决,是因为法律在一国主权范围内具有属地优越性,而人事流动自由,跨越州界与国界乃常有之事。主权与流动性之间的对立,必然滋生出一系列法律问题,恰如上述 3 个案例所示。这些问题可归为以下几类：

1. 管辖权（一个特定州或国家的法院是否会受理案件？）
2. 法律选择（如果法院受理了案件,应适用何种法律？）
3. 判决的承认与执行（对于受理纠纷的法院所作出的司法判决,其他州与国家是否会表示尊重？）

从学理上分析,这 3 类问题性质各异。几个世纪以来,法学

---

[6] Cardo v. Cardo, Judgment of 11 July 1968, 94 BGE Ⅱ 65.

家们已划出一条红线,法律选择居于一侧,而管辖权与判决的承认居于另一侧。准据法的选择被当作"实体性"问题,而管辖权与判决的承认则被视为"程序性"问题。从功能上讲,以上3个议题却是相互关联的。如果律师发现,一个法院依其冲突规范适用的法律会使其当事人败诉,他定会三思而行;一个法院作出的判决若不能在法院地得到执行,或在其他地方得不到承认,他亦会建议其当事人勿在此处起诉。

更有甚者,决定在某一地起诉常常等于默示选择了准据法。例如,在英美国家,离婚适用法院地法,当事人无权选择法律。在实践中,即使法律没有明确规定适用法院地法,且一国法院表示尊崇法律选择规则,最终的结果多半还是适用法院地法。这种"返家趋势"(homing trending)是全球性的。它是所谓"挑选法院"(forum shopping)的一个肇因,即便可能只是次要原因。[7] 当事人为诉讼地点而殚精竭虑,这表明在国际诉讼中,程序性事项往往要比准据法的选择更具实际重要性。职是之故,本书虽以法律选择为主要议题,但对管辖权与判决承认在国际诉讼中的作用,仍会尽力加以探讨。

3. 术语小议

我在序言中已经暗示,神秘的"概念器械组合"(conceptual instrumentarium)催生了一个深奥的词汇库,这是我们这个学科存在的问题之一。如"反致"(renvoi)、"分割法"(dépeçage)、"识别"(characterization)等词汇,它们的出现,对交流的便利化与简单化几乎没有任何作用。更加糟糕的是,这些专业术语本身缺乏统一性与连贯性。以"识别"为例,英国学者称之为"classifica-

---

[7] *See generally* Juenger, *Forum Shopping, Domestic and International*, 63 TUL. L. REV. 553 (1989).

tion"（分类），法国学者称其为"qualification"（定性），而笔者跟从美国叫法，一直将之冠以"characterization"（识别）之名。对于探讨广受各国学者关注的"识别"问题，这种情形殊为不利。不仅如此，即使在同一法律体系内，有关术语仍有不同，更何况还有许多术语看似相同，但深藏其中的概念、范围与有效性还有相当的分歧。

我们这个学科甚至连统一的名称也没有。尽管如前所述，"国际私法"（private international law）与"冲突法"（conflict of laws）是两个最为常用的称谓，但它们都不恰当，且极具误导性。[8] 为更加精确的描述本学科，学者们发明了其他一些称谓，可惜更加词不达意。"国际私法"为斯托里首创[9]，自此，民法法系国家与英格兰就一直使用这一称谓。然而，该称谓事实上并不切合。因为我们这个学科可能既非私法，也非国际，而是建立在虚晃的法律基础上，有如累卵。伏尔泰曾说过，"神圣罗马帝国"即不神圣，也不罗马，亦非帝国，但这并不妨碍我们如此称之。此话不无道理。不过，我还是更愿意将本学科称为"冲突法"（conflict of laws, conflicts law, 或简写为 conflicts），因为自斯托里将"冲突法"从荷兰学者那里引介过来并著传世之作——《冲突法评述》（Commentaries）以来，美国就习惯使用这一术语。纵使可能会有许多缺陷，这一术语及其外语同义词"*conflit de lois*"，"*Kollisionsrecht*"，"*conflicto de leyes*"体现了比较法传统，这殊为可贵。

还有一个术语得到的关注虽少，却具有同等重要性。出于对英美法术语的信守，我将冲突法关于准据法问题的部分称为"法律选择"（choice of law）。然而，这一称谓亦受到挑战。"选择"（choice）一词隐藏了一个未能表达出来的假设：解决涉外法律问题，其唯一途径是在两个或多个相"冲突"的国内法中选择

---

[8] See, e. g., H. NEUHAUS, DIE GRUNDBEGRIFFE DES INTERNATIONALEN PRIVATRECHTS 4—8 (2d ed. 1976); M. WOLFF, PRIVATE INTERNATIONAL LAW 10 (2d ed. 1950).

[9] See J. STORY, COMMENTARIES ON THE CONFLICT OF LAWS 11(2d ed. 1841).

其一。事实上,尽管冲突法学者对于这种选择方法的适当性尚有争议,但他们绝大多数同意这一观点。不过,解决跨国交易还有其他方法可寻。为阐明这一点,我们首先回顾一下本学科的形成阶段。

第一章 历史回顾

有人说，冲突法"可能是一页历史不值一张白纸的少数学科之一"。[10] 斯言谬矣！历史已经产生了惊人的、丰厚的思想积淀，并仍指导着当代的理论与实践。事实上，如此说倒非常恰当："凡值得尝试者，都已经以某种名义尝试过了。"[11]

1. 古典时代

(a) 希腊

现代民族国家形成的许多世纪以前，跨国法律问题已经存在。一旦某些社群的法律制度成熟到一定程度，社群之间的成员

---

[10] W. Reese, M. Rosenberg & P. Hay, Cases and Materials on the Conflict of Laws 3 (9th ed. 1990).

[11] Nadelmann, *Marginal Remarks on the New Trends in American Conflicts Law*, 28 Law & Contemp. Probs. 860 (1963).

开始相互交往,跨国法律问题即应运而生。早在公元前4世纪,这样的条件业已具备。那时,希腊各城邦国家正值鼎盛期,地中海东部的贸易甚是活跃。依据维诺格拉道夫(Vinogradoff)的观点,"国际私法"就诞生于这一时期的希腊。[12] 不过,与斯托里(Story)用"国际私法"专指法律选择规则有所不同;维诺格拉道夫在使用这一术语时,实际上意指建立在通行原则和商业习惯基础上的希腊普通法,而非任何城邦国家主权者制订的法律。[13]

事实上,古希腊是否存在现代意义上的冲突规范尚不甚明确。维诺格拉道夫持肯定观点[14],而沃尔夫(H. J. Wolff)对此表示怀疑。[15] 在那时的政治体制下,一个人只有具有其成员资格,方能得到法律保护。因此,对于一个外国人来说,能否获得当地法院的司法救济,以及是否有资格获得程序保障这些问题,要比其纠纷受何法支配的问题更为紧迫。[16] 值得一提的是,由于希腊法律基本统一[17],跨城邦的法律纠纷因适用法院地法而导致的不公大为减轻。是故,法律选择的重要性大大降低。[18] 一个雅典演讲者曾发出如下反诘:"对我们所有希腊人来说,难道涉及商事案件的法律与正义会有区别吗?"[19] 此外,雅典城邦国家间订立了为数不少的实体规则条约,以解决涉及不同城邦公民之

---

[12] 2 P. VINOGRADOFF, OUTLINES OF HISTORICAL JURISPRUDENCE 158 (1922).

[13] See id. at 157.

[14] Id.; cf. E. COHEN, ANCIENT ATHENLAN MARITIME COURTS 98 (1973).

[15] H. WOLFF, DAS PROBLEM DER KONKURRENZ VON RECHTSORDNUNGEN IN DER ANTIKE 13, 30, 38—39, 45, 74 (1979) [hereafter H. WOLFF, DAS PROBLEM].

[16] See L. GOLDSCHMIDT, UNIVERSALGESCHICHTE DES HANDELSRECHTS 34—35, 304 (1891).

[17] See J. JONES, THE LAW AND LEGAL THEORY OF THE GREEKS 53, 53—54(1977); Lewald, *Conflits de lois dans le monde grec et romain*, 57 REV. CRIT. 419, 421—423 (1968); Wieacker, *On the History of Supranational Legal Systems of Commerce*, in THE LEGAL ORGANIZATION OF COMMERCE AND ITS RELATION TO THE SOCIAL CONDITIONS 7, 9(1979). But see H. WOLFF, DAS PROBLEM, supra note 15, at 31—32, 34.

[18] H. WOLFF, DAS PROBLEM, supra note 15, at 34, 41, 45; Lewald, supra note 17, at 425, 427; Wieacker, supra note 17, at 9.

[19] D. MACDOWELL, THE LAW IN CLASSICAL ATHENS 234 (1978).

间的纠纷。[20] 受理涉及外国人与海事纠纷的专门法院的设立[21]，使得跨国法律问题的处理大为便捷。由于希腊人尊崇契约自由[22]，且法律文书的制作技术精湛[23]，完全有可能将彼此的权利与义务详细地规定下来，从而满足商业交往的需要，而无须关注法律适用问题。诸如船舶抵押与共同海损的一些重要法律制度也已得到广泛认可。[24] 简言之，古希腊对法律选择规则并无迫切之需要。

以上这些希腊传统在亚历山大征服后，仍持续了很长一段时间。希腊风格的法律文书，其制作技术之高超与精巧[25]被纸草纸(papyri)*记录下来。埃及托勒密王朝出现了据信为最早的冲突法规则。在一个鳄鱼墓里发现了一条鳄鱼干尸，其腹中有一张纸草纸，上面印刻着一系列颁布于公元前120年至118年的法令。其中，一则法令规定了希腊与埃及法院各自的管辖权。[26] 莱瓦尔德(Lewald)认为，根据该法令，埃及人与希腊人用埃及文字订立合同的，埃及人可以据此在埃及法院提起诉讼，这包含了一种默示的法律选择条款。通过将具体语言列为确定管辖权的相关连结点，该法令认可了当事人意思自治原则：选择了特定方言，当事人就选择了法院，进而等于间接选择了准据法。[27] 不过，对于这种观点，沃尔夫并不苟同。他认为，该法令充其量是一种政治姿态；其目的在于使埃及法庭保存最低限度的诉讼量，因

---

[20] Id. at 220—221；H. WOLFF, DAS PROBLEM, supra note 15, at 38, 39, 45.
[21] J. JONES, supra note 17, at 55；D. MACDOWELL, supra note 19, at 221—224；H. WOLFF, DAS PROBLEM supra note 15, at 12.
[22] E. COHEN, supra note 14, at 133—134；J. JONES, supra note 17, at 216.
[23] H. WOLFF, DAS PROBLEM, supra note 15, at 44, 45；Wieacker, supra note 17, at 9.
[24] L. GOLDSCHMIDT, supra note 16, at 40—41；Wieacker, supra note 17, at 9.
[25] See H. WOLFF, DAS PROBLEM, supra note 15, at 50—52.
　* 在古代，纸草纸是北非地区广为使用的书写纸张。——译者注
[26] See Gradenwitz, Das Gericht der Chrematisten, 3 ARCHIV FÜR PAPYRUSFORSCHUNG UND VERWANDTE GEBIETE 22, 41 (1906).
[27] Lewald, supra note 17, at 438—439.

为当时有越来越多的诉讼流至皇家法庭。[28] 即便该法令的诞生确实完全出于司法上的考量——在有合作关系的法庭之间分配诉讼——我们仍有理由怀疑将它定性为冲突法立法的妥当性。当然，该法令倒是证明，当事人有能力控制法院与法律的选择绝非什么新鲜的观念。[29]

(b) 罗马

同希腊一样，罗马也没有发展出法律选择规则体系。公元前3世纪，罗马在政治、经济上已成就霸业，其商人遍及各国，外国商贾亦云集罗马。然而，市民法(ius civile)仅适用于罗马公民之间，其形式僵化，无法满足对外贸易迅速发展的需要。罗马人富于创新力，找到了一条解决跨国贸易的新途径。也许是受希腊设立商事法院的启发[30]，公元前242年，罗马设置专门机构，授权特别裁判官(special praetor)处理涉及非罗马公民的诉讼。此职位通常由地方司法官出任，他们有权不受形式主义的程序规则与严格的本地法规则的约束。以法律想象、希腊法原则与善意(bona fides)理念为基础，外事裁判官(praetor peregrinus)逐渐创设出一套独立的规范体系——万民法(ius gentium)。与适用于罗马公民之间的市民法相比，万民法更加灵活、有效。[31]

在创设这种涉外法律的过程中，外事裁判官在多大程度上仰赖外国法与超越国家的贸易惯例，还有待求证。[32] 不过，他们借鉴了为数不少的外国法律制度，尤其是源自希腊的制度，则是不

---

[28] H. WOLFF, DAS PROBLEM, *supra* note 15, at 62—64.
[29] *Cf.* P. MAYER, DROIT INTERNATIONAL PRIVÉ 14 (4th ed. 1991); H. WOLFF, DAS PROBLEM, *supra* note 15, at 62 n.191.
[30] Wieacker, *supra* note 17, at 9.
[31] *See generally* W. KUNKEL, AN INTRODUCTION TO ROMAN LEGAL AND CONSTITUITONAL HISTORY 73—74, 81, 86 (1966); H. WOLFF, ROMAN LAW 33, 72, 84 (1951).
[32] 比较 Wieacker, *supra* note 17, at 10(借用了希腊制度) 与 W. WOLFF, ROMAN LAW, *supra* note 31, at 71—72, 88 (有诸多发展)。

争的事实。比起罗马的国内相关制度,这些法律制度要更加优越。[33] 西塞罗(Cicero)认为,这套法律规则系建立于自然理性的基础之上,具有普适意义,因而使用了"万民法"这一术语。[34] 如此,"万民法虽始为市民法之附属,出身卑微且未臻完善,但浸成巨观,其他所有诸法均须与之协调"。[35] 显而易见,万民法规则是为解决跨国法律问题而发展起来的,其目的颇为现实;不过,它的出现亦大大促进了自然法哲学思想的发展。

公元212年,著名的《卡拉卡拉告示》(editto di Caracalla)颁布,除野蛮人外,帝国境内所有居民均被授予罗马公民身份。这样,对自成一体的跨国法的需求,就不再那么急迫了。[36] 然而,万民法及其相关的自然法原则,仍在继续丰富着罗马法律文化。[37] 外事裁判官创设的法律制度并没有被简单废弃,而是被市民法所吸收,从而提升了市民法的国际化性质,便利了罗马法在中世纪的复兴。相信存在一种法律,它普适于所有民族,这种思想虽经劫难而生生不息,"万民法"这一术语因而亘古常新;后世则用之来指称国际公法与国际私法。[38]

需要着重指出的是,对于因跨越国界的人员流动、货物流转及交易引起的法律问题,希腊人与罗马人采用了相似的方法加以

---

[33] See e. g., 1 M. KASER, DAS RÖMISCHE PRIVATRECHT 179, 572 (2d ed. 1971); Wieacker, supra note 17, at 9—10.

[34] See G. Inst. 1.1; CICERO, DE REPUBLICA 3. 12; De off. 3. 17. 69; De har. resp. 14. 32.

[35] H. MAINE, ANCIENT LAW 50 (F. Pollock ed. 1906).

[36] See 2 M. KASER, DAS RÖMISCHE PRIVATRECHT 59, 120 (2d ed. 1975); Yntema, The Historic Bases of Private International Law, 2 AM. J. COMP. L. 297, 301 (1953).

[37] 我不知为什么罗马法优于古印度法,除非自然法理论已经赋予罗马法以一种独特的优越性,使之有别于通常之法律。在这个例外的情形中,如果一个社会缘于其他原因,注定要对人类产生深远影响。那么,在这个社会的双眼前,一定摆放着简洁与对称。因为简洁与对称是理想与完美法律的基本特点。

H. MAINE, supra note 35, at 75. see also 2 P. VINOGRADOFF, COLLECTED PAPERS 279—281 (1928).

[38] See H. MAINE, supra note 35, at 50, 92—99; infra note 109 and text accompanying notes 127, 136.

解决。他们都没有创建法律选择制度[39]，而是创设特别法庭对跨国纠纷行使管辖权，并赋之以相当的自由裁量权，以此找到适当的解决方法。这些特别法庭创设出的判例规则虽源自本地，但其意义超越一国之上。关于此点，希腊可能如此，罗马则确凿无疑。仰赖实体规范，而非法律选择原则来解决跨国法律问题，这是缺乏法律敏锐性的体现[40]，抑为良好法律意识的表征，须另当别论。不过，如果古典时代积累的经验确有启示的话，那便是：现代意义上的法律选择规则显然不是解决跨国法律问题的唯一回应。

2. 冲突法的起源

（a）中世纪的属人法

人类第一次大踏步地向法律选择制度挺进，是在黑暗的中世纪。日耳曼部落摧毁了罗马帝国，带来了他们的法律，但并没有根除被征服民族的法律。因此，入侵者在前罗马帝国的疆域内定居下来，并与各民族杂居在一起之后，便出现了以下情形：各民族的法律关系受完全不同的法律所支配。公元 817 年，里昂总主教圣·阿格巴尔（St. Agobar）在给路易一世（Louis the Pious）的信中写道："五人行坐一处，却各受制于不同的法律。这样的事，我已习以为常。"[41]

---

[39] 罗马法是否含有现代意义上的法律选择规则，尚颇值怀疑。比较 H. WOLFF, DAS PROBLEM, *supra* note 15, at 67—73 与 Sturm, *Unerkannte Zeugnisse römischen Kollisionsrechts*, in FESTSCHRIFT FÜR SCHWIND 323 (1978).

[40] *Cf.* H. WOLFF, DAS PROBLEM, *supra* note 15, at 75—76.

[41] 1 F. VON SAVIGNY, GESCHICHTE DES RÖMISCHEN RECHTS IM MITTELALTER 116 (2d ed. 1834).

法律如此多元,必然引发冲突问题。[42] 一个伦巴底人(Lombard)和一个罗马人(Roman)结婚,应受何种法律支配？一个西哥特人(Visigoth)和一个西班牙裔罗马人(Hispano-Roman)订立合同,又受何种法律支配？显而易见,为了处理人际法律选择问题,必然要发展出一套相当复杂的规则。[43] 最终,富有想象力的法律思想者找到了一种更加精妙的解决方法。法律选择权(professio iuris)[44],一种最早用来表明当事人种族的宣誓,被一种巧妙的方式加以利用:在实践中,当事人只要声称他们属于某一种族,就可以使其中意的法律得到适用。[45] 法庭允许这种实践,就等于默示承认了当事人意思自治原则。

(b) 意大利学派

就目前所知,真正意义上的冲突法一直等到 12 世纪,才在意大利北部出现。那一时期,随着罗马法的复兴,学者们开始研究与教授《查士丁尼法典》(Justinian's Code)。缘于当时意大利北部的政治状况,注释法学派(glossators)与评论法学派(commentators)对这一学科产生了浓厚的兴趣。[46] 那时,意大利各城邦国家普遍教授罗马法,但他们是独立的政治实体,拥有独立的司法机关与各自的本地法——法则(statuta)。由于各城邦的法则彼此不同,因而滋生了法律选择问题。比方说,如果一位摩德纳(Modena)公民基于在比萨(Pisa)签订的合同起诉一位波沦亚

---

[42] Guterman, *The Principle of the Personality of Law in the Early Middle Ages: A Chapter in the Evolution of Western Legal Institutions and Ideas*, 21 U. MIAMI L. REV. 259, 306 (1966).

[43] *See generally id.* at 306—316; Meijers, *L'histoire des principes fondamentaux du droit inter. national privé à partir du moyen âge spécialement dans l'Europe occidentale*, 49 COLLECTED COURSES 543, 549—566 (1934-III).

[44] M. WOLFF, *supra* note 8, at 21; Meijers, *supra* note 43, at 558—559.

[45] Meijers, *supra* note 43, at 559, Vitta, *The Conflict of Personal Laws*, 5 ISR. L. REV. 170, 172 (1970). *But see* Guterman, *supra* note 42, at 303—306.

[46] 关于罗马法教师在法国的贡献,*see* Meijers, *supra* note 43, at 596—602.

（Bologna）公民。这时,法官就要思量,在这3个备选城邦的法则中,应以其中哪一个为依据作出判决。尽管古典罗马法学家与《查士丁尼法典》的编纂者都没有认真考虑过这个问题,中世纪醉心于《国法大全》(*Corpus Juris*)的学者们还是确信这一问题的答案能在《查士丁尼法典》中寻到。

注释法学派歪曲历史,将法律选择问题与《查士丁尼法典》首篇中的一段文字联系起来。其标题——"任何人均不得公然反对天主教教义与信仰"——表明这段文字事关宗教,而与法律冲突问题无干。该篇首条律法的开头数行,亦为如此[47],它们可以译为:"希望受我主仁慈统治的所有民族都生活在使徒圣彼得（Devine Apostle Peter）*赐予罗马人的宗教传统中……"[48]注释法学派凭借其学术敏感,对这段话作出如下演绎:即使是罗马皇帝,也只能给其臣民颁布法律;因此,意大利城邦国家的权力也有类似限制。在对"臣民受制于国法（*lex cunctos populos*）"所作的注释中,阿库修斯（Accursius）解释道:"一个波沦亚人在摩德纳订立了一个合同,由于他并不是摩德纳公民,故不能依摩德纳法则裁判之,正如它[法典]所言:'受我主仁慈统治的。'"[49]

这样的推理显然荒谬无理。后世许多学者已经告诉我们,"臣民受制于国法"与法律选择毫无关联。[50] 中世纪学者靠挖掘《查士丁尼法典》,发展出新欧洲普通法（New European common law）,从而一举成名;然而,他们为什么会如此轻率地对待冲突法

---

[47] CODE J. f.1.1.
* 彼得是十二使徒中最杰出的一位。原名西蒙（Simon）,他敢于直言,自耶稣升天后拼命地为主传教,在罗马殉教,他与保罗（Paul）一起被认为是罗马教会的创始人。而他的地位更高,在罗马被视为罗马第一主教,是掌管天国钥匙的人。他与保罗的纪念日同为6月29日。——译者注
[48] 这段话的拉丁文有不同的版本,但就本处讨论的观点而言,并无实质区别。See M. GUTZWILLER, GESCHICHTE DES INTERNATIONALPRIVATRECHTS 16 n.25 (1977).
[49] As quoted *id*. at 17 n.26; Meijers, *supra* note 43, at 595.
[50] See M. GUTZWILLER, *supra* note 48, at 16 n.25; 1 A. LAINÉ, INTRODUCTION AU DROIT INTERNATIONAL PRIVÉ 104—105 (1888).

呢？他们一方面宣称法律理性(ratio scripta)有普适效力,另一方面却在探究一门以法律多样性为其存在前提的学科,这看起来颇为矛盾。要解释这一矛盾,还需从他们所处的历史背景入手。这些学者生活在中世纪的大学城里,他们已敏锐地意识到,城邦拥有本地法与本地政府具有重大的政治意义;各城邦对其法律上的独立地位亦珍爱有加。现实如此,必然使学者们将注意力投向当地法则能否以及应否适用于涉外事件的问题上。尽管法律选择问题从未出现在《国法大全》中,他们还是千方百计地将之安插其间。这样,便取得一举两得之功:既将意大利北部法律多元化的状态合法化,又证明冲突法是一门值得进行学术研究的学科。

一旦学者们假定,涉外问题要求在各个平等的本地法之间作出选择,罗马人创设万民法以更加直接的方法地解决涉外交易问题的史实,就在他们的头脑中烟消云散;此外,他们还面临着如下问题:在作法律选择时,应遵循什么原则？一位被称为阿德瑞克斯先生(Magister Aldricus)的注释法学派学者给出了一个简单的答案:从中选择更好、更有用的法律加以适用。[51] 纽梅耶(Neumeyer)因而认为,阿德瑞克斯便是我们这个学科的创立人。[52] 这一建议在当时如果得到关注,非常可能促生新万民法。实际上,阿德瑞克斯的提议与罗马外事裁判官在司法实践中的做法不谋而合,后者就是从多种法律规则中选择出最能实现正义目的的一种。阿德瑞克斯的建议若能得到持续不断的适用,就会催生出一套独立的实体法规则体系。只要能在哪些是"更好及更有用"的判决规则上达成共识,法律选择问题就会被彻底消除,因为这些规则可以直接适用于跨国交易。

---

[51] 2 K. NEUMEYER, DIE GEMINRECHTLICHE ENTWICKLUNG DES INTERNATIONALEN PRIVAT-UND STRAFRECHTS BIS BARTOLUS 66 (1916).

[52] 在案件涉及不同法域的当事人时,法官应如何适用法律呢？对此问题,阿德瑞克斯说道:"Respondeo eam quar potior etutilior videtur. Debet enim iudicare secundum quod melius ei visum fueit." As quoted *id see* M. GUTZWILLER, *supra* note 48, at 14—15; Yntema, *The Comity Doctrine*, 65 MICH. L. REV. 9, 12 (1966).

在意大利北部和法国南部,阿德瑞克斯的后继者在处理涉外法律问题时,背弃了他的目的主义(teleological)方式,而对概念主义(conceptualist)情有独钟。他们没有去寻找实体法解决方法,而是对本地法效力的空间范围展开理论研究。臣民受制于国法的意思是"各民族受制于皇帝的命令",这一措辞隐含着这样的深意:一个国家与其公民之间的属人联系具有决定性意义。因此,一个政治体的法律对其臣民(不论他们在哪里)具有支配效力,而对外国人无效。[53] 不过,环绕在中世纪城邦四周的城墙还是提醒人们:法律规则不仅有属人限制,同样也有地域限制。于是,学者们开始探讨以下两个问题:本地法则对身处国外的本城邦公民是否具有域外效力;身处法院地国境内的外国人是否受法院地国法律的支配。[54] 以这种方式来审视问题,注释法学派的学者们就无意间触及所谓的"单边主义"(unilateralism)法律选择规则[55],即用以划分实体规则适用范围的法律规则。

不过,这些中世纪的法学家也发明了"多边主义"(multilaterism)。[56] 与单边方法不同,这种方法在法律交易与实体法律之间设置了"法域选择"(jurisdiction-selceting)[57]的法律选择规则。譬如,意大利与法国的注释法学派学者创设出"场所支配行为"(locus regit actum)的箴言。他们同时对合同是否应适用缔结地

---

[53] 注释法学派学者卡罗路斯(Karolus de Tocco)是最早提出"法则仅束缚其臣民"(statutum non ligat nisi subditos)的人。see Meijers, *supra* note 43, at 594.

[54] 所以,法国的注释法学派学者皮埃尔·德·贝勒拜何师(Pierre de Belleperche)将法律规则区分为两类。一类为"臣民受制于国法",仅束缚臣民的法律;另一类为"属物"规则,只适用于一国境内的物。M. GUTZWILLER, *supra* note 48, at 18.

[55] *See* A. EHRENZWEIG, A TREATISE ON THE CONFLICT OF LAWS 312—313 (1962); G. KEGEL, INTERNATIONALES PRIVATRECHT 186—187, 193 (6th ed. 1987); P. MAYER, *supra* note 29, at 84—86.

[56] 表述上不尽相同。法国学者习惯将之称为"双边主义"(bilateralism)。*See* P. MAYER, *supra* note 29, at 83—86. A. EHRENZWEIG, *supra* note 55, at 312, 说到"普遍性规则"。M. WOLFF, *supra* note 8, at 96, "单边"(one-sided)与"全边"(all-sided)规则相区别。

[57] D. CAVERS, THE CHOICE-OF-LAW PROCESS 9 n.24 (1965).

法,还是履行地法而争论不休。至于财产权,他们认为,应受财产所在地法支配。[58] 在巴托鲁斯(Bartolus)关于臣民受制于国法的著名评论中,法律选择的这两种基本方法是交织在一起的[59],其中既包括多边规则,也涵盖了关于法律效力范围的讨论。[60] 公元1265年,即在巴托鲁斯(Bartolus)诞生前的半个世纪,阿方索十世(Alfonse the Wise)制定了《七编法》(Siete Partidas)*,该法中的法律选择规则同样兼收并蓄。[61]

两种方法并存于早期的冲突法著述中,这一点令人关注。单边主义与多边主义的出发点不同,关注的问题不同,得出的结论迥异。[62] 事实上,有一些学者持进化论观点,认为冲突法的演进史是一个由单边主义方法发展为多边主义方法的过程。[63] 也确有历史证据表明在这两种方法中,单边主义更为古老,从而使这种观点得到佐证。然而,意大利风格(mos italicus)虽产生了一些多边规则,但其基本要旨仍是单边主义的。此中原委,显而易见。把法律选择问题与"臣民受制于国法"联系起来,注释法学派的

---

[58] See generally M. GUTZWILLER, supra note 48, at 26—28; Meijers, supra note 43, at 596—602.

[59] M. GUYZWILLER, supra note 48, at 30 n.2. 英文译本 see J. BEALE, BARTOLUS ON THE CONFLICT OF LAWS (1914); Smith, Bartolos on the Conflict of Laws, 14 AM. J. LEGAL HIST. 157, 247 (1970). Smith, at 163—164, 史密斯也翻译了巴托鲁斯关于 de quibus 法律的评论,DIG. 1.3.32,该评论与对"臣民受制于国法"的评论在某些地方是相同的。两个评论之间的关系,Smith, supra, at 157—158.

[60] F. GAMILLSCHEG, supra note 1, at 73—74.

* 阿方索十世(1221—1284)是西班牙卡斯蒂利亚和莱昂王国的国王(1252年—1284年在位)。在位期间,他主持制定了《七编法》(Siete Partidas),又称《七法全书》。不过,阿方索十世治国无能,他死于其子女为争夺王位继承权的内讧中。——译者注

[61] Compare Partida 1, tit. 1, ley 15 with Partida III, tit. 14, ley 15 and Partida IV, tit. 11, ley 24.

[62] See H. NEUHAUS, supra note 8, at 29—37; Vitta, Cours général de droit international privé, 162 COLLECTED COURSES 147—158, 189 (1978-IV). But see K. SCHURIG, KOLLISIONSNORMUND SACHRECHT 89—120, 137—138 (1981).

[63] See, e.g., Y. LOUSSOUARN & P. BOUREL, DROIT INTERNATIONAL PRIVÉ 134—135, 144 (3d ed. 1988); H. NEUHAUS, supra note 8, at 93—94.

学者们就无法回避这一问题:法院地的法则究竟只能对本国公民有效,还是对在其境内的外国人亦有效力?如此,他们就将注意力集中到实体法律规则的效力范围上,而这正是单边主义的本质所在;同时,他们开始考虑是否存在不同种类的法律,其中有些是属人性质的,不管本国公民身处何处,均对其有约束力;另一些则是属地性质的,适用于其境内的一切人与物。

　　寻找到确定法律空间范围的标准是学者们孜孜以求的目标,为此,他们花费了数个世纪的时间而在所不惜。但是,他们找到的基本标准是将法则区分为属人法与属地法(或属物法)。呜呼哀哉!这样的结果实在令人大失所望。有一个著名的例子,它足以说明这一创意糟糕的寻求结果是如何将大法学家导入迷途的。在回答英格兰长嗣继承法律规则(English rule of primogeniture)是否适用于位于意大利的财产这个问题时[64],伟大的巴托鲁斯为在英格兰法庭(*quaestio Anglica*)的语境下如何区分属人法与属地法而绞尽脑汁。他对意大利法则与英格兰普通法规则之间可能存在的区别置若罔闻,而以"法则"的措辞来决定其效力范围。如果英格兰的法律表述为"死者财产由长子继承",则应该适用物之所在法(*lex rei sitae*);倘若该法律规则表述为"长子继承死者财产",答案就转而取决于死者是否为英格兰人,因为此时该"法则"是属人的,而非属物。[65] 后世有学者讥讽巴托鲁斯完全倚赖"文字的空壳"。[66] 不过,他的后继者提出的标准也好不到哪里去。一些学者最终意识到生活与法律现实纷繁复杂,"人法"与"物法"的两大分类无法囊括所有情况。于是,他们加上了

---

[64] See Smith, *supra* note 59, at 255—257.

[65] *Id.* at 256. 最终,巴托鲁斯以长嗣继承法律规则"令人厌恶(*odious*)"为由,排除了它对英格兰被继承人位于意大利财产的域外适用效力。See *id.* 257.

[66] Guy de Coquille, quoted in 1 A. LAINE, *supra* note 50, at 303. 其他一些学者对巴托鲁斯的批评更加严厉。其中,最有知名度的非达让特莱(D' Argentré)的那句话莫属,他说:"想或者说这种事,就连顽童也会害臊。" B. D'Argentré, *supra* note 1, gloss 16, at 679. But *cf.* W. ROSENBERG & P. HAY, *supra* note 10, at 633 (认为法则的措辞在实体问题与程序问题的识别上有重要作用)。

第三种类型——"混合"法则。但是,这样一来,事情就愈加复杂了。对此三分法,有评论道:"教授们在作这些区分时挥汗如雨,这确实让人惊愕。"[67] 如何给特定法律进行分类的争论毫无用处,却持续了好几个世纪;直到有一天,冲突法学者才恍然大悟:法则区别说学者长期受此困扰,这足以证明单边主义存在重大缺陷。

尽管事后反观,注释法学派与评论法学派的许多观点确实有些荒诞;但是,我们不能因此而漠视意大利北部与法国南部的冲突法先行者所作出的杰出贡献。这些中世纪学者首倡在各个平等的法则之间按一定原则进行选择,以此解决涉外问题。该方法极具独创性,希腊与罗马学者未曾想过。中世纪的法学家不仅创立了单边主义与多边主义,还有学者将目的论(teleology)作为影响选择的因素。阿德瑞克斯认为,应在平等的实体法律规则之间进行选择,而其基础是对它们各自的优点进行比较[68];另一些学者,如巴托鲁斯则将法则分为"可赞"(favorable)的与"可憎的"(odious)两类。[69] 巴托鲁斯著述中所蕴涵的一些基本思想,至今还有重大影响力。当代冲突法"危机"[70],从根本上说,就是在争论他所使用的各种方法孰优孰劣。换言之,巴托鲁斯的折中主义虽早于"多元方法"(pluralism of methods)[71]与"大杂烩方法"

---

[67] "Verum in iis definiendis mirum est quam sudent Doctores." M. GUTZWILLER, *supra* note 48, at 201—202 (quoting J. Hert).

[68] *See supra* notes 51—52 and accompanying text.

[69] *See* M. GUTZWILLER, *supra* note 48, at 35, 38; Smith, *supra* note 59, at 181—183, 257. Smith 将拉丁术语"favorabile"与"odiosum"翻译为"善(benevolent)"与"恶(malignant)"。

[70] *See*, Kegel, *The Crisis of Conflict of Laws*, 112 COLLECTED COURSES 270 (1973-Ⅱ).

[71] *See, e. g.*, Batiffol, *Le pluralisme des méthodes en droit international privé*, 139 COLLECTED COURSES 71 (1973-Ⅱ); Leflar, *Choice of Law: A Well-Watered Plateau*, 41 LAW & CONTEMP. PROBS. 10 (Spring 1977); Vitta, *supra* note 62, at 118; Westbrook, *A Survey and Evaluation of Competing Choice-of-Law Methodologies: The Case for Eclecticism*, 40 MO. L. REV 407 (1975).

(mishmash approach)[72]数个世纪,但已遥启了至今仍颇为盛行的这两种方法。

当然,与今天的冲突法学者相比,早期学者拥有更为广阔的思维空间。当代学者经过训练,大都形成了一种思维定式,认为从诸法中择一适用,是解决跨国问题的唯一路径。而巴托鲁斯及其前辈毕竟以教授超国家的罗马法与教会法为主业,只有当普通法(ius commune)不得不让位于本地法则时,法律选择问题才有可能产生;倘若跨国交易引起的许多问题由超国家的法律(super-law)支配,法律选择则无必要。[73] 更有甚者,意大利北部不仅是欧洲大陆普通法的诞生地,这里繁荣的贸易与商业还促进了商人法的发展。商人法的完善过程被描述为"地中海地区古老的万民法之重生"。[74] 商人法(lex mercatoria)[75]的出现,为法律选择问题提供了超国家的解决方法[76],梅特兰(Maitland)将之称为"中世纪的'国际私法'"。[77] 换言之,当冲突规则最初创立时,法律还是世界性的。由于存在凌驾于本地法律之上的原则与制度,这些规则中暗含的单一主义特征在当时就比较容易被接受;相形之下,我们当前所处的时代强调国家主权与法律实证主义,因此,就不太能接受这种特征了。

---

[72] Reppy, *Eclecticism in Choice of Law: Hybrid Method or Mishmash?*, 34 MERCER L. REV. 645 (1983); *see* Vitta, *supra* note 62, at 189.

[73] Q. ALFONSÍN, TEORIA DEL DERECHO PRIVADO INTERNACIONAL 59 (1955); *cf.* Meijers, *supra* note 43, at 626—628. As MeiJers shows, Italian jurists on occasion also referred to the *iusgentium*. *Id.* at 627—628.

[74] M. SMITH, THE DEVELOPMENT OF EUROPEAN LAW 225 (1928).

[75] *See generally* T. PLUCKNETT, A CONCISE HISTORY OF THE COMMON LAW 657—670 (5th ed. 1956); F. SANBORN, ORIGINS OF THE EARLY ENGLISH MARITIME AND COMMERCIAL LAW (1930).

[76] F. MAITLAND, SELECT PLEAS IN MANORIAL AND OTHER SEIGNORIAL COURTS 133 (1889).

[77] *See* Wieacker, *supra* note 17, at 11—12.

(c) 法国学派

巴托鲁斯逝世约四十年后，巴尔多斯（Baldus）也驾鹤西去。自此，意大利学派便逐渐败落。这一阶段，冲突法领域几无进展。16 世纪，该学科的领导权转移到法国。当然，法国学者从一开始就作出了重要贡献。[78] 事实上，将冲突法的初始阶段称为"法国——意大利学派"，而非"意大利学派"可能更加贴切。不过，如此称呼也有一个弊端：容易将法国学者的早期成就与当代发展起来的法国风格（mos gallicus）相混淆。与 13 世纪的意大利非常近似，16 世纪的法国有许多客观因素促使学者深入思考冲突法问题。这一时期，法国皇帝虽确立了至上皇权，但各省法律仍千差万别，尤其是存在法律的南北对立：北部盛行日耳曼习惯法（Germanic coutumes），而卢瓦河谷以南适用制订法（droit écrit）。事实上，法国潜在的法律冲突与意大利北部相比，可谓有过之而无不及，因为封建主义在法国持续的时间更长，而罗马法对法国的控制又不及意大利那么牢固。[79]

杜摩兰（Dumoulin）的写作时间虽比巴托鲁斯晚约二百年，但有观点认为，这位法国学者仍属于意大利学派。[80] 与其意大利前辈一样，杜摩兰将其主要冲突法著述与"臣民受制于国法"紧密联系在一起[81]，且大部分内容均可在巴托鲁斯的评论集中寻到踪迹。不过，杜摩兰极力强调当事人意思自治，从而对我们这个学科的发展作出了杰出贡献。[82] 当然，契约当事人有权制订法

---

[78] See M. GUTZWILLER, supra note 48, at 18—20; 1 A. LAINÉ, supra note 50, at 117—130; Meijers, supra note 43, at 596—602.

[79] Cf. H. MAINE, supra note 35, at 80—81.

[80] See F. GAMILLSCHEG, supra note 1, at 50—52, 110.

[81] See M. GUTZWILLER, supra note 48, at 72—73.

[82] See, e.g., Q. ALFONSÍN, supra note 73, at 75—76; 2 H. BATIFFOL & P. LAGARDE, DROIT ERNATIONAL PRIVÉ 259 (7th ed. 1983); G. CHESHIRE & P. NORTH, PRIVATE INTERNATIONALV 20 (11th ed. 1987). But see F. GAMILLSCHEG, supra note 1, at 110—121.

律以支配其交易的思想,并不是杜摩兰的首创。不论法律选择权(*professio iuris*)是否为其滥觞[83],法律选择条款早在中世纪就已被运用。[84] 当时,冲突法学者还醉心于给法则分类,而同一时期的杜摩兰关注的却是当事人选择法律的权利,这就使人们注意到:尚存在一些因素与本地法效力范围的分析模式不相符合。除此以外,他还将意思自治原则扩展涵盖至当事人没有指定准据法的情形,从而为我们这个学科注入了新鲜成分。杜摩兰关于"默示协议"(tacit agreement)的推定为英国"自体法"(proper law)理论奠定了基础,而后者又进一步孕育出"最密切联系"(closest connection)与"最重要关系"(most-significant-relationship)等一些当代理论公式。[85]

与杜摩兰一样,16 世纪法国的另一为主要冲突法学者达让特莱(D'Argentré)也用拉丁文进行著述。但是,他嘲讽意大利学派的"经院"(scholastic)学者的观点[86],并将冲突法与"臣民受制于国法"的传统联系拦腰斩断。在《布列塔尼习惯法评论》(*Commentaire* on the *coutume* of Brittany)中,达让特莱阐述了他的观点。[87] 他首先指出,冲突规则是本地法而非世界法的产物。法院地法的偏好决定了他给法律规则分类所使用的方法。达让特莱认可的人法数量非常有限,并添加了"混合"法则这一种类。他认为,混合法则应当视同为物法。[88] 这样的分类方法将属地主

---

[83] *See supra* notes 44—46 and accompanying text. *But see* M. KELLER & K. SIEHR, ALLGENE LEHREN DES INTERNATIONALEN PRIVATRECHTS 19 (1986).

[84] 关于 El Cid's 婚姻合同中的法律选择条款,见 E. VAN KLEFFENS, HISPANIC LAW UNFIT THE END OF THE MIDDLE AGES 141—43 (1968); 1 A MIAJA DE LA MUELA, DERECHO INTERNACIONAL PRIVADO 88(6th ed. 1972) 当事人意思自治的历史线索, *see supra* notes 27—29 and accompanying text.

[85] *See* Juenger, *The E. E. C. Convention on the Law Applicable to Contractual Obligations: American Assessment*, in CONTRACT CONFLICTS 295, 304 (P. North ed. 1982).

[86] B. D'ARGENTRÉ, *supra* note 1, gloss 1 at 675.

[87] 这种对传统的反叛已为学者们所关注。*See* F. GAMILLSCHEG, *supra* note 1, at 67; M. GUTZWILLER, *supra* note 48, at 91—92.

[88] *See* M. GUTZWILLER, *supra* note 48, at 94—95, 100.

义提升到一个基本原则的高度。通过将人法降格为例外,他扩大了物之所在法的范围,减小了住所地法的适用领域。[89]

16世纪时,财产主要不为动产,法律事务大部分是关于婚姻财产与不动产继承的纠纷。由于这类诉讼基本上由财产所在地的法院审理,因此达让特莱主张适用法院地法。这种属地主义偏好可以解释他为什么如此反对杜摩兰"默示协议"的概念[90],因为后者赋予外国法更大的支配力。如此,这两位法国法学家的观点可谓针锋相对,一个主张以国际主义方法来处理跨国交易,另一个则持法院地法中心主义思想。达让特莱的理论暗含这样的假定:法院通常应适用法院地法,外国法律规则仅仅在例外情况下才是有关的。[91] 他的理论为后来韦希特尔(Wächter)[92]以及近期美国学者在著述中所使用的思维模式埋下了伏笔。[93]

奎·德·科基耶(Guy de Coquille)在《尼韦奈习惯法评论》(*Commentaire* on the *coutume* of Nivernais)[94]中提出的冲突法观点也值得提及。该学者用当地语言而非拉丁语进行著述,因此,他谙熟法国当地"习惯法"(*coutumes*)与意大利"法则"(*statutas*)之间的差异。也许正是这个原因使然,他发现冲突法的发祥地与他那个时代的法国之间有霄壤之别。德·科基耶注意到,意大利各城邦均适用普通法(*ius commune*),只有在其与本地法则发生冲

---

[89] *Id.* at 92—100.

[90] See *id.* at 91 n.22.

[91] See 1 H. BATIFFOL & P. LAGARDE, DROIT INTERNATIONAL PRIVÉ 268 (7th ed. 1981); P. MAYER, *supra* note 29, at 50.

[92] See *infra* notes 207—222 and accompanying text.

[93] See, *e.g.*, B. CURRIE, SELECTED ESSAYS ON THE CONFLICT OF LAWS 183 (1963); Sedler, *Interests Analysis and Forum Preference in the Conflict of Laws: A Response to the "New Critics,"* 34 MERCER L. REV. 593 (1983). 有几位比较法学者已经注意到当代美国方法与法则区别说之间的亲缘性, See, *e.g.*, Lipstein, *The General Principles of Private International Law*, 135 COLLECTED COURSES 97, 143—158 (1972-I); Rheinstein, *How to Review a Festschrift*, 11 AM. J. COMP. L. 632, 633 (1962).

[94] See M. GUTZWILLER, *supra* note 48, at 101; 1 A. LAINÉ, *supra* note 50, at 298.

突时,才由后者代之,而法国则没有这种高位阶的法律。[95] 质言之,德·科基耶牢牢抓住了两个时代法律环境上的本质区别:巴托鲁斯时代有高阶普通法,而其所处时代缺乏之。这种区别即使在今天依然有现实意义。在联邦体制下发展出来的冲突法方法(如美国,其组成各州拥有共同的法律传统)不能适用于欧洲,因为在欧洲,由继受罗马法而形成的统一法律已被各国立法所破坏。[96]

德·科基耶还对法则区别说给予了相当现代的解读,这一点令人惊叹。他指出,对法律的分类不应仅依靠"文字的躯壳,而应当根据……法则或习惯创设者所推定的明显目的。"[97] 实际上,他认为,法律规则的效力范围应当取决于其目的,而非巴托鲁斯所称的措辞[98]或者其他专断性分类标准。该观点蕴涵着从法律规则的目的或"政策"中可能推导出其适用范围的理念。几个世纪后,这一思想重现于世[99],成为现代美国冲突法理论的核心思想。[100]

(d) 荷兰学者

到了17世纪,荷兰取得了冲突法的领导地位。尽管格老秀斯(Grotius)学富五车,又对国际事务兴趣盎然,但对我们这个学科关注甚少:其名著《战争与和平法》(Law of War and Peace)中

---

[95] M. GUTZWILLER, *supra* note 48, at 102; 1 A. LAINÉ, *supra* note 50, at 298—300.
[96] *See* Evrigenis, *Tendances doctrinales actuelles en droit international privé*, 118 COLLECTED COURSES 313, 385—386 (1966-Ⅱ); Vitta, *The Impact in Europe of the American "Conflicts Revolution,"* 30 AM. J. COMP. L. 1, 6 (1982). *But see* Juenger, *American and European Conflicts Law*, 30 AM. J. COMP. L. 117, 129—130 (1982).
[97] 1 A. LAINÉ, *supra* note 50, at 303.
[98] *See supra* notes 65—66 and accompanying text.
[99] *See infra* notes 219, 222, 831, 839—841 and accompanying text.
[100] *See* B. CURRIE, *supra* note 93, at 183—184 and *passim*; Sedler, *supra* note 93, at 609.

仅有两条关于合同法律选择的简要称述,这确实令人称奇。[101]事实上,他的祖国为探讨冲突法提供了理想的环境,而他对该学科偏偏言之极少,这就更加令人困惑不解了。那个时候,荷兰由多个独立的省组成,已成为世界上主要的贸易国之一。蓬勃发展的对外贸易,加之政治上的地方分权自治,使荷兰同时面临国内与国际两个层面上的法律冲突问题,这很快引起了学者的注意。

荷兰的冲突法著述在其黄金年代的突出特征是:国家内部压力重重。从表面上看,荷兰的冲突法颇具国际主义特征,它却不得不为国家主权而痛苦挣扎。一个世纪前,博丹(Bodin)提出了属地的国家主权观念,到这个时候,格老秀斯对之作了进一步的阐扬。荷兰法学家使用"冲突法"(*conflictus legum*)这一称谓是因为他们认为,此术语可以表明法律选择问题系由主权者命令的相互碰撞而引发。国家内部的重压可以解释他们为什么持这种观点,也可以说明他们为什么对法院适用外国法的原因加以关注。意大利学者从未深虑这一问题,因为在他们看来,在不同法则之间进行选择是《查士丁尼法典》所规定的,乃天经地义。法国学者亦未思考过这一问题,因为他们认为,适用外国法是法院地实体法律规则效力范围固有限制的必然结果。可见,意大利学者也好,法国法学家也罢,都没有将法律选择问题视为解决不同国家法律"冲突"的途径。不过,一旦学者们开始思考主权至上,就必须要解释这样的问题:既然每个国家在其领域内享有至高主权,为什么却不要求其法官在所有案件中都适用法院地法。

对这个问题,学者们给出了不同的解答。"法律冲突"这一术语的首创者罗登博格(Rodenburg)[102]从案件的"本质与必然性"推导出超国家法,并赋予它凌驾于本地法之上的域外效力。

---

[101] See 2 H. GROTIUS, DE JURE BELLI AC PACIS, LIBRI TRES, 332—333 (Kelsey trans. 1925).

[102] 罗登博格讨论冲突法问题的题目是:"De Iure quod oritur ex statutorum vel consuetudinum discrepantium conflictu" M. GUTZWILLER, *supra*, note 48, at 130.

他试图以此来调和适用外国法与主权观念之间的冲突。[103] 保尔·沃特(Paul Voet)从《学说汇纂》(*Digests*)中借用了"礼让"(*comitas*)一词[104],并加以发挥。[105] 保尔之子约翰尼斯·沃特(Johannes Voet)解释道,礼让理念植根于开明的自利与方便原则之中。[106] 乌尔里克·胡伯(Ulrich Huber)则将礼让作为其理论的试金石。与罗登博格及沃特父子坚守法则区别说的传统理论构架不同,胡伯不再因循人法、物法与混合法的法律分类法[107],而是试图从主权与礼让这两个孪生概念中直接推演出一套冲突法制度。

胡伯的学位论文题为"论各国各种法律的冲突"(*De conflictus legum diversarum in diversis imperiis*)[108],其篇幅仅有 10 页。该论文第一章题为"问题确实产生于法庭、运用于法庭,但应属于国际法,而非民法"。[109] 胡伯论述如下:

> 问题的解决不能只依靠对民法的推演,还要着眼于实际方便与国家间的默契。尽管一国的法律在另一国不能直接产生效力,但是,按某一地法律系为有效的交易,若因另一地法律有不同规定就变为无效,则会对商业与国际惯例造成极大不便。[110]

如上文及其标题所示,胡伯将礼让植根于国际法之中。不

---

[103] See *id.* at 132—133.
[104] *Id.* at 136—138.
[105] See Yntema, *supra* note 52, at 23; *see also* M. GUTZWILLER, *supra* note 48, at 137.
[106] M. GUTZWILLER, *supra* note 48, at 144—145; *see* Yntema, *supra* note 52, at 24.
[107] M. GUTZWILLER, *supra* note 48, at 156.
[108] U. HUBERUS, PRAELECTIONES IURIS ROMANI ET HODIERNI PARS 2, lib. 1, tit. 3 (1689), *reprinted in* E. LORENZEN, SELECTED ARTICLES ON THE CONFLICT OF LAWS 162—180 (1947) (with an English translation).
[109] E. LORENZEN, *supra* note 108, at 162. 拉丁原文是:"*Origo et usus hujus Quaesiti forensis quidem, at juris Gentium magis quam civilis.*" 到那个时候,万民法开始指国际法,格老秀斯用的就是该术语的这个意思。
[110] *Id.* at 164—165.

过,依他之见,适用外国法并非绝对的义务。根据著名的胡伯"三原则"中的最后一项[111],如果在外国"获取的权利"(right acquired)会损害法院地"行使权利之权力"(power of rights),主权国家就可以拒绝承认之。[112] 胡伯的论文篇幅虽短,却对冲突法作出了巨大贡献,主要表现以下 5 个方面:敲响了法则区别说的丧钟;将冲突法停泊在国际法的港湾中;强调判决的一致性;遥启了既得权理论;引入了公共政策保留。

胡伯力图调和横亘在主权与跨国贸易实际需求之间的矛盾,但其努力缺乏说服力。将礼让这一含义模糊的理念作为他的"解围之神"(deux ex machina),更备受批判。[113] 只要一国法院可以援用公共政策任意排除外国法的适用,判决一致的理想就永远如水中月、镜中花。依据既得权理论,法院不适用外国法,仅执行在外国创设的权利,这完全是诡辩之辞。

不过,可以公允地说,在整个这一时代,冲突法学者依赖类似的自相矛盾的主张来调和一对无法调和的矛盾:主权的地域限制与跨国交易的自由流转。胡伯的理论尽管存在诸多缺陷,但其贡献不可小觑。正如有评论道:"他的著述虽仅有区区 10 页,但在整个法律史上,这 10 页纸被引用的次数、所吸引的读者大概再难找到与之匹敌者。其著述表述清晰,言之有据,毫无腐儒之气,故而独树一帜。"[114] 事实上,胡伯的冲突法著述对美国与英国冲突法的影响,比其他任何著作都更为深刻。[115]

---

[111] *See id.* at 164.
[112] *Id.*
[113] *See*, *e. g.*, 1 H. BATIFFOL & P. LAGARDE, *supra* note 82, at 270—271; G. CHESHIRE & P. NORTH, *supra* note 82, at 4.
[114] F. HARRISON, ON JURISPRUDENCE AND THE CONFLICT OF LAWS 116 (1919). 用莱内(Lainé)的话:"胡伯写了 10 页纸,但其分量有如 10 卷。"2 A. LAINE, *supra* note 50, at 96.
[115] E. LORENZEN, *supra* note 108, at 136.

3. 英格兰流派

(a) 普通法法院

与欧洲大陆法律的斑驳多样不同,英格兰拥有统一的法律制度,缺乏冲突法生存的土壤。[116] 中央法庭拥有凌驾于封建法庭与当地法庭之上的权威,从而造就了普通法。与王室法官相似,中央法庭的管辖权遍达全国各地。因此,与意大利、法国与荷兰不同,英格兰内部不会产生法律冲突问题。[117] 英格兰是一个海上强国,其公民当然会游迹外国,并在当地取得财产、订立合同,或遭受侵害。但是,除非商事或海事法院享有管辖权,这类因涉外交易产生的纠纷不会在英格兰受审。普通法法官不能审理这些案件,是因为需要从纠纷发生地的附近选出陪审团成员。由于外国人不能担任陪审员,所以,普通法法庭不得不以确定案件的事实实质性超出国界为由,驳回起诉。[118] 这样一来,原告只能在外国寻求救济。职是之故,英格兰法院在执行外国法院判决的问题,素有自由与大度之传统。[119]

拒绝审理涉外案件显然不公。为匡扶正义,英格兰的律师们最终求助于一种典型的普通法策略:比如,在一个侵权案中,原告的受侵害地在布鲁塞尔,他可以假称该城市位于英格兰,英格兰法庭会接受这一拟制的指称。如此,该案件就可以提交由英格兰的陪审团审理了。1625年,有一位法官在审理发生于德国汉堡的一个案件时,有如下话语:

---

[116] 英格兰冲突法的演化历史 *see* generally G. CHESHIRE & P. NORTH, *supra*, note 82, at 23—26; Sack, Conflicts of Laws in the History of the English Law, in 3 Law: A CENTURY OF PROGRESS 342 (1937).

[117] Sack, *supra* note 116, at 344.

[118] *See id.* at 344—349.

[119] *See id.* at 381—385.

应假设汉堡就位于伦敦,否则,我们便无法对这一诉讼行使管辖权。汉堡虽然事实上位于海外,但作为法官,我们并未对此加以认知。[120]

直到 1774 年,一名被错误监禁在梅诺卡岛*的原告提起诉讼时,还不得不指称,"该岛位于伦敦圣玛丽(St. Mary le Bow)教区齐普(Cheap)行政区"。[121] 当被告勇敢地指摘这一地理谬误时,曼斯菲尔德勋爵(Lord Mansfield)发现他自己"在判断原告律师是否真打算对此进行辩驳的问题上,陷入了一种非常尴尬的境地";[122] 他进而指出:"法律……发明出一种拟制,其目的是促进公正……法律拟制故而永远不得被驳斥。"[123]

(b) 海事及商事法院

管辖权属于英格兰,即意味着适用英格兰法,缘此,无法律选择规则之必要。但是,普通法法院的这一做法并不能涵盖该国处理跨国问题的全部情形。普通法是为了满足封建社会之需要而发展起来的,面对国际交易问题,它显然无从适应。于是,一些特殊法院被赋予管辖权,以处理商事与海事案件。此种情形与希腊与罗马十分近似。[124] 这些法庭在审理案件时不适用普通法,而

---

[120] " [N]ous doiomus entend Hamburgh d'estre diens London, p. mainteyñ l'action, quia aliter serroit hors de nostre jurisdič. Et si en verity nous sciamus le date d'estre al Hamburgh ouster le mere, vnč come Judges ne prisamus notice qest ouster le mere." Ward's Case, 82 Eng. Rep. 245, 246 (K. B. 1625).

* 梅诺卡岛(Island of Minorca)是西班牙巴利阿里群岛(the Balearic Islands)中的第二大岛,位于地中海西部。——译者注

[121] Hostyn v. Fabrigas, 98 Eng. Rep. 1021, 1022 (K. B. 1775).
[122] Id. at 1031.
[123] Id. at 1030.
[124] See J. PLUCKNETT, supra note 75, at 660—664; Sack, supra note 116, at 349—356.

是以据信有普适效力的判例法规则为依据。[125] 英格兰商事法院适用通行于欧洲的商人法,海事法院的法官则仰赖跨越时空的各种法源,如《罗得海法》(Sea Law of Rhodes)、《海事习惯法汇编》(Consolat de Mar)、《奥雷隆法规》(the Rôles d'léron)以及《威斯比法》(Laws of Wisby)。[126] 英格兰法官援用"万国法"(law of nations)或"万民法"(ius gentium)这类特殊规则体系绝非偶然。[127] 与外事裁判官相似,[128],商事与海事法院亦依赖在比较基础上形成的新规则,不仅在这一点上英格兰与罗马具有可比性,英格兰的这两个法律分支与罗马万民法之间还存在历史联系。[129] 在勒克诉莱德案(Luck v. Lyde)中,曼斯菲尔德勋爵援用海事法时,为强调这种亲源性,几乎逐字逐句地援引了西塞罗的话:"希腊与罗马都没有别样的法律,不论是现在还是过去;相同的规则适用所有国家与所有时代(non erit alia lex Romae, alia Athenis; alis nunc, alia posthac; sed et apud omnes gentes et omni tempore, una

---

[125] See Wieaker, supra note 75, at 660—664. 诚如曼斯菲尔德勋爵所言:"海事法不是某特定国家的法律,而是各国通行的法律。"Luke v. Lyde, 97 Eng. Rep. 614, 67 (K. B. 1759). 布莱克斯通(Blackstone)认为:"商业事务由其自身的法律所规制,称为商人法(lex mercatoria),所以国家均同意遵守该法。" 1 W. BLACKSTONE, COMMENTARIES *264.

早先,一本权威著作强调了海事与商事法的超国家性质,将之称为"所有王国与联邦批准的习惯法,而不是由任何某一国家君主创立的法律。" G. MALYNES, CONSUETUDO, VEL, LEX MERCATORIA: OR, THE ANCIENT LAW-MERCHANT, Preface (3d ed. 1686).

[126] 英格兰一直保留了这种比较法传统,甚至在普通法法官侵蚀了商事与海事法院的管辖权之后,依然如此。美国早期的海商案件亦倚赖于外国法源。See, e. g., Luke, 97 Eng. Rep. At 619 (Lord Mansfield); De Lovio v. Boit, 7 F. Cas. 418, 419 (C. C. D. Mass. 1815) (No. 3,776) (Story, J.).

[127] See. e. g., Luke, 97 Eng. Rep. at 617; Mogadara v. Holt, 89 Eng. Rep. 597,598 (K. B. 1692).

[128] 波洛克指出,梅因在著述中已提到罗马万民法与商人法起源的可比性, supra note 35, at 398—399.

[129] See T. PLUCKNETT, supra note 75, at 657—658; F. SANBORN, supra note 75, at 40—41; Holdsworth, Foreword, id. at ix.

eademque lex obtinebit)。"[130]

显而易见,若有超越国界的法律体系直接支配多国交易,就无法律选择规则的生存空间。与普通法不同,海事法依其性质,在全世界范围内都可以适用。于此背景下,在普通法法官拒绝审理国际案件的时期,当事人就经常在海事法院提起诉讼,即使诉讼标的在严格意义上并不属于海事性质。[131] 发生于外国的事实等同于在英格兰发生,只有接受了这种拟制后[132],普通法法院才能审理涉外纠纷。到那时,普通法院也声称它有权受理商事案件,于是便开始侵蚀海事法院的管辖权。[133] 一段时期内,法官仍将商人法视为一套独立的规则体系,一种与普通法不同的惯例。但是,约进入18世纪后,法官无须再援引与证明商事规则。由于将这些规则看成法律,而不仅仅是惯例,法院就将商人法融入普通法之中。[134] 这样一来,英格兰的"市民法"最终吸收了万民法,并得以丰富与完善,其情形与罗马雷同。

(c) 英格兰冲突法

一旦英格兰法院将原先超越国家的法律"国家化"(nationalize),他们就面临一个新的问题:在处理性质为国际交易的案件时,是应当继续适用法院地法,还是在适当时机应同时参照外国法呢? 1752年,在审理斯克里谢诉斯克里谢案(*Scrimshire v. Scrimshire*)时[135],爱德华·辛普森爵士(Sir Edward Simpson)的论述回答了上述问题。在该案中,他判决一对住所在英国的英国公

---

[130] 97 Rep. at 617. 在大西洋彼岸,斯托里法官(Justice Story)在探讨"海商法的宏大体系(great system of maritime law)"时,也引用了这段话。*See* De Lovio, 7 F. Cas. At 443.

[131] *See* Sack, *supra* note 116, at 353, 356—357. 对商事法院而言,也有近似的"挑选法院" *see* T. PLUCKNETT, suprs note 75, at 661.

[132] *See supra* notes 120—123 and accompanying text.

[133] *See* T. PLUCKNETT, *supra* note 75, at 663; Sack, *supra* note 116, at 370—374.

[134] *See* T. PLUCKNETT, *supra* note 75, at 663—664; Sack, *supra* note 116, at 376.

[135] 161, Eng. Rep. 782 (Consist. 1752).

民于法国缔结的婚姻无效,理由是不符合法国关于婚姻形式要件的规定,他指出:

> 本院为何不能参照外国法?这样做并无半点违法之处。……我可以做如下推断:所有国家均同意遵守万民法,不同国家关于结婚的庄严形式均应予严格遵守,同理,契约应由契约订立地所在国的法律支配……万民法是每个国家的法律,对每个国家的臣民均有约束力;每个国家均应参照之,本院亦应遵守之……因此,不能说本案是依据法国法来判定英格兰人的权利,法院依据的实际上是英格兰法,须知万民法是英格兰法的组成部分。
>
> ……
>
> 英格兰法在商事与海事领域参照万国法,因为这些问题关系到所有国家的利益;婚姻适用婚姻缔结地法,因为所有国家对该问题亦有同等利益……故此,我认为,这是万民法,本院以及所有法院均须参照之。[136]

法官使用"万民法"这个术语来暗指冲突法,不仅表明语言上的重大变化,也昭示着法学理论的深刻演变:超国家的法律选择规则取代了具有普适效力的法律。但是,鉴于英格兰并没有发展出此类规则,法院该到何处去寻找呢?斯克里谢案的判决意见指明了寻找法律根据的路径:爱德华勋爵(Sir Edward)从欧陆学者的著作中发现了婚姻缔结地法(lex loci celebrationis),他特别援引了约翰尼斯·沃特(Johannes Voet)的著述。[137]

斯克里谢案预示着英格兰冲突法即将步入"欧陆化"进程。1707年,英格兰与苏格兰订立《合并条约》(Treaty of Union)。依据此条约,苏格兰保持其法律制度不变[138],这便利了英格兰冲突

---

[136] Id. at 790, 791.
[137] See id. at 789.
[138] See A. ANTON, PRIVATE INTERNATIONAL LAW 7—8 (2d ed. 1990).

法的"文明化"进程。由于苏格兰法律属于民法法系,不少法律制度与英格兰差异显著,这样,英国内部的法律选择问题就应运而生。苏格兰有许多法学家曾就读于欧洲大陆,留学荷兰者尤为众多。因此,他们熟谙大陆法学者的冲突法著述[139],并在苏格兰的案件中加以频繁援引。[140] 事实上,探讨冲突法的第一本英文著作就出自于一位苏格兰法官之手。这位苏格兰法官名为亨利·霍姆(Henry Home,亦称凯姆斯勋爵(Lord Kames)),他的写作风格受法则区别说影响甚巨。[141] 曼斯菲尔德勋爵也是一位苏格兰人,他通晓拉丁语,博览大陆法学者的著述,并对冲突法作了比较研究。在罗宾逊诉布兰德案(Robinson v. Bland)中[142],曼斯菲尔德援引一些大陆法学者的著述,作出了一个具有里程碑意义的判决意见。在该案中,曼斯菲尔德采纳了由胡伯[143]所首倡的观点,即合同首先受当事人设想的法律支配——该观点与杜摩兰的"默示协议"[144]的思想十分接近。曼斯菲尔德指出:

> 礼让与万民法确立的基本规则是,在解释与执行合同时,应考虑合同订立地,而非诉讼地。但是,在当事人(缔结合同时)有意考虑另一王国时,该规则亦允许例外。[145]

后来,有很多英格兰判例都以欧陆学者的观点为依据。有一位律师的意见如下:

> 在这个问题上,英格兰缺少权威法律……但是,外国法

---

[139] Id. at 11.
[140] K. NADELMANN, CONFLICT OF LAWS: INTERNATIONAL AND INTERSTATE 4 (1972).
[141] K. KAMES, PRINCIPLES OF EQUITY 345—374 (2d ed. 1767) 关于凯姆斯的民法背景,see I. ROSS, LORD KAMES AND THE SCOTLAND OF HIS DAY 20—25 (1972); Anton, The Introduction Into English Practices of Continental Theories on the Conflict of Laws, 5 INT'L & COMP. L. Q. 534, 535 (1956).
[142] 97 Eng. Rep. 717 (K. B. 1760).
[143] "适用合同缔结地并非是绝对的,若当事人在缔约时考虑另一地的法律,后者优先适用。"[由劳伦森翻译,supra note 108, at 174]。
[144] See supra note 85 and accompanying text. Huber, However, did not cite Dumoulin.
[145] 96 Eng Rep. at 141. See also 97 Eng. Rep. at 718.

学家已予以深入讨论……在某些问题上,我们的法院已习惯于援用他们的意见……这些问题应当依据法律的基本原则,而不是任何本地法典的特别规则。[146]

因此,一旦放弃了早先援用本地法与特别实体规则来判决跨国贸易案件的做法,英格兰法院就用民法理论知识来填补空白。用韦斯特莱克(Westlake)的话:"在国际私法领域,英格兰继受了欧洲大陆的学说理论。"[147] 毫无疑问,在欧陆学者中,胡伯的影响最大,他的学说至今仍能见其踪迹。他认为,合同受当事人所设想的法律所支配[148],这种观点在罗宾逊诉布兰德案中被曼斯菲尔德所认可,并被英格兰"自体法"理论所吸纳。[149] 不过,韦斯特莱克指出,曼斯菲尔德的用语模糊不清,[150] 所谓当事人默示的期望徒为虚拟之物。[151] 后来,韦斯特莱克对胡伯的观点予以客观化,提倡适用与交易有"最真实联系"的法律。[152] 然而,即使在今天,英格兰法院还时常会援用胡伯的主观标准。[153]

事实证明,胡伯关于"在外国境内获得的权利应予执行"的论述产生了更为深远的影响。[154] 霍兰(T. E. Holland)提升了这一未经深思的论述的高度,将之奉为英美法的圭臬。他说:"表面上看,是某一外国法律获得了域外效力,而实际上是依该外国法创设并定义的权利得到了内国法院的认可。"[155] 正如他在脚注中所言:"'既得权'(vested right)是整个议题的基石;该理论已被胡

---

[146] Potinger v. Wightman, 36 Eng. Rep. 26, 29 (Ch. 1817).
[147] J. WESTLAKE, A TREATISE ON PRIVATE INTERNATIONAL LAW 10 (N. Bentwich 6th ed. 1922).
[148] See supra notes 85, 143 and accompanying text.
[149] 那种理论 see generally G. CHESHIRE & P. NORTH, supra note 82, at 447—466.
[150] J. WESTLAKE, supra note 147, at 288.
[151] Id. at 290.
[152] Id. at 289.
[153] see generally G. CHESHIRE & P. NORTH, supra note 82, at 460—462. 相关解释 see Juenger, supra note 85, at 304—305.
[154] See supra note 112 and accompanying text.
[155] T. HOLLAND, THE ELEMENTS OF JURISPRUDENCE 418 (11th ed. 1910).

伯详尽阐释。"[156]霍兰的好友戴雪(Dicey)从他那里汲取了这一理论[157],并在著述中将之阐扬,一部传世之作因而得以诞生。[158]经由戴雪,胡伯的理论又漂洋过海,传到了大洋彼岸的美国。约瑟夫·比尔(Joseph Beale)正是以之为理论基础,编纂了美国《第一次冲突法重述》(the first Restatement of Conflict of Laws)。[159]

4. 美国冲突法的起源

美国为冲突法的产生与发展提供了理想的温床,其情形与中世纪的意大利、大革命前的法国与黄金时期的荷兰非常近似。在美国,除路易斯安那外,各州都继承了英格兰普通法。但是,早在美国独立革命以前,殖民地法庭在适用法律时就拥有相当大的自由裁量权,不必因循英格兰法院所确立的规则。美国独立后,各州成文立法与判例法的分歧进一步加大,法律选择问题遂浮出水面。美国法官在面对这些问题时,有不少渊源可供指导,包括英格兰判例法、凯姆斯的《衡平原则》(Principles of Equity),当然,还有胡伯的《论各国各种法律的冲突》。胡伯的这篇文章经由曼斯菲尔德在罗宾逊诉布兰德案中的援引,在美国闻名遐迩。[160]该文的英文版刊于《美国联邦最高法院报告》[161],这足以证明其在美国的权威地位。

---

[156] Id. at 418 n.2.
[157] "在思想上,我受惠于好友兼同事霍兰德教授,对此,我诚深铭感,谨表谢意。可以说,我所有的国际私法思想都直接受其观点影响,这其中,既有他在著述中阐述的观点,也有他口头表达的意见。"A. DICEY, A DIGEST OF THE LAW OF ENGLAND WITH REFREENCE TO THE CONFLICT OF LAWS vii (1896).
[158] 戴雪"基本原则的第一项"如下:"依据任何文明国家的法律正当获得的任何权利,英格兰法院均应予于承认;通常情况下,也应予执行。非经正当获得的权利,英格兰法院不予执行,通常情况下,也不予承认。"Id. at xliii and 22; see also id. at 5 (citing Holland), 9, 10, 15, 23—32.
[159] See D. CAVERS, supra note 57, at 5—6.
[160] See K. NADELMANN, supra note 140, at 3—5.
[161] 3 U.S. (3 Dall.) 370 n. * (1797). See K. NADELMANN, supra note 140, at 5.

(a) 一个美国早期判例

路易斯安那是美国唯一属于民法法系的州;然而,该州最高法院起初却忽视了胡伯的学说。19 世纪早期,在索尔诉其债权人(*Saul v. His Creditors*)案[162]中,波特(Porter)法官作出了一份具有里程碑意义的判决意见。事实上,这份意见所流露出的,恰恰是对欧洲学说的深度怀疑。波特法官抱怨道:"律师的研究搬出了浩如烟海的学理,依我们之见,这让冲突法更加玄虚与复杂。"[163]在该案中,波特法官评述了众多权威法律及学理(包括《路易斯安那民法典》(Louisiana Civil Code)、《七编法》、西班牙释评家的论述、欧洲和美国判例、以及从巴托鲁斯到梅林(Merin)的意大利、法国与荷兰学者的学说),他的判决意见左右了美国婚姻财产冲突法的发展。[164] 尽管如此,他却没有提及胡伯,这令人不解。如果考虑到波特法官认为,他处理的问题触及"国际礼让"(comity of nations),他对胡伯的忽略就更让人生疑了。[165] 除了没有提及胡伯以外,索尔案判决意见的另一显著特点是:它堪为比较研究之典范。比较研究的材料是由败诉方代理律师塞缪尔·利弗莫尔(Samuel Livermore)提供的。利弗莫尔受训于哈佛大学,对冲突法与比较法怀有浓厚兴趣。[166] 他为该案所做的律师意见书篇幅为 80 页,理论深邃。尽管对他的当事人而言,这份律师意见书几乎没有起到什么作用,但它却为美国法官与律师们提供了一个外国法渊源的宝库。

---

[162] 5 Mart. (n. s.)569(La.1827).
[163] Id. at 571—572.
[164] See Juenger, *Marital Property and the Conflict of Laws*: *A Tale of Two Countries*, 81 COLUM. L. REV. 1061. 1066—1074, 1078—1079 (1981).
[165] *Saul*, 5, Mart. (n. s.) at 596 (emphasis added).
[166] See K. NADELMANN, supra note 140 at 7. 关于利弗莫尔的背景,*see* de Nova, *The First American Book on the Conflict of Laws*, 8 AM. J. LEGAL HIST. 135 n. 1 (1994).

(b) 第一本美国冲突法著作

利弗莫尔虽然败诉,但美国冲突法由此获益,真可谓失之东隅,收之桑榆。路易斯安那最高法院所作出的败诉判决,促使利弗莫尔萌发了撰写一本冲突法专著的念头。1828 年,他出版了一本名为《论由不同州与国家实定法冲突引发之问题》的著作*,该书书名借自布勒诺(Boullenois)**之处。[167] 该书的主旨是推翻胡伯的礼让学说,并希望将法则区别说理论介绍到美国。[168] 尽管利弗莫尔再次遭遇失败,但是,他至少提供了大陆法与普通法在该领域的详尽书目,并对相关资料进行了汇编。仅这一点,就弥足珍贵。此外,他将其倾心收集的比较文献留在哈佛大学,斯托里(Story)因而得以对这些资料加以有效利用,这可以算作利弗莫尔对美国冲突法所做的间接贡献。[169]

(c) 斯托里

6 年后,即 1834 年,约瑟夫·斯托里(Joseph Story)出版了《冲突法评述》(Commentaries on the Conflict of Laws)。与利弗莫尔的冲突法专著备受冷落形成鲜明对照,斯托里的《冲突法评述》广受欢迎,一举成为畅销书。斯托里是美国联邦最高法院的一名杰出法官,兼任哈佛大学戴恩(Dane)讲座法学教授。同利弗莫尔一样,他对比较法兴致昂然。斯托里对民法法系的理论纷

---

* 该书英文名为:"Dissertations on the Questions Which Arises from the Contrariety of the Positive Laws of Different States and Nations"。——译者注

** 路易·布勒诺(Louis Boullenois)生于 1680 年,卒于 1762 年,是法国历史上著名的法学家。他对达让特莱的"属地主义为原则属人主义为例外"的观点加以修正,扩充了"人法"的适用范围,赞成法律具有域外效力。这些见解对 1804 年《法国民法典》的编纂产生了重要影响。——译者注

[167] See K. NADELMANN, supra note 140, at 8.
[168] Id.; de Nova, supra note 166, at 145.
[169] See K. NADELMANN, supra note 140, at 10, 34. But cf. de Nova, supra note 166, at 136 n. 1.

争嗤之以鼻,认为"这些理论上的分歧除了引发无聊的讨论外,没有任何益处",他进一步指出:"这些形而上的精妙思想深奥难懂,未将探究者引入迷途就算是幸事了。"[170]尽管如此,他还是承认,与普通法学者相比,欧洲先辈们"是以一种更加综合的哲学体系来审视冲突法,即便这种视角未必较前者更加开通。"[171]斯托里频繁地援引大陆法学者的丰厚著述,并对利弗莫尔心存感激。因为斯托里深知,正是利弗莫尔的著作及其遗留在哈佛大学的大量文献资料,才使他有机会接触到欧陆学者的著述。[172]

不过,《冲突法评述》也受到了多方诟病。其中,被指摘最多的是,斯托里对外国学者的著述不加取舍地加以摘录与汇编。[173]该著作因而被称为"最不具科学性和总结性的著述之一"[174],全书还被指摘缺少"最高指导原则。"[175]诚然,对舶来之物加以兼收并蓄,确系斯托里之长[176],但是,他所做的远非重复他人所言,也不仅限于将种种舶来理论融到普通法之中。在撰写《冲突法评述》第1版的过程中,斯托里倾其心血,不但整理与评析了大量欧陆文献,更对美国、英格兰及苏格兰的500多个案例进行了研究。[177]更为重要的是,他没有为浩繁的细枝末节所困扰,而是将这些淹博资料以一种系统化的方式综合整编成一部内容丰富的著作。[178]凭借着独到的司法洞察力、丰富的经验,以及在实践中

[170] J. STORY, *supra* note 9, at 12.
[171] *Id.*
[172] *Id.* at 13 n.1. *See also* de Nova, *supra* note 166, at 138 & n.10.
[173] 纷繁复杂的各种观点,源于浩如烟海的冲突法理论,它们价值理念各有不同,时间跨越5个世纪,被拼凑在一起,其情形有如词典里罗列的各个单词。F. HARRISON, *supra* note 114, at 119—120.
[174] *Id.* at 119.
[175] 1 C. VON BAR, THEORIE UND PRAXIS DES INTERNATIONALEN PRIVATRECHTS 65 (2d ed. 1889).
[176] *See* 1 A EHRENZWEIG, PRIVATE INTERNATIONAL LAW 54 (1967)("坦言之,斯托里的著作折中性很强,因而缺乏理论上的一致性。")
[177] K. NADELMANN, *supra* note 140, at 12, 27.
[178] *Id.* at 34.

炼就的对冲突法规则与原则的领悟力,他为实践问题的解决提出了可接受的方法。

斯托里文笔优美,并在著作中首创"国际私法"(private international law)这一术语。该术语至今仍为英格兰以及民法法系国家所广泛使用。[179] 斯托里虽引用了法则区别说学者的著述,但明确反对法则区别说学者与利弗莫尔所推崇的单边主义方法。[180] 斯托里对胡伯的原则[181]与礼让观念赞赏有加[182],因此,他所提倡的是一种多边主义方法。[183] 不过,这种法律选择哲学并没有使他忽视解决多国法律问题的其他可替代方法。在斯威夫特诉泰森(Swift v. Tyson)案中[184],斯托里作出了一个著名的、同时也备受批判的判决意见。在该意见中,他假定美国联邦普通法近似于万民法,应适用于州际及国际案件。西塞罗曾认为自然法具有普适效力,这一观点被曼斯菲尔德勋爵加以转述[185],斯托里援引了这一论点,指出票据应受普通商法,而非特定国家的法律支配。[186]

斯托里不畏辛劳,投身于学术工作,最终赢得了成功的桂冠,可谓一分耕耘,一分收获。自巴托鲁斯以来,还没有哪一位学者的冲突法著述,也许除了胡伯的论文(在英美法世界)之外,其影响力堪与斯托里匹敌。[187] 事实上,《冲突法评述》的声誉早已超越了普通法

---

[179] See supra note 9 and accompanying text.
[180] See J. STORY, supra note 9, at 13—25.
[181] See id. at 35, 37 and passim.
[182] See id. at 38, 41—43.
[183] Cf. 3 J. BEALE, A TREATISE ON THE CONFLICT OF LAWS 1965 (1935). But cf. A. EHRENZWEIG, supra note 55, at 324, 343.
[184] 41 U.S. (16 Pet.) 1 (1842), overruled, Erie R. R. Co. v. Tompkins, 304 U.S. 64 (1938).
[185] See supra note 130 and accompanying text.
[186] Swift, 41 U.S. (16 Pet.) at 19.
[187] See supra notes 114—115 and accompanying text.

世界[188],连萨维尼也对斯托里深表敬意[189],马丁·沃尔夫(Martin Wolff)则将这位美国学者尊称为"全世界的幕后老师"。[190] 在斯托里著述的批判者中,哈里森(Harrison)可能是言辞最尖锐的一位[191],即便如此,他还是承认"国际私法的新纪元,很可能就肇始于斯托里的著述"。[192] 英特马(Yntema)则认为,《冲突法评述》"以比较法的视角对大陆法理论与英美法先例进行了开创性研究,其学术洞见之深,至今仍无著作能出其右;而堪与其齐肩者,不论是在英格兰、美国,抑或其他地方,都是少之又少"。[193]

唯有比尔(Beale)对斯托里不屑一顾,指责他过分依赖外国的权威著述。[194] 比尔用一种远为狭隘的视角取代其前辈温文尔雅的学术观点,自此,美国冲突法开始陷入困境。比尔反对礼让观念[195],他追随戴雪(Dicey)[196],以既得权学说取而代之[197],——该学说在理论基础上的明显缺陷引发了"冲突法革命"。当下,美国法院与学者正为此而大伤脑筋。

---

[188] *See, e. g.*, E. LORENZEN, *supra* note 108, at 192—194, 102-02; Graveson, *The Comparative Evolution of Principles of the Conflict of Laws in England and the U. S. A.*, 99 COLLECTED COURSES 21, 33 (1960-Ⅰ); de Maekelt, *General Rules of Private International Laws in the Americas*, 177 COLLECTED COURSES 193, 240—242 (1982-Ⅳ).

[189] 8 F. VON SAVIGNY, SYSTEM DES HEUTIGEN RÖMISCHEN RECHTS iv (1849). *See also* K. NADELMANN, *supra* note 140, at 12.

[190] M. WOLFF, INTERNATIONALES PRIVATRECHT 17 (1933).

[191] *See supra* notes 173—174 and accompanying text.

[192] F. HARRISON, *supra* note 114, at 119.

[193] Yntema, *supra* note 36, at 307. "毫无疑问,在其出版之时,斯托里的《冲突法评述》是自13世纪以来,所有国家、所有语言中最为杰出和精彩的冲突法著述。" E. LORENZEN, *supra* note 108, at 193—194.

[194] 1 J. BEALE, A TREATISE ON THE CONFLICT OF LAWS x—xi (1935).

[195] *See id.* at 53; 3 J. BEALE, *supra* note 183, at 1964—1965, 1967.

[196] 3 J. BEALE, *supra* note 183, at 1969—1970. *See also supra* notes 157—159 and accompanying text.

[197] *See* 1 J. BEALE, *supra* note 194, at 64, 307; 3 J. BEALE, *supra* note 183, at 1967—1969, 1973, 1974.

5. 两位德国学者

在斯托里出版了《冲突法评述》后不久，有两位德国学者对我们这个学科作出了重要贡献。

（a）韦希特尔（Wächter）

1841年至1842年期间，卡尔·乔治·冯·韦希特尔（Karl Georg von Wächter）发表了一篇长文。该文分4次刊载在德国的一家法学期刊上，其中一些内容可称为有史以来对冲突法理论最为尖刻的批评。[198] 韦希特尔是传统的叛逆者，他批驳法则区别说[199]，反对既得权理论的循环论证[200]，对礼让说不假辞色。[201] 遗憾的是，他并没有谈及斯托里，尽管可以确定，他必定对《冲突法评述》有所了解。因为德国的一份法学杂志曾刊登过关于该书的述评[202]，而韦希特尔的文章恰恰援引过该期杂志。[203] 韦希特

---

[198] Wächter, *Über die Collision der Privatrechtsgesetze verschiedener Staaten* (pt 1), 24 ACP 230 (1841), (pts. 2, 3 & 4) 25 ACP 1, 161, 361 (1842). Concerning Wächter see generally Q. ALFONSÍN, *supra* note 73, at 111—120; N. SANDMANN, GRUNDLAGEN UND EINFLUSS DER INTERNATIONALPRIVATRECHTLICHEN LEHRE CARL GEORG VON WÄCHTERS (1979); Nadelmann, *Wächter's Essay on the Collision of Private Laws of Different States*, 13 AM. J. COMP L. 414 (1963) (with translation of Wächter's "Guiding Principles" and Wächter's reply to Savigny's criticism).

[199] Wächter, *supra* note 198, at 24 ACP 270—311.

[200] *Id.* at 25 AcP 1—9. 韦希特尔如是说：
　　这种观点主张法院对依外国法在境外创设的法律关系有绝对的保护义务。但该观点的理论前提尚未建立起来，因为这是将一种有待证明的东西预先假定其存在，即法律关系以外国法而非法院地法为依据。对于某人是否能因一境外行为取得权利这个问题，从根本上说，取决于该行为是受外国法，还是法院地法支配。

[201] *Id.* at 12—15.

[202] Mittermaier, *Collision der Gesetze verschiedener Staaten*, 7 KRITISCHE ZEITSCHRIFT FÜR RECHTSWISSENSCHAFT UND GESETZGEBUNG DES AUSLANDES 228 (1835).

[203] Wächter, *supra* note 198, at 25 ACP 235 n. 9. *See* N. SANDMANN, *supra* note 198, at 20.

尔对这本当时最为重要的著作视而不见,这令人颇为不解。韦希特尔欠缺外语能力,可能是其中原因。[204] 这或许还可以解释他的如下观点:"审视外国,尤其是英格兰与北美的实践与法学理论,这本身确实有趣",但是,"对于在德国生效的实定法而言……这相当不合时宜"。[205]

这一论断后来被比尔所附和,在批评斯托里过分依赖外国著述时,他对之加以引用。[206] 韦希特尔是一位法律实证主义者。他认为,在判断一个法律关系应受何种法律支配的问题上,法官应当看"他本人受之支配的法律,即支配其所在国的法律,这一点殆无疑义"。[207] 韦希特尔法院地法至上的观点,源于其民族中心主义信仰。他的观点植根于这样一种推定,即法官不过是实现立法者意志的工具。[208] 韦希特尔提出了三项"指导原则"[209],依据第一项原则,在法院地法明确规定了准据法时,法院必须遵循之。[210] 若无明确规定,法官在面对法律冲突问题时应当分析法院地法,依其"精神",是否必须被解释为应当适用,即使该案含有涉外因素。[211] 最后,若经上述分析后,准据法仍有疑义,法官应按照有利于法院地法的方式加以解决。[212]

韦希特尔的原则为当代单边主义者,如柯里(Currie)与艾伦

---

[204] N. SANDMANN, *supra* note 198, at 19 n. 5. 桑德曼注意到韦希特尔只参引过 1 本 1717 年以后出版的非德国文献。*Id.* at 19.

[205] Wächter, *supra* note 198, at 25 ACP 33(批评 W. SCHAEFFNER, ENTWICKLUNG DES INTERNATIONALEN PRIVATRECHTS(1841),该书在很大程度上仰赖于斯托里《冲突法评述》(第 1 版)。*See* N. SANDMANN, *supra* note 198, at 19.

[206] 1 J. BEALE, *supra* note 194, at x—xi.

[207] Wächter, *supra* note 198, at 24 ACP 237.

[208] *Id.* at 239, 265.

[209] *Id.* at 261, 263, 265. 这些原则的译文 *see* Nadelmann, *supra* note 198, at 417, 419, 421.

[210] Wächter, *supra* note 198. at 24, ACP 261.

[211] *Id.* at 263, 267.

[212] *Id.* at 265.

茨威格（Ehrenzweig）所奉行的法院地中心方法埋下了伏笔。[213]与艾伦茨威格相似，韦希特尔也承认存在数量有限的"真实"冲突规则。换言之，他相信习惯法意义上的规律选择规则是存在的，譬如，不动产适用不动产所在地法[214]，继承事项适用死者最后住所地法。[215] 他在某种程度上还认可意思自治原则。[216] 不过，韦希特尔的贡献主要体现在：其观点被艾伦茨威格所阐扬，进而发展出"法院地法方法"（lex-fori approach）。[217] 对此，柯里论述如下："正常情况下，即便在涉外案件中，法院也应当理所当然地将法院地法作为判决规则的渊源。"[218]

同柯里一样，韦希特尔强调本地"政策"与"利益"[219]，认为礼让观念、公平、便利以及维护交易安全的多国利益，对冲突法案件的审判并无关联[220]，法官若考虑以上因素，无异于篡夺立法权。[221] 两人都认为，解决冲突法问题，需要依法院地政策来对本

---

[213] See Baade, Foreword, New Trends in the Conflict of Laws, 28 LAW & CONTEMP. PROBS. 673, 675 n.9 (1963); de Nova, General Course, 118 COLLECTED COURSES 435, 455 (1966-II); Wengler, The Significance of the Principle of Equality in the Conflict of Laws, 28 LAW & CONTEMP. PROBS. 822, 829 n.31 (1963); see also D. CAVERS, supra note 57, at 4 n.7.

[214] Wächter, supra note 198, at 25 ACP 383.

[215] Id. at 199, 363. But see id. at 199—200, 364—365, 366—368.

[216] Id. at 35. But see id. at 36.

[217] 1 A. EHRENZWEIG, supra note 176, at 92—93. As de Nova, supra note 213, at 455, 注意到，韦希特尔的方法"相当现代"。

[218] B. CURRIES, supra note 93, at 188. 用韦希特尔的话来说："在法院地法没有明确规定时，他[法官]必须首先从适用于其所在国的具体法律规则的立法意图与精神中寻找解决方法。" Wächter, supra note 198, at 24 ACP 261; see also id. at 263. 如此，他就将冲突法的地位降低为法院地法适用的例外。Q. ALFONSIN, supra note 73, at 115.

[219] Wächter, supra note 198, at 24 ACP 267（"精神与意图"）24 ACP 14（"国家利益"）。

[220] See Wächter, supra note 198, at 24 ACP 267, 25 ACP 12—14。

[221] Compare Wächter, supra note 198, at 25 ACP 14, 27 n.224 with B. CURRIE, supra note 93, at 182, 272, 279, 281.

地判决规则加以解释,从而确定它们的效力范围。[222] 20世纪的单边主义者,诸如艾伦茨威格[223]与斯佩尔杜蒂(Sperduti)[224]都拜读过韦希特尔的著述,并对其中的现代性与吸引力大加赞赏。不过,韦希特尔的思想对欧洲冲突法的影响却微乎其微[225],因为其同胞萨维尼声誉日隆,很快就使他黯然失色。

(b) 萨维尼

1849年,弗德里奇·卡尔·冯·萨维尼(Friedrich Carl von Savigny)出版了《现代罗马法体系》(*System of Current Roman Law*)第8卷[226],该卷集中体现了他的冲突法思想。萨维尼所提倡的方法与韦希特尔的法院地中心思想形同冰炭,势不两立。出版该卷时,萨维尼已为古稀老人。之前,他做过学者、教师和行政官员。[227] 但是,似乎没有迹象表明,在其漫长的职业生涯中,萨维尼曾对冲突法问题有过缜密的思考。因为有韦希特尔的论文和斯托里的著作在先,萨维尼可以在较短的时间内完成该卷的写作。[228] 他处理冲突法这门学科的方法对其著述亦有助益。萨维尼是理论家,与韦希特尔相比,他的著述更加抽象与教条。斯托里在《冲突法评述》(第一版)里援引的判决多达500多个[229],而萨维尼援引的判决仅有区区十余条。在阐明某一观点时,萨维尼

---

[222] Compare Wächter, *supra* note 198, at 24 ACP 261—264 *with* B. CURRIE, *supra* note 93, at 183—184, 367, 434.
[223] "卡尔·乔治·韦希特尔……以其倡导法院地法而闻名。" A. EHRENZWEIG, *supra* note 55, at 322. 艾伦茨威格则被称为"复活的韦希特尔" Makarov, Theorie und Praxis der Qualifikation, 2 FESTSCHRIFT DÖLLE 149, 177 (1963).
[224] *See* G. SPERDUTI, EVOLUZIONE STORICA E DIRITTO INTERNAZIONALE PRIVATO 19 (1970).
[225] *See* N. SANDMANN, *supra* note 198, at 307—312. 韦希特尔的著作经阿方辛(Alfonsín)的翻译和评介在拉丁美洲产生的影响 *see id*. at 311—312.
[226] F. VON SAVIGNY, *supra* note 189. 该卷共两章,第一章涉及法律冲突,第二章涉及时际冲突。
[227] *See* Sturm, *Savigny und das internationale Privatrecht seiner Zeit*, 8 IUS COMMUNE 92, 95—96 (1979).
[228] *See id*. at 95—97.
[229] *See supra* note 177 and accompanying text.

更习惯于依赖于假想的案例,而非法院报告。在序言中,萨维尼写道:"与其他理论相比,本书阐述之理论未臻协调,亦不完美。"[230] 此言实为过谦,因为在构建完善的冲突法大厦的过程中,在使用演绎法的方面,尚无出其右者。萨维尼注意到,世界上还没有国家制订关于法律选择的综合性立法,故该领域还处于理论法阶段[231];他进一步提出,应当以"科学"[232]的方法处理之,建立起一套具有普适效力的规则体系。(对普适性的诉求或许可以解释为什么萨维尼——同其中世纪先辈一样——将冲突法放在罗马法巨著的语境中,尽管他承认罗马人对这个学科贡献甚微。[233])

萨维尼说,对于法律选择问题,可以用两种方式提出:"法律规则的适用范围如何?",或者"它们支配哪些法律关系?"[234] 依其之见,"这两种方式在对待冲突法问题上,只是出发点上不同而已"。[235] 换言之,萨维尼显然认为,单边主义与多边主义不过是同一枚硬币的正反两面。不过,在以后的著述中,除认可"严格实定的、强制性法律规则"外[236],他的讨论仅限于多边规则。所谓"严格实定的、强制性法律规则",是指体现了强烈的道德、政治或经济政策的法律规则,它们不能由外国法替代,故不宜采用多边主义方法。[237] 他举了几个例子:如禁止多配偶制与犹太人获

---

[230] F. VON SAVIGNY, *supra* note 189, at iii. See also *id.* at 30.
[231] *Id.* at 23, 26.
[232] *Id.* at 23, 114.
[233] *Id.* at v, 5, 29, 90—91. See A. ALFONSÍN, *supra* note 73, at 123—124.
[234] F. VON SAVIGNY, *supra* note 189, at 2. See also *id.* at 3, 10—11.
[235] *Id.* at 3. 单边主义者对法律规则适用的范围所进行的探寻,也隐含在萨维尼《现代罗马法体系》第 8 卷中关于冲突法章节的命名上:"支配法律关系的法律规则的本地地域限制"。*Id.* at 1. But cf. *id.* at 122—123 (反对法则区别说理论)
[236] *Id.* at 33—37. See also *id.* at 160—161. 此外,萨维尼还提及,他的多边主义方法对一个相关的问题无法适用,即不被法院地所认可的特异的外国法制度。民事死亡制度与奴隶制度是萨维尼所举的例子。*Id.* at 37—39, 162—163.
[237] *Id.* at 38, 160.

得不动产的法律规则。[238] 不过,萨维尼视这些"强制性规则"为"异类"[239],坚信随着时间的推移,它们终会销声匿迹。[240]

将这组特殊规则放在一边,萨维尼提出了解决一般法律选择问题的方法:将每一种法律关系分配到它所"从属于"[241]、"受制于"[242],或其"本座"所在的地域。[243] 萨维尼认为,提出该指导原则是为了满足"组成国际法律共同体的各国相互交往"的需要。[244] 他指出,该共同体的存在以及伴随着跨国交易日益频繁,国家间和个人间的共同利益随之产生,这都要求在处理法律关系的问题上施行互惠。[245] 本国公民与外国人地位的平等[246],必然要求法律关系也被平等对待,不论它们由哪个国家的法院审判。[247] 换言之,萨维尼追求的基本目标是实现判决的一致,或者说是阻止当事人挑选法院。[248] 职是之故,他反对法则区别说的单边主义方法[249],并对韦希特尔倡导的法院地法优先主义不屑一顾。[250] 对韦希特尔给法官在冲突法案件中所扮角色的定位,

---

[238]　Id. at 36, 160—162.
[239]　Id. at 38, 160.
[240]　Id. at 38.
[241]　Id. at 28, 32, 108.
[242]　Id. at 1, 2—3, 28, 108.
[243]　Id. at 108, 118, 120, 200. 萨维尼有时用更加悦耳的"家(Heimat)"来代替刺耳的"本座(Sitz)"。Id. at 120, 200.
[244]　Id. at 27. See also id. at vi. 29, 128.
[245]　Id. at 26—29.
[246]　Id. at 25, 27, 114, 128—129.
[247]　Id. at 128—129.
[248]　为反驳韦希特尔的法院地法优先主义,萨维尼指出:
　　在很多冲突法案件中,有平行管辖权的存在,所以,在某些情况下,原告可以自由选择法院。如此,若那项原则[即韦希特尔提倡的适用法院地法为一般性规则]居于主导地位,则每个案件中适用的本地法不但取决于种种偶然因素,而且倚赖于诉讼当事人的单方选择。
　　Id. at 129.
[249]　Id. at 122—123.
[250]　"法官不得不适用法律关系所归属的本地法,不论这种本地法是法官的内国法,还是外国法。"Id. at 27, 126—129.

他也有论及。[251] 他指出,在冲突法领域缺乏综合性立法,意味着司法具有相当大的自由权,没有证据表明国家在涉外案件中迫不及待的坚持其立法特权。[252]

萨维尼称其本座理论仅为"形式原则"(formal principle)。[253] 为了使之有实质性内容,他认为应通过关注一些特定种类的连结因素,将人及法律关系与特定的地域联系起来。[254] 首先,他选定住所作为决定自然人法律能力的最重要的关联点,[255] 而反对《法国民法典》规定的本国法原则。[256] 接着,他将法律关系分为几大类,再从4种可能的连结因素(住所、物之所在地、交易地与诉讼所在地[257])中,为每一类法律关系选择出最适合的加以搭配。最后,萨维尼发展出一套分类体系,以区分主要私法类型(物权法、债法、继承法与家庭法)[258]。剩下的全部工作,便是为每一种概念化的类别寻找到适合的连结点,以使任何给定的法律关系,"依其特殊性质"在一定的地域内场所化。[259]

萨维尼从这套分类体系中演绎出来的法律选择规则与原则,

---

[251] See supra notes 221—222 and accompanying text.
[252] F. VON SAVIGNY, supra note 189, at 28 n. (g), 127—128.
[253] Id. at 120, 121. See also id. at 205—206(本座的确定是一个"理论"问题。)
[254] 他所说的"联系(Band)",是指人或法律关系"系(angeknüpft)"于一个特定的法域。Id. at 108.
[255] Id. at 95—101, 107, 120.
[256] Id. at vi, 17, 98—100. 为了佐证住所地原则的普遍性,萨维尼援引了斯托里的著述。Id. at 100.
[257] Id. at 95, 100—101, 120—121.
[258] Id. at 120. 萨维尼确立了以下类型:
    Ⅰ. 自然人的地位(权利能力与行为能力)。
    Ⅱ. 物权法。
    Ⅲ. 债法。
    Ⅳ. 继承法。
    Ⅴ. 家庭法。
       A. 婚姻。
       B. 父权。
       C. 监护。
[259] Id. at 108.

譬如"场所支配行为(locus regit actum)"[260]、当事人意思自治原则[261]以及物之所在地规则[262],并非戛戛独造,早在巴托鲁斯时代,它们就已被人知晓。所以,萨维尼享有杰出冲突法思想家的声誉,并不能归功于他设计出的具体法律选择规则具有无比优越性。实际上,与斯托里提出的法律选择规则相比,他所倡导的某些规则显逊一筹。[263] 萨维尼的贡献主要在于他建立的理论。他的本座说被誉为具有"划时代"的意义[264],他给冲突法留下的遗产则被称为"哥白尼革命"。[265]

不过,有人对萨维尼所用方法的原创性提出质疑。[266] 斯托里和韦希特尔已使法则区别说理论寿终正寝,这一点殆无疑义。与这两位学者的相比,萨维尼的研究无足道哉。对外国法表示尊重,是各国从事互惠互利的贸易与商业往来,以实现开明的自我利益的反映。而这种尊重在胡伯与斯托里的礼让理念中就已隐含,萨维尼只不过是有保留地接受了这种观点而已。[267] 在萨维尼提出"相互交往的各国组成国际法律共同体"的 21 年前[268],利

---

[260] *See id.* at 348—356.

[261] *See id.* at 110—113, 206—210, 248—249.

[262] *See id.* at 169—177 (applicable to both movables and immovables).

[263] See Kahn-Freund, *General Course*, 143 COLLECTED COURSES 139, 286—287 (1974-III)(批评萨维尼的合同与侵权的法律选择规则); Sturm, *supra* note 227, at 104 (批判萨维尼的家长式作风) Sturm, *supra* note 189, at 356—357 with Story, *supra* note 9, at 188—189(婚姻的形式效力)。

比如,萨维尼提出,合同适用当事人的住所地法。如此,就会导致一个协议受制于两个不同法律这种不可理解的结果。*See* M. KELLER & K. SIEHR, *supra* note 83, at 56, 354—355; Lando Contracts, in 3 INT'L ENC COMP. L(国际私法)ch. 24 § 22 (1976).

[264] A. NUSSBAUM, PRINCIPLES OF PRIVATE INTETNATIONAL LAW 21 (1943),他也称之有些"晦涩"。

[265] H. NEUHAUS, *supra* note 8, at 94. *See also* P. MAYER, *supra* note 29, at 53—54. *But cf.* Neuhaus, *Abschied von Savigny?*, 46 RABELSZ 4, 6 n. 7 (1982).

[266] *See e. g.*, K SCHURIG, *supra* note 62, at 136—137; Sturm, *supra* note 227, at 99, 100, 106—108.

[267] *See* F. VON SAVIGNY, *supra* note 189, at 28.

[268] *Id.* at 27.

弗莫尔就将文明世界的各国比作"由许多家庭成员组成的宏大社会",并指出"在该社会保持和平与友好交往非常必要"。[269] 格老秀斯在著述中描述人类本质上的统一性时,所使用的措辞也暗含了这一思想。[270] 萨维尼经常依赖的拟制理论,即自然人出于"自愿而臣服"于某主权国家[271],也可以从胡伯[272]与格老秀斯[273]的著述中溯到源头。萨维尼对既得权理论循环论证[274]的反驳不过是对韦希特尔早先言论的重复[275],而韦希特尔同样也提出了形而上的[276]隐喻——"本座"。[277] 最后,在萨维尼出版著作的20年前,法律选择规则系对法律关系支配的假定,已由米特迈尔(Mittermaier)提出。[278]

那么,萨维尼对冲突法的主要贡献到底是什么呢?除了将其他学者的思想以有条不紊的方式整理出来外,他详细地阐述了法律选择规则的目标在于保证判决结果的一致[279],而该原则在斯

---

[269] S. LIVERMORE, DISSERTATIONS ON THE QUESTIONS WHICH ARISE FROM THE CONTRARIETY OF THE POSITIVE LAWS OF DIFFERENT STATES AND NATIONS 30 (1828).

[270] See Wise, *Book Review*, 30 AM. J. COMP. L. 362, 370 (1982). 不过,萨维尼在论文中引用了格老秀斯的观点,目的在于嘲讽自然法。See F. VON SAVIGNY, *supra* note 189, at 257—258.

[271] See, e.g., F. VON SAVIGNY, *supra* note 189, at 13, 107, 110, 111.

[272] See, E. LORENZEN, *supra* note 108, at 165(暂时处于某法域的人也被视为"从属于之")。

[273] 1 H. GROTIUS, *supra* note 101, at 332 ("temporary subject").

[274] F. VON SAVIGNY, *supra* note 189, at 132.

[275] See *supra* note 200 and accompanying text.

[276] Sturm, *supra* note 227, at 107. See also M. KELLER & K. SIEHR, *supra* note 83, at 57 ("*Leerformel*").

[277] 韦希特尔认为,在规范家庭关系时,国家只对其公民有利益,而对"中心与家(*Sitz und Heerd*)"位于国外的家庭关系没有立法利益。Wächter, *supra* note 198, at 25 ACP 185(其中,"家"的措辞为萨维尼的法律关系"本座"说做了铺垫。See *supra* note 243.

[278] Mittermaier, *Über die Collision der Prozessgesetze*, 13 AcP 292, 297 (1830); *see also* Wächter, *supra* note 198, at 25 AcP 26 n.223.

[279] See A. FLESSNER, INTERESSENJURISPRUDENZ IM INTERNATIONALEN PRIVATRECHT 114 (1991); M. KELLER & K. SIEHR, *supra* note 83, at 57; *cf.* Neuhaus, *supra* note 265, at 9, 15.

托里的《冲突法评述》中还只是隐约闪现。因此,萨维尼支持多边主义是出于一种实用主义考量,而非理论上的空想。大陆法学者常说的"判决一致"的思想,并非萨维尼发明。[280] 早在中世纪,就有法谚指出,同一交易在不同法院受审,不应适用不同的法律。[281] 对此,胡伯也有过相似论述。[282] 用多边主义方法处理法律选择,亦不是萨维尼首创。多边规则自中世纪以来就已存在,胡伯的礼让说即为多边主义思想的体现。斯托里已经以一种系统与综合的方式,将法律交易分为几大类,并通过连结因素将之与特定的地域联系起来。不过,萨维尼是为中立的、不偏不倚的冲突规则(这种冲突规则赋予外国法与法院地法同等的重要性)提供令人信服的、连贯统一的理论依据的第一人。他引入了绝对的冲突法命令(categorical conflicts imperative)[283],认为冲突规则应当依其是否能被纳入各国均可接受的国际法律选择公约来进行评判。[284] 如此,他为多边主义奠定了方法论基础,亦为后人打下了基石。

萨维尼的理论体系逻辑对称,视角宽广,处理问题的方式优雅得当,因此,被几代冲突学者奉为传统智慧。[285] 他的著作被翻译为包括英文在内的好几种语言[286],而且在普通法案件中被当

---

[280] See, e. g., M. KELLER & K. SIEHR, supra note 83, at 57 ("*Entscheidungsharmonie*"); P. MAYER, supra note 29, at 55 ("*harmonie des solutions*"); J. KROPHOLLER, INTERNATIONALES PRIVATRECHT 32 (1990) ("*Entscheidungseinklang*").

[281] See Sturm, supra note 227, at 107.

[282] See supra text accompanying note 110.

[283] De Nova, supra note 213, at 463 指出,萨维尼提出的普遍可接受性观点具有"康德风格"。See also Neuhaus, supra note 265, at 54—55.
　　绝对命令,也译为直言命令(categorical imperative),是康德的伦理学用语。——译者注

[284] F. VON SAVIGNY, supra note 189, at 115; see also id. at 129.

[285] 关于萨维尼观点被广为接受的情况 See, e. g., M. KELLER & K. SIEHR, supra note 83, at 58—59; E. LORENZEN, supra note 108, at 196; Audit, *A Continental Lawyers Looks at Contempoary American Choic-of-Law Principles*, 27 A J. COMP. L. 589, 590—592 (1979) supra notes 264—265 and accompanying text.

[286] F. VON SAVIGNY, A TREATISE ON THE CONFLICT OF LAWS (W. Guthrie 2d ed. 1880).

作权威来引证。[287] 韦斯特莱克正是受法律关系本座说的启发，才提出了自体法方法[288]，而自体法又是当代广为传播的"最密切联系"与"最重要联系"[289]等概念的滥觞。[290] 萨维尼理论所具有的持久性影响力，向来被英国与法国的权威冲突法著述所强调。[291]

萨维尼理论所起的作用不仅仅局限于学术界。19 世纪，有一些德国法院在处理案件时，曾将萨维尼观点的效力置于成文法之上。[292] 20 世纪，萨维尼的学说对《德国民法施行法》(Introductory Act to the German Civil Code)由早先采纳单边冲突规则发展到多边规则体系，起到了推动作用。[293] 萨维尼对社会主义国家的冲突法的影响甚至超过了他的"叛逆学生"(disciple ingrat)[294]卡尔·马克思。[295] 诚然，萨维尼的理论也不是完全没有反对意见。[296] 不过，直到今天，多边主义仍然占据主导地位，而且在美国"冲突法革命"以前，从未受到任何真正意义上的挑战。在美国以外，萨维尼的学说依然一统天下，尽管有几个欧洲学者对其

---

[287] *See*, e. g., Pitchard v. Norton, 106 U. S. 124, 131 (1882); Barrows v. Downs & Co., 9 R. I. 446, 453 (1870); Re Luck's Settlement Trusts, 1940 Ch. 864, 914 (C. A.)(斯考特(Scott)法官持有异议)根据一本英国专著："英格兰法院在实践中采用的方法与萨维尼的理论基本吻合。在裁判案件时，他们综合考虑各种相关情况后，尽量使每个案件适用与之看起来有最自然从属关系的法律体系。" G. CHESHIRE & P. NORTH, *supra* note 82, at 22—23.

[288] *See* Juenger, *supra* note 85, at 304; Kahn-Freund, *supra* note 263, at 286—287.

[289] *See* RESTATEMENT (SECOND) OF CONFLICT OF LAWS § 145 and *passim* (1971); E. SCOLES & P. HAY, CONFLICT OF LAWS 37 (1982).

[290] *See*, e. g., M. KELLER & K. SLEHR, *supra* note 83, at 58; Vitta, *supra* note 96, at 12—13.

[291] See 1 H. BATIFFOL & P. LAGARDE, *supra* note 82, at 285—286; G. CHESHIRE & P. NORTH, *supra* note 82, at 22—23; P. MAYER, *supra* note 29, at 53—55.

[292] *See*, G. KEGEL, *supra* note 55, at 88; M. WOLFF, *supra* note 190, at 36 & n. 3.

[293] *See* A EHRENZWEIG, *supra* note 55, at 312.

[294] Jaeger, *Savigny et Marx*, 12 ARCHIVES DE PHILOSOPHIE DU DROIT 65, 71, 86 (1967).

[295] *See* Juenger, *The Conflicts Statute of the German Democratic Republic*: *An Introduction and Translation*, 25 AM. J. COMP. L. 332, 352—353 (1977).

[296] *See* references cited in Sturm, *supra* note 227, at 93 n. 5.

机械的法学理论颇为不满,而且已开始倾力对其理论大厦发动猛烈攻击。[297]

6. 孟西尼

要完整记述冲突法的发展历史,还需要提及一位学者。1851年,也就是在萨维尼出版其专著的两年后,意大利爱国者、律师、政治家兼教授巴斯卡勒·斯坦尼斯·孟西尼(Pasquale Stanislao Mancini)在都灵大学发表了题为"国籍乃国际法基础"的就职演讲。[298] 正如演讲的题目所示,孟西尼将因对祖国效忠而产生个人与国家之间的关联提升到一个至为重要的高度。作为议会议员,孟西尼起草了 1865 年《意大利民法施行法》,并使其所提倡的本国法原则及其他观点,被实定法所采纳。[299] 孟西尼的基本理论前提是:私法主要是属人的,即立法之目的在于为民[300],而非为地;不过,应平等对待本国公民与外国人。从萨维尼的国际共同体思想出发[301],他指出,每个国家都应促进法律的平等性:一方面尊重外国人的本国法(lex patriae)[302],另一方面,允许当事人在交易中选择应适用的法律。[303] 依孟西尼之见,只有在涉及

---

[297] See J. DEELEN, DE BLINDDOEK VAN VON SAVIGNY (1966); A. FLESSNER, *supra* note 279; H. JESSURUN D'OLIVEIRA, DE RUÏNE VAN EEN PARADIGMA: DE KONFLIK TREGEL (1976); C. JOERGES, ZUM FUNKTIONSWANDEL DES KOLLISIONSRECHTS—DIE "GOVERNMENTAL INTEREST ANALYSIS" UND DIE "KRISE" DES INTERNATIONALEN PRIVATRECHTS (1971).

[298] "Della nazionalità come fondamento del diritto delle genti" (1851), *reprinted in* P. MANCINI, DIRITTO INTERNAZIONALE, PRELEZIONI 1 (1873). About Mancini see generally E. JAYME, PASQUALE STANISLAO MANCINI, INTERNATIONALES PRIVATRECHT ZWISCHEN RISORGIMENTO UND PRAKTISCHER JURISPRUDENZ (1980).

[299] See E. JAYME, *supra* note 298, at 7—8, 27—28; 1 E. VITTA, DIRITTO INTERNAZIONALE PRIVATO 36 (1972); Nadelmann, *supra* note 198, at 51.

[300] De Nova, *supra* note 213, at 464.

[301] See id. at 466; *supra* notes 244—246 and accompanying text.

[302] E. JAYME, *supra* note 298, at 5, 22, 38; 1 E. VITTA, *supra* note 299, at 35—36.

[303] E. JAYME, *supra* note 298, at 3; 1 E. VITTA, *supra* note 299, at 36; de Nova, *supra* note 213, at 464.

公共政策、主权及不动产权益时，属人法与当事人意思自治原则才能让位于属地原则。[304]

用国籍而非住所，将自然人与特定的地域联系起来也不是什么新颖的观点。国籍这一连结点早在《法国民法典》的冲突规范中就已出现[305]，后来又被其他欧洲国家在制订民法典时所采纳，如比利时、荷兰等。萨维尼极力推崇住所，反对将国籍作为连结点[306]，所以，孟西尼的任务是将其杰出前辈不屑一顾的国籍原则赋予合法地位。孟西尼出色地完成了这一任务，他的国籍原则最终被大多数欧洲国家以及拉丁美洲、非洲和亚洲国家做采纳。[307]孟西尼的成就并不局限于阐扬本国法以及编纂意大利冲突法；与萨维尼只停留在论证制定法律选择公约的可能性不同[308]，孟西尼身体力行，积极参与国际社会旨在制订多边冲突法公约的活动，从而推动了国际统一冲突法公约的形成。[309] 他意识到，如果放任各国自行其是，它们的冲突法只会渐行渐远[310]，而不会如萨维尼假设的趋于统一。[311] 此外，孟西尼还猛烈批判了礼让说[312]，坚决捍卫法院地法与外国法的平等性[313]，并对公共政策观念予以重视[314]；相形之下，萨维尼的讨论只限于"严格的实定法"，且论述方式令人不甚满意。

就实际结果而言，在孟西尼的各项贡献中，要数他对本国法

---

[304] E. JAYME. *supra* note 298, at 3; de Nova, *supra* note 213, at 464.
[305] See C. CIV. art. 3(3)（法国人的身份与能力受法国法支配）; Nadelmann, *supra* note 198, at 51.
[306] See *supra* notes 255—256 and accompanying text.
[307] See 1 E. RABEL, THE CONFLICT OF LAWS 121—123 (2d ed. 1958).
[308] See F. VON SAVIGNY, *supra* note 189, at 114—115.
[309] See 1 E. VITTA, *supra* note 299, at 41—43; de Nova, *supra* note 213, at 466—467; Nadelmann, *supra* note 198, at 52—60, 69—71.
[310] See de Nova, *supra* note 213, at 466; Nadelmann, *supra* note 198, at 52.
[311] See F. VON SAVIGNY, *supra* note 286, at iv, 114.
[312] See Nadelmann, *supra* note 198, at 55.
[313] See 1 E. VITTA, *supra* note 299, at 37.
[314] See id. at 375—377.

的狂热倡导最具影响力。萨维尼的多边体系,及其对韦希特尔法院地法本位主义的反对态度,为外国法敞开了一扇门。由于当事人通常在其居住地提起诉讼,住所地作为连结点有利于法院地法的适用,而依本国法,则会增加外国法适用的机会。如此,孟西尼的本国法原则就将这扇门开的更大。本国法原则的胜利,同时宣告了萨维尼设想的破灭,萨维尼曾乐观地认为,全世界最终将形成一套统一的冲突法规则。孟西尼的成功,还在于在固守住所地法原则的普通法系国家与选择本国法的民法法系国家之间打入了一枚楔子。这一罅隙的产生,导致多边主义追求的判决一致的希望被无限期搁置。

7. 评论与问题

到孟西尼这里结束对冲突法简史的回顾,看来是适合的,因为他的贡献基本标志着冲突法思想积淀过程的完成。自他以后,冲突法领域几无建树,除了民法学者对通常称为冲突法"总论"[315]的部分进行了更加详尽的阐述。"总论"包罗万象,涵盖了若干概念架构,学者们力图借此解决多边方法的先天性缺陷。20世纪也产生了一种新学说,它试图回答法院缘何适用外国法的核心问题。这种被称为"并入"(reception)理论[316]或"本地法"(local law)理论[317]的学说分别由意大利和美国学者独立提出。同既得权理论相似,这种学说通过否定适用外国法来处理核心问

---

[315] 美国的教科书更倾向于使用"普遍性问题"(Pervasive Problems)这个术语。See E. SCOLES & P. HAY, supra note 289, at 52; R. WEINTRAUB, COMMENTARY ON THE CONFLICT OF LAWS 46 (3rd ed. 1986) 有一部英国著作用"首要议题"(Preliminary Topics)作为标题。另一部则称之为"基本考量"(General Considerations)。J. MORRIS, THE CONFLICT OF LAWS 458 (2d. ed. 1980).

[316] See 1 A. EHRENZWEIG, supra note 176, at 61; 1 E. VITTA, supra note 299, at 218—219.

[317] See D. CAVERS, supra note 57, at 7—8; 1 A. EHRENZWEIG, supra note 176, at 61.

题。依该学说,法官既不能适用外国法,也不能执行在外国既得之权利;相反,他们只能求助于一种特殊种类的本地法,这种本地法系通过临摹外国法规则而被临时创制。[318] 这种愚拙的解释[319],尽管吸引了诸如勒尼德·汉德(Learned Hand)与罗杰·特雷纳(Roger Traynor)这样名声赫赫的法官,但与锻炼思维能力的"总论"一样,这种学说对激发当代冲突法的持续进步,并无实质助益。

当前,在美国及其他地方,冲突法的理论与实践正处于剧变之中。美国"冲突法"革命和欧洲的相似发展趋势[320]虽吸引了众多关注,但其内在的创新性大可质疑。近期的著述与司法判例虽然充斥着大量的现代术语,不过,稍加思考,就会发现其中蕴藏的那些古老而熟悉的思想印记。只要看看巴布考克诉杰克逊(Babcock v. Jackson)案[321]以后大量的美国冲突法案件中的判决意见,便可发现有些美国法官仍在寻找法律关系本座说,而另一些则依然像法则区别说学者那样,为法院地法是否应适用于位于境外的本国居民、及位于境内的外国居民的行为而踌躇不定;还有一些法官则与阿德瑞克斯一样,偏好更好的法律规则。如同中世纪的意大利学者,美国法院倾向于将以上种种方法汇集一起[322],且对此乐此不疲,却忽略了它们相互矛盾的事实。采取如此大胆的折中主义固然令人惊讶,其实则并无多少新颖之处。

---

[318] *See, e. g.*, Guinness v. Miller, 291 F. 769, 770 (S. D. N. Y. 1923) (L. Hand, J.), *aff'd*, 299 F. 538 (2d Cir. 1924), *aff'd as modified sub nom.* Hicks v. Guinness, 269 U. S. 71 (1925); Reich v. Purcell, 67 Cal. 2d 551, 553, 432 P. 2d 727, 729, 63 Cal. Rptr. 31, 33 (1967) (Traynor, J.); W. Cook, THE LOGICAL AND LEGAL BASES OF THE CONFLICT OF LAWS 20—21 (1947).

[319] 本地法的有力批判,*see* Yntema, *supra* note 36, at 315—317.

[320] *See generally The Influence of Modern American Conflicts Theories on European Law*, 30 AM. J. COMP. L. 1 (1982).

[321] 12 N. Y. 2d 473, 191 N. E. 2d 279, 240 N. Y. S. 2d 743 (1963). *See infra* note 677 and accompanying text.

[322] *See* Leflar, *supra* note 71, at 10; Reppy, *supra* note 72, at 645; Westbrook, *supra* note 71, at 408—409.

150 年前,路易斯安那州最高法院波特(Porter)法官在检视了各个时代及各地的法学家观点后,怅然地作出了以下结论:

> 在法院与律师所关注的领域中,冲突法最为错综复杂:在这个学科中,几乎找不到两个观点完全一致的学者,也几乎难以发现一位观点保持前后一致的学者。就我们所知,法学理论中,再没有哪个领域如此纷乱;也没有哪个领域能像冲突法这般,教会人们怀疑自己,而对他人的观点宽以待之。[323]

自那以后,状况并没有得到改善,事实上可能在日趋恶化。学术著述与司法判例日益增多,如汗牛充栋,其结果却使本学科愈加复杂。冲突法虽然历史悠久、积淀丰厚,但是法律想象力——甚至是冲突法学者的想象力——却相当有限。今天,事后反观过去的经验,倒很有可能得出一些结论、发现一些问题,这对于评价当前冲突法理论的优劣颇有助益。

第一,值得注意的是,尽管古希腊与古罗马拥有灿烂的文明与发达的商业,但在古典时代,几乎无法寻到冲突法制度的踪迹。据此,能否得出这样的结论:发达的法律体制可以不需要法律选择规则而独立存在?[324]

第二,冲突法似乎只有在特殊的法律环境下才会极盛一时。巴托鲁斯、杜摩兰、达让特莱、胡伯、斯托里、韦希特尔以及萨维尼,他们生活在不同的国度、不同的时代以及不同的思想文化气候中。但他们所处的法律环境具有高度相似性:立法权分散,却共享同一种法律传统;缺乏中央权威,法律不协调。为什么这些环境对我们这个学科的发展至关重要呢?

第三,一国法院既然宣誓效忠本国法律与宪法,缘何又会适用外国法?这是一个极度缺乏共识,但意义重大的根本性命题。

---

[323] Saul v. His Creditors, 5 Mart. (n.s.)569, 589 (La. 1827).
[324] "没有冲突规则,地球照样会转下去。"Goodrich, *Directive or Diralectic?*, 6 VAND. L. REV. 442 (1953).

荷兰法学家最先抓住了这个问题,并自以为在模糊不清的礼让观念中找到了答案。萨维尼提出了一个务实的原因,即为了提高冲突法案件判决结果的一致性。另一些学者则给出了更加概念化的解答,如既得权说、本地法说等。以上种种解答,有没有一种能圆满的解释法院地缘何放弃立法权?法律选择规则的出现,究竟是一种崇高的利他主义,抑或为国际法所迫,还是完全出于务实的考虑?

第四,即使法学理论不能圆满的解释"冲突法之迷"(conflicts enigma),萨维尼提出的判决一致的现实目标,也许可以为法院地法在合适情况下被取代提供正当理由。但是,即便假定阻止当事人挑选法院是冲突法存在的真实理由,法律选择规则就能在事实上保证跨国案件取得一致判决了吗?

第五,若假定判决结果一致的目标可以实现,那么,这个目标是否足够重要,以至于受诉法院值得为此承担查明与适用外国法的重荷?谁又能担保法院能正确适用外国法规则?鉴于成本高昂,法官用其生疏的法律规则审案难免发生错误,这样的游戏如果进行下去,会不会得不偿失?

第六,毋庸置疑,一致性与统一性并非法律的唯一价值追求。古典时代对跨国法律问题的回应是出于对实质正义的渴求;而且,冲突法自始至终从未放弃过这种考量。如果冲突法同其他法律学科一样,必须重视结果,这一要求如何同判决结果一致的理念相协调呢?

最后,不管冲突法目的究竟为何,用什么方法或手段最有利于实现此目的呢?中世纪所孕育出的思想在现代是否仍有用武之地?否则,岂不意味着以往为理性解决跨国案件所作的努力都付诸东流了吗?诚如波特法官在"索尔诉其债权人"案(*Saul v. His Creditors*)中所做的评论:"先贤智者不可谓不多,但他们都未能将原则固定下来。如此,我们不得不认为,他们之所以失败,不在于能力的匮乏,而在于基本原则的阙如。"[325]

不过,迄今尝试过的各种方法,我们至少还能悉加辨认,并有可能评其优劣,此颇值庆幸。各种理论纷繁复杂,法律想象不着边际,呈现出一派光怪陆离的图景,这将我们这个学科搅成一潭浑水。不过,若仔细审视历史记录,不难发现法律选择的基本方法大抵可三分如下:

(1)创制直接支配跨国交易的法律规则(实体法方法);

(2)对可能适用的本地法律规则作出属人效力范围与属地效力范围的划分(单边主义方法);

(3)将法律选择规则置于跨国交易与法律体系之间(多边主义方法)。

自中世纪以来,以上三种方法就并存于世。尽管"方法多元主义"并不是什么新现象[326],但如今,其重要性却被赋予新意。美国以及欧洲均出现了这样一种趋势,即摆脱僵硬的多边法律选择规则的羁绊,转而热衷于复兴单边主义。[327] 与此同时,用一种超国家的方式来解决跨国问题的理念,当下再度风靡,目前关于"新商人法"(lex mercatoria)的讨论即为明证。[328] 于是,方法论的问题成为讨论的重中之重,这一结论为几位杰出学者在海牙的演讲所

---

[325] *Saul*, 5 Mart. (n.s.) at 596.
[326] *See supra* text accompanying notes 55—61, 70—72.
[327] 正如一位瑞士学者所言:"法则区别说正令人惊讶地处于复兴之中。" Vischer, *Das neue Restatement Conflict of Laws*, 38 RABELSZ 128, 137 (1974). See also supra notes 92—93 and accompanying text.
[328] *See generally* P. KAHN, LA VENTE COMMERCIALE INTERNATIONALE (1961); LEX MERCATORIA AND ARBITRATION (T. Carbonneau ed. 1990); E. LANGEN, TRANSNATIONAL COMMERCIAL LAW (1973); Berman, *The Law of International Commercial Transactions*, 2 EMORY J. OF INT'L DISPUTE RESOLUTION 235 (1988); Goldman, *La lex mercatoria dans les contrats et l'arbitrage internationaux-réalité et perspectives*, 106 CLUNET 475 (1975); Goldstajn, *The New Law Merchant*, 1961 J. BUS. L. 12; Schmitthoff, *The Unification of the Law of International Trade*, 1968 J. BUS. L. 105.

证实。[329] 鉴于对萨维尼多边主义理论的回应是引发当前冲突法混乱局面的主要诱因,我首先讨论"经典"方法,然后论述美国"冲突法革命",最后,再阐述冲突法问题的实体法解决方法。

---

[329] See e. g. , Audit, *Le caractère fonctionnel de la règle de conflit* (*Sur la " crise " des conflits de lois*), 186 COLLECTED COURSES 219 (1984-Ⅲ); Batiffol, *supra* note 71; Lagarde, COURS GÉNÉRAL, 196 COLLECTED COURSES 9 (1986-Ⅰ); Lalive, *Cours général*, 155 COLLECTED COURSES 1 (1977-Ⅱ); Sauveplanne, *New Trends in the Doctrine of Private International Law and Their Impact on Court Practice*, 175 COLLECTED COURSES 10 (1982-Ⅱ); Vitta, *supra* note 62.

第二章 法律选择的经典方法

1. 方法概述

一本权威冲突法著作曾有如此评论:"萨维尼的影响日久弥长。"[330]此言凿凿,决非称扬过甚。在整个19世纪,他的思想被奉为冲突法的传统智慧。尽管美国与欧洲掀起了攻击多边主义方法的狂潮,萨维尼的追随者依然为数众多。借用一位法国学者的话:萨维尼为我们这个学科点燃了"真理之光","从而开启了当代国际私法的序幕"。[331] 萨维尼所倡导的经典方法之所以有如此魅力,大概有以下几个原因。其一,该方法给予外国法与本地法同等考量,表现出一种温文尔雅的风度。其二,它允诺,不管涉外纠纷由哪一国的法院审理,只要依之,判决结果就可实现一

---

[330] 1 H. BATIFFOL & P. LAGARDE, *supra* note 82, at 286.
[331] P. MAYER, *supra* note 29, at 54. To the same effect 1 A. BOGGIANO, DERECHO INTERNACIONAL PRIVADO 41 (2d ed 1983).

致。此外,萨维尼的理论体系看起来理由充分且简单易行:中立、客观的法律选择规则直接告诉法院应如何挑选法律。对判决结果一致性的关注,消除了对跨国贸易的迫切需要及实质正义进行思考的必要性。[332] 法律关系被分配到其"本座"所归属的法律体系中,通过这种简易方式,"冲突法正义"(conflicts justice)即予实现。[333]

对法律制度进行列举与分类,可以很容易的创设出具体的法律选择规则,随后,每一类规则被附上一个适宜的连结点。萨维尼的"形式原则"[334]就是由这些具体的法律选择规则加以贯彻的。分类基本不会产生什么问题:只要因循本国法律体系所确定的基本原则,即可为之。一位对大陆法国家的民法典稍有研究的人,看到萨维尼的法律关系分类目录[335],一定会觉得颇为眼熟。不过,普通法学者也有能力对法律关系进行分类,斯托里的《冲突法评述》以及近期英美冲突法著述的目录足以证明。事实上,有人提出这样的观点:对法律关系分类所做的努力反映了"各国共有的传统与共享的语言"。[336]

法律一旦被适当分类,余下的工作就是为每一类别选择一个连结点。这一工作琐碎繁芜,对创造力并无过分要求。萨维尼所提倡的4个连结因素(住所、物之所在地、交易地以及诉讼所在地[337])早在中世纪就为人所知。将这些地域化的连结点与各种

---

[332] "L'objectif essentiel du droit international privé est la *sécurité*, et non pas la justice." P. MAYER, *supra* note 29, at 20 [emphasis in the original].

[333] See van Hecke, *Principes et méthodes de solution des conflits de lois*, 126 COLLECTED COURSES 399, 445 (1969-Ⅰ); Kegel, *supra* note 70, at 54—56. See also Kegel, *American Reformers*, 27 AM. J. COMP. L. 615, 616, 621, 624(1979). But see T. DE BOER, BEYOND LEX LOCI DELICTI 93—94, 140, 183, 458; A. FLESSNER, *supra* note 279, at 78—79, 144—147.

[334] See *supra* note 253 and accompanying text.

[335] See *supra* note 258.

[336] Francescakis, *Une lecture demeurée fondamentale: les "Règles générales des conflits de lois" de Jacques Maury*, 71 REV. CRIT. 3, 22 (1982).

[337] F. VON SAVIGNY, *supra* note 189, at 120—121.

法律关系相对接,一套综合性的法律选择规范体系便应运而生。这套体系(至少在理论上)可以解决所有的涉外法律问题。在判决一个冲突法案件时,先将一个具体的涉外交易分配至业已建立的类别中(如侵权),再根据该类别的连结点(如侵权地)的指引,即可找到准据法。很明显,只要遵循萨维尼的方法,多边冲突规则的构建不过为拱手之易。但是,这些规则在实践中的效果如何呢?它们真能如萨维尼所愿,可以确保判决结果的一致以及阻止当事人挑选法院吗?它们产生的结果能在多大程度上令人满意呢?

2. 国际司法实践中的方法

本书开头在"导论"曾谈及 3 个案例,我们先观察经典制度在其中的运作情况,这对于我们洞晓该制度在实践中是如何处理问题的,似再恰当不过了。

(a) 艾蒙诺维勒空难案(The Ermenonville Disaster)

这个巴黎空难案引发了很多潜在的法律选择问题,不过,遇难者家属的代理律师们并未对之给予过多关注。他们主要为如何确保选择一个合适的诉讼地点而煞费脑劲。易言之,程序上的考量使他们殚精竭虑。[338] 原告的律师们敏锐地意识到,有必要避免适用《华沙条约》。[339] 通过起诉加利福尼亚的飞机及零部件制造商,寻求产品责任法上的救济,他们不但避免了《公约》第22条第1款对赔偿数额所作的限制,而且规避了第28条关于受诉

---

[338] *See* Juenger, *supra* note 7, at 710.
[339] 土耳其不是《华沙条约》的成员国。但是许多乘客(除了持有伊斯坦布尔—伦敦,或伊斯坦布尔—伦敦—伊斯坦布尔的客票的乘客)在该公约的适用范围内。*See* A. LOWENFELD, AVIATION LAW-CASES AND MATERIALS ch. 7, § 7.21 (2d ed. 1981).

法院的限制性条款。

诉讼一旦由洛杉矶的联邦法官审理,原告就获得了诉讼战略上的数项优势[340];案件可交由专长于空难诉讼的美国律师来处理;美国特有的联邦审前证据披露规则(federal pre-trial discovery rules)可以从对方当事人那里获取对其不利的证据。更为重要的是,洛杉矶的陪审团素以作出高额损害赔偿的裁决而闻名,赔偿数额动辄超过外国同类案件的许多倍。如此一来,与选择法院相比,法律选择的重要性就黯然失色。事实上,在提起民事诉讼后,原告的律师甚至不屑于花费时间与精力来研究法律选择问题。[341] 他们取得了巨大的胜利[342],若其成功有任何启示意义的话,有人可能会因此断言,冲突规则对阻止挑选法院几乎无济于事。

此外,该案还表明在侵权诉讼中,多边主义方法可能无法促成判决结果达成一致,因为各国在适用什么法律的问题上缺乏共识。过去,侵权案件的法律选择问题显然被认为是无足轻重的:斯托里几乎没有谈及这一问题[343],萨维尼也不愿在侵权领域耗费时间。[344] 萨维尼追随韦希特尔的观点[345],主张每一个法院均应适用本国法,因为按其对法律的划分,民事责任属于"强行性

---

[340] 《华沙条约》排除了美国法院对土耳其航空公司的管辖权。这一障碍并没有阻碍原告的律师起诉在美国的承运人,联邦法官在审理该案时,亦没有支持土耳其航空公司要求法院驳回诉讼的申请。See S. SPEISER, LAWSUIT 438 (1980).

[341] See id. at 452—454.

[342] See id. at 461(陪审团裁断,两名分别为一岁与两岁的英国孤儿获赔 1,500,000 美元),466(对罹难乘客的赔偿总额超过 62,000,000 美元。这在当时是空难事故中的偿额数额最高的一次)。

[343] 《冲突法评述》第 1 版完全省略了这个问题,第 2 版只涉及船舶碰撞与公海上的侵权问题。See J. STORY, supra note 9, at 606—608.

[344] 他提到的唯一侵权问题是非法性交。See F. VON. SAVIGNY, supra note 286, at 279—280.

[345] Wächter, supra note 198, at 25 ACP 389—396. 韦希特尔区分了母亲有非法性交的诉权与孩子对父亲有诉权两种情况。对于前一种情况,他认为应适用法院地法;而对后一种情况,他主张应适用支配父亲关系之承认及抚养和继承权的法律选择规则。Id. at 396.

的、严格的实定法",无须受制于多边主义方法。[346] 不过,萨维尼也意识到,法院地法原则通常会鼓励原告挑选法院[347],因而附和者为数寥寥。唯一的例外是,该原则可能启发了英国创制限制性的选择性冲突规则(alternative reference rule)*,该规则要求一个在外国发生的侵权行为,只有在法院地亦具可诉性时,原告方能行使损害赔偿请求权。[348] 事实上,大多数国家的法律采用的是侵权行为地法原则。[349] 然而,除一些例外情形外,"侵权行为地"的含义尚未臻统一:有国家将之理解为侵权行为发生地,另一些国家则认为是损害发生地。[350] 在法国,如何从两者间择一适用,是一个至今尚未解决的问题。[351]

但是,在针对飞机及零部件制造商的产品责任诉讼中,如何判定侵权行为地呢?是飞机或被指有缺陷的零部件设计地,还是制造地,抑或空难发生地?航空公司又需承担怎样的责任呢(姑且不考虑《华沙公约》)?在巴黎空难案中,土耳其航空公司被指在改装货舱门的锁闭装置时疏忽大意,造成安全性降低。[352] 这一行为显然发生在土耳其。不过,另有指称说,奥利(Orly)**的行

---

[346] F. VON SAVIGNY, supra note 189, at 275—276, 278—281.
[347] Id. at 280.
  * 此处即指"双重可诉原则"。——译者注
[348] See Phillips v. Eyre, 6 Q. B. 1(1870); J. MORRIS, supra note 315, at 244; 2 E. RABEL, THE CONFLICT OF LAWS 237 (2d ed. 1960). But see Boys v. Chaplin, 1971 A. C. 356; G. CHESHIRE & P. NORTH, supra noted 82, at 519—537.
[349] See 2 E. RABEL, supra note 348, at 235—237.
[350] Id. at 301—304.
[351] 比较 Y. LOUSSOUARN & P. BOUREL, supra note 63, at 629—631(尚未解决)与(损害发生地,但有一些例外)See also E. VITTA, CORSO DI DIRITTO INTERNAZIONALE PRIVATO E PROCESSUALE 353—355 (3d 1987) (Italy); G. CHESHIRE & P. NORTH, supra note 82, at 538—544 (England).
[352] 证据概要显示,联邦航空管理委员会也有牵连。See S. SPEISER, supra note 340, at 440—441. See also id. at 445—447(为支持就责任进行简易程序判决的部分申请而提交的宣誓陈述书的目录)。
  ** 奥利(Orly)位于法国巴黎的西南郊,是当时的巴黎国际机场所在地。——译者注

李搬运工没有将货舱门关牢。[353] 此外,还有指控称航空公司故意派遣了位于法国的有缺陷飞机执行任务。[354] 在以上这么多国家中,哪一国对承运人的民事责任行使管辖权最为适格呢?土耳其籍的乘客与机组人员的死亡索赔诉讼是否应受土耳其法支配?须知共同国籍法(或共同住所地法)是侵权行为地法的一个例外,这一观点已得到相当广泛的支持。[355] 不过,这一规则虽对汽车引发的交通事故具有合理性,但在诸如空难这样的大规模灾难事件中,若加以适用,只会徒增司法审判的复杂性。更有甚者,同一事故中的不同受难者得到的赔偿额却彼此有别,揆情度理,显失公平。[356]

与行为地法与共同住所地法不同,在空难案件中适用损害发生地的结果似可接受。由于侵权行为地的这一版本指向的法律是单一的,这就避免了不同原告提起的诉讼(以及不同被告所需承担的责任)受制于不同法律的复杂局面。不过,如果遇到一架飞机从伦敦起飞、目的地是纽约,但在苏格兰上空爆炸的情况,又该如何处理呢?在该情况下,适用损害发生地有可能导致适用飞机从未计划到达地的法律。正是有此顾虑,一位美国学者对侵权行为地这一连结点表示坚决反对。[357] 事实上,事故发生地规则甚至有可能无法保证在所有案件中都能取得一致的判决结果。如果飞机坠毁于两国交界线上,原告的权利难道要依赖于他们罹难亲属的遗体在国境线哪一侧被发现吗?如果罹难者肢体散落

---

[353] See id. at 439.
[354] Id. at 447.
[355] See, e. g., P. MAYER, supra note 29, at 423; 2 E. RABEL, supra note 348, at 244—246; Hanotiau, *The American Conflicts Revolution and European Tort Choice-of-Law Thinking*, 30 AM. J. COMP. L. 73, 86—87 (1982).
[356] See generally Reese, *The Law Governing Airplane Accidents*, 39 WASH. & LEE L. REV. 1303, 1306—1308 (1982); *cf. In re* Paris Air Crash of March 3, 1974, 399 F. Supp. 732, 741—742 (C. D. Cal. 1975).
[357] See Reese, supra note 356, at 1311; *see also* 2 H. BATIFFOL & P. LAGARDE, supra note 82, at 247 & n. 3; J. MORRIS, supra note 315, at 246.

在国境线两侧,是以头部所在地,还是肢体主要部分所在地为准呢?[358]

连传统主义者也不得不承认,侵权行为地法规则有诸多弊端。[359] 在实践中,这种乍看起来简单易行、公允公平的规则很快就暴露出繁芜复杂、多变欠稳的缺陷。若发生请求权竟合时,其中的复杂性就愈加明显了。例如,在航空事故中对旅客死亡的赔付,既可定性为侵权损害赔偿,亦可为违约赔偿。[360] 如此一来,应当适用何种冲突规范及判决结果,就取决于当事人说服法院对案件作何种定性。从道义上说,让侵权案件受害者的权利取决于这种概念上的分类,显然有些理亏。更有甚者,由于对某特定事实,各地法院不大可能作出一致的定性,多边主义体系因而无法达到它所追求的判决结果一致的目标。

正是由于意识到法律选择规则不能实现判决结果的一致,国际社会才制订了统一规则以调整航空侵权纠纷。[361] 为确保判决结果取得一致,《华沙条约》建立了关于责任的实体条款,同时限制平行诉讼管辖权来阻止当事人挑选法院。然而,令人遗憾的是,事实证明这个多边国际公约遭遇了失败。由于制订于航空运输业的萌芽期,《华沙条约》所确立的赔偿责任的限额即使按当时的通行标准来看也是很低的。[362] 自制订以来,公约的赔偿限额就被诟病为一种时代错误,用人的生命来换得资金的积累绝非

---

[358] *Cf.* Eastern Air Lines, Inc. v. Union Trust Co., 221 F. 2d 62 (D. C. Cir.), *rev'd*, 350 U. S. 907 (1955), *modified*, 350 U. S. 962 (1956)(飞机坠毁后,机身前半部于哥伦比亚地区的波涛马克河中,后半部则位于弗吉尼亚州境内)。

[359] See Kahn-Freund, *Delictual Liability and the Conflict of Laws*, 123 COLLECTED COURSES 1, 27—28 (1968-Ⅱ).

[360] *See id.* 130—141. *But see* Kilberg v. Northeast Airlines, Inc., 9 N. Y. 2d 34, 172 N. E. 2d 526, 211 N. Y. S. 2d 133 (1961) (拒绝识别为合同)。

[361] *See* A. LOWENFELD, *supra* note 339, at ch. 7 § 2.1.

[362] *Id.*

一种合适的方法。[363] 尽管针对赔偿的具体数额得到不断微调[364]，但仍没有将赔偿的限额提高到一个可接受的水平。如此，就产生了一种看似矛盾的现象：公约的适用结果恰恰与其既定目标南辕北辙。正如巴黎空难案所表明的，不合理的赔偿限额只会诱发挑选法院以及其他一些逃避性诉讼策略的产生。[365]

如果说，在国际层面上解决空难问题的努力以失败而告终；那么，经典冲突规则所提供的解决方法亦令人无法接受。这个问题并不局限于空难领域，现实中有很多案例——从交通事故到涉外诽谤，再到跨国境的环境污染——都可以佐证，侵权的法律选择存在普遍性困惑。一位传统主义者作出了这样一种无可奈何的结论："整个问题的重要性与复杂性在迅速增长。它正处于转型期，因此，没有人可以贸然提出武断的解决方法——我当然也从来未做过如此尝试。"[366]

（b）钻井设备受损案

现在，我们来看看德国拖船公司在牵引海上油井平台横渡大西洋遇阻案。在钻探设备受损后，其美国的所有人在美国提起诉讼，而德国公司在英国起诉。如此，挑选法院再次使法律选择的重要性相形见绌。不过，让我们将美国最高法院在审理不来梅诉扎帕塔近海公司案（*Bremen v. Zapata Off-shore Company*）[367]中遇到的实际问题（即拖船合同中法院选择条款的效力）暂时放在一边，先行讨论当事人的合同应受哪一国法律支配。

与侵权不同，合同不涉及杀害、伤害或损害，缺乏物理上的表

---

[363] *Cf.* J. FLEMING, AN INTRODUCTION TO THE LAW OF TORTS 5—6(1967).
[364] A. LOWENFELD, *supra* note 439, ch. 7, §§4.34—5.42, 6.11—6.22, 6.51—6.52, 7.23.
[365] 关于逃避适用《华沙公约》赔偿限额的策略，*see*, *id.* §§3.11—3.12, 3.31—3.32, 7.11—7.22.
[366] Kahn-Freund, *supra* note 359, at 158.
[367] 407 U.S. 1(1972).

征。这就为经典冲突规范体系设置了难题,因为该体系建立于法律关系地域化的基础之上,而地域化的依据就是法律关系在物理上的自我表征。当然,订立合同也需要一些有外在表现的行为,故仍有可能选择当事人为某种行为所在地的法律,如他们握手或在纸上签字所在地的法律。对这些看得见的法律事件的偏好,可以解释合同缔结地法缘何早在巴托鲁斯之前就已存在。[368] 然而,与侵害地规则一样,合同缔结地规则看似简单、直接,但它滋生的问题还不如解决的问题多。在当事人位于不同法域,系通过长途通讯方式(如信件、电报、电话或传真等)订立合同时,该规则就难以奏效,因为在这些情况下,经常无法准确确定合同缔结地。

更有甚者,在哪一个具体阶段当事人的行为会导致在法律上产生约束力,各国的法律规定也不一致。有些国家的法律采用发信主义,另一些则采用受信主义。[369] 另外,用于解决合同何时发生约束力问题的法律规则,是否也应决定合同在何地缔结的问题?从事涉外交易的当事人,其权利竟系于要约与承诺的技术性细节,这殊难解释。譬如,在不来梅案中,德国拖船公司在谈判的哪一个具体阶段与美国石油公司达成了协议(原则,所有细节?),这个问题重要吗?另外,合同缔结地有可能纯系偶然,如当事人在飞机上达成交易、握手签约,此时,飞机恰巧飞临某国领空,对此,他们定然全然不知。职是之故,拉贝尔(Rabel)评论道:"合同缔结地规则与常理扞格不入。"[370] 这样,剩下的可替代解决

---

[368] See 2 E. RABEL, supra note 348, at 447. 巴托鲁斯偏爱合同订立地法,但他认为与违约有关的事项应由合同履行地法支配。See Smith, supra note 59, at 166. 为支持其观点,他引用了 DIG. 21.2.6 (si fundus) 和 DIG. 44.7.21 (contraxisse)。关于这些段落之间的联系,see, e. g., 2 E. RABEL, supra note 348, at 445—446; m. wolff, supra note 8, at 19—20。

[369] See 2 E. RABEL, supra note 348, at 455—463.

[370] Id. at 463.

方法就是斯托里[371]与萨维尼[372]所推崇的合同履行地法了。然而，合同履行地法和合同缔结地法并无两样，与解决的问题相比，它们制造的麻烦远甚于之。如在拖船牵引海上油井平台横渡大西洋的合同中，履行地在哪里呢？萨维尼曾有建议，若当事人没有约定履行地，债务由债务人住所地法决定。[373]然而，如果关于合同免责条款的效力发生争议，应以哪一方当事人的履行作准呢？在不来梅案中，美国公司以对方违约为由，提起诉讼，德国公司因而成为"债务人"；但在德国公司提起的要求对方支付合同价款的诉讼中，美国当事人又担此角色。难道谁先起诉如此重要吗？另外，同一合同中当事人的权利应受不同法律所支配吗？对于这种可能性，萨维尼持赞成态度[374]；但是，将一个合同一分为二，未免牵强。[375]同一个交易受制于数种不同法律，不利于达到判决结果一致的目标，这一点，亦至为清晰。

显然，在合同领域，僵硬的法律选择规则无法令人满意，这与侵权领域殆无二致。实际上，正如法院与学者们早先察觉的那样，在意定之债中，此种规则甚至更不适宜。侵权责任的重要性是在汽车及其他危险性机器出现后，才为社会所认可的[376]；而在此之前，合同法早已在国际司法实践中扮演着关键性角色。与此相应，机械的法律选择体系在合同领域所暴露出的不足，亦为时更早。"协议必须遵守"（*pacta sunt servanda*）这一古老原则，或许再加上"法律选择权"（*professio iuris*）的遗痕，为合同的法律适用指出了一条全新的路径，即当事人有权选择合同的准据法。

毋庸置疑，这种解决方法与通过客观连结点将法律关系地域

---

[371] *See* J. STORY, *supra* note 9, at 375—376. *But cf. id.* at 378.
[372] F. VON SAVIGNY, *supra* note 189, at 207—208, 246—247, 256—257. 萨维尼援用了 DIG. 44.7.21 (*contraxisse*)。
[373] F. VON SAVIGNY, *supra* note 189, at 257 & n. (b).
[374] *See id.* at 202.
[375] *See* M. KELLER & P. SIEHR, *supra* note 83, at 354—355; Lando, *supra* note 263, § 24.
[376] *See* Kahn-Freund, *supra* note 359, at 8—9.

化的观点是相互矛盾的。让萨维尼理论的热衷者解释当事人缘何拥有自主确定合同关系"本座"的权利,确实勉为其难。萨维尼本人试图解决这一难题,为此,他改变了语调:不再将重点放在债的"本座"上,转而强调当事人可以"自愿服从于"某特定的法。[377] 然而,用"服从"一词来描述个人或组织拥有自行确定合同准据法的特权并不恰当。须知用多边主义方法解决这一问题,一直无法令他们满意。一方面说当事人不能真正选择合同的准据法,另一方面却认为当事人的法律选择条款可以将合同地域化[378],企图以这种方式将意思自治原则与经典方法相协调,一样无法令人信服。这种牵强附会的诡辩之技只能事与愿违,反而衬托出意思自治原则与经典理论的格格不入。下面这个逻辑上的难解之题进一步证明了这一点。假定当事人可以通过法律选择条款决定合同的准据法,那么,支配该条款效力的法律是什么:没有法律可资为据,还是应依法律选择条款之效力发生异议时的法院地法?[379] 当事人是否也有权通过为之指定准据法来自行解决该问题?[380] 如此一来,当事人自行就可以使否则无效的条款生效。如果依据当事人选择的法律,法律选择条款是无效的,又会出现什么情况?[381]

不足为奇的是,有些学者注意到,意思自治原则会滋生用其理论框架无法解决的逻辑之悖,所以,他们径对该原则持反对态

---

[377] See F. VON SAVIGNY, *supra* note 189, at 203—204, 206, 211, 215, 246, 248—249.

[378] See Lagarde, *supra* note 329, at 62—63; Skapski, *Les obligations en droit international privé dans le cadre du commerce extérieur des pays socialistes*, 136 COLLECTED COURSES 499, 516, 518 (1972-II). *Contra* Audit, *supra* note 329, at 290.

[379] See Skapski, *supra* note 378, at 526—527; Kahn-Freund, *supra* note 263, at 342—344.

[380] See North, *General Course*, 220 COLLECTED COURSES 9, 169, 173—174 (1990-I); Skapski, *supra* note 378, at 527—528.

[381] See Skapski, *supra* note 378, at 528. 斯卡普斯基认为,在这种情况下,应适用"正常的"法律选择规则。但是,如果双方当事人都不愿意其交易适用此规则指向的法律,该怎么办呢?

度。在欧洲及美国均有主张认为,个人不能指定合同的准据法[382],因为他们缺乏"采取立法行为"[383]的权力,此权只有主权国家才能行使,用于制订支配合同的法律。比尔认为,"将如此重大的权利任意置于两个个人手中,纯系荒谬"[384],"在理论上亦站不住脚"[385]。然而,这些论点不仅对国际贸易的迫切需求视而不见,而且忽视了数个世纪以来,法院允许(如果不是鼓励的话)当事人选择法律以支配其交易的客观事实[386]。

　　无论如何,以概念论来反对当事人意思自治是离题千里的。事实上,即便适用硬性冲突规则(如合同缔结地法或合同履行地法),当事人仍能有效的选择合同准据法:他们若想适用某地的法律,在该地缔结或履行合同即可,或者干脆直接规定合同在该地缔结或履行。因此,对意思自治原则表示严重质疑者,在当代已踪迹全无。这一理论不管存在怎样的缺陷,它在实践中显著的优势终归是明显的。与合同履行地法不同,意思自治原则没有"割裂"协议,除非当事人(当事人最清楚)希望其交易受制于不止一种法律。与此同时,当事人意思自治原则卸下了法院的重负,使其无须再解决棘手的法律选择问题,并接近了经典理论所迫切追求的可预见性与判决结果一致的目标。对冲突法问题的解决,这一原则因而比任何一种可能的经典法律选择规则都要雅致与令人满意。

　　但是,如果当事人没有指定合同的准据法,该如何处理呢? 也许有人指望,两个不同国家的企业执行一个涉及牵引巨型设备横渡公海,航程达数千里的危险作业的合同,一定能在来往文件

---

[382] See 2 E. RABEL. supra note 348, at 362—363 for references.
[383] 2 J. BEALE, supra note 183, at 1079.
[384] Id. at 1080.
[385] Id. at 1083. 欧洲学者的相似反对,see Lando, The Conflict of Laws of Contravcts, General Principles, 189 COLLECTED COURSES 225, 262—268 (1984-VI)。
[386] See P. MAYER, supra note 29, at 431—432; 2 E. RABEL, supra note 348, at 265; North supra note 380, at 153.

中找到法律选择条款。然而,事实证明,这一期望落空了。在不来梅案中,当事人为什么没有制定法律选择条款(合同甚至包含了一个法院选择条款),其中原委,恐怕唯有当事人自己才知晓(最有可能的原因是疏忽)。在这种情况下,合同应适用何法?

由于疏忽或缺乏合意,协议没有载明准据法,于此情形下,意思自治原则看似无干。但是,囿于机械的法律选择规则无法适应国际商业的实际需要,法院与学者们开始对意思自治原则进行延展。意思自治原则避免了如此多的难题,以至于在其基本前提条件——合意选择法律条款——阙如的案件中仍被适用。450 多年前,杜摩兰曾说服法国最高法院在审理一对夫妻关于婚姻财产权发生纠纷的案件中,通过隐含在其婚约中的"默示协议"(tacit agreement),有效的指定了准据法。[387] 杜摩兰的观点显然为胡伯所分享。[388] 从胡伯那里,曼斯菲尔德勋爵[389]与斯托里进一步借用了这一观点,认为默示合意可以支配准据法的选择。[390] 正如曼斯菲尔德勋爵在罗宾逊诉布兰德案中所言:"礼让与万民法所确立的基本原则——合同缔结地,应在解释与履行合同过程中加以考虑。但是,此规则允许例外,即在当事人……寄望于另一王国时。"[391]

当然,论及"默示协议"或"假定意愿"(presumed intent)有臆断之虞。故达让特莱讥讽道:该学理构建不过是"令人着迷的莫里奈埃式*的狡黠"(*mirificum Molinaei acumen*)而已[392];在索尔

---

[387] See F. GAMILLSCHEG, *supra* note 1, at 42—48; Juenger, *supra* note 164, at 1062.
[388] 依胡伯之见,如果"当事人在缔结合同时头脑中想的是另一个地方的法律",则合同缔结地法不予适用。E. LORENZEN, *supra* note 108, at 174.
[389] Robinson v. Bland, 96 Eng. Rep. 141, 97 Eng. Rep. 717 (K. B 1760).
[390] J. STORY, *supra* note 9, at 377—378(引用了曼斯菲尔德勋爵的话,并加上了一句:"这已被普通法一致认可为正确的阐释")。
[391] 96 Eng. Rep. at 141 (citing Huber)(emphasis added).
　* 莫里奈埃(*Molinaei*)是杜摩兰的家乡。——译者注
[392] 2 H. BATIFFOL & P. LAGARDE, *supra* note 82, at 357.

诉其债权人案中,波特法官更有指摘:默示协议"唯存于想象之中"。[393] 在有些情况下,合同的整体状况或其中的某些条款(如不来梅案中的法院选择条款)也许可以为推断当事人的意愿提供一种基础。但是,解释与臆断之间的界限不甚明晰。不论是推断,还是猜测,法官都是在替当事人代言,将当事人如有意愿,会作如何选择的意向表达出来。然而,当事人若没有制定法律选择条款,从中可以得出的最现实结论是:他们从未想到这一点,或无法达成一致;要不然,便是出于自身原因故意将之暂不解决。

如此,便出现或主观臆断,或受制于硬性规则的两难局面。为走出此困境,韦斯特莱克了创设出一种妥协方案。他提出,法院应当适用与合同有"最真实联系"的法律[394],而不是寻找莫须有的当事人意愿。这一公式很可能是在萨维尼法律关系"本座"说的启发下而产生的。[395] 不过,萨维尼曾明确指出,这些陈词滥调绝不能代替具体规则。[396] 韦斯特莱克的方案系自体法的客观版,尽管有这一反对意见,还是得到了英格兰司法实践的支持。[397] 无独有偶,当美国法院不满于《第一次冲突法重述》[398]中的合同缔结地法规则后(该规则代替了较早使用的探究当事人"假定意愿"(presumed intent)的做法[399]),也开始寻找合同的"重力中心"(center of gravity)。[400] 这种措辞上的变化由吉尔克

---

[393] 5 Mart. (n. s.)596, 600 (La. 1827).
[394] "在英格兰,决定合同内在效力及效果的法律应基于实体因素加以考量,优先考虑与交易有最真实联系的国家,而非合同缔结地。" J. WESTERLAKE, supra note 147, at 288.
[395] See id. 在该书第 288 页中,韦斯特莱克提到了萨维尼,在第 299 页中,他使用了"交易本座"(seat of transaction)的措辞。See also E. SCOLES & P. HAY, supra note 289, at 37.
[396] See supra notes 253—254 and accompanying text.
[397] See G. CHESHIRE & P. NORTH, supra note 82, at 450, 462.
[398] RESTATEMENT OF CONFLICT OF LAWS § 332 (1934).
[399] See Pritchard v. Norton, 106 U. S. 124 (1882).
[400] See Barber Co. v. Hughes, 223 Ind. 570, 586, 63 N. E. 2d 417, 423 (1945); Rubin v. Irving Trust Co., 305 N. Y. 288, 305, 113 N. E. 2d 424, 431 (1953).

(Gierke)所倡导[401],他的想法与韦斯特莱克不谋而合。在奥滕诉奥滕(*Auten v. Auten*)案中[402],纽约州终审上诉法院使用了这一术语,同时提及"连结聚集地"(grouping of contacts)与"最密切联系"(the most significant relationship)两种表述。以上种种措辞最终被确定为"最密切联系",并成为贯穿《第二次冲突法重述》的中心术语。[403] 如此一来,杜摩兰"默示协议"的观点就彻底转型为一种弹性的客观连结点。

从"伪唯心"(pseudopsychology)向"伪唯物"(pesudophysics)转化,并非普通法独有之事。[404] 在虚拟的思想状态与合同的"重力倾向"(gravitational propensities)间作出区分,已为世界各地学者所惯用。[405] 与此相比,法院有时则没那么学究。为确保具体案件能有正确的审判结果[406],法官常留有余地,在自体法观点的客观论与主观论间游走。[407] 不论客观论与主观论的实际差别如何,它们同样值得挑战。从当事人的不作为中推断出一种隐匿的意愿,与赋予真实的国际交易以一个固定的场所(如不来梅案中法庭确定的场所)都难称上策;两者相比,不过五十步笑百步。"自体法"、"最密切联系"、"最紧密关联"之类的时髦用语是以地理为导向的,而这种导向很可能具有误导性。一个合同,依与之有最密切联系的法律若为无效,在这种情况下,客观论会束缚

---

[401] 1 O. VON GIERKE, DEUTSCHES PRIVATRECHT 217 (1895).

[402] 308 N. Y. 155, 124 N. E. 2d 99 (1954).

[403] *See e. g.*, RESTATEMENT (SECOND) OF THE CONFLICT OF LAWS, §§6 145(侵权), 188(合同)(1971).

[404] *See* Lagarde, *supra* note 329, at 33—35; Lando, *supra* note 263, §§117—121.

[405] *See, e. g.*, H. NEUHAUS, *supra* note 8, at 264—267; Audit, *supra* note 329, at 295; Skapski, *supra* note 378, at 530, 542—543. But *see* 2 E. RABEL, *supra* note 438, at 438—439; M. WOLFF, *supra* note 8, at 428—429 ("假定意愿"与客观的"联系聚集"之间的区别与其说是真实的,倒不如说是学术上的)。

[406] *See* Blom, *Choice of Law Methods In the Private International Law of Contract* (*pt. 3*), 18 CAN Y. B. INT'L L. 161, 176—178 (1980); Juenger, *supra* note 85, at 304—305.

[407] *See* Blom, *supra* note 406, at 161, 174—178; Juenger, *supra* note 85, at 304—305.

法院的手脚,使之无法以当事人不会选择使其交易归于无效的法律为由,肯定该合同的效力。合同是国际商务的生命线,保护合同,使其避免因法律差异而生的风险颇为必要[408],尤其是在使合同无效的法律规则本质为高度技术性规则及属于形式要件的情况下。与此相应,赋予当事人以拟制的意愿,有时则能产生比学者们所推崇的客观论更加合理的结果。不过,两种方法的差别不应被夸大。考察连结的紧密度与揣测当事人的心思,同样都给法官留有很大余地,因为"最密切联系"这样的规则虚幻无形,"可能除了表明答案并非触手可及外,就别无他意了"。[409]

主观论也好,客观论也罢,不受具体规则羁绊的自体法在合同法律适用领域的确广受欢迎;尽管如此,确定性、可预见性与判决结果一致性的价值追求仍无法实现。有鉴于此,学者们开始创制一些预期目标更加确定的法律选择规则。他们从萨维尼的理论中得到了提示[410],将合同之履行而非其缔结作为选择的标准;但他们更偏向于履行义务一方当事人的住所,而非合同履行地。与此同时,考虑到萨维尼的提议有使一个合同受制于数个不同法律之虞,这些学者试图避免这种不便。施尼策尔(Schnitzer)指出,提供货物或服务的义务与支付钱款相比,前者更具有"特征性",故货物或服务提供者的所属国的法律应予适用。[411] 有观点认为,特征性履行标准颇合"社会经济考量"。然而,实际证据表

---

[408] See 3 A. EHRENZWEIG & E. JAYME, PRIVATE INTERNATIONAL LAW 16—18 (1977).
[409] David, *The International Unification of Private Law*, in 2 INT'L ENC. COMP. L. ch. 5, § 16(1969); see also M. KELLER & K. SIEHR, supra note 83, at 58; Blom, supra note 406, at 175, 176, 178, 186; Kahn-Freund, *La notion anglaise de la "proper law of the contract" devant les juges et devant les arbitres*, 62 REV. CRIT. 607, 614—615(1973). But see Lagarde, supra note 329.
[410] See supra note 373 and accompanying text.
[411] Schnitzer, *Les contracts internationaux en dorit international privé suisse*, 123 COLLECTED COURSES 541, 562—563 (1968-I) 为寻找到一个具有决定意义的履行地而作出的更早的努力,see 2E RABEL, supra note 348 at 471.

明,此言"夸大其词"[412],不足为信。[413] 事实上,这一标准仅仅提供了一种方便(亦显专断)的判断方法,以满足对单一、客观连结点的渴求。

在交易相对简单的情况下,特征性履行标准运作良好。但是,除非当事人的住所(或营业所)位于同一法域,这一标准甚至无法应付一些日常交易所引发的法律选择问题,如易货协议、经销合同或出版合同等。[414] 合同愈复杂,该标准愈无助。而且,它还倾向于赋予当事人一方以不合理的法律选择特权。在实践中,专业提供货物或服务的一方对于评估国际贸易的风险,通常处于最佳位置,并可以通过法律选择条款规避风险。无须就法律选择条款进行协商,而径适用该当事方的法律,使其又多了一份优势,从而令强势方更强。[415] 纵使适用该法对其好处不如本可能适用的外国法,但是,他们至少对之稔熟,而对方当事人则被迫与一个陌生的法律体系过招。更有甚者,如果本国法确实对其不利,强势一方可以变更其营业所,或者干脆在合同谈判中,选择适用对方当事人的法律,用这种"让步"显示其举动的善意。

若在不来梅案中适用特征性履行标准,根据案件事实,该标准会指向德国法,因为德国拖船公司是提供服务的一方,而拥有钻探设备的美国公司承担的仅为金钱给付义务,即"非特征性"履行。选择德国法而非美国法,理由似显牵强,因为该交易与德国与美国的关联孰强孰弱,实在难分伯仲。以此方式解决法律适用问题,虽有快刀斩乱麻之畅快,但是,不仅当事人的利益没有得到考虑,而且不利于实现公正及司法便利。本案中,有证据表明,

---

[412] Diamond, *Conflict of Laws in the E. E. C.*, 32 CURRENT LEGAL PROBS. 155, 159 (1979).

[413] See Juenger, *supra* note 85, at 301; *cf.* Blom, *supra* note 406, at 187.

[414] See Juenger, *supra* note 85, at 301 (with further references); *see also* Blom, *supra* note 406, at 188.

[415] See Blom, *supra* note 406, at 187; *cf.* 2 E. RABEL, *supra* note 348, at 441.

英格兰法院可以行使服从管辖权*,这反映出一种妥协:由于双方当事人都不愿在对方国家进行诉讼,他们宁愿选择一个中立的法院地。[416] 既然如此,为什么在选择准据法时,这一共同目标就不为重视了呢? 拖船公司如是主张[417],而美国原告得知德国法支配其合同权利与义务后,深感意外,因为双方都未曾指望、亦无援引德国法。此外,据信当事人之所以选择了法院地,不仅仅因为其中立的位置;英格兰海商法律制度素来享有公正的美誉,这才是更为重要的原因。基于以上考虑,适用英格兰法,而非当事人一方的本国法更加适当,即便协议与英格兰并无客观联系。因为法院最熟悉自己的法律规则,由英格兰法院行使管辖权[418],依英格兰的法律规则来审判案件,显然也要方便得多。此外,适用法院地法可以削减诉讼成本并减少发生错误的可能性。所以,与模糊的最密切联系规则或专断性的特征性履行标准相比,英格兰法原则——"选择了法院即选择了法律"(*qui elegit judicem elegit jus*)更值得推崇。依此原则,合同中若有法院或仲裁选择条款,便意味着法院或仲裁机构所在地法应优先适用。[419]

保持合同的稳定性对参与国际商事交往的当事人,乃至整个国际社会都非常重要。正如我们所知,传统硬性的法律选择对实现确定性与统一性并无助益。只有当事人意思自治原则可以确保实现这些价值追求,而该原则与通过客观连结因素将交易地域化的传统制度形同冰炭,互不相容。就涉外合同而言,在当事人没有行使法律选择权的情况下,如何解决合同的准据法问题,至

---

* 服从管辖(prorogation)是指当事人通过同意接受法院管辖的意思表示或行为——例如出庭并提出答辩——而赋予法院对案件的管辖权。——译者注

[416] *See* The Bremen v. Zapata Off-Shore Co., 407 U.S. 1, 13 n.15(1972).
[417] *Id.*
[418] *See* Unterweser Reederei G. m. b. H. v. Zapata Off-Shore Co., [1968] 2 Lloyd's Rep. 158 (C.A.).
[419] *See* Cie. d'Armement Maritims S. A. v. Cie. Tunisienne de Navigation S. A., 1971 A. C. 572; The Atlantic Song, [1983] 2 Lloyd's Rep. 394; G. CHESHIRE & P. NORTH, *supra* note 82, at 457—458.

今尚无令人满意的方法。尽管拟制的默示意愿存在逻辑瑕疵,但它优于"准规则"(quasi-rules)。准规则系指采用了"柔性"连结因素的法律选择规则,如"最密切联系"等。不过,与更为僵硬的特征性履行标准相比,准规则尤胜于之。

在合同领域,经典方法未能与国际贸易的实践需要相适应,这使人们不禁对传统法律选择规则在整体上的可操作性萌生疑虑。如果说,在合同诉讼中为了达更好的结果而舍弃硬性法律规则是恰当的,为何在其他案件中采用"柔性"连结因素就不合适了呢?譬如,采纳侵权行为自体法的阻力究竟是什么?另外,如果案件结果才是最为重要的,那么,在非合同领域,目的论缘何要居于方法论之后?

(c) 发生在瑞士的离婚案

在斯托里与萨维尼那个时代,多边主义对离婚不起作用,因此,利利亚纳的起诉几乎不会产生什么问题。身为美国法官,斯托里主张,当事人的住所地对离婚案件的管辖权与准据法具有支配性作用,德国学者萨维尼完全赞同此观点。[420] 在司法实践中,该主张意味着法院地法居于支配地位,法律选择因而不成其问题。

但是,如果一对夫妻在婚姻纠纷发生后放弃了共同居所,该怎么办?在这种情况下是以他们的新住所,还是先前的住所为准呢?如果是夫妻一方抛弃了另一方,这会有所不同吗?对于这些问题,萨维尼的答案甚为简单:"丈夫永远被视为一家之主,此为各国法律所认可"[421],故作准者,为夫之住所。[422] 在英格兰,父权主义的偏见盛行有年,直到议会立法矫正之,方寿终正寝。[423] 这种偏见会给已婚女性带来非常不利的后果。如果她的丈夫远

---

[420] See F. VON SAVIGNY, *supra* note 189, at 337—338; J. STORY, *supra* note 9, at 304.
[421] F. VON SAVIGNY, *supra* note 286, at 325.
[422] *Id.* at 337.
[423] *See* G. CHESHIRE & P. NORTH, *supra* note 82, at 166—167, 622—624.

走他乡,住所会随他而变动,妻子本国的法院因而丧失管辖权。这样,她被迫到异地进行诉讼,备尝不便与诉讼成本增加之苦。另一方面,丈夫只要简单的变更其住所,就可以单方面的决定战场与战斗规则。他若希望离婚,可以选择一个离婚便利的法域;他若想挫败其妻解除婚姻的努力,只需到一个不允许离婚的国家定居即可。而倘若他潜逃到一个无人知晓的蛮荒之地,则可彻底使其妻子寻求法律救济的种种努力化为泡影。

美国确定离婚诉讼管辖权的方法从未如此残酷。已婚女性可以有不同于其夫的独立住所(至少在以离婚为目的时),这一点早已美国被认可。[424] 最初,为保护被遗弃方,法院将离婚案件管辖权局限于"婚姻住所"(marital domicile)(即无过错方的住所[425]),但美国最高法院最终认定,夫妻任何一方住所地的法院均可有效行使管辖权,解除他们的婚姻关系。[426] 这一规则显然会助长当事人挑选法院;另外,法院地法不仅支配离婚诉讼的程序问题,而且是决定实体问题的准据法,这样一来,挑选法院便愈加严重。由于彼时各州关于离婚的法律差异巨大,甚至带有戏剧性色彩,法院地法原则遂成为一种安全阀。诚如莱弗拉尔(Leflar)所言:"在实践中,法院地法原则对维护美国人的婚姻生活方式十分必要。"[427] 虽时常谈及婚姻的"州利益"(state interests),最高法院仍对宪法的充分信任与尊重条款予以宽松解释,甚至对故意的"出州离婚"*持庇护态度。[428] 更有甚者,对于不适用于充

---

[424]　See 1 J. BEALE, *supra* note 183, at 483.

[425]　See id. at 483—485; *cf*. Haddock v. Haddock, 201 U. S. 562 (1906).

[426]　Williams v. North Carolina(I), 317 U. S. 287 (1942). But *cf*. Williams v. North Carolina (II), 325 U..S. 226(1945)(被要求承认判决的州可以调查姊妹州的管辖权)。

[427]　R. LEFLAR, L. MCDOUGALL III & R. FELIX, AMERICAN CONFLICTS LAW 615 (4th ed. 1986).

*　故意的出州离婚(collusive out-of-state divorces)是指当事人为达离婚之目的,故意到其他州取得住所,从而得到解除婚姻关系的判决。——译者注

[428]　See Coe v. Coe, 334 U. S. 378 (1948)(如果被告由代理人进行诉讼,寻找住所属于既决事项(*res judicata*))。

分信任与尊重条款的离婚判决,如外国法院所作的判决,州法院亦表现出认可倾向。[429]

同时,美国法律允许离异者规避再婚障碍。由于婚姻缔结地规则被广泛适用,即将结婚的人可以选择在一个安全法域(haven jurisdiction)缔结一个无懈可击的婚姻。[430] 如此,适用美国冲突法与管辖权规则的结果,就可与当前惯例以及人口流动性增大的现实保持一致。挑选法院可用于阻止子女与被遗弃配偶实现与金钱有关的权利,对于这一问题,最高法院向来非常敏感。为此,最高法院创设出"可分割离婚"(divisible divorce)的概念:通过将离婚的效力与离婚产生的附带问题分割开来,以确保一个有效的外州离婚判决不会消灭抚养义务与财产权,除非作出判决的法院对利益攸关的所有当事人均拥有适当的对人管辖权。[431]

美国的经验表明,只要尊重夫妇平等原则,斯托里与萨维尼所推崇的方法(即从管辖权入手,解决离婚问题)就可以与当代社会现实相协调,其结果令人满意。当然,这种方法与经典的法律选择信条扞格不入。萨维尼坚定支持该方法的理由是:在正常情况下,离婚适用法院地法是"严格、实定"的法律规则。[432] 尽管如此,在欧洲大陆,这一观点最终还是被抛弃了。至于管辖权,次于当事人共同住所的连结点,如居所或原告的住所,也被认可为行使管辖权的充分基础。[433] 孟西尼的思想一旦横扫民法法系世

---

[429] See, e. g., Perrin v. Perrin, 408 F. 2d 107 (3d Cir. 1969); Rosenstiel, 16 N. Y. 2d 64, 209 N. E. 2d 709, 262 N. Y. S 2D 86 (1965), cert. denied, 384 U. S. 971 (1966)(都是涉及墨西哥人的离婚)。See generally Juenger, Recognition of Foreign Divorces-British and American Perspectives, 20 AM. J. COMP. L. 1, 18—24 (1972).

[430] See Restatement (Second) of the Conflict of Laws §283(2) (1971); R. LEFLAR, L. MCDOUGALL III & R. FELIX, supra note 429, at 24. 关于再婚的效力问题,美国的规则简便易行,而英格兰的规则极其繁芜,两者形成鲜明对比。

[431] See E. SCOLES & P. HAY, supra note 289, at 507—510.

[432] F. VON SAVIGNY, supra note 189, at 337.

[433] See Pålsson, Marriage and Divorce, 3 INT'L ENC. COMP. L. ch. 16, §§101, 108—109(1978).

界，国籍就成为许多国家确定管辖权的另一首选因素了。[434] 随着确定管辖权的基础不断扩大，法院与立法机关开始着手利用法律选择来限制当事人挑选法院。管辖权与法律选择被分开考虑，为此，将住所或更加普遍的国籍作为相关连结因素的多边主义规则得到不断发展。[435] 此外，绝大多数国家将离婚理由仅限于法院地法所周知的事项。[436]

若配偶双方的住所或国籍不同，离婚事项适用多边主义方法便会遇到困难。早先，由于法院及立法机关与萨维尼一样，奉行男权主义，所以问题没有浮现出来。通常情况下，女性只要结婚，就取得了丈夫的国籍与住所，夫妇俩的属人法因而相同。[437] 在采用本国法作为连结因素的国家，即便妻子保留了其婚前的国籍，法院仍倾向于适用丈夫的本国法。他们适用夫之本国法的理由，或是丈夫的国籍更具分量，或是夫之本国法或妻婚前之本国法均规定女子可以变更国籍。[438] 如此，性别歧视反而为这个原本繁杂的问题提供了现成的答案。

从住所到国籍的转变在实践中产生了重要后果：如果丈夫的国籍国不允许离婚，婚姻关系便无法解除。在夫权至上的年代，这一结果似乎合情合理。同时，由于违反丈夫本国法而作出的离婚判决可能不会得到承认，这种转变还有助于实现判决结果的一致。对"跛脚"（limping）问题[439]的关注遂成为制订1902年《海牙结婚与离婚公约》（Hague Convention on Marriage and Divorce）[440]的

---

[434]　See id. §§112—114.
[435]　See id. §§125—126, 129—134.
[436]　See id. §145.
[437]　Cf. id. §§109, 133.
[438]　See id. §§130, 133.
[439]　关于此术语的教会法渊源，see J. KROPHOLLAR, supra note 280, at 213.
[440]　1902年6月12日《关于离婚与分居法律冲突与管辖权的海牙公约》。

主要动因。该公约将本国法原则提升到国际法的高度。[441] 德国联邦法院早期裁定,如果某外国不认可德国法院的离婚判决,则德国离异者不得与该外国公民(如西班牙公民)再婚。[442] 以上例证足以证明,对判决结果一致的过分关注,会将法院与立法机关带入歧途。然而,毫不为奇的是,人员流动性的增大、婚姻观念的转变以及男女平等理念的深入人心,已经促使欧洲法院与学者不得不对离婚法律选择的基本信条进行重新审视与检讨。[443]

现在,让我们回到利利亚纳与米尔科的离婚案上来。与其他欧洲国家不同,瑞士没有调整离婚的法律选择规则。依瑞士先前的冲突法法规第 7 条 g 款第 2 项,即《关于住所与居所之私人法律关系的联邦法案》(NAG)[444],离婚之允许"须排他性地依据瑞士法律"。前法第 7 条 h 款第 1 项规定,居住在瑞士的外国人,只有举证证明其本国法既认可瑞士法院援引的离婚理由,也认可"瑞士的管辖权"时,方能离婚。通过要求原告举证其本国会承认瑞士法院的判决来防止跛脚离婚,这条法律规定虽颇为复杂,但其体现的立法政策昭然若揭。[445] 尽管瑞士法律试图确保判决一致,但是,它对此目标的追求并没有超出合理的界限。相反,务实的瑞士法官允许瑞士籍原告与外国人离婚,即使该判决在被告

---

[441] "本国法的适用……使法律选择仰赖于一个比较稳定的连结因素,本国法对防止法律规避与跛脚身份关系的效果明显优于其他法。" Palsson, supra note 433 § 129.

[442] Decision of 14 July 1966, 46 BGHZ 87; Decision of 12 Feb. 1964, 41 BGHZ 136; see Juenger, *The German Constitutional Court and the Conflict of Laws*, 20 AM. J. COMP. L. 290 (1972).

[443] See North, *Development of Rules of Private International Law in the Field of Family Law*, 166 COLLECTED COURSES 10, 19 (1980-I).

[444] Bundesgesetz vom 25. Juni 1891 betreffend die zivilrechtlichen Verhältnisse der Niederge-lassenen und Aufenthalter, as amended, Systematische Sammlung des Bundesrechts 211.435.1, *repealed by* Bundesgesetz über das Internationale Privatrecht (IPRG) of 18 Dec. 1987, 1988, BB1.15, effective 1 Jan. 1989[hereafter IRRG].

[445] See Cardo v. Cardo, decision of 11 July 1968, 94 BGE II 65.

本国有可能得不到承认。[446] 不过，如果双方都是外国人，法院最初要求当事人举证证明各自的本国均会认可瑞士法院的判决。[447] 由此，若某外国人所属国不允许离婚，与该外国人轻率结婚的后果便是：结婚容易，离婚无门。

意大利曾是一个不允许离婚的国家。由于在瑞士居住的意大利人为数众多，上述法律选择规则产生了大量的离婚难题。这种情形直到利利亚纳·卡东（Liliane Cardo）说服瑞士联邦法院对其先前的判例法进行重新检视才得以改观。[448] 利利亚纳原籍法国，依意大利法，她与意大利公民米尔科结婚后，即取得意大利国籍。1968 年，在该案作出判决时，对外国法院作出的涉及意大利公民的离婚判决，意大利仍不予承认。[449] 尽管如此，瑞士最高法院仍然准允了利利亚纳的离婚请求，理由是该判决在法国会被认可；另外，原告可以在无须离开瑞士的情况下在其原籍国获得离婚判决，因此，拒绝其离婚请求毫无意义。法院还对第 7 条 h 款作了重新解释，认为此条款仅要求原告之本国承认瑞士判决即可。依法国法，利利亚纳的原国籍并不因结婚而丧失，因此，可以允许选择适用对其诉讼更加有利的本国法。瑞士联邦法院放弃了判决一致的理想，对成文法条进行了解释（与立法意图相违背），以便利解除失败的婚姻关系。卡东案的判决显露出法官对离婚的支持态度，同时表明，避免跛脚离婚的目标"与瑞士以及其大多数邻国的现实是无法调和的"[450]，瑞士法院会偏袒与"我们观念最接近"的国家的法律。[451]

瑞士最高法院从传统冲突法观点向"结果导向方法"的转

---

[446] See Eheleute B, decision of 22 July 1958, 84 BGE Ⅱ 469; Wismeyer v. Wismeyer-Märky, decision of 19 July 1914, 40 BGE Ⅰ 418.
[447] See Schmidlin v. Schmidlin, decision of 29 June 1933, 59 BGE Ⅱ 113.
[448] See Cardo v. Cardo, decision of 11 July 1968, 94 BGE Ⅱ 65.
[449] See E. VITTA, *supra* note 351, at 239.
[450] Cardo, 94 BGE Ⅱ at 71.
[451] Id. at 73.

变,在其再婚判例法中得到了印证。依 NAG 第 7 条 c 款第 1 项,外国人在瑞士结婚,须同时符合双方本国法的规定。此规定为结婚设置了多重限制,其目的特为防止跛脚婚姻。若遇意大利人与其瑞士配偶离婚后欲再婚的情形,该规定会产生严重问题:一个意大利人与其瑞士前妻在瑞士离婚,后在英格兰再婚。起初,瑞士联邦法院严格执行上述立法政策,拒绝认可该意大利人的再婚。[452] 但是,在卡东案的 3 年后,法院改弦更张。在达尔·博斯科(Dal Bosco)案[453]中,一个意大利人在瑞士离婚后在丹麦再婚,对该再婚效力,瑞士法院予以认可。虽然当时意大利已经颁布了允许离婚的立法,但联邦法院作此裁决的理由并非是外国法的变更。事实上,法官是这样推断的:将一个在瑞士离婚的外国人置于或保持独身,或生活于罪孽之中的两难选择中,"从人道与社会的角度来看",都毫无道理可言。[454] 他们进一步强调,非法同居使同居者蒙羞,并使其子女成为私生子,与之相比,跛脚婚姻只算小恶;而且,一方面允许外国人离婚,另一方面却对其再婚横加阻止,这亦难圆其说。

尽管联邦法院已为跳出判决一致的窠臼做好充分准备,但是,瑞士缔结的一个国际条约却将法院的手脚套上了羁绊(该条约将促进判决一致定为基本原则)。正如法院在达尔·博斯科案中所指出的,1902 年《海牙结婚公约》特别禁止意大利离异者在瑞士再婚,因此,与其瑞士配偶离婚的意大利人只有到外国方能再婚。职是之故,只有正式废除此公约后,瑞士法院才能允许他们在瑞士再婚[455],才能一劳永逸地解决这个问题,从而为全面的立法改革扫清道路。1987 年《瑞士联邦国际私法法规》明确放弃了对判决一致的追求,制定宽松的规定以调整跨国结婚与离婚,

---

[452] Caliaro and Wydler v. Aargau, decision of 11 Nov. 1954, 80 BGE Ⅰ 427.
[453] Dal Bosco and Walther v. Bern, Decision of 3 June 1971, 97 BGE Ⅰ 389.
[454] Id. at 408.
[455] Dame P. v. Neuchâtel, decision of 5 Feb. 1976, 102 BGE IB 1.

并表现出强烈的法院地法倾向。[456]

确保婚姻案件取得理想结果,是瑞士冲突规则现代化运动的目的之一,此非孤例。许多欧洲国家都出现了回归法院地法原则的明显趋势。[457] 美国的经验表明,回归法院地法可以实现两个目标:与人口流动性加大的现实相协调、保证法律面前夫妇平等。法律选择规则如此,判决承认规则亦然。[458] 1902 年《海牙结婚与离婚公约》对判决一致的追求极具误导性,由于时常导致令人无法接受的结果,它最终被弃在路旁,无人问津。[459] 该公约后被 1970 年《海牙承认离婚与别居公约》(Hague Convention on Celebration and Recognition of Divorces and Legal Separations)与 1976 年《结婚仪式与承认婚姻效力的公约》(Convention on the Celebration and Recognition of the Validity of Marriages)所替代。结果导向在后两个公约中表现得淋漓尽致。这两个现代国际公约不再过分关注跛脚关系,其选择性冲突规则明白无误的透露出对离婚与结婚的宽松态度(*favor divortii vel matrimonii*)。这种目的论方法显然与传统冲突法体系格格不入。不过,这种方法即使仅为内国法院所采用,也能起到促进法律统一的功用,因为它会对意大利与西班牙这些长期拒绝修改其国内法的国家形成压力。这两个国家现在均允许离婚,并认可外国的离婚判决。对于一个国家而言,若其顽固坚持落后于时代的律令,外国法院所采取的回应会对它产生影响。如此,瑞士联邦法院的判例法对这些国家的国内法改革可能起到了推动作用。可见,与侵权与合同的法律选择问题一样,由于对实体价值视而不见,多边主义在婚姻与离婚领域

---

[456] *See* IPRG arts. 43—44(结婚),59—65(离婚)。
[457] *See*, *e. g.*, North, *supra* note 443, at 78—79; Pålsson, *supra* note 433, §§129—132, 149; Siehr, *Domestic Relations in Europe: European Equivalents to American Evolutions*, 30 A<small>M</small> J. C<small>OMP</small>. L. 37, 58—61 (1982).
[458] *See* NOrth, *supra* note 443, at 52; Pålsson, *supra* note 433, §§73, 81—83; Siehr, *supra* note 457, at 47—53.
[459] *See* North, *supra* note 443, at 91—92.

也被证明没有逃脱失败的命运。

(d) 其他几个例子

经典冲突法体系在处理涉外问题时乏善可陈,此中例证不胜枚举。以 1973 年《关于承认与执行抚养义务判决的海牙公约》(Hague Convention on the Recognition and Enforcement of Decisions relating to Maintenance Obligations)与 1961 年《关于未成年人保护的海牙公约》(Hague Convention on the Protection of Minors)为例。这两个公约不再依赖传统的冲突法原则,而是依管辖权与判决承认规则来保护儿童利益、支持原告。这两个公约在欧洲被广泛采纳,它们将判决一致弃在一旁,公开鼓励当事人挑选法院。甚至在家庭法领域外,经典冲突法理论也风光不再,因为在这些领域,最近几十年间的法律与观点发生了剧烈变化,流动性的不断增大从根本上动摇了人们对传统智慧的信任。

以物之所在地法为例,这是冲突法领域根基最深的规则之一,有一位著名学者评价如下:

> 关于有体物的权利,其产生、变更及终止,由其物理位置所在地的法律决定。这是一个普适性原则,已为大量的判例所证实,亦为全部学者所首肯。[460]

还有一位法学家,其名声与前者难分伯仲,他认为,财产所在地是"其权利的自然中心"。[461] 国家主权、属地主义、便利之考量,以及确定性、可预见性都是这条传统规则大行其道的原因。[462] 不过,正如萨维尼坦言,这一规则若适用于旅行者的手提

---

[460] 4 E. RABEL, THE CONFLICT OF LAWS 30 (1958).

[461] M. WOLFF, *supra* note 8, at 511—512.

[462] *See*, *e. g.*, P. LALIVE, THE TRANSFER OF CHATTELS IN THE CONFLICT OF LAWS 104—115 (1956); 4 E. RABEL, *supra* note 460, at 30—32; G. ZAPHIRIOU, THE TRANSFER OF CHATTELS IN PRIVATE INTERNATIONAL LAW 40—43 (1956). *But see* Audit, *supra* note 329, at 285—288.

箱[463]、国际贸易中的船载货物[464]、私人藏书[465]以及被继承人的遗产[466]，则效果不佳。物之所在地法适用于流动性很强的物之权利（如机车、飞机或汽车等），其结果也不尽如人意。

在美国，从事跨州交易的有担保债权人，有关其权利事项，物之所在地规则长期未予适用。[467]《统一商法典》（Uniform Commercial Code）第9条没有盲目追随这条陈年规则，而是采用了结果导向法，以图平衡融资机构、债务人以及第三方当事人的利益。[468] 即使《统一商法典》的规定未臻完美[469]，但与物之所在地规则相比，它还是略胜一筹。因为对后者毫无道理的固守，会给世界其他地方的担保物权造成威胁。[470] 提交第10届"国际比较法大会"的综述报告总结道："对在外国产生的非占有的担保物权作比较分析，可以清楚地发现，传统物之所在地法原则无法处理该领域的特殊问题。"[471]在欧洲判例中，法院援引物之所在地法原则是为了消灭外国债权人的利益。[472] 这表明，与其说该原则着眼于国际商业共同体的利益，毋宁说是在使丛林法则合法化。

---

[463] F. VON SAVIGNY, *supra* note 189, at 178—179.
[464] *Id.*
[465] *Id.* at 179—180.
[466] *Id.* at 296—297.
[467] *See* Juenger, *Non-Possessory Security Interests in American Conflicts Law*, 26 AM. J. COMP. L. (SPECIAL SUPP.) 145, 149—155 (1978).
[468] *See id.* at 156—166.
[469] *See id.* at 164—166.
[470] *See*, *e. g.*, 2 H. BATIFFOL & P. LAGARDE, *supra* note 82, at 169—170, 181—184; Stoll in J. v. STAUDINGERS KOMMENTAR ZUM BÜRGERLICHEN GESETZBUCH, EINFÜHRUNGSGESETZ art. 12 (1) Nos. 399—463 (10—11th ed. 1976); North, *supra* note 380, at 265—273.
[471] Drobnig, *The Recognition of Non-Possessory Security Interests Created Abroad in Private International Law*, in GENERAL REPORTS TO THE 10TH INTERNATIONAL CONGRESS OF COMPARATIVE LAW 289, 309(1981).
[472] *See id.* at 295; *see also* A. GmbH v. R., decision of 19 Aug. 1980, 106 BGE II 197; Siehr, *Eigentumsvorbehalt im deutsch-schweizerischen Rechtsverkehr*, 2 IPRAX 207 (1982).

经典方法不对法律的内容进行审视，就盲目地选择适用之，其具有的误导性，以上例证或足以证明。对于某些具体的涉外问题，如经常发生的交通事故、合同、结婚或离婚，经典方法的弊端已彰明无疑。审判不公偶尔出现，尚可能被忽略；但是，司法不公若成为家常便饭，就绝不容小觑了。随着流动性的不断增大，相关案例会逐渐增多，积累到一定程度时，法院与立法机关就必然会对传统规则进行省思。但是，用什么来替代传统规则呢？不作法律选择而直接适用法院地法，显然是一个替代方法。此类规范被萨维尼称为"严格、实定"的法。与适用多边法律选择规则指向的外国法相比，它们达到的效果往往更好。这决非巧合。优先适用法院地法可以赋予起诉人，如侵权案件中的原告、打算离婚者，择地诉讼的自由，这样，他们便可以在最能保护其利益的法域提起诉讼。如此，公正之目的可以实现。

3．"冲突法正义"

然而，对于与萨维尼一样，怀有判决一致梦想的人而言，挑选法院终归令其厌恶。他们认为，国际私法的目标并非服务于个人利益，而是实现凯热尔（Kegel）所称的"冲突法正义"（Conflicts Justice）。[473] 所谓冲突法正义，系一种独特的正义种类，通过适用与交易有最紧密关联的法律，即可实现之。有一点可以肯定，萨维尼对当事人私人利益的重要性是予以认可的。他指出，"法律规则以实现当事人的利益为目的，而不是相反。"[474] 隐藏于本座理论之后的，是对判决统一的追求，不过，萨维尼显然未能意识到，这一目标的实现需要付出重大代价。面对竞相适用的数种法

---

[473] G. KEGEL, *supra* note 55, at 54 ("*internationalprivatrechtliche Gerechtigkeit*"). See also Lagarde, *supra* note 329 ("*le principe de proximité*"); *supra* note 333 and accompanying text.

[474] F. VON SAVIGNY, *supra* note 189, at 116.

律,一种制度若明显对它们的内在品质视而不见,不合人意的结果就在所难免。

"法律选择规则无须在每次适用时都完美地实现正义,才能证明它比非规则方法(no-rule approach)强"[475],或许会有人赞成这一观点。然而,经典理论连其最基本的目标——判决一致都无法实现。由于多边主义方法系建立在错误的假想之上,萨维尼的理想因而永远只能是海市蜃楼。[476] 萨维尼深信,他的体系最终会被各国所采纳。由于察觉到"早先各种不同的观点,它们的分歧已经明显减少"[477],他进而对"我们的理论在各国均能得到完全一致的适用"满怀信心。[478] 然而,事实证明,这些期望是不切实际的。孟西尼对国籍原则的提倡大获成功后,追随他的国家同坚守住所地法的国家之间产生了裂痕。除此之外,其他方面也存在重大分歧。例如,普通法的"土地戒律"(land taboo) *[479]与许多民法法系国家盛行的普遍继承(universal succession)原则**大相径庭。[480] 另外,萨维尼所称之"严格、实定"法呈现出扩散之势,这也出乎他的预料。依其之见[481],这些法律实属"异常","随着国家的自然进化",它们会逐渐衰退。[482] 国家干涉主义与

---

[475] Rosenberg, *supra* note 3, at 644.
[476] Sturm, *supra* note 227, at 108.
[477] F. VON SAVIGNY, *supra* note 189, at 114.
[478] Id.
  * 土地戒律(land taboo)是英美等国的一项独特制度。根据该制度,凡涉及土地产权转移的所有事项,均应受物之所在地法支配。——译者注
[479] A. EHRENZWEIG, *supra* note 55, at 607, 654.
  ** 普遍继承(universal succession, *succession per universita*),亦译为概括继承,是罗马法上的一项制度。依此制度,继承是继承人在法律上取得被继承人的地位,其意义在于使死者的人格得到延续,故继承应统一适用当事人的属人法来解决继承问题。该制度是法定继承"同一制"的滥觞。——译者注
[480] 4 E. RABEL, *supra* note 460, at 268—272; F. VON SAVIGNY, *supra* note 189, at 295—297. 普通法与大陆法对于物之所在地法的作用有不同认识,由此产生的问题已为萨维尼所察觉。不过,他没有提出解决方法。
[481] *See* F. VON SAVIGNY, *supra* note 189, at 33—36.
[482] *Id.* at 38.

管制性法令的增长,证明了萨维尼的错误。结果是,多边主义的用武之地已越来越狭小,而单边主义,即用于处理"公法"冲突的方法,已急剧扩张。

4. 冲突法"总论"

只要将目光投于民法法系学者通常所称的"总论",因缺乏统一的法律选择规则而产生的多边主义体系的危机便一目了然。冲突法这一特有部分所处理问题的性质,足以动摇任何人对概念论解决多边问题能力的信赖。然而,许多传统主义学者并没有将之视为潜在疾患的症状[483];相反,他们似乎对该体系滋生的疑难问题引以为豪。虽然自其诞生之日起,这一"发现"[484]便陷入了自扰的尴尬中[485],但它仍然被赞誉为重大的思想突破。病患固然堪忧,而提出的药方更加糟糕。多边主义学者被将冲突法降为"逻辑推理法"[486]的思想所左右。面对这个体系的先天性缺损,他们不假思索,便开出了秘方。然而,他们根本不是对症下药,所作的努力注定只是徒劳一场。

(a) 识别

着眼于对法律规则进行分类的多边主义方法,只有在所有法

---

[483] Cf. H. GUTTERIDGE, COMPARATIVE LAW 54 (2d ed. 1949) 谷特瑞奇(Gutteridge)认为,反致、识别与公共政策不是病症,而是"具体的疾病";它们须对冲突法的"疾患"负责。

[484] "问题一旦被'发现',就会被赋予新的名词与概念。每个创设出新概念的冲突法学者都名存青史"——至少在同行之中如此。Siehr, *Scherz und Erunst im Internationalen Privatreecht*, in FESTSCHRIFT FÜR ZAJTAY 409, 411(1982). 有时,立法者会通过在总论中制订相关条款的方式,赋予这些法律想象力的创设物以现实意义。*See* von Overbeck, *Cours general*, 176 COLLECTED COURSES 9 (1982-III). 一旦被实定法所认可,即使连最无生气的概念也立刻拥有了生命力。

[485] Siehr, *supra* note 484, at 412.

[486] B. CARDOZO, THE PARADOXES OF LEGAL SCIENCE 67 (1928).

律体系对其私法以同样方式予以分类的情况下,才能实现判决结果的一致。然而,左右一个国家或民族如何构建其法律的,与其说是逻辑,倒不如说是历史的巧合。关于此点,只有对法律概念的真实性与普适性深信不疑的人才有可能疏于体察。譬如,对丧偶方财产权的保护,有些国家的法律将之纳入家庭法的调整范围,另一些国家则依财产法或继承法律规则处理之。[487] 因缺陷产品造成伤害而要求责任人承担赔偿义务的,既可依据合同法,也可以依据侵权法,抑或同时寻求合同法或侵权法上的救济。[488] 倘若对其写作时尚存的欧洲各国立法加以关注,萨维尼就会发现,各国法律对如何编排其包含的法律规则明显缺乏一致。然而,由于对如下完全不符历史事实的观点颇为赞同,即"经由罗马人创制的法律形式与制度属于一种更高、更纯的概念化世界,拥有某种永恒的效力"[489],萨维尼因而笃信他的法律规则分类体系,反映的是放之四海而皆准的永恒真理。

不过,由分类不同引发的分歧毕竟无法掩盖。1891年,一位名叫弗伦茨·克恩(Franz Kahn)的德国学者率先注意到这个问题[490],自那以后,该问题就被冠以"识别"之名(在欧洲,也被称为"定性"或"分类")。几年后,法国法学教授巴坦(Bartin)也触及这个问题。[491] 也许有人会纳闷,这样一个从开始就显而易见的问题,即只要各国能随心所欲对法律规则加以分类,判决一致就处于危险状态中,为什么会过了这么久才被察觉。

---

[487]　See Rheinstein & Glendon, *Interspousal Relations*, in 4 INT'L ENC. OF COMP. L. ch. 4, §§ 30—31 (1980).

[488]　See H. DUINTJER TEBBENS, INTERNATIONAL PRODUCT LIABILITY 113—118 (1979). See generally F. LAWSON, A COMMON LAWYER LOOKS AT THE CIVIL LAW 142—145 (1953).

[489]　1 K. ZWEIGERT & H. KÖTZ, AN INTRODUCTION TO COMPARATIVE LAW 140 (T. Weir trans. 1977).

[490]　See 1 F. KAHN, ABHANDLUNGEN ZUM INTERNATIONALEN PRIVATRECHT 92—123 (1923).

[491]　Bartin, *De l'impossibilité d'arriver à la suppression définitive des conflits de lois* (pts. 1, 2 & 3, 24 CLUNET 225, 466, 720 (1897).

这绝非是罕见的问题。再举一个例子,尽管有些法律体系认为,时效属于实体性规则,但另一些则将之视为程序性规则。[492] 事实上,一个国家还可以对时效进行选择,将其中一部分识别为实体问题,而将其余的识别为程序问题。[493] 更为关键的是,某些国家拥有一些特定的法律制度,而在其他国家则为阙如。在本国实体法没有规定的情况下,如何创设冲突规则予以规制,则成难题。因此,如果法国国内法并无信托的法律规定,法国冲突法如何能令人满意地处理这一未知的法律类型?[494] 如遇不同法律体系用不同的法律制度来调整相同的法律关系时,又该怎么办?

以一个常见的情况为例。一对夫妇从美国的一个州,如密歇根州,移居至加利福尼亚州。如一方配偶去世,密歇根州的法律通过赋予另一方配偶以不能废除的继承权来保护其利益;而加利福尼亚州实行的则是夫妻共同财产制度。* 在密歇根州时,这对夫妇由丈夫主外挣钱,妻子主内操持家务。丈夫去世时,其住所在加利福尼亚州,未留下对其妻子有利的遗嘱。这时,妻子拥有什么样的权利?[495] 依据美国的传统冲突规则,夫妻财产权益由获得财产时他们的住所地法支配;而动产的分配受制于被继承人的最后住所地法。因此,在本案中,妻子无法享有加利福尼亚州的夫妻共同财产权,因为其夫的财产积累于密歇根州——他们先

---

[492] *See* 1 E. RABEL, *supra* note 307, at 69—72.

[493] *See*, *e. g.*, Bournias v. Atlantic Maritime Co., 220 F. 2d 152 (2d Cir. 1955); E. SCOLES & P. HAY, *supra* note 289, at 60—61; *cf.* RESTATEMENT (SECOND) OF CONFLICT OF LAWS § 143 (1971).

[494] *See* 2 H. BATIFFOL & P. LAGARDE, *supra* note 82, at 175, 423.

 *   在美国,夫妻共同财产制(community property)实行于路易斯安那、得克萨斯、新墨西哥、亚利桑那、加利福尼亚、华盛顿、爱达荷、内华达和威斯康星9个州。其他州采用普通法制度。两者的区别在于配偶双方所享有的财产权利不同。在普通法制度下,配偶一方拥有个人的一切收益。但在夫妻共有财产制下,配偶一方收益的一半由对方拥有。在英国,该制度与夫妻分别财产制(separate property)相对。——译者注

[495] For the following see Juenger, *supra* note 164, at 1074—1075; *see also* P. MAYER, *supra* note 29, at 171—172 (French law).

前的住所地。依据密歇根州法,妻子亦无法享有继承权,因为其夫在死亡时,住所在加利福尼亚州。依此残酷无情的逻辑,加利福尼亚州最高法院适用了传统规则,从而使本案中的遗孀两头落空。[496] 直到加利福尼亚州立法机关介入,才使这一情形得以扭转。萨克拉门托*的立法议员通过创设一项拟制,解决了这个问题:他们修改了继承法律规则,使被继承人的配偶能获得假定他们一生都生活在加利福尼亚州的权利。[497] 这一解决结果无疑是公正的。但是,一个立法机关为何会沦落到援引英格兰法院所用之吊诡骗术的境地?英格兰法院在审理一个涉外案件时,曾将梅诺卡岛"运到"伦敦,以行使管辖权。[498]

先天性缺陷困扰着分类法,其症状不仅表现为站不住脚的结果与无法令人信服的矫正方法,更表现为逻辑上的悖论。经典冲突法需要一个分类过程,但是,将法律体系分割成块后,法院拿什么将一块块空间填满?萨维尼认为,分类的对象是法律关系,该命题包含着一个逻辑悖论,因为只要适用的法律尚未确定,一个法律关系实际上是否存在,就处于未定状态。[499] 另有观点主张,法律规则是分类的目标。然而,这也存在相似的逻辑谬误:在分类完成以前,哪些才是有可能适用的规则尚不得而知。[500] 还有观点认为,识别的对象是"社会关系"(social relationships)[501]或"有法律根据的事实状况"(juridically informed fact situation)[502]这

---

[496] See In re Estate of Thornton, 1 Cal. 2d 1, 33 P. 2d 1 (1934).

   * 萨克拉门托(Sacramento)为加利福尼亚州的首府,位于萨克拉门托河畔。——译者注

[497] See CAL. PROB. CODE § 201.5 (Deering 1990).

[498] See supra note 121 and accompanying text.

[499] See H. NEUHAUS, supra note 8, at 118.

[500] Id. at 119.

[501] Rabel, Das Problem der Qualifikation, 5 RABELSZ 241, 244, (1931).

[502] 1 H. BATIFFOL. & p. LAGARDE, supra note 82, at 340. 康恩已经注意到将事实视为识别对象的悖论:"事实应该由特定地域的法律归类,推演出如此结论,实属不可能之举。这好比从3扎干草中无法分出3公斤燕麦一样。"1 F. KAHN, supra note 490, at 93.

些观点模糊幽邃,除了将问题弄得更加复杂外,别无益处。另外,许多冲突法学者为分析之便利及解决这一特殊问题,使用了带有个人偏好的晦涩术语,这也增加了问题的复杂性。

另一个内在难题是:识别过程应由什么法律支配?有人说是法院地法[503],有人主张准据法[504],还有一种观点则认为,应运用比较之方法总结出超国家的概念,再以之支配识别的过程。[505] 论者各陈所见,唇枪舌剑,几十年未休。由此可见,靠这些专家学者,问题是永远得不到解决的。法官更成问题,他们甚至连这个问题都抓不住。不过,纵使他们抓住了该问题,冲突法学者们所提出的方案,也是曲高难和,几无效用。一面是理论家们的逻辑悖论,一面是对公正司法的渴求;备受煎熬中,一些法院不得不屈从于苍白的概念论[506],另一些法院则玩弄一些雕虫小技,以求达到合适的审判结果。[507] 事实上,识别的过程神秘诡谲,其唯一诱人之处在于对变戏似的伎俩有纵容、鼓励的倾向。识别向来有"逃避工具"(escape device)之称[508],这一称谓为美国法院的司法实践所证实。美国法院将许多问题——从损害赔偿到遗留诉讼

---

[503] *See*, *e. g.*, G. CHESHIRE & P. NORTH, *supra* note 82, at 45—46; Y. LOUSSOUARN & P. BOUREL, *supra* note 63, at 289—290(都有保留与定性)。

[504] *See* M. WOLFF, *supra* note 8, at 154—156.

[505] *See* 1 E. RABEL *supra* note 307, at 54—66. For an overview and critique of the various theories see generally Q. ALFONSÍN, *supra* note 73, at 390—407.

[506] *See*, *e. g.*, Maynard v. Eastern Air Lines, Inc., 178 F. 2d 139 (2d Cir. 1949)(识别为侵权后,强制适用法院地法关于不当致人死亡赔偿数额上限的规定)。(田纳西州汇票不受任何时间限制,因为德国"实体性"时效规则与田纳西"程序性"时效规则均无法适用)。

[507] *See*, *e. g.*, Caraslanis v. Caraslanis, Cass. civ. 1re, decision of 22 June 1955, 1956 D. S. Jur. 73(将希腊对宗教仪式的要求识别"形式",从而肯定婚姻的效力); Haumschild v. Continental Cas. Co., 7 Wis. 2d 130, 95 N. W. 2d 814 (1959)(将配偶间的侵权诉讼豁免权(interspousal immunity))识别为"家庭法",从而使妻子可以对其有过失的丈夫行使侵权损害赔偿请求权)。

[508] *See* B. CURRIE, *supra* note 93, at 132—133, 181; R. LEFLAR, L. MCDOUGAL III & R. FELIX, *supra* note 427, at 257—261; Sauveplanne, *supra* note 329, at 38—39, *But see* Audit, *supra* note 285, at 595—596.

(survival of actions)*——识别为"程序"[509],并将侵权识别为合同[510],从而避免适用有害的外国法。法院用以上手段达到的审判结果固然合理,但是这种目的论的代价亦不容小觑:一来,法官牺牲了思想上的诚实;二来,他们的判决使这个令人困惑的学科更加扑朔迷离。

不同法律体系构建法律的方式霄壤有别,这一事实足以永久性挫败多边主义对判决一致的追求,巴坦那篇著名论文的题目可谓一语破的。从纯概念主义的构架中寻求涉外问题的解决途径,这一方法的弊端被"识别"背后隐藏的难解之题揭露无疑。相关的论述汗牛充栋,却丝毫未能解决问题。这一现象颇资检讨,它说明诉讼当事人的命运不应取决于变幻莫测的分类。以一种有序的方式来整理法律制度与规则固然有不少益处,如便于学生、教师与实务工作者的学习与运用;但是,在这个已经不在将法律概念视为永恒真理的时代,仰赖分类方法来解决跨国纠纷,终究是一个时代错误。

(b) 附随问题与分割法

多边主义存在前提性缺陷,识别问题只是其中的表征之一。下例反映的是与识别性质不同,但与之关联的另一难解之题[511]:一个国籍与住所地均为希腊的遗孀,当年在英格兰结婚;她主张对被继承人位于英格兰的动产享有权益。依英格兰与希腊的冲

---

* 遗留诉讼指受害人死亡后仍然继续存在的有关人身伤害的诉讼,它不随提出诉讼请求的当事人的死亡而消灭。——译者注
[509] See, e. g., Grant v. McAuliffe, 41 Cal. 2d 859, 264 P. 2d 944 (1953); Kilberg v. Northeast Airlines, Inc., 9 N. Y. 2d 34, 172 N. E. 2d 526, 211 N. Y. S. 2d 133 (1961).
[510] See e. g., Levy v. Daniels U-Drive Auto Renting Co., 108 Conn. 333, 143 A. 163 (1928); Dyke v. Erie Ry. Co., 45 N. Y. 113 (1871).
[511] See M. WOLFF, supra note 8, at 206.

突法,均应适用希腊的继承法律规则(尽管理由不同[512])。但是,如果被继承人是在英国婚姻登记官员面前举行结婚仪式的,亦即没有依据希腊法律当时所要求的宗教仪式结婚,该怎么办?

在正常情况下,为确定婚姻的形式有效性,英格兰法院会援引婚姻缔结地法,而依据英格兰婚姻法,该婚姻有效。然而,由于希腊冲突法指向丈夫的本国法,希腊法院会得出当事人从未结婚的结论,因为希腊公民以世俗方式结婚(即便在国外)是得不到正式认可的。因此,英格兰法院就面临着该适用哪国冲突规则的问题。答案看似明显:法院地自己的冲突规则。但是,究竟是哪一条呢?是决定婚姻有效性的冲突规则,抑或支配动产分配的冲突规则?如果判决一致是冲突法的圭臬,英格兰法官则应努力做到使案件如同在希腊法院受审。另一方面,如果法院不承认当事人婚姻的效力,就显然与依英格兰法婚姻有效的结果存在内在矛盾。用专业术语来说,婚姻效力应被视为一个独立的问题,还是本案主要问题(即该妇女的继承权问题)的一部分?

这一问题最早被梅尔基奥尔(Melchior)和温格勒(Wengler)"发现"[513],自此以后,与之相似的一系列问题被冠以"先决"(preliminary)或"附带问题"(incidental question)之名[514],开始进入冲突法学者的思考范围之中。造成问题难解的根源是经典冲突法理论已陷入两害之间取其一的境地:内部的不一致(在考虑同一个婚姻时,法院同时将之视为有效与无效),或者国际范围的不协调(一方面声称尊重外国法;另一方面,法院作出的判决却相悖于依外国法律制度所得之结果)。两种选择,同样令人不

---

[512] 希腊冲突法指向当事人的本国法;依据英格兰冲突规则,适用被继承人的最后住所地法。

[513] See G. MELCHIOR, DIE GRUNDLAGEN DES DEUTSCHEN INTERNATIONALEN PRIVATRECHTS 245—265 (1932); Wengler, *Die Vorfrage im Kollisionsrecht*, 8 RABELSZ 148 (1934).

[514] "随后"(subsequent)与"部分"(partial)问题的术语也被适用过。See A. EHRENZWEIG, *supra* note 55, at 340.

悦；对于这种自扰式的尴尬，没有解决方法令人满意。这种节外生枝的"概念论之扰固然不堪"[515]，但是，由于给法官留下了相当的回旋余地，故问题的解决潜能尚存，其情形与识别相类似。有鉴于此，沃尔夫主张，应适用支配主要问题准据法所属国的冲突规则；但是，"如果这种牺牲内部和谐以成就国际和谐的做法超出了可容忍的程度"[516]，则应作为例外。不过，容忍的门槛在什么时候会被逾越，他并没有告诉我们；只有留待司法自由裁量加以解决了。

对如何行使这种自由裁量，凯热尔提出了一个建议：援用附随问题理论来"解决"一个曾经很难解决的难题，即已离婚的德国人与西班牙人再婚的问题。[517] 将离婚判决是否解除婚姻关系的问题贴上"先决"的标签，取得了惊人的成效；一个长期困扰法院与评论家的难题（直到德国宪法法院最终解决之[518]）轻而易举地消失了。该例足以佐证这个特殊的逃避工具的神奇功效。尽管学者们对之钟爱有加，但是，面对呈现在眼前的附随问题，法院与律师经常毫无觉察，"这朵主要种植于德国的奇葩"[519]几乎只在学术温室里才能绽放吐蕊。[520]

与识别一样，附随问题使分类法的内在缺陷暴露无遗。萨维尼没有注意到这个问题，原因在于他的分类过于宽泛、不易辨识。然而，一旦分析更加精密，这个问题就无法回避了：对于一个特定的法律关系，是否其所有方面均由同一个法律支配。然而，一个案件的不同事项如果受制于不同法律，另一个幽灵，即分割法（*dépeçage*）便浮现于世。将不同法律体系的法律规则粘接在一

---

[515] Id.
[516] M. WOLFF, *supra* note 8, at 209.
[517] Kegel, in 8 SOERGEL, BÜRGERLICHES GESETZBUCH（EINFÜHRUNGSGESETZ）art. 13 annot. 18—21, 26（11th ed. 1984）. *See also* Sauveplanne, *supra* note 329, at 40—43.
[518] *See infra* notes 1376—1377 and accompanying text.
[519] Siehr, *supra* note 457, at 64.
[520] *See* A. EHRENZWEIG, *supra* note 55, at 340.

起,容易产生一种混合解决方法,而在任何一种实定法中,均无法找到其雷同者。

以下例为证:一个已婚妇女驾车撞上大树,致使其丈夫受伤。依当事人的本国法,其夫无法要求她承担损害赔偿责任,因为他当时没有系安全带;依事故发生地法,结果一样,因为该法有配偶间侵权诉讼豁免的规定。因此,在这两个可能适用的法律之间,不论适用何者,该妻子均不承担赔偿责任。但是,如果法庭决定,安全带事项适用事故发生地法,而有关夫妻间的责任事项,适用当事人本国法,结果又会怎样?[521] "一半是驴,一半为骆驼,允许原告骑在这头人造的杂交怪物上炫耀成功"是否合适?[522]

不可避免,类别分得愈精细,分割法问题出现的频率就愈高。这样一来,冲突法就迫使人们在以下两难中作出选择:要么选择麻木的、常犯错误的法律规则,要么接受无论适用哪一法律均不会出现的结果。用一位法国学者的话,"选择最不糟糕的解决方法,实属必要;但完美的方法,根本不存在"。[523] 这个无可奈何的结论再一次证实,判决一致必定永远无缘于多边主义方法。同识别一样,对于附随问题与分割法,我们至多能说,由于它们给结果选择留下了操作空间,因此,对司法创新具有激励作用。

(c) 反致

与识别、附随问题与分割法的发现是较晚之事不同,法院遇见反致问题要早得多。凯热尔曾提到鲁贝克案(Lübeck),该案于

---

[521] See E. JAYME, DIE FAMILIE IM RECHT DER UNERLAUBTEN HANDLUNGEN 283, 290—292 (1971). See generally Reese, Dépeçage: A Common Phenomenon in Choice of Law, 73 COLUM. L. REV. 58 (1973); Weintraub, Beyond Dépeçage: A 'New Rule' Approach to Choice of Law in Consumer Credit Transactions and a Critique of the Territorial Application of the Uniform Consumer Credit Code, 25 CASE W. RES. L. REV. 16 (1974); Wilde, Dépeçage in the Choice of Tort Law, 41 S. CAL. L. REV. 329 (1968).

[522] Currie, in D. CAVERS, supra note 57, at 39.

[523] P. MAYER, supra note 29, at 171.

1861年审判,涉及动产继承问题。被继承人为法兰克福公民,死亡时住所在美因茨(Mainz)。[524] 但是,最知名的当数福果案(Forg)。该案在法国最高法院反复审理,前后达3次之多。[525] 最后的判决引发了经久不息的争议,堪称里程碑。巴伐利亚公民弗郎西斯·夏维埃·福果(François-Xavier Forgo)在法国生活多年,并于法国去世,死亡时未留遗嘱。福果生后仅有旁系亲属,依据巴伐利亚法律,旁系亲属享有继承权,而依法国法律,则无此权。依据法国当时的冲突规则,如果被继承人没有在法国正式取得住所,动产继承适用其本国法。与此相反,《巴伐利亚民法典》规定,动产继承适用被继承人的最后住所地法。[526] 需要指出,尽管福果从来没有履行必要程序,以在法国获得法律住所,但巴伐利亚认定其住所在法国。

这是福果旁系亲属与法国财政部之间的一场争夺战(如果没有适格的遗嘱受益人,福果的财产将收归法国国库)。只要知此本质,就不会对案件的审判结果有丝毫惊讶。法国法院怎么会依据某一外国法(而该外国法并未要求适用),判决法国财政部败诉?但是,允许法国从一个外国人的死亡中获利又有何理?如果巴伐利亚法指向法国法,法国法会不会基于相同理由指回巴伐利亚法;如此往复,会不会周而复始,无穷无尽?

法学家们很快注意到这个概念上的困局,他们用俏皮的语言

---

[524] See G. KEGEL, supra note 55, at 238—239. 依马丁·沃尔夫(Martin Wolff)之见,反致理论的滥觞是17世纪中叶法国罗安(Rouan)地方最高法院所作的一些判例。18世纪法国学者福罗兰德(Froland)是论述该问题的第一人。M. WOLFF, supra note 8, at 189. 沃尔夫还引用了19世纪英格兰涉及该问题的几个案例。Id. at 189—190.

[525] Héritiers Forgo v. Administration des Domaines, Cass. civ., decision of 5 May 1875, 1875 S. Jur. I 409; Administration des Domaines v. Héritiers Forgo, Cass. cir., decision of 24 June 1878 S. Jur. I 429; Héritiers Forgo Dichtl v. Administration des Domaines, Cass. req., decision of 22 Feb. 1882, 1882 S. Jur. I 393.

[526] 《马克西米利安巴伐利亚民法典》(Codex Maximilianeus Bavarius Civils)的相关条款措辞含混,有一种颇受争议的观点认为,它指向物之所在地法。但是,法国最高法院(Cour de Cassation)为论证之目的,假定它指向被继承人的最后住所地。

将之戏称为"四壁镶镜的逻辑橱柜"、"国际法律乒乓球赛"。[527]这些戏谑言辞表明,虽然法国最高法院认可了反致理论,但是,学者们对之并无好感。事实上,他们指摘反致"幼稚"、"自相矛盾"、"滑稽可笑"。[528] 由于担心导致恶性循环[529],在理论界的呼吁下,意大利明令禁止反致理论。[530] 但是,逐反致于法律之外,并不等于它就此销声匿迹;立法干预亦没有丝毫减少该领域的国际纷争。

以安斯利案(Annesley Case)为例。[531] 一个住所在法国的英国公民,留下遗嘱剥夺她女儿们的继承权。在执行该遗嘱时,关于动产的继承发生了纠纷。依据英格兰法律,女性立嘱人可以任意处置其财产;而法国法律给予其近亲属以强制性继承权。假设法国与英格兰效仿意大利,明文禁止反致,而该案在法、英两国同时进行诉讼;在此情形下,倘若我们对出现的结果加以考虑,意大利反致禁令的荒谬之处便一览无余。由于拒不考虑外国冲突规则,英格兰法院不得不适用立嘱人的住所地法——法国法,而法国法院会适用立嘱人的本国法——英国法。换言之,两国法院都会适用一个陌生的外国法,且该外国法的政策与法院地政策正好相悖,由此得出的审判结果也扞格不入。这样的结果不但严重损害了判决一致的理想,而且对常理构成挑战。[532] 值得庆幸的是,审理安斯利案的英格兰法官显示出的智慧远胜于意大利立法者。英格兰法官从福果案中得知,对于相同的案件事实,法国法院会适用法国法;为避免潜在的冲突结果,他认为有必要效而仿之。为此,他采取如下方法(尽管该方法在逻辑上或许有欠妥之处,但

---

[527]　See 1 E. RABEL, supra note 307, at 80.
[528]　See A. EHRENZWEIG, supra note 55, at 334.
[529]　J. MORRIS, supra note 315, at 472. See also Q. ALFONSÍN, supra note 73, at 440—445, 452.
[530]　Preliminary Act to the 1942 Italian Civil Code Art 30.
[531]　In re Annesley, 1926 Ch. 692.
[532]　See 1 E. RABEL, supra note 307, at 81.

无疑明智有理);对于英格兰法律选择规则所援引的外国"法",他将之理解为外国法院在审理同样案件时会适用的法。这一解决方法将英格兰法官置于外国法官的角度[533](即所谓的"外国法院说"(foreign-court theory)),它具有一个不容置疑的优点,即对判决一致能起到一定的积极作用。与英格兰不同,法国法院采用硬性优先适用法院地法的方法。法国的方法虽然无助于实现判决一致,但尤胜于意大利的反致禁令,因为它至少允许法官适用其最为熟悉的法律。

然而,法院是否应始终向外国冲突法俯首?抑或时而为之?如果是后者,应在何时为之?关于这个"冲突法最瞩目的争执",著述虽丰,然功效甚微。[534] 就法官意见而言,"大多数欧洲的法院判决所给出的考虑适用外国冲突规则的理由都不具说服力,甚至不成其为理由。"[535] 对多边主义方法的弊端进行粉饰的倾向,可能是造成混乱与不确定性现状的部分原因;而反致问题只不过是其中的表征之一。显而易见,只要在连结因素上达不成普适性的协议,统一与可预见性对经典方法而言,就永远是一种奢望。随着国籍原则在孟西尼的倡导下大行其道,达成这一协议的前景已归于无望。任何一种理论都无法跨越这道鸿沟;全世界实现法制统一的期望注定无果而殇。对于冲突规则的冲突,反致可以掩饰之,但无法消除之;反致充其量是另一种逃避工具,如果灵活适用之,可以使法院应付一种原本无法运作的方法。[536]

(d) 公共政策

多边主义无法实现"判决一致"的目标,这一点已为识别、附

---

[533] See M. KELLER & K. SIEHR, supra note 83, at 475—476; M. WOLFF, supra note 8, at 199—200. 对于英格兰这种方法的批评,see CHESHIRE & P. NORTH, supra note 82, at 61—65.

[534] 1 E. RABEL, supra note 307, at 75. See also A. FLESSNER, supra note 279, at 129.

[535] M. WOLFF, supra note 8, at 199. See also A. FLESSNER, supra note 279, at 130—139.

[536] See Sauveplanne, supra note 329, at 40.

随问题、分割法及反致所彰显。公共政策保留则暴露了多边主义的另一个结构性缺陷,即该体系无法产生合理的结果。显见之,通过一个人、一件物或一个交易与某一地域之间的关联来盲目地选择法律,必然会为不称心意的外国法律规则洞开大门。为防止审判不公,就需要一个保镖,将闯入大门的最令人生厌的外国规则扔出门外。并非所有的外国法律都值得热情欢迎,这一发现并不新鲜。巴托鲁斯和其他一些早期学者就曾谈及,对"可憎法则"的地域效力,应作严格限制[537],胡伯指出,外国法律如果会"损害法院地政府或其臣民的权利或权力"[538],礼让就不要求法院地对之加以认可。斯托里重申了这一思想,并有所拓展:"每个国家都有权利和义务保护其臣民免受不正及有害之外国法的损伤",这赋予"法院地拒绝执行与其利益及政策相抵触的外国法律规则"[539]以正当性。萨维尼也承认,平等对待外国法与本国法,是有内在限制的。[540] 孟西尼的观点更进一步:他并没有将公共政策的概念仅仅视为安全阀,而是将之上升至一个新的高度——冲突法方法论的内在组成部分。[541] 易言之,数个世纪以来,由于经典法律选择规则容易招致有害的外国规则,学者们意识到,法院地法必须作为最后一道补救手段。外国法若违反了法院地法的公共政策则不予适用,关于此点,众见一致;但是,对于这个"模糊难触的概念"[542],至今尚无人能予以定义。此中情形,有如对色情作品的界定,非待看罢,否则绝不知其意。此喻甚当。[543]

经典冲突法一方面声称严格遵循固定规则,另一方面却创制出这个适用范围无法定义的例外来损害固定规则的根基。公共

---

[537] *See* M. GUTZWILLER, *supra* note 48, at 25 n. 50, 37, 44, 47, 59—60.
[538] Huber in E. LORENZEN, *supra* note 108, at 164.
[539] J. STORY, *supra* note 9, at 37.
[540] *See* F. VON SAVIGNY, *supra* note 189, at 32—38.
[541] *See* 1 E. VITTA, *supra* note 299, at 374—377.
[542] M. WOLFF, *supra* note 8, at 179.
[543] Jacobellis v. Ohio, 378 U. S. 184, 197 (1964) (Stewart, J., concurring).

政策可以被泛用,外国法律规则只要与法院地法有所不同,即可被拒绝适用。如此,"例外"便吞噬规则。公共政策的范围也可以被限制在仅为实现判决一致的范围内,但仅以出现不适宜的结果为代价。对于上述两种缺乏吸引力的适用标准,法官们的偏好各不相同,甚至相同的法院也会作出不一致的判决。[544] 不论他们的偏好如何,相关的制定法与判例法规则均不值信赖,因为它们所使用的核心概念过于模糊,无法为个案提供指导。此外,一个特定的外国法是否被判定为违反了当地的公共政策,不仅取决于其自身的效力,而且要看特定交易与法院地联系的紧密程度。由于夸大了这一无法确切估量之物,经典制度大大增加了临时判决(ad hoc decisions)。正如劳伦森(Lorenzen)所言,"公共政策理论……应当业已成为一种警告,告诫以其为例外的规则据以建立的推理存在严重问题。"[545]

---

[544] 依卡多佐(Cardozo)之见,纽约法院只有适用某外国法将会与正义的重大原则、道德的基本观念或事关大众福祉的传统相抵触时,才能拒绝执行之。Loucks v. Standard Oil Co., 224 N.Y. 99,111,120, N.E. 198, 202 (1918).18年后,莱曼法官对公共政策下的定义远为宽泛,他引用了一个非冲突法案件中的一段话:
"公共政策"这个术语常常被非常模糊、宽松或不准确地使用。本法院……认为,一个州的公共秩序只存在于其宪法与法律之中。…… 因此,当说到州的公共政策时,我们意指州的法律,即存在于宪法、制定法或诉讼记录中。
Mertz v. Mertz, 271 N.Y. 466, 472, 3 N.E. 2d 597, 599 (1936) (quoting Prople v. Hawkins, 157 N.Y. 1, 12, 51 N.E. 257, 260 (1898)).
梅茨案(Mertz)拒绝适用康涅狄格州的法律规则,该州法律废除了配偶间的侵权诉讼豁免权。InternationalHotels Corp. (Pueto Rico) v. Golden, 15 N.Y. 2d 9, 203 N.E. 2d 210, 254 N.Y.S. 2d 527(1964)效仿了梅茨案的做法。在后案中,多数意见再一次对公共政策做了狭义定义,执行了一个依纽约法律无法执行的波多黎各赌债。另外,在Schultz v. BoyScouts of Am., Inc.案中, 65 N.Y. 2d 189, 480 N.E.2d 679, 491 N.Y. s. 2d 90(1985),多数意见在引用了卡多佐法官在露克斯案(Loucks)中的定义后,认为只有在案件与法院地有实质性联系时,方可援用公共政策保留。该案中,即使侵权行为发生在纽约,也没有适用公共政策保留。

[545] E. LORENZEN, supra note 108, at 13—14; see also Sauveplanne, supra note 329, at 45—46. 公共政策保留远非为问题提供了简单的解决方法,它本身又产生了问题,如连接的强度要达到什么程度才能适用之,排除本应适用的外国法律规则。See Parra-Aranguren, General Course, 210 COLLECTED COURSE, 9, 96—100(1988-III); Schultz, supra note 544.

质言之，在涉外案件中，传统主义者所追求的"冲突法正义"，与公正、价值的要求之间时常发生碰撞；两者间的紧张关系已为公共政策保留所体现。何者将会制胜，显然无法预先确定。这又一次印证，经典方法论无法实现其承诺。在适用较低等级的外国法时，司法具有天然的惰性，当此惰性与概念的束缚遭遇时，常理与维护理论纯洁性的理念之间便展开了拉锯战。然而，在特定情形中，要预言哪一方会取得胜利，需要的是占卜士，而非法学家。

（e）直接适用的规则

一种特殊种类的规范被重新发现后，问题变得愈加复杂。萨维尼把这一类规范与公共政策例外混同在一起，将之冠名为"严格的实定法"（strictly positive law）。[546] 这类规范的特殊之处在于，它不受多边主义方法的影响。有许多术语用于称谓这类规范，如警察法（lois de police）、直接适用的规则（rules of immediate application）、自我限制的规则（self-limiting rules）等。[547] 不过，术语既无益，也无助于问题的解决，这种情形乃冲突法常见之事。还有一些学者论及，由于一些规则浸淫于"公共政策"之中，它们在涉外案件中应予优先适用，这让人尤为不解。[548] 近年来，这些不寻常的法律规则所滋生的问题已受到广泛关注，尤其在法国与意大利。[549] 不过，迄今为止，尚无人能较为精准地勾画出一种标准，使我们知道究竟哪些规则属于这种特殊类型，并予以特殊对待。

---

[546] See F. VON SAVIGNY, *supra* note 189, at 32—38.

[547] *See generally* Francescaki, *Quelques precisions sur les "lois d'application immediate" et leurs rapports avec les règles de conflicts de lois*, 55 REVUE CRITIQUE 1 (1996). See also A. NUSSBAUM, *supra* note 264, at 60—74; I. SCHWANDER, LOIS D'APPLICATION IMMEDIATE, SONDERANKNüPFUNG, IPR-SACHNORMEN UND ANDRE AUSNAHMEN VON GEÖHNLICHEN ANKNüPFUNG IM INTERNATIONALEN PRIVATRECHT (1975). 描述这一现象的术语总汇，*see* Vitta, *supra* note 62, at 118—119.

[548] See J. KROPHOLLER, *supra* note 280, at 216—217; *see also* Sauveplanne, *supra* note 329, at 34—35.

[549] *See e. g.*, P. MAYER, *supra* note 29, at 87—94; P. MENGOZZI, DIRITTO INTERNAZIONALE PRIVATO ITALIANO 13—26 (1983).

萨维尼相信，难以捉摸的"立法者的意图"[550]可以确定哪些法律规则免于适用多边主义方法。或许他还认为，提出更加固定的指导建议只是多余之举，因为在他眼中，这些规则实属异常。因此，他预计，这些规则的重要性将持续下降，此乃自然演进之结果。[551] 然而，现代福利国家的出现击碎了萨维尼的期望。在干预主义的影响下，"严格的实定法"以前所未有的速度扩散，以促进公共福祉；而且，其中有越来越多的规则处于日常活跃状态。这种立法的重要性不仅仅体现在数量上的膨胀，更表现为这些管制性法律调整的是社会高度关注的事项。从事国际业务的实务工作者都知道，在域外适用"公法"，如出口管制、反垄断及证券立法等[552]，会引发一些最难解决的冲突法问题。

因此，从冲突法的某个不确定的点出发，可以划出一道分界线，一侧是适用多边主义方法的法律规则；而另一侧的法律规则不适用之。职是之故，即便是最坚定的传统主义学者也承认，冲突法永远实现不了代代追求的统一梦想。于是，我们今天不再固守单一的法律选择制度，而是奉行"多元方法"。[553] 关于多边主义的各个领域以及其他被认为适当的方法（它们用于解决由管制性法律以及直接适用的规则所引发的冲突），已经有许多著述泼墨予此。就目前来看，有关于此的讨论虽收效甚微，但如火如荼，并看不到终结的迹象。这不禁让人联想到法则区别说学者，他们曾为将法则划分为人法或物法而精思极虑。多边主义规则以及相互竞争的种种方法，它们各自的范围应如何确定？在这个问题

---

[550] F. VON SAVIGNY, *supra* note 189, at 34.

[551] *Id.* at 38.

[552] *See generally* Lowenfeld, *Public Law in the International Arena: Conflict of Laws, International Law, and Some Suggestions for Their Interaction*, 163 COLLECTED COURSES 311(1979-Ⅱ). As to antitrust see Juenger, *The "Extraterritorial" Application of American Antitrust Law and the New Foreign Relations Law Restatement*, 40 WIRTSCHAFT UND WETTBEWERB 602 (1992).

[553] *See, e. g.*, Batiffol, *supra* note 71; J. KROPHOLLER, *supra* note 280, at 20—21; Lagarde, *supra* note 329, at 49, 194.

上,经典冲突法理论一直缺乏令人满意的标准,这就使之在面对单边主义持续不断的侵城掠地时,显得软弱无力。警察法与普通的私法规则不同,它体现了重要的实体政策,这至少是单边主义侵蚀多边主义的部分原因。[554] 它们被重新关注,可能反映出一种现实,即多边主义关于法律选择应排除一切价值导向的假想已渐失吸引力。

(f) 外国法的适用

经典制度还有最后一个难题值得一提。多边主义方法假设,所有法律体系本质平等,因此,它必然假定法官适用内、外国法律的能力相若。在中世纪的意大利,这种假定或许没错,因为那时各个城邦国家的法则之间,区别不甚明显;拉丁语是通用的法律语言;普通法(ius commune)为各国提供了可资参照的法律构架。与此情形类似,美国法院在处理州际案件时,也没有遇到无法逾越的障碍。美国各州的法律相当近似,理解上不存在语言及概念障碍;另外,律师与法官师出同门,都由讲授美国普通法的教授所培养。即便如此,美国法官还是对适用非法院地法的困难怨声载道。[555] 如果要适用的法律是以外语表述,又

---

[554] See Juenger, *Lex mercatoria und Eingriffsnormen*, IN FESTSCHRIFT FÜR RITTNER 233, 247—248(1991); cf. sauveplanne, *supra* note 329, at 35.

[555] 对美国联邦法官而言,情况尤其如此。受艾利诉汤普金斯案的约束,美国联邦法官被要求在所谓的多州(国)籍案件(diversity cases)中适用州法。Erie R. R. Co. v. Tomkins304 U. S. 64 (1938). *See generally* Wright, *The Federal Courts and the Nature and Quality of State Law* 13 WAYNE L. REV. 317, 321—323, 326 (1967).

多州(国)籍案件系指涉及不同州籍当事人之间的案件。艾利诉汤普金斯案全称为 Erie Railroad Co. v. Tomkins. 此案是美国联邦最高法院于 1938 年审理的一起具有里程碑意义的案件。在该案中,最高法院裁定,凡在联邦法院所进行的诉讼,除了涉及由美国宪法和美国的法律所调整的事项外,任何案件所适用的法律,包括冲突规则,都应是联邦法院所在地的州法。艾利案推翻了最高法院于 1842 年在斯威夫特诉泰森(Swift v. Tyson)案确立的在这类案件中应适用普遍的联邦普通法的先例。在此案中,最高法院承认斯威夫特案所造成的近百年的错误,因而使得艾利案成为美国历史上唯一一起最高法院承认自己侵犯美国宪法保留给州的权利的违宪性案件。——译者注

是某一陌生法律文化的产物,情况就更加棘手了。每个亲历过国际诉讼的人都知道,法院有能力处理外国法事项的假设与现实完全不符。

如果一名法官得出结论,依法院地的法律选择规则应适用某外国法,他如何查明该外国法的内容呢?[556] 专注于理论的萨维尼没有论及这个问题。在司法机关任要职的斯托里则小心翼翼地接近之。他指出,外国法"必须被当作事实来加以证明。"[557] 乍看上去,这个观点显得荒谬:如果法律与事实之间的泾渭如此分明,外国法律与事实之间的区分亦应如此。不过,斯托里并没有直说外国法是事实;他只是提议,当事人,而非法官,应当承担证明外国法内容的责任。一旦他们承担了这项责任,斯托里认为,外国法的有关事项——不同于事实——便由法官,而不是陪审团来认定。[558] 但是,将外国法的内容交由当事人证明,会动摇多边方法的根基。[559] 诉讼当事人只要逃避了证明外国法内容的负担与适用错误的潜在风险,便可以绕开整个法律选择体系。选择在一个不要求对外国法予以司法认知*的法域提起诉讼,当事人可以避免适用他们不期望适用的法律[560],如无理阻止离婚的法律。

鉴此,有些国家的法律要求法官依职权(ex officio) 查明外国法。[561] 但是,法官知法(iura novit curia) 的法律格言适用于所有

---

[556] See generally R. SCHLESINGER, H. BAADE, M. DAMASKA & P. HERZOG, COMPARATIVE LAW, CASES-TEXT-MATERIALS 43—228 (5th ed. 1988) ; Zajtay, *The Application of Foreign Law*, in 3 INT'L ENC. OF COMP. L. ch. 14 (1972).

[557] J. STORY, *supra* note 9, at 895.

[558] Id.

[559] See Sauveplanne, *supra* note 329, at 71—72.

* 司法认知(judicial notice)指法庭对众所周知的且无争议的事实予以承认和接受,从而免除当事人对该事实的举证责任。可被司法认知的事实范围广泛,如国家法律、国际法、历史事项、地理特征等。法庭可以主动对一事实予以司法认知,也可以应当事人的申请进行。——译者注

[560] Id.

[561] See M. KELLER & K. SIEHR, *supra* note 83, at 495—496; Zajtay, *supra* note 556, at §11.

法律(不论异域法有多么奇异)是否现实？显然，没有法官能知晓全世界所有的法律；他至多谙熟其本国法。因此，要求司法认知的国家必须规定一种方法，以使法院知晓外国法律规则的内容及如何适当适用之。在此方面，德国提供了一个范例。《德国民事诉讼法》第293条虽规定，法院可以予以司法认知，但该规定被理解为要求法院依自己的动议查明与适用外国法。[562] 与其他国家的法官相比，德国法官在完成此任务方面并无更加高明之处，该条款遂成为许多机构的衣食之源，即有偿提供各种外国法咨询意见的机构。[563] 西德法院通常会采信这些咨询意见，如此，就导致一种令人焦虑的结果：国际案件的决定权被非司法机构所掌握。[564] 学者们在这些机构中不辞劳苦的工作，但可供他们控制的不过是用处不大的书面记录而已。他们自始至终见不到当事人，虽有效参与司法，但他们无缘于与诉讼的动态进程。诉讼当事人不仅被剥夺了由法院裁判纠纷的权利，而且必须忍受将其诉讼提交至外部机构而导致的必然结果：费用上涨、时间拖延。[565] 尤其是在一些小案子中，取得外国法咨询意见的费用往往要超过诉讼费与律师费，可能与诉讼标的完全不成比例。

在德国，发生了许多涉及"客籍工人"家庭法的冲突法案件。由于有关冲突法条款规定适用本国法，在西德生活多年的外国人，其家庭关系仍须受外国法支配。对在经济与社会地位上本来就处于弱势的客籍工人阶层，国际民事诉讼费用的增加无异于雪上加霜。客籍工人为其法律问题支付了高昂费用，即便如此，他

---

[562] *See* M. KELLER & K. SIEHR, *supra* note 83, at 496; Zajtay, *supra* note 556, at §14.

[563] *See* M. KELLER & K. SIEHR, *supra* note 83, at 498; Flessner, *Fakultatives Kollisionsrecht*, 34 RABELSZ 547, 550—551, 584(1970).

[564] Zajtay, *supra* note 556, § 17; Flessner, *supra* note 562, at 550—551. 更有甚者，经常是初级人员，而不是经验丰富的专家来出具咨询意见。See J. Kropholler, *supra* note 280, at 512.

[565] "由于……机构为数太多，司法调查通常需要数月，甚至一年时间。" Flessner, *supra* note 562, at 550.

们获得的"冲突法正义"的质量仍然参差不齐,因为专家费并不是正确或公正判决结果的保票。即便有高水平的专家,即便藏书汗牛充栋,这些机构在处理复杂的异域法律时,还是会遭遇困境。就算外国法确能查明,也无法保证这些机构的工作人员——他们既非法官,也无资格在外法域从事实务——能正确适用之。

毫无疑问,德国机构对于查明外国法乐此不疲。但是,在德国复制准据法所属国法院作出的判决,几近不可能。其中的困难并不局限于有些国家法制落后或腐败。举例为证:直到前不久,大部分美国的州还施行混合过失规则(contributory negligence rule)。依此规则,受害人若有过失,则加害人不承担赔偿责任。在实践中,陪审团对于这一苛刻的普通法原则采取了釜底抽薪之策[566],它们无视法官的指示,并不排除原告的损害赔偿请求权[567],而是作出降低赔偿数额的裁断,以作妥协。那么,在美国进行侵权诉讼的结果是否应为德国法院模仿?德意志联邦共和国的法律没有规定陪审团制度;即便有,也不能期望德国陪审员会效法美国陪审员,作出相同裁断。

上例表明,适用外国法易于产生变形扭曲之结果。不能孤立地看待单个法律规定;各个法条组合在一起,方构成法律体系的一部分。将单个的法条从其自然产地强行摘除后,在一个遥远而

---

[566] 普罗赛(Prosser)批评道:
  这一规则显失公平。它将由双方当事人的过失引发的全部损失归责于一方当事人,即作为受害方的原告。而通常情况下,原告最无力承受责任,且其过失很可能远小于被告,而后者却免于受罚。无人能成功辩解此规则的政策,也无人有此愿望。
  Prosser, *Comparative Neligence*, 51 MICH. L. REV. 465, 469 (1953).
[567] 鲍威尔(Powell)法官早在做律师时,就有评论:"陪审团通常会无视混合过失规则,作出有一定赔偿数额的裁断。" Powell, *Contributory Negligence: A Necessary Check on the American Jury*, 43 A.B.A. J. 1005, 1006(1967). 宾夕法尼亚州最高法院在谈到此现象的司法认知问题时,指出:
  正如每个承审法官所知……在大多数侵权证据不甚确凿、或混合过失规则仍有疑虑的过失侵权案件中,陪审团会作出妥协性裁断……陪审团作出妥协性裁断的权利,历史悠久,备受尊重;承审法官有权维持之……
  Karcesky v. Laria, 382 Pa. 227, 234—235, 114 A. 2d 150, 154 (1955).

又完全不同的法律氛围中适用于个案中;如此,它们会顿失光泽,凋谢枯萎。仅仅是法律选择限于实体规则这个事实,就足以扭曲国际案件的判决。诚然,实体与程序可以经分析而作出区别,但是,它们相互关联,密不可分。例如,在某些法域,陪审团拥有足够大的自由裁量权,因此,一些侵权规则本身虽有瑕疵,但适用结果尚可忍受;然而,如果将它们完全交由法官处置,则会产生危害性结果,须知法官并无偏离判例集之自由。此外,法院虽不得不适用外国法规则,却不享有在审理国内案件时所拥有的创制法律的自由。对于适用法院地法与外国法律规则之间的区别,沃纳·戈尔德施密特(Werner Goldschmidt)作了十分贴切的描述:法官对其本国法律体系的演进,自有功劳。于此,他好比建筑师;但是,当处理外国法时,他的角色不过是摄影师而已。[568] 因此,多边主义学者关于外国法与内国法完全相等的假设不堪一击。更为糟糕的是,法院对所有国家的法律均谙熟到家的假定,会导致国际案件中产生劣等正义(inferior justice)。

5. 多边主义的缺陷

以上所述,无意对经典理论的各种奇特学说作悉数清点,权当概览尔。即便一一例举它所隐含的各种奇特学理,如"适应"(adaptation)[569]、"隐性反致"(hidden renvoi)[570]和"法律欺诈"(fraud on the law)[571](欺诈一整套原则,如何可能?),结果也可能

---

[568] W. GOLDSCHMIDT, DERECHO INTERNACIONAL PRIVADO 138 (6th ed. 1988). *See also* A. FLESSNER, *supra* note 279, at 59, *But see* M. KELLER & K. SIEHR, *supra* note 83, at 506.

[569] *See* G. KEGEL, *supra* note 55, at 216—227; M. KELLER & K. SIEHR, *supra* note 83, at 450—457; P. MAYER, *supra* note 29, at 173—176.

[570] *See* J. KROPHOLLER, *supra* note 280, at 157—160; Hanisch, *Die " versteckte" Rückverweisung im internationalen Familienrecht*, 19 NJW 2085 (1966).

[571] *See generally* B. AUDIT, LA FRAUDE À LA LOI (1974); Louis-Lucas, *La fraude à la loi étrangère*, 51 REV. CRIT. 1(1962); Parra Aranguren, *supra* note 545, at 102—120.

是顾此失彼、挂一漏万，须知经典冲突法的幽秘之地，处处潜藏着各种有待发掘的学理。无怪乎前有一位法国学者把我们这个学科称为"荆棘密布的学科"(science à broussailles)[572]；后有普罗赛教授论及"遍布着摇颤的泥潭"。[573] 萨维尼一位追随者的评论更加具体："国际私法具有高度抽象性，这令无数学者沉迷。然而，这亦使国际私法有丧失坚实基础的危险，因为只有建立在具体事实与众所认可的价值之上，才能有坚实基础可言。"[574]

法律应具备稳定与公平之目的。但是，用这些标尺衡量经典理论，不难发现，两者皆罄。积累了百余年的经验已经证明，萨维尼的方法无法实现它所追求的判决一致的目标。更为甚者，多边主义运作起来多变无常：在涉外案件中，只有在碰巧或经特殊操作的情况下，方能取得良好结果。这些缺陷绝非偶然，而是这个貌似简单的方法论构架中的天生瑕疵。它们滋生了诸多人为的复杂问题，如此，人为的解决方法遂成必要。鉴此，就需要将理论上升到高度抽象的水平[575]，来应付诸如结婚、离婚、合同与侵权的寻常课题。学者们作茧自缚，被自己所创设的难题与不和谐所拖累，再无力提供令人信服的论据，以助法官在这个耗费脑力的制度中跋涉前行。查明与适用外国法颇为不易，但这些任务完成后，经典学说亦未给予明显回报。事实上，离婚与再婚领域的冲突法演进过程表明，不作法律选择，直接适用法院地法的效果要胜于繁琐的多边主义体系。因此，多边主义体系所耗费的代价，与其所许诺的好处完全不成比例。

即便是传统智慧的最坚定拥护者，也不会对其缺陷毫无察

---

[572] 2 E. THALLER, DES FAILLITES EN DROIT COMPARÉ 373 (1887).
[573] Prosser, *supra* note 2, at 971.
[574] H. NEUHAUS, *supra* note 8, at 3; *see* von Overbeck, *supra* note 484, at 215.
[575] J. KROPHOLLER, *supra* note 280, at 2. *See also* A. FLESSNER, *supra* note 279, at 141—142; Audit, *supra* note 329, at 236, 324—325. But *cf.* T. DE BOER, *supra* note 333, at 92 ("人们对传统冲突法令大脑麻木的复杂学理的痴迷……已经逐渐减退").

觉。不过,他们无视历史教训,顽固坚守没有其他任何体系可以取而代之的立场。虽然也谈论冲突法的"危机"[576],但是,他们并不意指经典体系的缺陷;相反,他们试图以此术语来解开理论上的羁绊。一些美国学者令人关注,他们致力于创制各种替代的法律选择方法,相关著述及积累的判例业已颇为丰厚,并引起欧洲学者的高度关注。对于"美国冲突法革命"[577],欧洲学者或仔细审视,或持谨慎赞同态度。有关内容,下一章再行详述。

---

[576] See Audit, *supra* note 329, at 229; kegel, *supra* note 70.
[577] 这一表述是由艾伦茨威格最先使用的。See Ehrenzweig, *A Counter-Revolution in Conflicts Law: From Beale to Cavers*, 80 HARV. L. REV. 377(1966). 从此以后,它就成了美国冲突法用语的一部分。See, e. g., Baade, *Counter-Revolution or Alliance for Progress? Reflections on Reading Cavers*, *The Choice of Law Process*, 46 TEX. L. REV. 141. 143 (1967); Lowemfeld, *ThreeMight-Have-Beens: A Reaction to Symposium on Allstate Insurance Co. v Hague*, 10 HOFESTRA L. REV. 1045, 1046 (1982). 欧洲学者也用这一表述。依奥丁特之见,用"革命"代替"危机"是"词语贬值"(*dévaluation des mots*)的必然结果。Audit, *supra* note 329, at 229.

第三章 美国冲突法革命

1. 美国经典理论

　　早期,美国与欧洲的冲突法十分近似。恰如斯托里大量借鉴欧陆学理,而萨维尼又深受斯托里惠泽。[578] 斯托里是务实主义者,不擅长理论的系统构建;但同萨维尼一样,他也是一位多边主义者。由于两人在住所地原则[579]上所见略同,加之当时"总论"尚未创设,两位法学家的观点因而非常接近;其近似度,远非今天欧洲学者所能企望。当然,在具体问题上,这两位经典理论的执牛耳者仍有分歧。例如,在不动产继承方面,斯托里主张适用物之所在地法,而萨维尼则对住所地法情有独钟。[580] 与此相反,在

---

[578] *See supra* notes 189, 266—267, 279 and accompanying text.
[579] *See supra* notes 255—256 and accompanying text.
[580] Compare F. VON SAVIGNY, *supra* note 189, at 295—305 *with* J. STORY, *supra* note 9, at 677—687(遗嘱), 709—721(继承).

动产继承方面,萨维尼对物之所在地法的倚重程度又远高于斯托里。[581] 不过,总体而言,两人的理论具有高度相似性,与此相比,这些细微的差别实在无足道哉。

欧、美的冲突法开始分道扬镳,肇始于国籍法原则在孟西尼的大力倡导下,为欧洲大多数国家所采纳。[582] 在美国这样的联邦制国家,当事人的本国法显然不合时宜。因为在此类国家中,国籍虽归联邦立法,但私法基本属于州法范畴。另外,对于一个移民国家而言,强调居民在本国的居住事实,而非他们与外国欲断还留的效忠义务,是再自然不过的事了。美国法院与法学家对精密的概念化产物——"总论"的接受程度,也远逊于其欧洲同行。[583] 尤要提及,公共政策保留在美国所起的作用要小于欧洲,因为美国的冲突法案件大部分是州际案件;对姐妹州的法律,法官不愿意轻易责难之。[584] 此外,美国法官运用公共政策,完全出于阻却外国法律规则适用之目的,[585] 而大陆法国家还用之证明适用法院地法的正当性。

就这些方面而言,美国对传统制度精神的忠诚度要高于欧洲国家。尽管如此,美国法院还是以不同方式使法院地法尽量得以适用。其中,最为显著的方法系将许多判例法规则识别为"程序"规则。[586] 在家庭关系方面,移民国家若以国籍为连结点,会导致外国法如潮水般涌进,而适用住所地法可以避免这种情况。

---

[581] *Compare* F. VON SAVIGNY, *supra* note 189, at 169—177 *with* J. STORY, *supra* note 9, at 548—566.

[582] *See supra* note 307 and accompanying text.

[583] *See* 1 A. EHRENZWEIG, *supra* note 176, at 111; *cf.* Kegel, *supra* note 333, at 627.

[584] 很少出现这样的情况,即依美国某一州法律有效成立的权利,被认为与现代文明所公认的社会、经济及道德标准相背离,因而违反了姐妹州的重大公共政策。R. LEFLAR, L. MCDOUGAL III & R. FELIX, *supra* note 427, 145.

[585] *See* RESTATEMENT (SECOND) OF CONFLICT OF LAWS § 90 & comment a (1971).

[586] 给予本地法优先效力的倾向……是对程序规则予以广义理解的理性策略。不难猜想其达到的结果;拒绝承认外国法在法院地的效力,经常会使扩大程序规则内容的欲望更加强烈。
G. STUMBERG, PRINCIPLES OF CONFLICT OF LAWS 154 (3d ed. 1963).

概言之，尽管存在种种区别——这些区别固然重要——美国与欧洲的冲突法还是具有明显的亲缘性。

2.《第一次冲突法重述》

直至 20 世纪以前，欧、美冲突法的基本方法与规则仍保持高度可比性。美国和欧洲的法官及学者均将冲突法视为一套多边规则，它不直接用于案件的裁判，只将一定的法律关系分配至这个或那个州。* 这些法律选择规则是各种各样的"法域选择"（jurisdiction-selecting）。[587] 换言之，这些规则将宽泛的类型，如侵权或合同，通过侵权行为地或合同缔结地等传统连结点，与特定的法律体系联系起来。至少在理论上，外州法与本地法的适用具有平等性；法律关系到底受何法支配，取决于中立、客观的标准，而与实体规则的内容毫无干系。普遍认为，冲突法的首要目的是阻止挑选法院，而要实现该目标，就要保证不论诉讼在何地进行，该法律交易均由同一法律支配。易言之，与欧洲一样，确定性、可预见性与判决结果一致，被视为我们这个学科的基本价值。

1934 年的《第一次冲突法重述》将多边主义方法奉为圭臬。哈佛大学教授约瑟夫·比尔（Joseph Beale）为该"重述"的报告人，他固执己见，这一点与萨维尼难分轩轾；他亦对法律关系本座说稔熟于心。[588] 尽管如此，他还是选择了一个不同的基石，并以此构建其概念大厦。与 17 世纪的荷兰学者相似，比尔关注的问题是：法院缘何要适用外国法。然而，他对荷兰学者的观点不以

---

* 由于本章语境大部指美国，故如无特别说明，本章原文中出现的"state"均翻译为"州"。——译者注
[587] 这个术语系由卡弗斯（cavers）在 *A Critique of the Choice-of-Law Problem*, 47, Harv. L. EV. 173, 194 (1933)中首倡。在美国该术语被当作传统法律选择方法的简略代名词，稍有贬义含义。
[588] See 3 J. BEALE, *supra* note 183, at 1950—1951.

为然，认为礼让过于模糊。[589] 他推崇戴雪的学说[590]，尽管戴雪的理论还是源自荷兰学者——即胡伯所论及的"得自外国之权利"。[591] 韦希特尔与萨维尼早已指出，既得权理论存在逻辑循环的缺陷[592]，但比尔并不为此所困。他认为，外国法在法院地没有效力[593]，因此，在冲突法案件中，法院不适用外国法，唯承认外国创设权利的"事实"。[594] 要创设一个能被承认的权利，一国必须对该交易具有"立法管辖权"（legislative jurisdiction）[595]，而这种创制权利的权力只有在该国领域内，方能行使。[596]

对于跨越数州界限的交易，比尔认可，各州对该交易具有平行的立法管辖权。[597] 为避免出现这种管辖权的重叠，他倡导适用一套固定不变的法律选择规则，声称这套规则衍生于普通法[598]，并建立在如下原则之上：权利产生地取决于足以创设或改变法律关系的最后一个事件。以侵权的法律选择为例，比尔写道：

> 除非依某一法律，原告享有侵权之诉因；否则，他不可能寻求侵权损害赔偿；只有侵权发生地的法律才能授予这一诉因。这一地点系损害事件发生地，该地法律因而应适用之。[599]

以上引言足以证明，比尔是一个教条主义者，他所提出的规则僵

---

[589] See id. at 1964—1965.
[590] See id. at 1969—1970.
[591] See supra notes 154—159, 195—197 and accompanying text.
[592] See supra notes 200, 274—275 and accompanying text.
[593] 1 J. BEALE, supra note 183, at 53.
[594] 3 J. BEALE, supra note 183, at 1969, 1974.
[595] 1 J. BEALE, supra note 183, at 274, 308—309.
[596] Id. at 311—312, But see id. at 314（对位于国外的公民的权力）.
[597] Id. at 315—316; see also RESTATEMENT OF CONFLICT OF LAWS § 65 & comment b (1934).
[598] Cf. 1 J. BEALE, supra note 194, at x—xi, 52—53; RESTATEMENT OF CONFLICT OF LAWS § 5 (1934).
[599] 2 J. BEALE, A TREATISE ON THE CONFLICT OF LAWS 1288 (1935).

硬至极;与其欧洲同行相比,可谓有过之而无不及。欧洲国家早已采用灵活方法来处理合同的法律选择,但他依然坚持认为合同缔结地法是亘古不变的教条:

> 合同的有效性的问题……原则上只能由行为地法确定,即合同订立地的法律……如果……协议订立地没有将任何法律义务附加于之,则其他任何法律均无权为之。[600]

与此相应,《第一次冲突法重述》没有规定意思自治条款。比尔将意思自治原则指摘为"绝对畸形"[601]、"站不住脚的理论"[602],"毫无可适用性可言"。[603] 他对最后事件原则的顽守,还导致他明显偏爱地域性连结。因此,《第一次冲突法重述》对当事人"属人法"的重视程度要远逊于其他国家的冲突法。[604]

比尔的理论虽有以上独特之处,但尚未根本背离经典冲突法方法。一位法国学者认为,比尔对既得权理论的仰赖,代表他与欧陆理论彻底分道扬镳[605],此言谬矣。尽管韦希特尔与萨维尼对既得权学说口诛笔伐,该理论在欧洲仍受到一定支持,仍有一些欧陆学者对之念念不忘。[606] 当然,与对法律关系"本座"的寻觅一样,比尔的理论构架也存在逻辑谬误。[607] 不容否认,《第一次冲突法重述》与普通冲突法传统存在一定区别,但是,它依然没

---

[600] *Id.* at 1091.
[601] *Id.* at 1080.
[602] *Id.* at 1083.
[603] *Id.* at 1084.
[604] 1 E. RABEL, *supra* note 307, at 110—111; *see* 1 J. BEALE, *supra* note 194, at 52.
[605] Audit, *supra* note 285, at 590, 603.
[606] 相关资料 *see* Gothot, *Le renouveau de la tendance unilatéraliste en droit international privé*(*pt. 3*), 60 REV. CRIT 415—425 (1971) 法国最高法院也使用"既得权"(*droits acquis*)这一术语。*See, e. g.*, Rohbi v. Rohbi, decision of 3 NOV. 1983, Cass. Civ 1re, Bull. Civ. I No. 251 at 225; Piquet v. Office cantonal de la juenesse de Berchtesgaden, decision of 16 Feb. 1982, Cass. Civ. 1re, 1982 Bull. Civ. I No. 69 at 58.
[607] *See* Juenger, *Comment*, 27 AM. J. COMP. L. 609, 610 (1979); *see also* von Mehren, *Comment*, *id.* at 606—607.

有跳出传统体系的窠臼。事实上,有人认为,与后世的欧洲学者相比,比尔的方法更加"萨维尼式",因为他对"总论"不屑一顾。须知"总论"是萨维尼的继承者为润饰多边主义理论而创制的。他认为反致与既得权理论扞格不入,故对之持反对态度。[608] 他惜墨如金,对识别(他称为"定性")只有两小段的论述,并就此总结道,法院地法应始终支配这一问题。[609] 具有讽刺意味的是,比尔的教条主义主张与大陆法的抽象思维非常接近,而与他所标榜的普通法的务实精神相距甚远。可能正是这个原因使然,拉贝尔才将"比尔著述对美国冲突法的历史功绩,与中世纪阿库修斯的《通用注释》(*Glossa Magistralis*)相提并论"。[610]

3. 冲突法革命的前夜

(a) 法学家

《第一次冲突法重述》虽然浸淫着异域观念,但在相当一段时期内,美国法院仍对之颇为遵从。然而,在美国法律史上,它可谓生不逢时,因为教条主义与概念主义在那时已风光不再,法律现实主义开始在美国法学界占据主导地位。20 世纪 20 年代,有一些杰出学者,如库克(Cook)[611]、劳伦森(Lorenzen)[612]、英特玛(Yntema)[613]等,已背离了比尔体系的理论基础,不再采信他的假

---

[608] 1 J. BEALE, *supra* note 194, at 56—57.
[609] *Id.* at 55.
[610] 1 E. RABEL, *supra* note 307, at 13.
[611] *See* Cook, *The Logical and Legal Bases of the Conflict of Laws*, 33 YALE L. J. 457 (1924).
[612] *See* Lorenzen, *Territoriality, Public Policy and the Conflict of Laws*, 33 YALE L. J. 736 (1924).
[613] *See* Yntema, *The Hornbook Method and the Conflict of Laws*, 37 YALE L. J. 468 (1928).

设。比尔认定,一组盲目的法域选择规则可以圆满解决多边问题。在《第一次冲突法重述》出版一年前,比尔先前的学生戴维·卡弗斯(David Cavers)撰写了一篇很有影响的论文。该文对演绎方法论的成效深表怀疑。文中,他对一个冲突法案例作了如下评论:"法院不是漫无目的的选择法律;它是在裁判争议。如果对法律选择将如何影响争议不加考虑,它又如何能作出明智的选择呢?"[614]

(b) 最高法院

面对批评,比尔用一句话便搪塞过去。他认为,"法律现实主义不过是一个时髦的、转瞬即逝的法理学流派。"[615]然而,事实证明他错了。在最高司法机关的鼎立帮助下,法律现实主义者最终摈弃了比尔的体系。起初,美国最高法院支持经典法律选择体系的理论前提,甚至认为它们系建立于宪法基础之上。[616] 在好几个判例中,联邦法官推翻了州法院作出的背离传统冲突规则的判决,[617],霍姆斯法官(Justice Holmes)在判决意见书中更是明确支持既得权理论。[618] 但是,在一系列适用州劳工赔偿法处理跨州

---

[614] Cavers, *supra* note 587, at 189.
[615] 1 J. BEALE, *supra* note 194. at xiii.
[616] See Aetna Life Ins. Co. v. Dunken, 266 U. s. 389(1924); New York Life Ins. Co. v. Dodge 246 U.S. 357 (1918); Supreme Council of Royal Arcanum v. Green, 237 U.S. 531 (1915); Converse v. Hamilton, 224 U.S. 243 (1912); Allgeyer v. Louisiana, 165 U.S. 578 (1897); Beach, *Uniform Interstate Enforcement of Vested Rights*, 27 YALE L. J. 656 (1918); Dodd, *The Power of the Supreme Court to Review State Decisions in the Field of Conflict of Laws*, 39 HARV. L. REV. 533 (1926); Ross, *Has the Conflict of Laws Become a Branch of Constitutional Law*, 15 MINN. L. REV. 161 (1931).
[617] See, e. g., New York Life Ins. Co. v. Dodge, 246 U. S. 357 (1918)(*lex loci contractus*); Green v. Van Buskirk, 72 U. S. (5 Wall.) 307 (1866), 74 U. S. (7 Wall.) 139 (1868) (*lex rei sitae*).
[618] Cuba R. R. Co. v. Crosby, 222 U. S. 473, 478 (1912); Slater v. Mexican Nat'l R. R. Co., 194 U. S. 120, 126 (1904). 在 Western Union Tel. Co. v. Brown, 234 U. S. 542, 547 (1914)案中,霍姆斯法官提到了以上两个更早期的案例,他明确指出,该理论(他更加倾向于产生债务的比喻,而非既得权的比喻)"被本院确立为法律"。

事故的案件中,最高法院改弦易辙。

劳工赔偿法引发了一个特殊问题。劳工赔偿事项由州"劳工委员会"(或劳工赔偿上诉法庭)负责。这些机构是行政机关。与法院不同,通常认为它们无权适用非法院地的法律。[619] 这些机构原则上不能超越创设它们的制定法,也不能放弃它们所必须适用的法律。因此,劳工委员会不能援用外州法来裁决纠纷,如一个在另一州发生的或非本州居民为雇员的、与工伤事故相关的请求。劳工委员会一旦主张其有管辖权,就必须适用本地法,而不论案件有多少涉外连结因素。由于没有法律选择的空间,劳工委员会面对的永远是单边问题,不论本地劳工赔偿法是否涵盖外州法或外州当事人。

负责执行劳工赔偿法的行政裁判机构宽泛地理解其管辖权,从而能对所有劳工提供救济,只要其请求与本州有一定合理联系。[620] 考虑到对劳工给予赔偿的"慈善目的"[621],此做法可资理

---

[619] See, e. g., Green v. J. A. Jones Constr. Co. 161 F 2d 359 (5th Cir. 1947); Logan v. Missouri Valley Bridge & Iron Co., , 157 Ark. 528, 249 S. W. 21 (1923); Mosely v. Empire Gas & Fuel Co., 313 Mo. 225 281 S. W. 762 (1926). But cf. Crider v. Zurich Ins. Co., 380 U. S. 39 (1965). See also Texas Pipe Line Co. v. Ware, 15 F. 2d171(8th Cir. 1926), cert. denied, 273 U. S. 742 (1927) (法院地的劳工赔偿法案在姐妹州能够得到执行); Lindberg v. Southern Cas Co., 15 F 2d 54 (S. D. Tex. 1926), affirmed sub nom. United Dredging Co. v. Lindberg, 18 F. 2d 453 (5th Cir.), cert. Denied, 274 U. S. 769 (1927) (相同)。

[620] Val Blatz Brewing Co. v. Industrial Comm'n, 201 Wis. 474, 479, 230 N. W. 622, 624 (1930).

[621] See, e. g., American Mult. Liab. Ins. Co. v. McCaffrey, 37 F 2d 870 (5th Cir), cert. Denied, 281 U. S. 751 (1930)(受雇活动所在地); Quong Ham Wah CO. v. Industrial Accident Comm'n, 184 Cal. 26, 192 P. 1021 (1920), error dismissed, 255 U. S. 445 (1921) (雇佣所在地); State ex rel. Chambers v. District Court, 139 Minn. 205, 166 N. W. 185 (1918) (雇主营业地). See generally Dunlap, The Conflict of Laws and Workmen's Compensation, 23 CALIF. L. REV 381(1935); Dwan, Workmen's Compensation and the Conflict of Laws, 11 MINN. L. REV. 329 (1927).

解。同理,保险的承保单位*对此做法表示反对,一样可以理解。在州一级的法院败诉后,它们会诉诸美国最高法院,理由是"域外性"适用州的制定法,违反了美国宪法。该理由并非曲高和寡。在一个早期案例中,最高法院援引《宪法》第一章第四条充分信任与尊重条款,认为依该条款应适用受雇劳动者州的劳工赔偿法。[622] 但是,在阿拉斯加包装工人协会诉劳工委员会(*Alaska Packers Association v. Industrial Accident Commission*)案[623]与太平洋雇主保险公司诉劳工委员会(*Pacific Employers Insurance Co. Industrial Accident Commission*)案[624]中,最高法院置先例于不顾作出如下裁决:依《宪法》,雇佣所在地州与损害发生地所在州均可提供法律救济,因为此两州对执行本州的劳工赔偿法所体现的政策均有充分"利益"。另外,这两个案子的判决意见书言明,在跨州案件中,其他连结因素亦可能为适用本地制订法提供合法依据。

上述判例标志最高法院对宪法与冲突法关系的态度发生了转捩。至此,最高法院不再固守某一特定的法律选择,而是将充分信任与尊重条款仅仅解释为:裁判机关若与纠纷缺乏合理联系,则不得适用本地法。换言之,最高法院将《宪法》解读成各州的权利宪章,从而赋予美国各州法院对任何与之有充分"利益"的交易(以与交易的联系为衡量尺度)均能适用其判例规则。如此一来,《第一次冲突法重述》所确立的法律选择规则的基本原则(即只有对完成法律交易起关键作用的最后一个行为所在地的州才具有"立法管辖权")就失去了宪法性支撑。与早期法律选择判例因循既得权理论、强调交易与州的属地联系不同,阿拉斯加包装工人协会诉劳工委员会(*Alaska Packers Association v. In-*

---

* 保险的承保单位(insurance carrier)是劳动保险赔偿案的常见术语,指雇主所投保的州立基金、州立公司或协会。——译者注

[622] Bradford Elec. Light Co. v. Clapper, 286 U.S. 145(1932).
[623] 294 U.S. 532 (1935).
[624] 306 U.S. 493 (1939). See also Carroll v. Lanza, 349 U.S. 408 (1955).

dustrial Accident Commission)案的判决强调了州对其居民的利益。这样,最高法院就从宪法层面认可当事人与法院地的属人联系,其重要性并不逊于属地联系。

在美国劳动力流动性日益增强的背景下,以上判例的实际效用在于加大了对劳动者的保护力度。通过允许数州的劳工委员会行使平行管辖权,最高法院保证了跨州雇员可以方便地选择纠纷解决地点。如果与工作有关的事故与不止一个州有联系,受伤雇员就有权选择,在会作出对其最有利的裁决的州主张权利。质言之,最高法院鼓励挑选裁决地点。尽管传统主义者认为这一做法实不可取,但它在实际上取得了良好效果。各地的劳工赔偿法关于赔偿条件与赔偿金额差异很大,但尚无法律被诟病为对劳工的赔偿过于慷慨。有鉴于此,与通过限制州劳工委员会的管辖权来阻止挑选裁决地点相比,允许跨州工伤事故的受害者选择对其最有利的法律似乎更加公允。

除了影响司法实践外,最高法院的判决还在理论界产生了重大反响。它们剔除了比尔体系的宪法支撑,并证明劳工赔偿这一重要领域可以不需要法律选择规则,从而大大促进了美国冲突法的重新定位。长久以来被视为当然的两个假定:(1)对多边主义教条的信任;(2)重属地联系而轻属人联系,如今开始受到质疑。与此同时,最高法院在劳工赔偿案件的判决意见书中谈到了"政策"与"利益",这丰富了美国冲突法词汇,并引起学界关注。早在1946年,保尔·弗罗因德(Paul Freund)就一针见血地指出,最高法院所提倡的对州利益的分析,很有可能开启法律选择的新路径。[625]

4. 美国冲突法的重新定位

学界对比尔的体系口诛笔伐,最高法院对宪法在多州案件中

---

[625] Freund, *Chief Justice Stone and the Conflict of Laws*, 59 HARV. L. REV. 1210, 1220, 1223—1225 (1946).

扮演的角色的看法的改变，以及法学著述对法院意见反应积极，都为美国"冲突法革命"搭建了舞台。在法学院校中，新一代的法学教员加入早先一部分学者的行列，与比尔分道扬镳。他们成功的论证，对所标榜的可预见性与判决一致的目标，比尔的体系甚至连部分实现也告失败。在为数不少的已报告判例中，法官援用"总论"中的制度，来避免因适用经典冲突法方法而导致的不当后果。策略性地使用反致[626]、识别[627]及公共政策[628]，法院才得以作出公正判决。在这些判例中，法院虽在口头上对传统制度表示尊崇，但实际上动摇了人们对其曾拥有的信任：传统理论不得不借助这些逃避工具，才能令人满意地运转。[629] 对传统教条保持忠诚的唯一方法却是颠覆它，理论革新者通过将这种思想上的不诚实揭露于世，严重质疑了经典学说的可靠性。

（a）"自体法"方法

尽管大部分学者都认为《第一次冲突法重述》应予废弃，但对什么能取而代之，却莫衷一是。于是，数种思想流派应运而生。较为温和的学者认为，多边主义方法原则上应予保留，但须做两点重大改进：(1) 用更加精细、具体的分类来代替比尔对法律关系所做的宽泛分类。这样会对具体案情更加具有针对性；(2) 用柔性、灵活的公式代替硬性连结点。这一方法由英国学者约翰·莫里斯（John Morris）首倡。1951 年，他在一份美国法学刊物

---

[626] See, e. g., University of Chicago v. Dater, 277 Mich. 658, 270 N. W. 175 (1936); Haumschild v. Continental Cas. Co., 7 Wis. 2d 130, 141, 95 N. W. 2d 814, 820 (1959) (concurring opinion).

[627] See, e. g., Grant v. McAuliffe, 41 Cal. 2d 859, 264 P. 2d 944 (1953); Levy v. Daniels U-Drive Auto Renting Co., 108 Conn. 333, 143 A. 163 (1928).

[628] See, e. g., Lake Shore & M. S. Ry. v. Teeters, 166 Ind. 335, 77 N. E. 599 (1906); Kilberg v. Northeast Airlines, Inc., 9 N. Y. 2d 34, 172 N. E. 526, 211 N. Y. S. 2d 133 (1961).

[629] See, e. g., B. CURRIE, supra note 93, at 132—133, 159, 181, 582; Yntema The Objectives of Private International Law, 35 CAN. B. REV. 721, 727 (1957).

上发表了一篇关于"侵权自体法"的论文。[630] 在这篇影响深的论文中,他提议,法官在处理多法域侵权问题时,应以政策为基础,选择与特定侵权行为及具体争讼事项有"最密切联系"的法律来解决之。依其观点,不应毫无区别的将损害发生地法适用于所有侵权案件,而应视不同情况作区别对待,如将过失交通肇事与诽谤区分开来。在确定哪一法律具有最密切联系时,法院不仅要考虑损害发生地法,同时要将侵权行为发生地法、当事人居所地法,以及当事人的关系中心所在地法纳入考察范围。另外,在不同事项上,法官拥有适用不同法律的自由裁量权。譬如,汽车司机对受伤乘客的责任,可以依他们的共同住所地法;而关于司机过失的事项,则应由行为发生地法确定。莫里斯希望,与各种宽泛的机械性规则相比,这种灵活的方法可以取得更加合理的效果。

在莫里斯发表上文之前,有一本著名的美国案例教科书[631]曾表达了相近观点。1952 年,该教科书的主编之一埃利奥特·奇塔姆(Elliot Cheatham)与威利斯·里斯(Willis Reese)联合撰文指出:"一般情况下……拥有支配性利益的州的法律应当"适用于冲突法案件。[632] 两年后,纽约州终审上诉法院审理了奥滕诉奥滕(Auten v. Auten)案[633],该案由富德法官(Judge Fuld)撰写多数意见。他抛弃了合同缔结地法,转而在多州合同案件中采用"最密切联系"标准。[634] 在里斯教授的掌舵下,自体法思想糅合着政策及利益表述,成为《第二次冲突法重述》主要元素。[635] 在《第二次冲突法重述》的许多近似性规则(near rules)中,自体

---

[630] Morris, *The Proper Law of a Tort*, 64 HARV. L. REV 881 (1951); see also Morris, *Torts in the Conflict of Laws*, 12 MOD. L. REV. 248 (1949).

[631] E. CHEATHAM. N. DOWLING, H. GOODRICH & E. GRISWOLD, CASES AND MATERIALS ON CONFLICT OF LAWS 411 (2d ed. 1941.)

[632] Cheatham & Reese, *Choice of the Applicable law*, 52 COLUM. L. REV. 959, 972 (1952).

[633] 308 N. Y. 155, 124 N. E. 2d 99 (1954).

[634] *Id.* at 160, 124 N. E. 2d at 102.

[635] See Kay, *Theory into Practice*: *Choice of Law in the Courts*, 34 MERCER L. REV. 521, 553—556(1983); Reppy, *supra* note 72, at 655—666.

法思想找了永久性位置，以指引法院在具体事项中适用与之有"最密切联系"的州的法律。[636]

自体法方法用一种灵活的公式代替了硬性连结点，并对传统的广义分类类别进行了紧缩。从这个意义上说，可以认为自体法具有"革命性"。毫无疑义，对于确定性、可预见性及判决一致的经典冲突法价值，这些变化可谓釜底抽薪。不过，在以下两个方面，《第二次冲突法重述》所采用的方法还是对多边主义理念保持了忠诚。第一，它仍以如下前提为出发点：解决多州法律问题，需要一套独立的规则，以客观标准来决定在具体案件中，如何从两个或更多的、竞相适用的州法中选择其一。第二，它延续《第一次冲突法重述》对属地为本的连结因素的依赖，尽管它也开始将当事人与其本州法的属人联系纳入考虑范围。因此，自体法思想游离于革命与演变的边界线上。

（b）柯里的"利益分析"

一部分美国冲突法改革者更加激进，主张完全抛弃多边主义。他们认为，先验性的（a prior）法律选择规则，硬性也好，灵活也罢，都会产生虚假问题，因为它们忽视了一个根本性问题：对于某一特定情况，特定州的法律是否实际主张其应适用于之。他们没有将这类规则横亘于交易与世界各个法律体系之间，而是主张对可能适用的判例法规则所体现的政策进行分析，以此直接解决问题。在多州案件中，这样的分析可以使州在适用其判例法规则时实现其利益。只有在不止一个州可以合法地声称有此利益时，"冲突"才会产生。

显而易见，这些现代单边主义者与法则区别说学者共享了一个假定：对法律规则的空间效力范围作出厘定是可能之举。不过，这些新法则区别说学者（neostatutists）并未依法律的属人或属

---

[636] See, e. g., RESTATEMENT (SECOND) OF CONFLICT OF LAWS §§145（torts）, 188（contracts）, 222（property）(1971).

地意义建立起法律的分类体系,而是力主对竞相适用于个案的每一条判例法规则进行临时性(ad hoc)解释。他们的方法力图在这些明显冲突的实体规范中,发现究竟何者实际上有权支配特定的多州事项,而判断的标准是体现在规则中的政策,以及主张这些政策时各州的利益。

需要对实体规则依其政策与州的利益进行分析,才能确定法律选择。这一观点在最高法院较早审理的域外适用州劳工赔偿法的判例中,已有所体现。[637] 以这些判例为基础,该学派的主倡者——布雷纳德·柯里(Brainerd Currie)发表了一系列论文,从而发展出他的"政府利益分析说"(governmental interest analysis)。这些文章中的大部分最后集结成册,命名为《冲突法论文选》(Selected Essays on the Conflict of Laws)。他相信,与人的欲望相似[638],各州在涉外案件与本地案件中,对于施行其法律背后的政策均有"利益"。柯里与韦希特尔一样[639],认为法院不过是国家机器,其职责为促进法院地的利益,而外国是否有相反关切,则在所不问。[640] 他将利益称为"政府"利益,以此反映出对法院地利益的追求,是一种严肃的政治努力。[641]

依柯里之见,传统冲突法不仅没有考虑到这种政府关切,而且非理性地损害了法院地的利益,对于增进其他任何一州的利益

---

[637] See supra notes 623—625 and accompanying text.
[638] 柯里对州进行了拟人化处理,假定其兼有"自私"和"利他"特性。B. Currie, supra note 93, at 89,94; see also id. At 53("自私的利益"和"自我否定的政策"),112("自私的州")447("自私与偏狭"),489("人道与利他政策"),717("以自我为中心")。
[639] See supra notes 207—208 and accompanying text.
[640] 两个主权州的合法利益发生冲突时,须对它们各自的价值进行评估,从而决定何者优先。这是一项高难度的政治职责。此职责不应交由民主国家的法院来完成。B. CURRIE, supra note 93, at 182.
[641] 对于不同州的利益发生真实冲突时,作如何考量……不仅具有"经济与社会"性(这可能导致我们今天会考虑应由法院作出评估),而且有政治性(这会使我们忽然意识到这与法院无关)。
Id. 124. 对柯里学说的描述与辩护,see Kay, A Defense of Currie's Governmental Interest Analysis, 215 COLLECTED COURSES, 9 (1989-III)。

亦无助益。[642] 职是之故，柯里认为，"没有法律选择规则，情况会更好。"[643] 对于传统主义者关于所有法律应予平等考虑的前提，他表示反对；他坚持只有在法院地对施行其法律所体现的政策没有合法利益，且其他州有之的情况下，外州法方能代替本地法。[644] 一州的利益取决于一条特定规则所体现的政策，以及该州在特定多州案件的语境下施行此政策是否合理。

与经典制度与自体法有所不同，柯里的分析不将关注点集中于交易与特定法律体系之间的联系；他强调的是实体规则的目的，以及主权者实现这些目的的权利。柯里相信，借助"普通的解释过程"[645]，法院有能力确定相关的政策与政府利益。但是，离开了连结因素，他实际上步履维艰。柯里认为，一州对于实施其政策是否具有正当性与合理性，取决于该州与当事人及交易的联系。[646] 如此，利益系于联系，然而，什么联系可以证明主张利益的正当性呢？于此，柯里变得闪烁其词。[647] 他在具体案例（既有

---

[642] 传统冲突法制度使法院在不考虑所涉及的政策与利益的情况下，机械、盲目地牺牲了本州的利益。B. CURRIE, *supra* note 93, at 278.

[643] *Id.* at 183.

[644] 正常情况下，即便案件具有涉外因素，法院也应当自然而然地适用法院地的判例法规则。

如果法院发现，法院地所在州对于施行其政策毫无利益，而外州有之，则应适用外州法。

Id. at 183, 184. 关于柯里利益分析方法的后续版本，*see* Kay, *supra* note 641, at 71—77.

[645] 这一过程并不像柯里所说的那么"普通"。正如一位评论家所言，柯里"花了60多页纸，才得以确定一个州在其制定法中的政府利益"。Parra-Aranguren, *supra* note 545, at 173. 毫无疑问，这种过于致密的分析超出了普通法官与律师的能力所及。

[646] 政府利益分析……关注的是各州与当事人、事件及诉讼的联系方式……通过探究联系是否能为一州主张实施体现在其法律中的政策提供合理基础，来确定联系的重要性。

B. CURRIE, *supra* note 93, at 727.

[647] 下面这段文字可能有助于阐明柯里为何无法对联系进行精确的说明，他相信这种联系可以使一州对利益的主张合法化：

［政府利益］方法——尽管无人认为它适用简易，或完全客观，或比普通的法律推理更精确——但至少是熟知的法律解释。这一方法允许且要求阐明为什么认为某一州与案件存在重要关系。阐明必须非常客观，因为要经受客观的批评。显然，这是对立法目的进行判定，如果目的被误读，就需要立法校正。

Id. See also id. at 60, 183, 368.

真实案例,也有虚拟案例)中的讨论所提供的线索,要比他的泛泛而论更加清晰:几乎在所有案例中,他都从属人联系(即从当事人一方住所在该州的事实)中推断主张政府利益的合法性。[648] 显而易见,柯里认为,主权者制订、通过法律是为了保护公民及居民,因为他们选举、交税,他们的福祉理应成为立法者的首要关切。

有时,如在一州境内发生的过错行为或侵害案件[649],柯里也认可属地联系的重要性。为给属地联系的正当性提供依据,他强调了州对其民众的关系。如此,他假定事故发生州的侵权规则表明了如下利益:阻却对本地居民安全构成威胁的习惯做法,或保护救助受害者的医疗债权人的权利。通过将属人联系的重要性提升到属地联系之上,并对后者进行属人化,柯里赋予"法则只对其臣民有约束力"(statutum non ligat nisi subditos)这句古老的罗马法谚以新生。该法谚于13世纪由卡罗卢斯・德・托科(Karo-

---

[648] 柯里对本州法偏爱有加,关于此最为直接的一段论述也许包含在他与凯(Kay)教授(随后与施瑞特(Schreter))的一篇论文中。在该文中,他探讨了由住所连结引发的宪法问题:

> 很清楚,法律的目的常为保护或施惠于交易的一方当事人。同样清楚的是,这种施惠或保护并不会给予世界上的所有人,而是只针对那些依其与州的关系,处于该州政府关切的合法范围内的当事人。如果要实施这些法律的政策,必须以此方式适用之,以保护这些有针对性的受惠人。适用它们来保护其他人(本州对他们的福祉毫无关切)……也许毫无理性,不会促进其他任何州的政府利益……
> 这一方法处理冲突法问题的实质是确定法律的受惠对象,并总体上坚持适用法律,系为保护他们的利益。

Currie & Schreter, *Unconstitutional Discriminiation in the Conflict of Laws*: *Privileges and Immunities*, 69 YALE L. J. 1323, 1324 (1960), reprinted in B. CURRIE, *supra* note 93, at 278.

[649] See B. CURRIE, *supra* note 93, at 145 n. 64, 204—205, 209—220, 294, 366, 369, 371, 495 n. 172, 591, 701—702. See also Carroll v. Lanza, 349 U. S. 408 (1955); Pacific Employers Ins. Co. v. Industrial Accident Comm'n, 306 U. S. 493 (1939).

lus de Tocco) 提出。[650]

　　柯里倚重属人连结因素,希望以此解决以下难题,即本地判例法规则的效力范围。在诉讼当事人的住所同在一州时,他的方法运作良好,因为在这种情况下,只有该州对纠纷具有合法利益,此时出现的是"虚假冲突",故仅能适用当事人的共同住所地法。[651] 但是,如果交易的当事人来自不同的州,住所地这一连结点就会滋生显而易见的困难:每个州对其居民均有利益。另外,柯里的体系对属地连结仍赋予一定重要意义[652],这在一定程度上使当事人各自的本州法与交易地法发生冲突。[653] 对于这个看似难解的问题,柯里坚信法院地法的优越性,提出了一个简单的解决途径:发生这种"真实冲突"时,应适用法院地法。[654] 但是,

[650] See Meijers, supra note 43, at 594. 对柯里而言,各州制定法律的目的是为了其居民的利益,这一命题不言自明。以他对已婚妇女的缔约能力问题所发表的具有重大影响的言论为例。假定马萨诸塞州制订了限制已婚妇女缔约能力的法律,对于此法意图的适用范围,他有如下解读:"哪些已婚妇女?为什么马萨诸塞对她们的福祉如此关切?当然是马萨诸塞的已婚妇女。"B. CURRIE, supra note 93, at 85(emphasis in the original). 随后,他指出:"对当事人与相关州的关系给予了相当程度的重视,即对他们的居所或住所或国籍……这种重视对相关各项政策的考虑是不可或缺的。"Id. at 103. See also id. at 704(马萨诸塞州限制对过失导致之死亡的赔偿,目的是为保护马萨诸塞州企业的利益)。

[651] See, e.g, id. at 98,107, 109, 110, 163, 582, 726. 柯里倾向于使用"虚假问题(false problems)"的表述,但自他提出这个问题后,"虚假冲突"(false conflicts)成为通用术语。See, e. g., E. SCOLES & H. HAY, supra note 289, at 17; Kay, supra note 641, at 176. 但是,威特瑞布(Weintraub)使用"伪造冲突"(spurious conflicts)的表述。R. WEINTRAUB, supra 281. 这个术语的表述比较混乱,see R. LEFLAR, L. MCDOUGALL III & R. PELIX, supra note 427, at 270—273; Comment, False Conflicts, 55 CALIF. L. REV. 74 (1967).

[652] See supra note 649 and accompanying text.

[653] 同时适用两种法律的可能性,归根结底总是建立在一人受一法约束的假定之上……一种法律支配一人,而另一种法支配他所处的地域,或支配与其有法律关系的对方当事人。在这种情况下,两种法律同时、同地处于活跃状态,因此,必须找到一种方式以作取舍。

3 J. B. CURRIE, supra note 93, at 1928.

[654] B. CURRIE, supra note 93, at 117—120. 他有如下言语:
　　在遇到利益的真实冲突时,依据宪法,法院合理且显而易见的做法是适用法院地法。如此,法院至少可以保证促进法院地的政策。它应当适用其本地法……因为法院只有在例外情况下,当适用其他州的法律有充足理由时方能适用之。此理甚为简单。
Id. 119.

适用法院地法若对促进法院地政策并无助益,又该如何?如果假定,法律存在的唯一目的是提高纳税人的福祉,那么,就有可能出现法院地所在州与其他任何一州都对某一诉讼结果毫无利益的情况。举一个假设的例子,一人在某州无居所,他在该州受到侵害,但依该州法律,他无法获得损害赔偿;他遂在侵权行为人住所地州提起诉讼,因为依此州法律,他能获得损害赔偿。在这种情况下,任何州均无利益执行牺牲本州居民而保护非本州居民利益的政策(根据上述假定,州对非本州居民的福祉毫无关切)。这种无州关心的情况[655],柯里称之为"无法律规定的情况"[656],对此,利益分析该做如何处理呢?这里,他又一次主张适用"法院地法"方法,以此来摆脱困境。[657]

柯里体系的主要特点,因此可以总结为以下三点:

(1)不再用法域选择方法,将某一法律关系作为一个整体分配至特定的州;而是对多州交易引发的每一争讼点作单独分析,以确定其应由什么判例法规则支配;

(2)当事人一方与一州的属人联系比属地联系更加重要;以及

(3)如遇疑问,悉用法院地法解决。

显然,这种单边主义所产生的结果,会与以属地为导向的法律选择规则导致的结果迥然不同。由于诉讼通常在一方当事人的居所地进行,加之柯里对住所地以及法院地的偏爱,不适用法院地法的情况因而实属罕见。在美国,这种情况尤为明显,因为宪法对州

---

[655] B. CURRIE, *supra* note 93, at 152. 这一不合逻辑的问题由利益分析学者自己提出,后来引起评论者的关注,而评论者则断然否认这一尴尬问题的存在。*See Kay*, *supra* note 641, at 160—166.

[656] *Id.* at 152; R. WEINTRAUB, *supra* note 315, at 333—335; Sedler, *Interstate Accidents and the Unprovided for case*; *Reflections on* Neumeier v. Kuehner, 1 HOFSTRA L. REV. 125(1973).

[657] B. CURRIE, *supra* note 93, at 155—156, 167—168, 189 n.3.

法院的管辖权有所限制，故诉讼极少在与之"无利益"的州进行。[658]但是，依柯里之见，即使是一个"无利益"州的法院（如果能被找到），也有适用其判决法规则的权利。[659]

柯里的方法带有明目张胆的地域主义，这与《第一次冲突法重述》彬彬有礼的中立态度形成鲜明反差。他的方法所突显的"返家"趋势，其实已隐藏于美国最高法院审理的数个劳工赔偿案中。他正是以这些案例为基础，才发展出政策与利益的学理。在这些特别的语境中，最高法院阐释了一个不需要法律选择的领域，而柯里只是将最高法院无须选择的观点提高到冲突法基本理论的高度。换言之，他的政府利益分析说不过是详尽阐明除极个别情况外，法院地法应予适用的理由。

---

[658] 至少直到目前为止，情况还是如此。依 Shaffer v. Heitner 案的附带意见，433 U. S. 186, 212 (1977)，行使司法管辖权需要被告与法院地之间存在"最低限度联系"（minimum contacts）。这种联系通常标志法院地所在州对执行其政策有利益，因为如最高法院所言，联系"创制"州利益。Allstate Ins. Co. v. Hague, 449 U. S. 302, 308 (1981). 事实上，最高法院还暗示，司法管辖权所需的联系，与法律选择所需的、为利益提供支撑的联系相比，前者标准更高。433 U. S. at 215, 216 (citing Hanson v. Denckla, 357 U. S. 235, 254(1958))；根据 Kulko v. Superior Court, 436 U. S. 84, 98 (1978)。司法与"立法"管辖权存的唯一例外是：被告与法院地有联系但交易与法院地没有联系的情况。See Sedler, *Reflections on Conflict-of-Laws Methodlogy*, 32 HATING L. J. 1628,1641—1642(1981). 不过，这种情况非常罕见，因为 *Allstate* 案表明，法院有相当大的自由裁量权，可以将被告的联系视为交易的联系。

但是，在 Burnham v. Superior Court 案中，495 U. S. 604(1990)，斯卡利亚（Scalia）法官奇迹般地使 *Shaffer* 案意欲埋葬的理论重现天日。他的意见宣告，法院的判决是以古老的 Pennoyer v. Neff 案所确立的原则为前提的，95 U. S. 714(1878). 在 *Pennoyer* 案认为，只要送达在一州境内进行，该州法院就具有管辖权。只有首席法院肯尼迪（Kennedy）完全同意斯卡利亚法官的意见。不来梅（Brennan）和其他三位法官虽然对判决投赞成票，但其理由与判决依据并不相同，他们认为，*Shaffer* 案的附带意见仍有效力。不过，他们虽强调联系的必要性，但同意州内送达"通常"赋予该州法院以管辖权。考虑到最高法院近期这个判决的不确定性，以及各州法院对其的反应未臻清晰，我们很难预见，诉讼在何种程度内能在一个与之"没有利益"的法院进行。有关 Burnham 案及其含义的批评 see Borchers, *The Death of the Constitutional Law of Personal Jurisdiction*: *From Pennoyer to Burnham and Back Again*, 24 U. C. DAVIS L. REV. (1990).

[659] *See, e. g.*, B. CURRIE, supra note 93, at 67—68, 75（没有适用外国法），152—156（"无法律规定的情况"）；*see also* Currie, *The Disinterested Third State*, 28 LAW & CONTEMP. PROBS. 754, 779—808(1963 年秋天).

(c) 影响选择的考虑

革命运动产生的各种理念中,以下观点处于风头浪尖:法官应当跳出先验性法律选择规则的窠臼;他们应受某种指导,从而在发生冲突的法律中进行选择时知晓应作如何考量,这样才能作出合法选择。关于法律选择的目标,不同学者提出了不同主张。英特马是对此进行详尽罗列的第一人。[660] 依他的研究,这些目标一共有 17 种之多,但是可归以下两大基本类型:安全与正义。奇塔姆(Cheatham)和里斯(Reese)罗列的目标稍少,为 9 种[661],后经修正,它们为《美国第二次冲突法重述》第 6 条所采纳。[662] 不久以后,莱弗拉尔提出了"影响法律选择的 5 点考虑"。[663] 虽然承认这 5 点考虑也存在矛盾之处[664],他仍期望"如果对这些考虑予以适当重视,可以得到更加明智的司法意见和对判决相关理由更加深刻的分析。"[665]

在美国冲突法最为重要三种方法中,莱弗拉尔所提倡的最具革命性。自体法方法虽然模糊而难以界定,但主张的仍是适用与

---

[660] Yntema, *supra* note 629, at 734—735.
[661] *See* Cheatham & Reese, *supra* note 632.
[662] 《第二次冲突法重述》第 6 条第 2 款规定如下:
在无此种规定时,与选择准据法有关的因素包括:
(1) 州际及国际体制的需要;
(2) 法院地的相关政策;
(3) 其他利害关系州的相关政策以及在决定特定问题时这些州的有关利益;
(4) 对正当期望的保护;
(5) 特定领域法律所依据的政策;
(6) 结果的确定性、可预见性,以及,
(7) 将予适用的法律易于确定和适用。
[663] (A) 结果的可预见性;
(B) 维持州际秩序与国际秩序;
(C) 司法任务的简单化;
(D) 促进法院地的政府利益;
(E) 适用更优的法律规则。
R. Leflarr, L. McDougall III & R. Felix *supra* note 427, at 279.
[664] *Id.* at 278.
[665] *Id.* at 300.

交易联系最为密切的法律,这与经典思想并无二致;柯里的政府利益分析说只是简单地告诉法官应首先、优先地考虑法院地的判例法规则。与此相反,莱弗拉尔提出的"影响选择的考虑"赋予法官以其认为适当的方式,自由裁量案件的权利。他们既不受法律选择规则的羁绊,也无须看法院地法的脸色,只要其意见能解释是如何作出特定判决的即可。由于莱弗拉尔的方法是开放性与弹性的,这就为法院提供了更宽泛的选择空间。不论他为法官提供选择的清单指向什么方向,这种方法都与法律选择规则,甚至与不作选择的规则恰恰相反。[666] 事实上,莱弗拉尔"影响选择的考虑"的第5点考虑——适用更好的法律规则——几近于赋予法官在冲突法案件中享有绝对的司法裁量权。

(d)《第二次冲突法重述》——折中主义法典

以上简述并非对当代美国冲突法思想的逐一检视。有多少冲突法学家,就有多少种方法。因此,关于多边主义、单边主义以及目的论这三个主要议题的思想,可谓不胜枚举,挂一漏万。不过,为勾画出纷繁复杂的当代美国冲突法学说,须特别提及以下几种方法:冯·梅伦(Von Mehren)和特劳特曼(Trautman)提出"功用方法"(functional approach),[667] 这种方法糅合了利益分析与多边主义元素。卡弗斯(Cavers)创设"优先选择原则"(Principles of Preference),它综合了属地联系与属人联系,并在有限范围内将准据法的选择与目的主义考虑相结合。[668] 艾伦茨威格(Ehrenzweig)的单边主义方法与柯里的学说相近[669],但艾伦茨威

---

[666] "影响选择的5点考虑并没有为冲突法案件提供基本原则"。*Id.*
[667] See A. VON MEHREN & D. TRAUTMAN, THE LAW OF MULTISTATE PROBEMS 76—79 (1965).
[668] See D. CAVERS, *supra* note 57, at 122—124, 139, 146, 159, 166; 177, 181, 194.
[669] On Ehrenzweig, *see generally* ALBERT A. EHRENZWEIG UND DAS INTERNATIONALE PRIVATRECHT, SYMPOSIUM AM 17. JULI 1984 (1986); Siehr, *Ehrenzweigs lex-fori-Theorie und ihre Bedeutung für das amerikanische und deutsche Kollisionsrecht*, 34 RABELSZ 585 (1970).

格对州利益的重要性与现实性表示怀疑,同时认为"真实"的冲突法规则,其数量有限。[670] 巴克斯特(Baxter)发表了一篇论文,将利益分析与多边主义元素结合起来,他的"比较损害"(comparative impairment)学说与冯·梅伦和特劳特曼的方法相似,试图绕开倚赖法院地法的偏好,来解决"真实冲突"。[671] 此外,有些学者致力于改善柯里的理论,他们作出了各种不同的改进,而身后则留下"一个个如死水潭般的学说,且每个都有追随者热切地护卫之"。[672]

在美国法学会对冲突法进行重述时,没有人抱怨学术思想的匮乏,尽管艾伦茨威格强烈反对美国法学会的这项工作。[673]《第二次冲突法重述》的报告人哥伦比亚大学的威利斯·里斯教授赞成多边主义规则,或者说他的主张至少接近于自体法的种种理论[674],其他学者则持不同观点。所以,里斯教授运用综合的技术,尽力将各种不同的观点协调在一起。结果是,《第二次冲突法重述》成了扞格不入的各种方法的拼凑物。[675] 虽然没有完全摈

---

[670] *See* 1 A. EHRENZWEIG, *supra* note 176, at 63, 85—86.
[671] Baxter, *Choice of Law and the Federal System*, 16 STAN. L. REV. 1 (1963).
[672] Kay, *The Use of Comparative Impairment to Resolve Ture Conflicts: An Evaluation of the California Experience*, 68 CALIE L. REV. 577, 615 (1980).
[673] *See, e. g.,* A. EHRENZWEIG, *supra* note 55, at 351—352, 463—464; Ehrenzweig, *The Second Conflicts Restatement: A Last Appeal for its Withdrawal*, 113 U. PA. L. REV. 1230 (1965).
[674] *See* Reese, *Choice of Law: Rules or Approach*, 57 CORNELL L. REV. 315, 319 (1972).
[675] 《第二次冲突法重述》第 145 条关于侵权法律选择条款的规定使其折中主义的典型例证,该条规定如下:
（1）当事人在侵权行为某个问题上的权利义务,依在该特定问题上,按照第 6 条规定的原则,与该事件及当事人有最重要联系的州的本地法。
（2）在采用第 6 条的原则决定适用于某个问题的法律时,应当加以考虑的联系包括:
(a) 损害行为地,
(b) 加害行为地,
(c) 当事人的住所、居所、国籍、公司成立地和营业地,和
(d) 当事人之间有联系时其联系最集中的地方。
这些联系应按其对特定问题的重要程度加以衡量。

弃传统类型的连结因素,但与《第一次冲突法重述》大规模采用经典法律原则相比,《第二次冲突法重述》的经典原则还是要少得多。比尔的最后事件原则不再居于主导地位,绝大部分新条款对准据法的选择仅作出尝试性规定。"最密切联系原则"是《第二次冲突法重述》的指针。影响法律选择的考虑体现在第 6 条第 2 款中,该款被认为赋予这条模糊不定的原则以具体内容。[676] 在这些考虑(因素)中,有两项显示出《第二次冲突法重述》对柯里学说的尊崇:第 2 项"法院地的相关政策",以及第 3 项"其他利害关系州的相关政策以及在决定特定问题时这些州的有关利益"。《第二次冲突法重述》反对"法域选择",这彰显卡弗斯、柯里、莫里斯以及其他现代学者的影响;它不再将整个争议交由同一法律支配,而是将由多州交易引发的每一个争讼点分开进行分析。简言之,在美国法学会的历史上,再没有哪个项目能像冲突法重述这样,能将歌德的一句名言推向极致。歌德曾说:"将大量的事物堆砌在一起,总会有人从中发现他喜欢的东西(*wer vieles bringt, wird manchem etwas bringen*)。"*

---

[676]　*See supra* note 662.

*　这是一句很抽象、很难翻译的德语。译者为此请教了不少德国教授,他们亦觉得这段德语非常晦涩难懂。这里,译者提供的中文译文只作参考,尚不足以完全表达出歌德的原意。在译者求教的德国教授中,德国"马普所"的 Gebhard Rehm 教授给出的解释最为详尽。为便于读者更好理解这句德语,这里附上将 Rehm 教授给译者的答复:

As regards the citation by Goethe, it is not very easy to translate. Obviously it is a play with words. "Bringen" in German can mean tons of things. Translating the sense of the saying (which has a somewhat ironical purpose) is: "Those who offer a lot, will thereby certainly please a few". If that translation is not entirely clear: The sense is that if you present a lot of things without concentrating on their quality, instead of restricting yourself to a high standard, you will always find somebody who is pleased by one of the many things. If you try to meet a high standard, though, you might not find anybody who likes it. So it is certainly safer (but certainly not recommended by Goethe, thus the irony) to present mass quality than good quality. The saying by the way stems from a play in which Goethe criticizes the stage decoration of being to opulent. I hope this explanation makes some sense to you. If not, let me know.——译者注

5. 美国法院的革命

(a) 纽约州

理论界提出的种种方法新颖奇特,对美国司法实务界产生了巨大的吸引力,这种状况看似奇怪。自1963年,美国纽约州终审上诉法院审理巴布考克诉杰克逊(*Babcock v. Jackson*)案[677]以后,各州最高法院陆续效而仿之,与经典理论挥手称别。当前,在美国绝大部分法域,新的冲突法方法已成主导之势。不过,具体到特定州遵循的是哪一种方法,情况常常并不清楚,如:究竟是温和的改良多边主义方法、主力革命的单边主义方法,抑或包容并蓄的折中主义方法,还是彻底的结果选择方法?

巴布考克案早已被定性为较为简单的案件。在该案中,一名纽约州居民乘一辆汽车到加拿大,在安大略省受伤,该汽车在纽约登记,所有人兼驾驶者为纽约州人。纽约州终审上诉法院适用纽约法,从而允许该乘客向汽车所有人索赔,尽管加拿大安大略的乘客法则排除此诉讼。富德(Fuld)法官引用了众多当代学者的不同观点,撰写了多数意见。他抛弃了侵权行为地法规则,并指出此规则可能导致"不公与异常的结果"。他援用自体法思想与政府利益分析法,得出东道主与乘客之间的关系应受纽约州法律支配的结论。巴布考克案是一个"简单"的案例,因为所有的连结点(事故"偶发"地除外)均指法院地法为自体法。此外,双方当事人均来自纽约州,因此,不论原告是否能向被告索赔,该州均享有"利益"。最后,安大略省的乘客法则规定,即使在驾驶者故意的情况下,他仍不承担赔偿责任,这是条有名的恶法。

以后发生的汽车事故侵权的案情更为复杂,这使得州法院不得不考虑,应遵循在巴布考克案中被阐释的各种学说中的哪一

---

[677] 12 N. Y. 2d 473, 191 N. E. 2d 279, 240 N. Y. S. 2d 743 (1963).

种。法官们的摇摆不定,致使纽约州的冲突法处于不稳定状态之中。[678] 在图克诉洛佩斯(Tooker v. Lopez)案[679]中,基庭(Keating)法官最终说服大部分审案法官采信了政府利益分析说,而非自体法理论,从而避免了外法域乘客法则的适用。然而,在基庭法官卸任后,首席法官富德在诺伊迈尔诉屈纳(Neumeier v. Kuehner)案[680]的多数意见中,阐发了对乘客案件的3种试探性规则,这3种规则将属地与属人连结因素有机地结合在一起。每当组成人员发生变化时,法院采用的冲突法理论亦随之变化。侵权案件适用侵权行为地法是全体法官一致的意见(per curiam opinion),只有在特殊情况下才不予适用。[681]然而,在最近审理的一起案件——舒尔茨诉美国男童子军公司(Schultz v. Boy Scouts of Am. Inc.)案[682],纽约州终审上诉法院却放弃了灵活的新理论,重新回到了《第一次冲突法重述》的怀抱。需要指出的是,纽约州是第一个

---

[678] Compare Dym v. Gordon, 16 N. Y. 2d 120, 209 N. E. 2d 792, 262 N. Y. S. 2d 463 (1965) with Macey v. Rozbicki, 18 N. Y. 2d 289, 221 N. E. 2d 380, 274 N. Y. S. 2d 591 (1966).

[679] 24 N. Y. 2d 569, 249 N. E. 2d 294, 301 N. Y. S. 2d 519 (1969).

[680] 31 N. Y. 2d 121, 286 N. E. 2d 454, 335 N. Y. S. 2d 64 (1972). 在诺伊迈尔案中,富德法官重复了他在图克案中提出的、作为并存意见(concurring opinion)的三项指导性原则。

  1. 当作为客人的乘客与作为主人的驾驶者的住所在同一州,且汽车在该州登记时,主人对客人所承担的注意程度由此州法律决定。

  2. 当驾驶者的行为发生在其住所地所在州,且该州法律对其行为没有规定任何责任时,则不应以依受害者住所地所在州的侵权法为由,要求他承担责任。相反,如果乘客在其住所地所在州受到伤害,该州法律允许他向驾驶者索赔,进入该州的驾驶者则不能——特殊情况除外——以其本州法为依据,主张抗辩。

  3. 在其他情况下,当乘客与驾驶者住所在不同的州时,法律适用规则通常没有那么绝对,一般适用事故发生地法,除非有证据显示,适用其他法律将促进相关实体法的目的,并且无损于多州体系的顺利运转,或不会给当事人带来不确定性。

Id. at 128, 286 N. E. 2d at 457—458, 335 N. Y. S. 2d at 70.

[681] Cousins v. Instrument Flyers, Inc., 44 N. Y. 2d 698, 699, 376 N. E. 2d 914, 915, 405 N. Y. S. 2d 441, 442 (1978). See also Towley v. Kin Arthur Rings, Inc., 40 N. Y. 2d 129, 351 N. E. 2d 728, 386 N. Y. S. 80 (1976)(未加讨论,就适用了事故发生州的乘客法则)。

[682] 65 N. Y. 2d 189, 480 N. E. 2d 679, 491 N. Y. S. 2d 90 (1985).

采纳新理论的州。

与纽约最高法院审理的其他跨州侵权案件相比,舒尔茨案有所不同,它与汽车或航空事故无关。该案中,两个男童参加纽约的男童子军夏令营时受到性虐待,其父母以圣方济各会(Franciscan Order)与男童子军公司为被告提起诉讼。其中的争讼事项是新泽西州的慈善豁免法则(charitable immunity statute)*是否能排除原告对两法人被告提起的不法致死及人身伤害的诉讼。对男童实施性骚扰的人叫科克利(Coakeley),他是童子军领队兼圣方济各会成员。圣方济各会派他到新泽西的罗马天主教学校执教。圣方济各会的注册地在俄亥俄州;性虐待行为发生时,男童子军公司的总部在新泽西州,之后搬往得克萨斯州。男童的父母,即原告指称,两法人被告对委派与聘用科克利有过失。上诉法院适用了新泽西州的慈善豁免法则,维持了驳回原告起诉的原判。

舒尔茨案被定性为"推翻了巴布考克案"(纽约是侵权地,而非当事人住所地所在州),西蒙斯(Simons)法官在多数意见中指出,本案的争讼问题应受诺伊迈尔案的第1条判例规则支配,即适用当事人的共同住所地法。他对此规则拊掌称善,认为它可以减少挑选法院、避免法院地偏见,并提高互惠性、确定性与可预见性。西蒙斯法官拒绝适用柯里所主张的侵权行为地法(适用此规则,原告可以获得赔偿)[683],认为不论侵权行为是发生在纽约,还是其他地方,都应适用当事人的共同住所地法。他批评了"法院地"对保护本地医疗债权人与国库有利益的观点,指摘这是赔偿偏见和毫不相关的,至少没有证据表明,纽约债权人或原告有可能成为受州政府监护的人。法院地法对威慑侵权人确有利益,但是,若当事人并非法院地居民,此利益就"大打折扣";此时,冲突规则是"分配损失,而非规制行为"。

---

* 慈善豁免(慈善免责)是指为免除慈善机构侵权责任的一项原则。长久以来,该原则就被承认,但近来美国大多数州已废除或开始限制这一作法。——译者注

[683] See *supra* notes 649—650 and accompanying text.

圣方济各会本州的法律不排除原告的索赔请求,尽管如此,法庭还是维持了驳回对其索赔的原判。西蒙斯法官作出这一意见的依据是诺伊迈尔案的第 3 条判例规则,依据此规则,在事故发生于当事人住所地以外的地方时,通常适用侵权行为地法,除非适用其他法律"将促进相关实体法的目的,并且无损于跨州体系的顺利运转,或不会给当事人带来不确定性"。他认为,以上措辞表明,可以不适用纽约州法律,因为适用新泽西州的慈善豁免法则会促进此州的利益,亦对跨州体系无损,同时不会损害纽约州的重大关切。此外,他推断,适用慈善豁免法则可以促进"跨州体系的顺利运转":能削减挑选法院的原动力,适用原告居住地及被告派遣教师地所在州的法律可以保护当事人的期望。即便新泽西州的慈善豁免法则与纽约州的公共政策相抵触,西蒙斯法官也辩称,法院地所在州与当事人以及事件之间联系的紧密程度尚不足以适用公共政策保留制度。

此处花了不少笔墨探讨舒尔茨案,只是为了说明自巴布考克案以后,纽约州的冲突法一直弥漫着不确定性。尽管纽约州终审上诉法院已明确,诺伊迈尔案判例规则的适用范围并不局限于乘客法则,但是,它在舒尔茨案发表的意见比巴布考克案更加折中,这无疑乱上加乱。西蒙斯法官不但重申对政府利益分析说与诺伊迈尔案判例规则的尊崇,而且强调经典理论所追求的确定性、可预见性、礼让与统一性。如果说,诺伊迈尔案的判例规则与传统法律选择的目标尚可调和(这一点值得质疑[684]),那么,柯里的方法与这些目标则行同冰炭,扞格不入。无论如何,若终审上诉法院现在认为,这些目标值得重新予以尊崇,则回归适用侵权行为地法应在预料之中,至少在当事人拥有共同属人法的情况下,应当如此。然而,西蒙斯法官主张,州内侵权不足以援用法院地的公共政策,这就降低了老规则的地位。

侵权行为地规则的生命力如何?对此,舒尔茨案的判决意见并没有言明。西蒙斯法官指出,当法律规则的目的是训诫而非分

---

[684] See Sedler, *supra* note 655, at 125—126, 132—134, 137, 149.

配损失时,行为地法的重要性就大为增加。但是,这一观点的效用不大。纽约州的一个中间上诉法院*认为,对法律规则这样分类"多少有些矫揉造作"[685],其言甚当。更为令人困惑的是,多数意见支持重新启用公共政策保留制度。在纽约州采用现代方法的背景下,判例法重启经典理论的安全阀,于理不通。最后,正如舒尔茨案的反对意见所诟病,本案多数意见将"不合时宜的、已过时的和愚蠢的"[686]外国法律规则引入了纽约州,歧视外州原告,其结果明显不公。联邦及低一级的州法院的法官对低标准的外国法以及外州受害人受到不平等对待怀有自然的厌恶。从长远来看,我们也许可以期待,这种情绪会导致法官们通过司法操作,来逃避这个备受质疑的先例,从而动摇其根基。

终审上诉法院营造出对冲突法顶礼膜拜的氛围,这使情况更加混沌。对此,早在舒尔茨案把问题复杂化之前,一位承审法官,就提出强烈反对意见:

> 自巴布考克诉杰克逊案作出判决后,司法实践任意践踏侵权法律适用的现象比比皆是。从残存部分中已难分别出哪些是可以生长发育的根,哪些是无用的杂草……
>
> 一方面,法学理论界继续沉浸在对各种法理的狂热追逐中,好似饮酒狂欢;另一方面,面对终审上诉法院(Court of Appeals)*的最后一个判决,上诉法院(Appellate Courts)**殚

---

* Appellate Division,一般指上诉分庭,是上级法院负责审理上诉案件的部门。在某些州(如纽约州、新泽西州)也指中间上诉法院。——译者注

[685] Calla v. Shulsky, 148 A. D. 2d 60, 65, 543 N. Y. S. 2d 666, 669 (1989). *See also* Roach v. McGuire & Bennett, Inc., 146 A. D. 2d 89, 539 N. Y. S. 2d 138 (1989).

[686] *Schultz*, 65 N. Y. 2d at 211, 480 N. E. 2d at 694, 491 N. Y. S. 2d at 105.

* Court of Appeals,一般也翻译为"上诉法院",多指中间上诉法院,亦称为"court of appeal";但在美国的某些州,如纽约州、马里兰州等,特指终审上诉法院。——译者注

** Appellate Courts,一般译为"上诉法院",是指有上诉管辖权的法院,与初审法院(trail court)相对,有时也被授予对特别案件的初审管辖权。——译者注

精竭虑,苦苦寻思究竟应遵循多数意见、同意意见,还是反对意见*;而初审法院则在法律的泥潭中辗转挣扎,希望作出的初审判决能得到中间上诉法院的支持;如果得不到中间上诉法院的首肯,则寄希望于终审上诉法院的支持,而卷入侵权冲突法的当事人则身陷囹圄,不得不为一次次的上诉而劳身伤财。

在事关乘客法则的情况以外,当前纽约州的侵权冲突法到底是什么状况?本院只能承认:一片乱局。[687]

显然,舒尔茨案丝毫无助于情况的好转。有初审法院在判决意见中的评论颇为深刻:"对该领域作全面审视后,'一片混乱'便是法官所能作出的最客气的描述了。"[688]

联邦法院一样不知所措。在西蒙斯法官把混水搅得更混之前,联邦第二巡回法院的法官就为不得不"涉足纽约州的冲突法泥潭"[689]而怨气十足。难怪一位地区法院的法官如是说:"在法院地的冲突法标准上,纽约州终审上诉法院与联邦第二巡回法院存在微小的差异。"[690]州最高法院对结果选择方法不假辞色,但是联邦法院经深思熟虑后没有效法州法院[691],直到近期,联邦上诉

---

* 多数意见(majority opinion)是指审理案件的半数以上的法官赞同的意见;同意意见(concurring opinion)指一名或少数法官的单独意见,他(他们)同意多数法官作出的判决,但对判决依据提出不同理由;反对意见(dissenting opinion)又称少数意见(minority opinion),指一名或几名法官持有的不同意根据多数法官意见所达成的判决结果的意见,简称为"dissent"。——译者注

[687] Himes v. Stalker, 99 Misc. 2d 610, 616, 416 N.Y.S. 2d 986, 991 (Sup. Ct. 1979).

[688] Feldman, v. Acapulco Princess Hotel, 137 Misc. 2d 878, 885, 520 N.Y.S. 2d 477, 484 (Sup. Ct. 1987).

[689] O'Rourke v. Eastern Air Lines, Inc., 730 F. 2d 842, 847 (2d Cir. 1984).

[690] Cooperman v. Sunmark Indus. Div. of Sun Oil Co., 529 F. Supp. 365, 368 (S.D.N.Y. 1981).

[691] Cousins v. Instrument Flyers, Inc., 44 N.Y. 2d 698, 699, 376 N.E. 2d 914, 915, 405 N.Y.S. 2d 441, 442 (1978)(允许原告选择最有利的法"看似"不协调)。

法官仍倾向于在跨州侵权案件中,适用对受害者有利的法律。[692] 舒尔茨案对协调州与联邦法院几无益处。例如,尽管舒尔茨案的判决意见书指明,纽约州终审上诉法院"对不加选择的连结点的聚集"持反对态度(而在巴布考克案中,这一方法与政府利益分析处于平等地位)[693],但不久以前,第二巡回法院的一个合议庭得出了纽约州仍坚持"最密切联系"标准的结论。[694] 诺伊迈尔案的判例规则虽然有一定意义,但对联邦法官厘清问题帮助仍不大。[695]

---

[692] See O'Connor v. Lee-Hy Paving Corp. , 579 F. 2d 194 (2d Cir.) , *cert. denied*, 439 U. S. 1034 (1978); Rosenthal v. Warren, 475 F. 2d 438 (2d Cir.) , *cert. denied*, 414 U. S. 856 (1973). *See also* Scharfman v. National Jewish Hosp. and Research Center, 122 A. 2d 939, 506 N. Y. S. 2d 90 (1986); Rakaric v. Croatian Cultural Club, 76 A. D. 2d 619, 627, 430 N. Y. S. 2d 829, 835 (1980). *But see* Barkanic v. General Admin. of civil Aviation of the People's Republic of China, 923 F. 2d 957 (2d Cir. 1991) (disavowing *Rosenthal*).

[693] Machleder v. Diaz, 801 F. 2d 46, 51 (2d. Cir. 1986), *cert. denied*, 479 U. S. 1088 (1987). *See also* Geller v. Delta Air Lines, Inc. , 717 F. Supp. 213 (S. D. N. Y. 1989); Zangiacomi v. Saunders, 714 F. Supp. 658 (S. D. N. Y. 1989); Crossland Sav. FSB v. Rockwood Ins. Co. , 692 F. Supp. 1510, 1512 (S. D. N. Y. 1988). *Cf.* Giobe Communications Corp. v. R. C. S. Rizzoli Periodici, S. p. A. , 729 F. Supp. 973, 976 (S. D. N. Y. 1990) ("最高事件"规则与"最重大利益")。

[694] *Schultz*, 65 N. Y. 2d at 198, 480 N. E. 2d at 684, 491 N. Y. S. 2d at 95.

[695] *See*, *e. g.* , Bader v. Purdom, 841 F. 2d 38 (2d Cir. 1988); Whisenhunt v. Sylvania Corp. , 671 F. Supp. 214 (W. D. N. Y. 1987).

在巴肯尼克诉中华人民共和国民航总局(Barkanic v. General Admin. of Civil Aviation of the People's Republic of China, 923 F. 2d 957(2d Cir. 1991))案中,一架中国客机在南京飞往北京的途中坠毁。在罹难者中,有一位新罕布什尔州居民与一位哥伦比亚特区居民,第二巡回上诉法院适用了中国法,从而限制了被告的不当致人死亡的责任。该案声称遵循了诺伊迈尔案的第2条规则,且此规则亦被舒尔茨案所引用。但是,它忽略了前两个判例适用了原告本州法的事实。在黄诉李案(Hung v. Lee, 734 F. Supp. 71 (E. D. N. Y. 1990))中,地区法院也声称以舒尔茨案为依据,援用侵权行为地法规则,从而适用了新泽西不利的"被许可人"标准,同时援用住所地法规则,排除了新泽西州的不当致人死亡法案(依据此法案,可以请求加害人予以赔偿)。在适用了对被害人不利的低标准的外国法上,这两个案子是一致的。然而,纽约州终审上诉法院在巴布考克案中的阐述看似重要,其实毫无意义,联邦法院将之理解为"对受侵害人有利的规则"(*favor laesi*);纽约州终审上诉法院在舒尔茨案中的阐述与前者如出一辙,它似乎被理解为将导致"原告的损失"。

舒尔茨案的多数意见与反对意见均引用了科恩（Korn）教授的一篇文章。[696] 该文长达两百余多页，详细描述、分析并批评了纽约州判例法的矛盾之处。遍观纽约州冲突法的种种特色，科恩教授最反感的当数州终审上诉法院表现出的一种倾向，即"将当前支配纽约州法律选择的理论几乎等同于法院的臆断猜测"。[697] 这让人不禁揣测，舒尔茨案的多数法官已对此批评铭记于心。然而，历经 22 年的实验后，帝国州（Empire State）*最高法院再次投入了无原则的折中主义的怀抱；在巴布考克案作出判决后近三十年后，纽约州的冲突法仍完全处于混沌状态，且于过去相比，有过之而无不及。

(b) 加利福尼亚州

并非所有地方尝试现代方法的结果都像纽约州那样令人不安。比如说，加利福尼亚州最高法院所把握的进程与东海岸的纽约州相比，就要稳定与可靠的多。与其他州相似，加利福尼亚州也经历了一个转型期。在此期间，州最高法院援用传统的逃避工具来避免因适用侵权行为地规则导致的不公后果。[698] 然而，巴布考克案的 4 年后，加利福尼亚州最高法院就转向了利益分析，赖克诉珀塞尔（Reich v. Purcell）案[699] 堪称此转换的里程碑。该案的争讼事项是：汽车交通事故发生在密苏里州，该州规定不当致人死亡的赔偿限额为 25,000 美元，此条规定是否应予适用。首席法官特雷纳（Traynor）拒绝适用此限额，他认为，此案为一

---

[696] Korn, *The Choice-of-Law Revolution: A Critique*, 83 COLUM. L. REV. 722 (1983).
[697] *Id.* at 956.
　　* 帝国州是纽约州的别称。——译者注
[698] *See* Emery v. Emery, 45 Cal. 2d 421, 289 P. 2d 218 (1955); Grant v. McAuliffe, 41 Cal. 2d 859, 264 P. 2d 944 (1953).
[699] 67 Cal. 2d 551, 432 P. 2d 727, 63 Cal. Rptr. 31 (1967); *see* Kay, *supra* note 635, at 542 n.133.

"虚假冲突",因为仅有俄亥俄州有利益。[700] 事故发生时,受害人与受益人的住所均在俄亥俄州,该州对不当致人死亡并无赔偿数额限制。

虽然赖克案没有适用事故发生州的法律,但是,在乌尔塔多诉高级法院(*Hurtado v. Superior Court*)案[701]中,加利福尼亚州的不当致人死亡法案得以适用。该案涉及一个州内交通死亡事故。这一次,法院又发现了一个虚假冲突,尽管死者与原告都来自墨西哥的萨卡特卡斯州(Zacatecas)。该州民法典对于侵权损害赔偿的限额很低。苏利文法官(Judge Sullivan)作了如下推理:外国制订赔偿限额的目的是为了保护萨卡特卡斯州的被告,而非惩罚萨卡特卡斯州的侵权受害人。由于本案被告是加利福尼亚州人,因此,墨西哥萨卡特卡斯州对执行其政策没有利益。他放弃了加利福尼亚州对萨卡特卡斯州遗孀与孤儿的利益,主张法院地对阻止侵权行为有利益。这种利益,他认为,可通过适用加利福尼亚州的不当致人死亡法,使疏忽大意的加州驾驶者承担全额赔偿来实现。

加利福尼亚州最高法院遇到的第一个有"真实冲突"的案例是伯恩哈德诉哈拉俱乐部(*Bernhard v. Harrah's Club*)案。[702] 该案中,受害人与肇事司机均为加利福尼亚州人,这名司机在内华达州的赌场过量饮酒后驾车,在加州发生事故。加利福尼亚州的判例法规定酒馆须承担责任,但内华达州最高法院拒绝从其制定法中推定,向酗酒者卖酒须承担民事责任。法院因而得出结论:

---

[700] 交通事故发生在受害者及其家人驾车开往加利福尼亚的途中;在提起诉讼前,受益人在加利福尼亚州居住。尽管注意到居所发生的变化具有关联性,特雷纳法官仍然认为加利福尼亚州"没有利益",理由是,如果考虑事故发生后的事件,会鼓励当事人挑选法院。*Id.* at 555, 432 P. 2d at 729, 63 Cal. Rptr. At 34. 关于加利福尼亚州对阻止其居民在其他州驾驶车辆时疏忽大意是否有利益,他没有讨论。

[701] 11 Cal. 3d 574, 522 P. 2d 666, 114 Cal. Rptr. 106 (1974).

[702] 16 Cal. 3d 313, 546 P. 2d 719, 128 Cal. Rptr. 215, *cert. denied*, 429 U. S. 859 (1976).

内华达州保护其酒馆管理人免受超额责任的利益与加利福尼亚州赔偿本州受害人的利益相冲突。苏利文法官采用了"比较损害"说来解决这一冲突。该学说由巴克斯特教授在《斯坦福法律评论》上首倡。[703] 依苏利文法官之见,加利福尼亚州的酒馆规则至少对如下位于外州的被告有约束力:故意引诱一位加利福尼亚州常客酗酒的被告,如内华达州的赌场,此外,他们还受其本州的刑事制裁。在此情形下,如果内华达州法予以适用,加利福尼亚州的保护性政策受到的损害,将大于因适用法院地的酒馆责任规则而给内华达州利益带来的损害。不论对苏利文法官的推理理由作如何思考[704],通过适用法院地法来解决这个"真实冲突"的实际方法,与柯里的政府利益分析说是不谋而合的。

不过,对柯里的学说,加利福尼亚州最高法院并非一以贯之。在近海租赁公司诉大陆石油公司(*Offshore Rental Co. v. Continental Oil Co.*)案[705]中,州最高法院就偏离了柯里的学说。该案原告为加利福尼亚州一家公司,其副总裁在路易斯安那州的一处建筑物上受伤,该建筑物由特拉华州一家公司,即被告所有。依据《加利福尼亚州民法典》有关条款的字面含义,企业的主要雇员由于第三方疏忽而受伤,并导致其无法继续工作时,企业可以要求第三方赔偿因此而产生的损失。路易斯安那州有类似制定法,但路易斯安那州的法院对此进行限制性解释,排除了由企业雇主提起的诉讼。加利福尼亚州最高法院认为该案是一个真实冲突,适用了外州法,没有支持本州原告的求偿请求。本案的结果及其理由阐述,与法院在乌尔塔多案、赖克案及伯恩哈德案所依据的理论均难以协调。托布里纳法官(Judge Tobriner)将路易斯安那州的法

---

[703] Baxter, *supra* note 671, at 21. *See also* Horowitz, *The Law of Choice of Law in California—A Restatement*, 21 UCLA L. REV. 719, 723, 748—758 (1974).

[704] 批评性评论参见 Kanowitz, *Comparative Impairmen and Better Law*; *Gran Illusions in the Conflict of Laws*, 30 HASTINGS L. J. 225 (1978); Kay, *supra* noteat 672; Reppy, *supra* note 72, at 671—677, 706。

[705] 22 Cal. 3d 157, 583 P. 2d 721, 148 Cal. Rptr. 868 (1978).

律规则称为"通行与进步的",而将加利福尼亚州的称为"已不通用与孤立的"[706],由此得出结论:"对于适用其不通用的与过时的制定法,加利福尼亚州的利益相对较小。"[707] 以上语言表明,加利福尼亚州最高法院虽然口口声声说遵循政府利益分析与比较损害说,但实际采用了结果选择法。[708] 显而易见,柯里对法院地法的偏爱及法院通常对受侵害人的偏袒让位于目的法,是常有之事。

以上侵权法律选择的案例足以表明,加利福尼亚州的重新定位过程相对平静,这与纽约州的动荡激变形成鲜明对比。所有这些案例的判决均以全体一致的方式作出;加利福尼亚州最高法院的人员变动也没有影响到其冲突法理论。无怪乎加利福尼亚州的判例法也呈现出前后一致的状态。除近海租赁公司案外,加利福尼亚州最高法院均适用了对受害人有利的加利福尼亚法律,而依据相关外州法,受害人或没有求偿权,或可获得的赔偿额将大为减少。为实现这一目标,判决或援用原告的本州法,或适用法院地法。舒尔茨案明确否定法院地对威慑侵害行为有利益,而加利福尼亚州最高法院则对此加以认可。如此,便实际上创设了一条对受侵害者有利的替代性规则。唯一的例外是近海租赁公司案,它没有采用有利于受害者索赔的态度。不过,在以结果为导向这一点上,此案与先前的案例并无二致。先前的案例涉及的法院地是"通行与进步的",外国法是低标准的;而近海租赁公司案恰恰相反,是法院地法不合时宜。如果假定法律选择的标准是竞相适用的各种法律的质量,而不是原告无理由的偏见,那么,加利福尼亚州的判例法就是完全协调的。

全体一致与前后相承曾一度主宰了加利福尼亚州判例法,直到被翁诉田内克(Wong v. Tenneco)案[709]所打破。翁案与舒尔茨案同属非典型性案例:翁案涉及的不是普通的跨州事故侵权,而是一起商业侵权。李·翁(Lee Wong)是一名居住在加利福尼亚

---

[706] Id. at 168, 583 P. 2d at 735, 148 Cal. Rptr. at 874. 这些话出自弗罗因德之口,supra note 625, at 1216。
[707] Id. , 22 Cal. 3d at 168, 583 P. 2d at 735, 148 Cal. Rptr. at 874.
[708] Kanowitz, supra note 704, at 294. See also Kay, supra note 672, at 588—589.
[709] 39 Cal. 3d 126, 702 P. 2d 570, 216 Cal. Rptr. 412(1985).

的美国公民,他用一位墨西哥公民做掩护,在美墨国界以南开垦土地,以图规避墨西哥禁止外国人拥有、经营耕地的立法。原告指称,加利福尼亚的一个农产品经纪人,在与他的墨西哥风险企业融资失败后,将欠他的钱款转给了其用以作掩护的墨西哥公民。翁依据国际侵权、疏忽以及违约等一系列理论,提起诉讼。初审法院以依墨西哥法,交易非法为由,撤销了陪审团作出的对翁有利的裁决。该裁决被加利福尼亚州最高法院维持。

与西蒙斯法官在舒尔茨案的判决意见相似,雷诺索法官(Judge Reynoso)在翁案中所作的多数意见也具有高度折中性。雷诺索法官在一个脚注中提到(在此脚注中,他把墨西哥法与加利福尼亚法之间的冲突识别为"非真实"的冲突),加利福尼亚州最高法院遵循政府利益分析说,但是,判决意见的主要部分所依赖的思考与柯里的方法却截然不容。雷诺索法官追随胡伯[710],认为尊重其他州的主权以及"互惠互利的考量"是冲突法的前提。他援引冲突法革命前的案例,用既得权的措辞指出,礼让要求"诉因在外国产生"即须适用该外国法。他作出的判决意见还提到了"国际利益",这个概念与柯里的思维方式亦霄壤有别。雷诺索法官对经典冲突法理论不仅仅是拊掌称善;他详述了墨西哥法律缘何没有侵害加利福尼亚的公共政策,这足以表明他对冲突法的旧有理论达到了高度尊崇的程度。

如此,黄金州(Golden State)*与帝国州的最高法院于同年采用了令人困惑的混合方法,将政府利益分析说与经典理论糅合在一起。不过,与舒尔茨案明确拒绝考虑外国与法院地规则各自的优点不同,目的论并没有从加利福尼亚州的舞台上消失。在翁案中,毛斯科法官(Judge Mosk)持反对意见,反对意见与多数意见最主要的分歧在于(他批评多数意见错误的适用了政府利益分析)墨西哥排除外国人从事经营活动的利益是否正当与合理。由是观之,与纽约州的冲突法相比,加利福尼亚的冲突法在折中性

---

[710] *See supra* note 110 and accompanying text.

* 黄金州是加利福尼亚州的别称。——译者注

上可谓有过之而无不及。翁案多数意见的多面性使得我们很难预料未来会如何裁判一个具体案件。此外,由于司法选举的高度政治化,州最高法院的组成已发生重大变化。[711] 因此,在翁案中被拼凑在一起的各种冲突法方法中,究竟哪一种会最终制胜,孰难预料。具有讽刺意味的是,当前保守的大多数法官可以利用雷诺索法官的意见为其辩解,而在当时,雷诺索法官却不得不离开法院,以坚持其更加忠于法律规则的方法。无论如何,多数法官对侵权案件中原告的同情趋少,这让我们可以期待,与以前相比,加利福尼亚冲突法的可预见性将逐渐增大。

(c) 其他州

凯(Kay)教授撰写了一篇论文,对各州最高法院公开承认的遵循方法作了逐一分析,从中显示,大多数州(总计 22 个州)仍然适用传统法律选择规则。[712] 不过,对过去的忠诚徒有表象。比如,1969 年,密歇根州最高法院重申侵权行为地规则[713](直到 1982 年才废弃之[714]) 时,多数意见明确认可空难为例外。此外,在这两个案子间隔的 13 年间,下级法院与密歇根的联邦法官经常援用逃避工具来避免侵害发生地规则导致的不公结果。[715] 援

---

[711] 从法官的角度来审视这种公民投票,有关内容参见 J. GRODIN, IN PURSUIT OF JUSTICE, REFLECTIONS OF A STATE SUPREME COURT JUSTICE 167—186 (1989)。

[712] Kay, *supra* note 635, at 582. 依据更新的统计,有 35 个州以及哥伦比亚特区和波多黎各已不再采用侵权行为地规则,*see* R. WEINTRAUB, COMMENTARY ON THE CONFLICT OF LAWS 66 (3d ed. Supp. 1991)。

[713] Abendschein v. Farrell, 382 Mich. 510, 170 N. W. 2d 137 (1969)。

[714] *See* Sexton v. Ryder Truck Rental, Inc., 413 Mich. 406, 320 N. W. 2d 843(1982)。

[715] *See* Tucker v. Norfolk & W. Ry. Co., 413F. Supp. 1372 (E. D. Mich. 1975)(夫妻住所地法支配家庭内豁免问题); Papizzo v. O. Robertson Transp., Ltd., 401 F. Supp. 540 (E. D. Mich. 1975)(丧失配偶权为"程序"问题;密歇根的利益与公共政策支配之) Sweeney v. Sweeney, 402 Mich. 234, 262 N. W. 2d 625 (1978)(事故发生地所在州的家庭内豁免违反了密歇根的公共政策); Branyan v. Alpena Flying Serv., Inc., 65 Mich. App. 1, 236 N. W. 2d 739 (1975)(弗吉尼亚对过失致死赔偿数额的限制违反了密歇根的公共政策)。

用公共政策所产生的结果通常与利益分析法是一致的。[716]

此外,如果一州最高法院在判决案件时,因循建立在传统方法之上的先例,也会产生问题,因为这与制定法的法律选择政策相抵触。《统一商法典》第 1 章第 105 条第 1 款第 2 项规定,法典"适用于与本州有适当关联的交易"。这样,一个宣称遵循《第一次冲突法重述》的法院,就会无视立法机关对法院地法与灵活性的偏爱。如此一来,两种对立方法之间的关系便如剑拔弩张。在产品责任案件中,这种紧张关系尤为明显。因为如果诉讼系基于侵权或担保规则,那么,侵权行为地规则与《统一商法典》第 1 章第 105 条第 1 款便均有适用的可能。[717]

还有一部分州抛弃了《第一次冲突法重述》,转而采信《第二次冲突法重述》。[718] 当然,仅仅凭一州最高法院引用《第二次冲突法重述》的事实,尚难以知晓它在实践中会如何处置冲突法问题。选择适用这个折中性法典可能仅表明在用什么替代传统法律选择规则的问题上,法官们的意见不一,或者根本没考虑过这个问题。许多判决意见适用了最密切联系原则,但同时提及政府利益、政策以及影响法律选择的考虑,丝毫不顾这些措辞背后潜藏的观念冲

---

[716] 说明性案例参见 Paul. v. National Life, 352 S. E. 2d 550 (W. Va. 1986)。

[717] 有很多案例可以说明混乱普遍存在。See e. g., Westerman v. Sears Roebuck & Co., 577 F. 2d 873 (5th Cir. 1978)(侵权损害赔偿由侵权行为地支配,担保索赔适用法院地法); Bilancia v. General Motors Corp., 538 F. 2d 621 (4th Cir. 1976)(作为事故发生地所在州,法院地"有适当关联"); Morgan v. Mar-bel, Inc., 614 F. Supp. 438 (N. D. Ga. 1985)(关于合同利害关系的要求,由侵权地而非合同缔结地支配); Sellon v. General Motoers Corp., 571 F. Supp. 1094 (D. Del. 1983)(侵权之诉由侵权行为地支配,担保索赔由合同的法律选择规则支配; U. C. C. § 1-105(1)没有提及); Korzetz v. Amsted Indus., Inc. 472 F. Supp. 136(E. D. Mich. 1979)(产品责任自成一类;适用侵权行为地法)Cousins v. Instrument Flyers, Inc., 44 N. Y. 2d 698, 376 N. E. 2d 914, 405 N. Y. S. 2d 441 (1978)(没有阐述规则). Bernick v. Jurden, 306 N. C. 435, 293 S. E. 2d 405 (1982)(依据北卡莱罗那州《统一商法典》第 1 章第 105 条第 1 款,默示担保适用法院地的本地法)。See generally 3 L. FRUMER & M. FRIEDMAN, PRODUCTS LIABILITY § 11-02[4](1991)。

[718] Kay, supra note 635, at 556, 14 个州在此范围。

突,这凸显明确指向的缺失。[719] 不过,判例法虽少有协调,其中趋势却至为明显:当法院援用《第二次冲突法重述》时,侵权案件中原告的胜诉几率会大于以《第一次冲突法重述》为依据,因为弹性方法通常可以与法官追求公正结果的自然倾向相契合。[720]

有很多案例都遇到了巴布考克诉杰克逊案所提出的问题,即在外州发生的交通事故,若涉及本州居民,是否应适用该外州的乘客法则。[721] 法院不情愿仅以乘客法则缺失合理政策为由,就得出不予适用的结论,它们不过是保险公司成功游说的结果[722];

---

[719] See e. g., Grant v. Bill Walker Pontiac-GMC, Inc., 523 F. 2d 1301 (6th Cir. 1975); Melville v. American Home Assurancde Co., 443 F. Supp. 1064 (E. D. Pa. 1977)(长篇累牍的解释了宾夕法尼亚法),rev'd,584 F. 2d 1306 (3d Cir. 1978); Mentry v. Smith, 18 Wash. App. 668, 571 P. 2d 589 (1977)(华盛顿法)See generally Kay, supra note 635, at 557—558, 561—562, 572—578。

[720] 巴布考克诉杰克逊案(Babcock v. Jackson)以传统冲突规则会产生"不当与异常的结果"为由,摈弃了侵权行为地法。12 N. Y. 2d 473, at 479, 484, 191 N. E. 2d 279, at 282, 286, 240 N. Y. S. 2d 743, at 747, 751. 自此以后,转向《第二次冲突法重述》的法院已强调采用弹性方法的必要性,以避免看似中立、公允的法律选择规则导致的苛刻结果。See e. g., Griffith v. United Air Lines, Inc., 416 pa. 13, 203 A. 2d 796, 801 (1964); Gutierrez v. Collins, 583 S. W. 2d 312, 317 (Tex. 1979)。

[721] 3 个过失致死的案例除外。(Miller v. Miller, 22 N. Y. 2d 12, 237 N. E. 2d 877, 290 N. Y. S. 2d 734 (1968); Farber v. Smolack, 20 N. Y. 2d 198, 229 N. E. 2d 36, 282 N. Y. S. 2d 248 (1967); Long v. Pan Am. World Airways, Inc., 16 N. Y. 2d 796, 266 N. Y. S. 2d 513 (1965),从巴布考克案到诺伊迈尔诉屈纳案,纽约终审上诉法院作出所有侵权法律选择的判决都涉及外国乘客法则问题。

[722] See W. KEETON, D. DOBBS, R. KEETON & D. OWEN, PROSSER AND KEETON ON TORTS 186—187 (5th ed. 1984 & Supp. 19880 [以下称 PROSSER AND KEETON]在冲突法案件中,法官对乘客法则的明确责难参见 Clark v. Clark, 107 N. H. 351, 356—357, 222 A. 2d 205, 209—210(1966)。
有数个州的最高法院裁定这样的制定法违宪。See e. g., Brown v. Merlo, 8 Cal. 3d 855, 506 P. 2d 212, 106 Cal. Rptr. 388 (1973); Hery v. Bauder, 213 Kan. 751, 518 P2d 362 (1974). 在希尔诉加纳案中,争讼事项一直上诉到美国联邦最高法院。Hill v. Garner 434 U. S. 989(1977). 联邦最高法院驳回了案件,原因是实质性缺乏联邦问题。怀特法官与布莱南法官持不同意见,反对驳回案件。他们指出,这个事项频繁出现,州法院对之作出的判决存在冲突,而且该事项在最近三个开庭期,三次呈于联邦最高法院。

与此相似，法院拒绝适用姐妹州的夫妻间侵权豁免规则[723]，是因为在实际适用中，这条普通法规则与乘客法则的目的大同小异，即阻止乘客起诉有疏忽的司机。另外，还有其他一些案例，如希尔贝里(Kilberg)案与赖克案，涉及外州限制过失致死的赔偿数额。这些例证表明，美国冲突法处于混乱之中的真正原因是，法院不愿适用事故发生地所在州的低标准的侵权法律规则。[724]

《第二次冲突法重述》并不会始终对原告有利。多边主义方法，不论是硬性规则，还是采取较为柔性的自体法形式，都有内在倾向，使索赔性诉讼败诉。[725] 至少从理论上讲，《第二次冲突法重述》确实主张中立、客观的法律选择。正是这个原因使然，它无法保证合理的实体结果。此外，即使是诸如"最密切联系"这样模糊不定的公式，也能被硬化成法律规则。一旦法院裁定哪个州有这种联系，基于相似事实适用相同评定的模式，令人不悦的后果会因此产生，如此，在以后的案子中，它就有被束缚的感觉。[726]这也许可以解释为什么很多法院更愿意将《第二次冲突法重述》的规则与利益分析糅合在一起。法律印象主义与单边主义相结

---

[723] *See, e.g.*, Balts v. Balts, 273 Minn. 419, 142 N. W. 2d 66 (1966); Wartell v. Formusa, 34 Ill. 2d 57, 213 N. E. 2d 544 (1966).

[724] 侵权实体法的演进证实了这一价值判断。到当前，"乘客法则已经在美国销声匿迹"。R. WEINTRAUB, *supra* note 315, at 294. 裁定乘客法则违反宪法或废除之的州的名单 *See.* Id. n.44 & 1991 Supp. 64; *See also* PROSSER AND KEETON, *supra* note 721, at 216—217. 夫妻间侵权豁免规则也是正在消失，*see id.* at 901—910, 关于不当致人死亡赔偿数额的限制规定也是如此。See 1 S. SPEISER, RECOVERY FOR WRONGFUL DEATH(2d ed. 1975 & Supp. 1988).

[725] *See e. g.*, Watts v. Pioneer Corn Co., Inc., 342 F. 2d 617 (7th Cir. 1965); Ingersoll v. Klein, 46 Ill. 2d 42, 262 N. E. 2d 593 (1970). 在英格索尔(Ingersoll)案以及其他几个案子中，被告而非原告敦促法院推翻侵权行为地法规则，而采用《第二次冲突法重述》方法。放弃产生不良后果的冲突规则，用新的方法替代之，产生的效果好不到哪里去，州最高法院因此不愿意做改变，这也许可以解释在一些判例中，州最高法院为什么拒绝放弃损害发生地规则。*See. e. g.*, Gibson v. Fullin, 172 Conn. 407, 374 A. 2d 1061(1977); Friday v. Smoot, 58 Del. 488, 211 A. 2d 594 (1965).

[726] *See, e. g.*, Dym v. Gordon, 16 N. Y. 2d 120, 209 N. E. 2d 792, 262 N. Y. S. 2d 463 (1965); Cipolla v. Shaposka, 439 Pa. 563, 267 A. 2d 854 (1970).

合所产生的"返家"趋势,比单单《第二次冲突法重述》所产生的趋势要强烈得多。[727] 因此,这种折中主义所达到的目的,便与公共政策殊路同归:确保所适用的法律符合法院地标准。

还有少数几个州在冲突法实践中采用了莱弗拉尔的学说[728],它们对结果导向的贯彻更加坚决。对于他提出的影响选择的五点考虑[729],法院在侵权案件中倾向拒绝考虑前三点(结果的可预见性、维持州际秩序与国际秩序,以及司法任务的简单化),因为这三点关系不大。[730] 而后两点考虑(促进法院地的政府利益[731]、适用更优的法律规则),通常会促成相同的结果。由于侵权案件的受害者很可能会选择在一个实体法能支持其索赔的州法院起诉,结果选择与法院地优先往往会指向同一方向。[732] 原告在一个适用法律将对其不利的法域起诉的情况颇为罕见;只有在这些

---

[727] See, e. g., Suchomajcz v. Hummel Chem. Co., 524 F. 2d 19 (3d Cir. 1975)(宾夕法尼亚的法律选择);Pevoski v. Pevoski, 371 Mass. 358, 358 N. E. 2d 416 (1976); Johnson v. Spider Staging Corp., 87 Wash. 2d 577, 555 P. 2d 997 (1976).

[728] See Wallis v. Mrs. Smith's Pie Co., 261 Ark. 622, 550 S. W. 2d 453 (1977); Milkovich v. Saari, 295 Minn. 155, 203 N. W. 2d 408 (1973); Clark v. Clark, 107 N. H. 351, 222 A. 2d 205 (1966); Woodward v. Stewart, 104 R. I. 290, 243 A 2d 917, cert. dismissed, 293 U. S. 967(1968); Heath v. Zellmer, 35 Wis 2d 578, 151 N. W. 2d 664 (1967); see also Peters v. Perters, 63 Haw. 653, 634 P. 2d 586 (1981); Travenol Laboratories, Inc. v. Zota, Ltd., 394 Mass. 95, 474 N. E. 2d 1070 (1985)(合同的法律选择);Mitchell v. Craft, 211 So. 2d 509 (Miss. 1968); Green Giant Co. v. Superior Court, 104 P. R. Dec. 489 (1975) 依据凯教授的统计,只有明尼苏达州、新罕布什尔州以及威斯康星州在实践中不折不扣地采用了莱弗拉尔(Leflar)的5点考虑。Kay, supra note 635, at 564—568, 573—574, 577—578.

[729] 莱弗拉尔的列表 see supra note 663.

[730] See, e. g., Clark v. Clark, 107 N. H. 351, 222 A. 2d 205 (1966); Schwartz v. Consol. Freightways Corp., 300 Minn. 487, 221 N. W. 2d 665 (1974), appeal after remand, 306 Minn. 564, 237 N. W. 2d 385 (1975), cert. denied, 425 U. S. 959 (1976); Brown v. Church of the Holy Name of Jesus, 105 R. I. 322, 252 A. 2d 176 (1969); see also Kay, supra note 635, at 569.

[731] 莱弗拉尔主张的政府利益的概念与柯里的不尽相同。See R. LEFLAR, L. MC-DOUGAL III& R. FELIX, supra note 427, 295—297.

[732] See, e. g., Milkovich v. Saari, 295 Minn. 155, 203 N. W. 2d 408(1973); Conklin v. Horner, 38 Wis. 2d 468, 157 N. W. 2d 579(1968).

罕见的情况下,法院才会或牺牲目的以成就政府利益[733],或牺牲本地政策成就结果选择。[734] 当然,一州的最高法院要解决这一两难状况,不过拱手之易:如果法院确实认为某外国规则优于本地规则,它抓住机会改革本地法即可。[735]

---

[733] 在马奎尔诉埃克塞 & 汉普顿(Maguire v. Exeter & Hampton Elec. co.)案中,114 N. H. 589, 325 A. 2d 778(1974),新罕布什尔州最高法院适用了本州对过失致死赔偿数额的限制规定,尽管法院承认,这种最高限额的规定"是现代河流中的一潭死水。"Id. at 592, 325 A. 2d at 780. A federal case, Satchwill v. Vollrath Co., 293 F. Supp. 533 (E. D. Wis. 1968),与前案的判决意见完全相同。See also Thayer v. Perni Corp., 303 F. Supp. 683 (D. R. I. 1969).

[734] Gravina v. Brunswick Corp., 238 F. Supp. 1 (D. R. I. 1972)(伊利诺依州法优于罗德岛法,后者没有认可隐私权);Schlemmer v. Fireman's Fund Ins. Co., 292 Ark. 344, 730 S. W. 2d 217 (1987)(本地的乘客法则"不公且已过时");Bigelow v. Halloran, 313 N. W. 2d 10 (Minn. 1981)(外国允许国际侵权遗存诉因的法则,优于明尼苏达州的诉因消失规则);cf. Remingda v. United States, 448 F. Supp. 445 (W. D. Mich. 1978)(威斯康星州的影响选择的考虑指向密歇根州法,而非威斯康星州关于过失致死赔偿数额的限制规定)。aff'd 631 F. 2d 449 (6th Citr. 1980);Standal v. Armstrong Cork Co., 356 N. W. 2d 380 (Minn. App. 1984)(没有分别讨论法院地法与外国法的优点,就适用了宾夕法尼亚关于公司继承人责任的更为进步的法律规则);Spherex, Inc. v. Alexander Grant & Co., 122 N. H. 898, 451 A 2d 1308 (1982)(选择将新罕布什尔州关于会计对第三方当事人的责任的法律与更加现代的宾夕法尼亚法相协调)。

州最高法院判例中的附带意见(Dicta)采用了莱弗拉尔方法,这表明,不论是存在于本地法,还是外国法中,更优法律规则都会被适用。See, e. g., Clark v. Clark, 107 N. H. 351, 222 A. 2d 205, 209 (1966);Zelinger v. State Sand & Gravel Co., 38 Wis 2d 98, 113, 156 N. W. 2d 466, 473 (1968). 这些附带意见与莱弗拉尔的学说是一致的,莱弗拉尔并不强调政府利益的重要性,同时批驳了"从法院地优先的原则撤退是毫无道理的"。See R. LEFLAR, L. MCDOUGAL III& R. FELIX, supra note at 295. 尽管莱弗拉尔影响选择的考虑,其合理性尚值得推敲,但法院若遵循之,有时会适用外国法。See LaBOuty v. American Ins. Co., 122 N. H. 738, 451 A. 2d 161 (1982)(姐妹州劳工赔偿法案的规定阻止对工友提起诉讼);Busby v. Perini Corp., 110 R. I. 49, 290 A. 2d 210 (1972)(依据马萨诸塞州的劳工赔偿法,雇主享有豁免权);Lichter v. Fritsch, 77 Wis. 2d 178, 252 N. W. 2d 360 (1977)(依据伊利诺依州法,将钥匙留在无人看管的汽车的点火开关里,这一行为本身就构成疏忽);Hunker v. Royal Indem. Co 57 Wis2 d 588, 204 NW2 的 897 (1973)(依据俄亥俄州的劳工赔偿法案,工友享有豁免权)。

[735] Spherex, Inc. v. Alexander Grant & Co., 122 N. H. 898, 451 A. 2d 1308 (1982).

6. 对"革命"的反应

在美国,冲突法革命以摧古拉朽之势,将经典理论从法院与学校中驱逐出去。新颖的方法纷繁多样,软化、主观的多边主义、基于利益分析的单边主义,外加少许的目的论构成其基本元素。这些新方法代替了比尔的多边主义体系。今天,"利益"、"政策"、"最密切联系"已然成为美国冲突法词汇不可分割的重要部分。革命固然已取得显著成果,但尚未达到人皆信服的程度。尽管总体而言,新理论已基本被接受,但仍有许多美国法官与学者,基于各种原因,对当代学理的发展趋势持批评态度。

(a) 美国法官

在纽约州最高法院开始尝试新方法后不久,该法院的一个法官就在一份少数意见中,作出如下评论:

> "联系"、"利益"、"重力中心"等词汇不过是为适应时代变化而打出的标语,它们所代表的至多是为创建新的法律规则所要进行的考虑,而非裁判的方法或基础。合计出"联系",或找到"重力中心"的位置,或在两个州的"利益"间作出权衡,永远不能成为裁判实际诉讼的理想方法。……[736]

等到富德,即在巴布考克案中作出里程碑式判决意见的法官,成为首席法官(Chief Judge)时,他已经对标新立异的法理学感到厌倦。在图克诉洛佩斯案中,他在同意意见中指出:"我们需要制订准则,以尽量缩小所谓的个案特别法(*ad hoc* case-by-case

---

[736] Dym v. Gordon, 16 N. Y. 2d 120, 135, 209 N. E. 2d 792, 801, 262 N. Y. S. 2d 463, 475 (1965) (Desmond, C. J., dissenting).

approach），现在已经到时候了……"[737]诺伊迈尔诉屈纳案[738]是他裁判的最后一个冲突法案例，在这份判决意见中，他对法律选择规则已经产生了深度信任，并不再对以利益为中心的分析抱有幻想。富德对纽约冲突法"革命"的总结颇有些变节者的味道：

> 古老的损害地规则具有很好的确定性，而通过适用与具体事项最有关切或利益的法域的法律，容易达到更公正、公平及实际的结果。我们为追求后者，对牺牲前者在所不惜，甚至乐此不疲。……结果是……我们的判决……必须承认，缺乏连贯性。
>
> 丝毫没有理由认为，法律选择规则……要确保可预见性和统一性，就无法顺利发展……"[739]

在诺伊迈尔诉屈纳案中，布赖特尔法官（Judge Breitel）在同意意见中指出：

> （与）新的背离……相伴的是各种理念的先所未有的竞争，这些理念大部分都有学术渊源……
>
> 显然，各州关注不仅是其本州公民或居民，也包括发生在其境内的事件，它们还对"大门之内的陌生人"也颇为关切。[740]

尽管纽约州的判例法最缺乏连贯性，但是，质疑之声并不限于此州。其他地方也有许多法官对各种新方法持有异议。譬如，俄勒冈州最高法院的一位法官就公开批评采用政府利益分析说。他指出，采纳此说是一种倒退，会导致法律的割裂。[741]在随后的一个案例中，他的一位同事将政策与利益的分析比喻为"用弓箭进行的飞碟射击：直接命中目标，即便不是纯粹的运气，也是罕见

---

[737] 24 N. Y. 2d 569, 584, 249 N. E. 2d 394, 403, 301 N. Y. S. 2d 519, 532 (1969).
[738] 31 N. Y. 2d 121, 286 N. E. 2d 454, 335 N. Y. S. 2d 64(1972).
[739] *Id.* at 127, 286 N. E. 2d at 457, 335 N. Y. S. 2d at 69.
[740] *Id.* at 130—131, 286 N. E. 2d at 459—460, 335 N. Y. S. 2d at 72—73.
[741] Lilienthal v. Kaufman, 239 Or. 1, 25, 395 P. 2d 543, 553 (1964) (Goodwin, J., dissenting).

之事。"[742] 第 9 巡回上诉法院抱怨的俄勒冈的法律"提供了一个经典例证,法院时有陷于荒野之感,苦苦追索,以求解决司法梦魇中的难题,而这场梦魇即为冲突法"[743]。

直到近期,加利福尼亚州的冲突法还一直被视为比纽约州的更平静与连贯,尽管如此,该州冲突法仍引起了司法实务界的不满。一位联邦地区法官发现,"该领域判例所用的语言……相当令人费解"。[744] 审理巴黎空难案的皮尔逊·阿尔法官(Judge Pierson Hall)所用言辞更加激烈,他指出:"各州及联邦法院的'法律选择'法,完全是一片热带林莽,在这里,如果说能找到什么法则的话,决非'诉讼规则',而是混乱当道……"[745] 考虑到各种新方法所需要耗费的智力,这些埋怨可资理解。有一位宾夕法尼亚的联邦法官两度尝试[746],花了 31 页纸[747],外加一份索引[748],才对宾夕法尼亚的法律选择案件作出分析,然而,结果是他的"学理性意见"[749]在上诉时被推翻。

冲突法的新学说纷繁多样,不胜枚举。西弗吉尼亚最高法院在保罗诉国民人寿(*Paul v. National Life*)[750]案中的抱怨言辞中肯,让人同情之心油生:"冲突法成了名副其实的围栏,将司法决策者困于其中"[751],"法院身陷囹圄,受制于笨重而烦琐的冲突法体系,导致的结果是困顿、不确定与不协调以及司法任务的复杂化。"[752] 这样一来,尼利法官(Judge Neeley)法官在判决意见中说

[742] Fisher v. Huck, 50 Or. App. 635, 639, 624 P. 2d 177, 178, *appeal dismissed*, 291 Or. 566, 632 P. 2d 1260 (1981).
[743] Forsyth v. Cessna Aircraft Co. , 520 F. 2d 608, 609 (9th Cir. 1975).
[744] Camp v. Forwarders Transp. , Inc. , 537 F. Supp. 636, 638 (C. D. Cal. 1982).
[745] *Paris Air Crash*, 399 F. Supp. at 739.
[746] See id. at 1069, 1077, 1097.
[747] Melville v. American Home Assurance Co. , 443 F. Supp. 1064, 1076—1107 (E. D. Pa. 1977), rev'd, 584 F. 2d 1306(3D Cir. 1978).
[748] 443 F. Supp. at 1068.
[749] 584 F. 2d at 1307.
[750] 352 S. E. 2d 550(W. Va. 1986).
[751] Id. at 551.
[752] Id. at 553.

服他的同事坚守侵权行为地规则,就不足为奇了。[753] 不过,尼利法官认为,公共政策保留应该排除外国制定法的适用,而在所有法官中,同意他的这个观点的人只有一位。尼利法官承认他是在适用逃避工具,他的补充道:"如果我们操纵冲突法理论的目的是追求实体结果,那么,最好用我们自己理解的东西来操纵。"此言颇具哲学深意。[754]

(b) 美国学者

西弗吉尼亚最高法院呼吁重新回归经典冲突法理论,尽管同意此观点的美国学者为数寥寥,但是,确实有部分学者批评新近趋势,尤其诟病本位主义的利益分析学派。在柯里的学说风靡之前很久,埃德加·博登海默(Edgar Bodenheimer)就曾警告:

> 各州多务实,不易受外界影响,从各州出发探究冲突法的根基……从逻辑上说将导致法律虚无主义:各州会将任何制定法都视为本州公共政策的表现,亦为主权意志的体现。在本州领域内,主权至高无上,因此,本州制定法有权在所有案件中派他性适用。[755]

随后,布里尔迈尔(Brilmayer)指出,柯里的方法亦属形而上,深奥难懂,与比尔的既得权说难分轩轾。[756] 她将利益分析说定

---

[753] But see Oakes v. Oxygen Therapy Servs., 363 S. E. 2d 130 (W. Va. 1987)(适用了《第二次冲突法重述》的"混乱标准")。

[754] *Paul*, 352 S. E. 2d at 556.

[755] Bodenheimer, *The Public Policy Exception in Private International Law : A Reappraisal in the Light of Legal Philosophy*, 12 SEMINAR 51, 63—64 (1954); (emphasis in original). *See also* Bodenheimer, *The Need for a Reorientation in American Conflicts Law*, in INTERNATIONAL LAW AND ECONOMIC ORDER (FESTSCHRIFT MANN) 123, 129 (1977), *reprinted in* 29 HASTINGS L. J. 731, 737—738 (1978).

[756] Brilmayer, *Interest Analysis and the Myth of Legislative Intent*, 78 MICH. L. REV. 392 (1980). But see L. BRILMAYER, CONFLICT OF LAWS; FOUNDATIONS AND FUTURE DIRECTIONS (1991) 文中,作者提出了自己的观点,其方法与利益分析说惊人相似。最近的批评性评论参见 Borchers, *Professor Brilmayer and the Holy Grail*, 1991 WISC. L. REV. 465; MAIER, *Baseball and Chicken Salad : A Realistic Look at Choice of Law*, 44 Vand. L. REV. 827 (1991)。

性为"狭隘、不可预见与混乱不堪的学说"[757]——这一观点与美国一篇重要冲突法论文的作者不谋而合[758]——她指出,柯里的方法看似公允,但实际上包含了不少未予言明的偏见[759]:偏袒原告[760]、歧视非本州居民。[761] 冲突法革命的一个主要旗手[762]后来批驳了柯里的方法论假定。卡弗斯(Cavers)认为,本州居民至上的思想更适合部落法律体系,而非美国普遍施行的法律体系[763],并抨击道:"'利益'这一术语散发出大量的误导性气息。"[764]

州的政策与利益构成冲突法的核心,这一观念已经受到不少学者的诘问。罗森伯格(Rosenberg)对能否从每条法律规则中辨别出清晰的目的深表怀疑,因为许多法律规则是相互冲突的政策考量相互妥协的结果。[765] 英特马(Yntema)相信,"专断性的主张国家利益……与冲突法关系甚微"。[766] 他对通过计算政府利益来解决法律冲突的提议颇有微词,将之诟病为"含混不清、刚愎自

---

[757] Brilmayer, *supra* note 756, at 392, 401, 430.
[758] E. SCOLES & P. HAY, *supra* note 289, at 19—20. *see also id.* at 16(谴责了柯里的虚无主义观点)。
[759] Brilmayer, *supra* note 756, at 398—399.
[760] *Id.*
[761] 此外,对一方当事人争讼交易完成后改变其住所的情况,布里尔迈尔指出,由于柯里偏好属人法,便会产生棘手问题。*See id.* at 410—411.
　　由于存在歧视性特征,属人法优先的合宪性问题已经受到置疑。*See* Ely, *Choice of Law and the State's Interest in Protecting Its Own*, 23 WM. & MARY L. REV. 173 (1981). 埃利(Ely)还指责柯里使用了操纵性技术。*See* Ely, *Choice of Law and the State's Interest in Protecting Its Own*, 23 WM. & MARY L. REV. 173 (1981)
[762] *See supra* note 614 and accompanying text.
[763] D. CAVERS, *supra* note 57, at 161 n.29.
[764] *Id.* at 100.
[765] 即便是简单的法律规则……也是许多种政策考量相互碰撞的结果……将各种格格不入的考量糅合成一种方向单一的政策,且该政策具有客观的强度,以至于可以在它与其他不同的政策之间作出泾渭分明的区别,在我看来,这完全是幻想。
　　Rosenberg, Two Views on Kell v. Henderson, An Opinion for the New York Court of Appeals, 67 COLUM. L. REV. 459, 464 (1967).
[766] Yntema, *supra* note 629, at 733.

用的观点,表明制定法律旨在为官僚制度服务。"[767] 莱茵施泰因（Rheinstein）认为,要求法官确定外域法律制度的利益,在实践上不具可行性。他进一步指出,在审理国际案件时,专家甚至对外域现行法律规则的内容都无法达成共识,更不用说隐藏在这些规则之下的政策了。法院依其自己对外域政策的主观印象就作出判决,这必然是"不切实际与不可靠的。"[768] 莱弗拉尔将通过解释（construction）来确定政策及利益的尝试讥讽为一个伪解释性过程（pseudo-interpretive process）[769],这个过程会招致人为性操纵,因为"有些原因（通常为数不少）可以被用于支持几乎任何法律规则。"[770]

有些学者虽然同意分析州的利益与政策,但他们批评柯里置其他制衡性考量（如判决结果的一致[771]、可预见性、州际秩序以及正义等）于不顾。[772] 冯·梅伦（Von Mehren）[773]与里斯（Reese）[774]一样,对当代思潮表现出的本国至上主义及无视多州政策的特征深表痛惜。另有一部分学者为数更多,他们反对用含混不清的方法来替代法律选择规则。借用依罗森伯格之语:新浪

---

[767] Yntema, *Basic Issues in Conflicts Law*, 12 AM. J. COMP. L. 474, 482 (1963).
[768] Rheinstein, supra note 93, at 633.
[769] R. LEFLAR, L. MCDOUGALL Ⅲ & R. FELIX, supra note 427, at 273. See also id. at 267, 275
[770] Id. at 295.
[771] Hill, *Governmental Interest and the Conflict of Laws—A Reply to Professor Currie*, 27 U. CHI. L. REV. 463, 486—502 (1960).希尔教授的文章是一个很激烈的回复。See Currie, *The Verdict of Quiescent Years: Mr. Hill and the Conflcit of Laws*, 28 U. CHI, L. REV. 258 (1961), reprinted in B. CURRIE, supra note 93, at 584.
[772] See R. LEFLAR, L. MCDOUGAL Ⅲ & R. FELIX, supra note 427, at 269.
[773] See von Mehren, *Recent Trends in Choice-of-Law Methodology*, 60 CORNELL L. REV. 927, 938—939 (1975); von Mehren, *Special Substantive Rules for Multistate Problems: Their Role and Significance in Contemporary Choice of Law Methodology*, 88 HARV. L. REV 347 (1974).
[774] Reese, *American Trends in Private International Law: Academic and Judicial Manipulation of Choice of Law Rules in Tort Cases*, 33 VAND. L. REV. 717, 721—722 (1980).

潮派(nouvelle vague)*的"三维棋局"[775]可能迎合了"专注于展示其法学功底"的学者们[776],但是,对于事务繁忙的法院和律师而言,它们太复杂;对于建立因循先例基础上的法律制度而言,它们不适合。[777] 他对个案灵活裁判(ad hoc decision-making)的指摘,亦得到广泛支持。[778] 早在1957年,英特马就告诫道:"自由法"(free-law)技术一方面将"冲突法推向动力十足的智力前沿,令人心潮澎湃"[779],另一方面,面对身心俱疲的律师与不堪重负的法院,该技术"却未能阐明适宜的系统性指导原则"[780]。

概言之,冲突法革命——尤其是以法院地为中心的"政府"利益分析——并没有得到美国冲突法学者的一致支持。有些学者曾力倡推翻传统方法,现在却为革命的过火而忧心忡忡,不再沉迷其中。有几位学者相信,美国宪法应当在美国冲突法中扮演更为重要的角色。现在,他们也加入警醒的行列之中。西贝曼(Silberman)指出,美国最高法院对管辖权事项审查严格,但对法律选择采取放任态度,此中矛盾显而易见。[781] 她呼吁最高法院加强监控,这彰显她对过度倚赖"家乡正义"(hometown justice)[782]以

---

* 新浪潮派(nouvelle vague)原指20世纪50年代末在法国产生的现代电影艺术流派,其创作特点也可泛用于其他领域。——译者注

[775] Rosenberg, *supra* note 3, at 641, 644.
[776] *Id.*
[777] "依据对利益的临时权衡而作出一个判决后,因循先例原则要求它在相似案件中予以适用,因而将之变成规则。因此,试图甩掉法律选择规则,好比甩回飞镖。" *Rosenberg*, *supra* note 765, at 464.
[778] *See*, *e. g.*, D. CAVERS, *supra* note 57, at 113; Ely, *supra* note 761, at 212—213; Reese, *supra* note 674.
[779] Yntema, *supra* note 629, at 727.
[780] *Id.* at 728.
[781] *See* Silberman, *Shaffer v. Heitner*: *The End of an Era*, 53 N. Y. U. L. REV. 33, 70—71 (1978); Lowenfeld & Silberman, *Choice of Law and the Supreme Court*: *A Dialogue Inspired by* Allstate Insurance Co. v. Hague, 14 U. C. DAVIS L. REV. 841, 850—852 (1981).
[782] Silberman, *Can the State of Minnesota Bind the Nation? Federal Choice-of-Law Constraints After* Allstate Insurance Co. v. Hague, 10 HOFSTRA L. REV. 103 109 (1981).

及在原告是本地居民时,狭隘强调法院地利益的担忧。[783] 马丁(Martin)[784]、里斯[785],以及其他一些学者[786]也表达了相同顾虑,希望最高法院将来作出一定限制,以钳制州法院享有的法律选择自由权。与此类似,还有一种呼声,要求实现更大限度的"冲突法正义"[787],并尊重姐妹州的主权。[788] 事实上,有一位学者甚至建议重新采纳萨维尼的"本座说"原则。[789] 显然,在美国,对不受形式约束的分析说的担忧正与日俱增,与此同时,美国冲突法也已深陷危机之中。

(c) 外国观察家

大多数欧洲学者也认为,当代美国冲突法潮流已误入歧途。早在1964年,当"革命"刚刚开始被司法实践接受时,凯热尔就对美国法学家的观点表示强烈反对。他撰写了一本国际私法总论专著,名为"冲突法的危机"。[790] 书中,他对现代美国理论,尤其是柯里与艾伦茨威格的学说作了描述与批评。自那以后,陆续有

---

[783] Id. at 110.
[784] Martin, The Constitution and Legislative Jurisdiction, 10 HOFSTRA L. REV. 133, 147—148 (1981).
[785] Reese, The Hague Case: An Opportunity Lost, 10 HOFSTRA L. REV. 195, 201—202 (1981).
[786] See, e. g., Hay, Full Faith and Credit and Federalism in Choice of Law, 34 MERCER L. REV. 709, 722,727—729 (1981); Kirgis, A Wishful Thinker's Rehearing in the Hague Case, 10 HOFSTRA L. REV. 1059, 1070—1071 (1982); von Mehren & Trautman, Constitutional Control of Choice of Law: Some Reflections on Hague, 10 HOFSTRA L. REV. 35, 48—51, 56—57 (1981).
[787] See E. SCOLES & P. HAY, supra note 289, at 33 n.4; Korn, supra note 696, at 777, 959.
[788] Twerski, On Territoriality and sovereignty: System Shock and Constitutional Choice of Law, 10 HOFSTRA L. REV. 149, 168 (1981).
[789] Davies, A Legislator's Look at Hague and Choice of Law, 10 HOFSTRA L. REV. 171, 192—193 (1981).
[790] 112 COLLECTED COURSES 91 (1964-Ⅱ).

来自比利时[791]、法国[792]、希腊[793]、英格兰[794]、意大利[795]、瑞士[796],以及委内瑞拉[796a]的学者莅临海牙演讲,对美国方法进行了批评。此外,欧洲还出版了为数不少的专著[797]、论文[798]和书评[799],专门探讨美国冲突法革命[800]。这些著述虽有时施以同情,但莫不以怀疑态度对之。其中,大多数著述和美国法院与学者的意见一致,对无原则的个案灵活裁判表示不满,认为这会鼓励挑选法院并降低可预见性。[801]

[791] Van Hecke, *supra* note 353, *passim*.
[792] Audit, *supra* note 329, *passim*, Lagarde, *supra* note 329, *passim*. Loussouarn, *supra* note 70, at 338—348, 363—368.
[793] Evrigenis, *supra* note 96, at 324—394.
[794] Kahn-Freund, *supra* note 263, at 260—269; Lipstein, *supra* note 93, at 144—166; *cf*. North, *supra* note 380, at 23—24.
[795] De Nova, *supra* note 213, at 591—610; Vitta, *supra* note 62, at 147—187.
[796] Lalive, *supra* note 329, at 185—221, 253—257, 326—370.
[796a] Parra-Aranguren, *supra* note 545, at 159—182; de Maekelt, *supra* note 188, at 249—251.
[797] See, *e. g*., T. de Boer, *supra* note 333; B. HANOTIAU, LE DROIT INTERNATIONAL PRIVÉ AMÉRICAIN (1979); C. JOERGES, *supra* note 297; M. MÜHL, DIE LEHRE VOM "BESSEREN" UND "GÜNSTIGEREN" RECHT IM INTERNATIONALEN PRIVATRECHT (1982); A. SHAPIRA, THE INTEREST APPROACH TO CHOICE OF LAW (1970).
[798] See, *e. g*., Heini, *Neuere Strömungen im amerikanischen internationalen Privatrecht*, 19 SCHWEIZERISCHES JAHRBUCH FÜR INTERNATIONALES RECHT 31 (1962); Jayme, *Zur Krise des "Governmental-Interest Approach*," in FESTSCHRIFT KEGEL 359 (1977); Kegel, *supra* note 333, at 551; Ruiz, *Interest-Oriented Analysis Approach to International Conflict of Laws: The American Experience*, 23 NETH. INT'L L. REV. 5 (1976); Siehr, *supra* note 669.
[799] See, *e. g*., Carillo Salcedo, Book Review, 18 REVISTA ESPAÑOLA DE DERECHO INTERNACIONAL PRIVADO (279) (1965); Evrigenis, Book Review, 18 REVUE HELIÉNIQUE DE DROIT INTERNATIONAL 471 (1965); Foyer, Book Review, 21 REVUE INTERNATIONALE DE DROIT COMPARÉ 650 (1969); Heini, *Eine neue Methode im internationalen Privatrecht? Zum Buch von David Cavers: The Choice of Law Process*, 86-I ZEITSCHRIFT FÜR SCHWEIZERISCHES RECHT 265 (1967); Jessurun d'Oliveira Book Review, 19 NEDERLANDS TIJDSCHRIFT VOOR INTERNATIONAL 118 (1968); Vischer, *supra* note 327.
[800] See generally Colloquium, *The Influence of Modern American Conflicts Theories on European Law*, 30 AM. J. COMP. L. 1 (1982).
[801] For a good summary of European criticism see Vitta, *supra* note 96, at 3—6. For a response to the critics see Kay, *supra* note [641], at 79—167.

外国观察家谙熟经典传统理论,倾向于将"冲突法正义"当作我们这个学科的主要目标。虽然有一些观察家对美国学者的智力性贡献表示出一定程度的钦佩[802],但总体而言,欧洲人认为革命者提出的新奇学理无法掌控,因而予以拒绝。他们至多承认,这些新颖的方法也许对美国适合,因为可预见性在那里并不像在其他国家里那么重要;而且美国对法律选择方法的差异具有更大的容忍度,因为各州的实体法律实质上是统一的。[803] 概言之,外国冲突法学者对"混乱至极的美国判例法"[804]并无好感。甚至可以说,美国的混乱状态反而使人们重拾萨维尼追随者的信念,即对传统冲突法智慧的优越性深信不疑。另外,欧洲批评家还指出,当代美国冲突法的学理基础存在重大瑕疵。

7. 美国方法的学理缺陷

(a) 自体法方法

从历史与比较的角度来审视这场冲突法革命可以明显看出,当前风行美国的各种理论并非如某些倡导者所称的那么新颖。自体法方法可追溯到萨维尼对法律关系"本座"的假定,或用冯·吉尔克(von Gierke)的措辞是其"重力中心"。让我们作一扼要叙述[805]:韦斯特莱克在熟读萨维尼,尤其是这位德国法学家

---

[802] 用一位德国学者的话说:

新世界的学者们提出了具有洞见的学术见解、作出了不懈的努力与实践,对此,欧洲学者并没有充分利用……理论,长期以来被视为欧陆法学理论的突出特点,如今却变成美国的特权,至少对冲突法而言。

Siehr, *supra* note 457, at 71. *See also* Kegel, *supra* note 70, at 207, 263; Parra-Aranguren, *supra* note 545, at 180—182.

[803] J. KROPHOLLER, SUPRA note 280, at 74—75; Evrigenis, *supra* note 96, at 388; Vitta, *supra* note 96, at 6—7.

[804] H. NEUHAUS, *supra* note 8, at 39 n.112.

[805] *See supra* notes 394—403, 630—636 and accompanying text; *see also* Kahn-Freund, *supra* note 263, at 406—409; Siehr, *supra* note 457, at 40—41.

的本座理论后,创设出"最密切联系"这一术语。[806] 早在冲突法革命之前,吉尔克"重力中心"的措辞,就在美国判例中闪现[807],随后,在奥滕诉奥滕案中[808],纽约州终审上诉法院在合同的法律选择问题上,阐明了"最密切关联(most significant contacts)"标准。[809] 在巴布考克诉杰克逊案中,法院再次使用了自体法理念——只是对其中的名词作了调整——该理念遂成为《第二次冲突法重述》中的"最密切关系(most significant relationship)"。[810] 不管法院与学者使用什么样的措辞,萨维尼学说的核心概念与自体法方法间的联系依然清晰可辨。[811]

不过,萨维尼将"本座"仅仅当成一种隐喻,暗指为确立具体法律选择规则提供的指导准则[812];而自体法方法的倡导者却相信,这样一种比喻可以直接用于解决冲突法问题。他们认为,硬性法律选择方法积重难返,会导致不良外国法的适用,法官只有借助逃避工具方能避免之。如此,法官就陷入了或吞咽不良后果,或玩弄秘密装置的两难境界。鉴此,他们主张采用一种柔性的、灵活的多边主义种类。灵活、开放的规则留给法官自由裁量的余地,从而可能使法官跳出困局。自体法方法还使困扰硬性多边主义的一些难题化解于顷刻之间。例如,对所有法律选择问题

---

[806] See J. WESTLAKE, *supra* note 147, at 21.

[807] See Jansson v. Swedish Am. Line, 185 F. 2d 212, 218 (1st Cir. 1950); Rubin v. Irving Trust Co., 305 N. Y. 288, 305, 113 N. E. 2d 424, 431 (1953).

[808] 308 N. Y. 155, 124 N. E. 2d 99 (1954).

[809] *Id.* at 160, 124 N. E. 2d at 101—102.

[810] 以从巴布考克案为基础,《第二次冲突法重述》草案(1964年 No. 9)第379条第1款规定:"与事件及当事人有最密切联系的州的本地法决定侵权当事人的权利与义务。"如此,纽约州终审上诉法院与《第二次冲突法重述》就转而采纳了莫里斯倡导的侵权行为自体法。*See supra* note 630 and accompanying text. 一旦涵盖了合同与侵权领域,自体法方法在其他领域被适用,如财产与家庭关系领域,就是顺理成章的事了。*See* RESTATEMENT(SECOND) OF CONFLICT OF LAWS §§ 222, 283 (1971).

[811] E. SCOLES & P. HAY, *supra* note 289, at 37. *But cf.* J. KROPHOLLER, *supra* note 280, at 23; Lagarde, *supra* note 329, at 27, 29—31.

[812] *See supra* notes 243, 253—254 and accompanying text.

适用完全相同的准则,可以从根本上解决识别问题。反致问题亦化为乌有,因为与交易适用于与之有最密切关联的法域的法律,不论该法域的冲突法规则是否指向其他法律制度。

　　以此方式,自体法方法高举多边主义旗帜,使法院得以按常理裁判。尽管如此,仍可能会有人发出这样的疑问:从僵硬准则到无形规则的演化是否真能称其为进步? 萨维尼将其本座说称为"形式原则"[813],是因为他意识到该说过于含混,难以裁判具体案例。而像"最密切关系"或"最紧密关联"(the closest connection)如此主观[814]的公式,亦无二致。由于核心术语"密切"与"紧密"的含义无法定义,这样的准则在跨州案件中的指导作用实际上微乎其微。其结果必然是:自体法方法将减损判决结果的一致性;用非僵化性规则(nonrule)代替固定准则[815],以此软化[816]冲突法,恰恰会挫败多边主义所追求的目标。

　　更为糟糕的是,与其说自体法方法释明了法律选择问题,倒不如说它使之更加混沌。"本座"或"重力中心"这些暗喻不适宜用于跨越州界或国界的法律关系,其中道理浅显易见。[817] 实际上,将有形财产归属于无形的法律行为,这暴露了该方法的重大缺陷。所以,其提倡者敦促我们不必严格按照字面意思来理解这些比喻就不足为奇了。韦斯特莱克发现,有必要强调合同的法律选择取决于"实质性考虑"(substantial considerations)。[818] 为完善重力中心概念背后所掩藏的愚蠢的地域主义,《第二次冲突法重

---

[813] F. VON SAVIGNY, *supra* note 189, at 120, 121. *see also id.* at 205—206 (a "theoretical question").

[814] Loussouarn, *supra* note 70, at 338, 342.

[815] Kahn-Freund, *supra* note 263, at 410—411.

[816] Enrenzweig, *supra* note 577, at 381; Nadelmann, *Impressionism and Unification of Law—The EEC Draft Convention on the Law Applicable to Contractual and Non-Contractual Obligations*, 24 AM. J. COMP. L1, 10, 17, 19(1976).

[817] "就一个法律关系适用一个地域还是另一个地域的法律的问题而言,完全可能出现一下情况,一个法律关系并不专属于这些法域中的任何一个。" 1 C. VON BAR, *supra* note 175, at 77—78. *See also* David, *supra* note 409, §16.

[818] J. WESTLAKE, *supra* note 147, at 289.

述》在"关系"(relationship)一词前引入术语"密切的"(significant),加以修正。这一术语表明了一种以价值为导向的方法;"重述"第 6 条规定了法律选择所需要考虑的各种因素[819],与地域主义观念不同,它贯彻了最密切联系原则。许多条款参引第 6 条也表明以价值为导向的方法。当然,这种"完善"使地域主义所具有的些许可预见性荡然无存。用同样含糊的(如果不是矛盾的)[820]政策性考虑来赋予含糊的概念以内容,其结果必然使问题变本加厉。事实上,《第二次冲突法重述》的报告人也承认:

> 无法否认,"重述"的主要缺陷是其指导价值甚微。适当的评价是:这是一份过渡性法律文件。它制订于丕变与混乱时期,今后,法律选择将驶向何方,尚不得而知。[821]

职是之故,自体法方法试图通过软化规则来保持多边主义,这不能视为一种令人满意的法律选择方法。一段时间以前,一位英国学者曾说:"合同'自体法'的规则不仅没有解决问题,而且将问题搅得更加混乱。"[822]由于自体法方法已经扩展到法律选择的所有领域,它在合同语境下的难题亦随之蔓延。[823] 缺乏实质意义的术语是不能解决问题的,诸如"重力中心"或"最密切联系"这样的表述因其本身缺乏可确定的内容,故无法提供指导准则。[824]

自体法的倡导者殚精竭虑,试图用具体的连结点来代替空洞的公式,这种努力或许可以理解是为对僵硬的经典理论的反抗。

---

[819] See supra note 662.
[820] "至少这一款(第 6 条第 2 款)提到的一些因素将会指向不同方向,最简单的案子除外。" RESTATEMENT (SECOND) OF CONFLICT OF LAWS § 6 comment c (1971).
[821] Reese, supra note 774, at 734.
[822] Foster, Some Defects in the English Rules of Conflict of Laws, 1935 BRIT. Y. B. INT'L L. 84, 92.
[823] See supra notes 404—409 and accompanying text.
[824] David, supra note 409, § 16. "'重力中心'标准……从其核心措辞而言,它是灵活的。'最密切关联'缺乏可定义的内容,所以给司法留下自由裁量的空间。" R. LEFLARR, L. MCDOUGALL III & R. FELIX supra note 427, at 267.

有时,法律印象主义可以起到缓解剂的作用,但治标不治本,因为它没有直面根本问题,须知问题的症结在于多边主义假定,即法律选择所关注的是将法律关系地域化,而非实体价值。把地理置于正义之上,永远无法产生令人满意的法律选择体系。

(b) 利益分析

自体法方法受惠于萨维尼,而利益分析的滥觞则可以追溯到更加久远的时代。柯里意识到其理论新意不足,于是"不辞劳苦的寻找证据,以求证明其理论具有悠久的历史根基"[825]。由于缺乏以比较的视角来审视问题的敏锐度,柯里误读了凯姆斯(Kames)勋爵《衡平原理》(*Principles of Equity*)中的一段话[826]。基于此误读,他认定其方法可上溯到凯姆斯勋爵。然而,柯里实际上无心重复了注释法学家对"臣民受制于国法"的冥思——法则如何能管束非本邦臣民?[827] 中世纪的学者虽然对属地连结津津乐道[828],但是,柯里坚持认为,主权者所关注的主要是(如果不是完全是)它的臣民。从这个意义上说,利益分析的源头可以追溯到黑暗的中世纪,那时属人法盛行于欧洲[829]。

当然,柯里并非力主复兴法则区别说学者所倡导之单边主义的第一人;韦希特尔的努力要早于他一个世纪[830]。这位德国法学家虽然没有走到对所有多边主义规则一概加以斥责的地步,但与柯里一样,他认为,在裁判冲突法案件时,法院应扮演适度得体的角色:作为立法意志的工具,法官应主要遵从法院地法。与此相应,法官们必须考问,本地判例法规则依其"精神"[831](或用柯

---

[825] B. CURRIE, *supra* note 93, at 612.
[826] See Juenger, *Trends in European Conflicts Law*, 60 CORNELL L. REV. 969, 974 n. 39 (1975).
[827] See *supra* notes 47—49, 53 and accompanying text.
[828] See *supra* notes 53—54 and accompanying text.
[829] See *supra* notes 41—43 and accompanying text.
[830] See *supra* notes 206—222 and accompanying text.
[831] See *supra* note 211 and accompanying text.

里的措辞是"政策"),是否应予适用。此外,两人都认为,在处理涉及多州的案件时,法院不宜援用礼让、公平与方便的考虑,当事人的信赖利益亦与法律选择无关。[832] 能将两位学者的贡献区别开来的,是他们对法律理论与实践的影响不同。萨维尼光芒万丈,很快使韦希特尔黯然失色[833],而柯里则成为美国特色(mos Americanus)的核心人物。柯里的观点被不计其数的判决判例书所印证,他的贡献被誉为当代美国冲突法理论的基石。[834] 柯里的成功部分得益于他对国家主权的追捧,其热切程度远非韦希特尔所能企及。柯里不但反对一切法律选择规则,而且坚持认为,对法院地利益的任何牺牲都是"愚侠式的"[835],在这一点上,他与其他单边主义者(如皮耶(Pillet)[836])的政见不同。这种毫不妥协的态度独树一帜,颇具吸引力;不过,柯里的这种夸大态度亦使单边主义的根本缺陷暴露无遗。

任何方法,只要其立足于法律规则的空间范围,就必须对特定法律的属地与属人范围加以确定。在冲突法的发展史上,如何确定实体法律规则的属人或属地范围的问题,引发了见仁见智的回答。巴托鲁斯求助于规则的措辞[837],法则区别说学者依规则的属人或属地性质作出区分[838],德·科基耶探究立法意图[839],而韦希特尔则言必称法律的"精神"。[840] 柯里的方法与德·科基耶及韦希特尔的有几分近似:他相信,"普通的解释过程"[841]可以发

---

[832] *See supra* notes 219—221 and accompanying text.
[833] *See supra* note 225 and accompanying text.
[834] Editor's Note, 34 MERCER L. REV. 469 (1983). *See* Kay, *supra* note 641, at 78.
[835] B. CURRIE, *supra* note 93, at 190 n. 5.
[836] *See* Pillet, *Théorie continetale des conflits de lois*, 2 COLLECTED COURSES 447, 469—470 (1924-I).
[837] *See supra* notes 64—65 and accompanying text.
[838] *See supra* notes 66—67 and accompanying text.
[839] *See supra* notes 97—100 and accompanying text.
[840] *See supra* note 211 and accompanying text.
[841] Currie, *The Governmental Interest Methodology*, in W. REESE, M. ROSENBERG & P. HAY, *supra* note 10, at 487—488.

掘出实体规则所隐含的政策,如此,答案便唾手可得。这一方法假定,从每一条法律规则中寻找出它具体、单一的目的,是可为之举。然而事实上,有些法律是对各种立法考量加以权衡与妥协的产物[842],其他一些法律则是立法惰性的产物,或者没有明晰可辩的政策[843]。此外,不同的立法机关虽制订了完全相同的条款,但其目的可能并不相同[844]。更有甚者,并不是所有的政策都相同重要。不论乘客法则背后潜藏的目的是什么,它均无法同法律保护竞争与消费者的目的相提并论。有些法律规则代表了一种有意识的努力,旨在改革法律,另一些则被视为"拖了文明的后腿"。对于这两类不同的法律规则,我们不能简单的指望法官会以相同的方式对待之。[845]

柯里对法官发掘政策的能力信任有加,但实践证明,他过于乐观。近十年来,纽约州终审上诉法院一直"致力于探究其他州(国)立法机关的心理动机"[846]并试图找出乘客法则的立法原旨。[847]但是,置在汽车上受伤的乘客于不顾,不让他们得到赔偿,

---

[842] See *supra* note 765 and accompanying text.
[843] See T. DE BOER, *supra* note 333, at 465—467. 柯里承认,以特定政治、社会、经济或道德标准来评判,并不是所有的法律规则都能体现某种"政策"。他"非常郑重"的建议,如果某规则缺乏那种成分,法律选择问题就应当按照字母表的先后顺序来选取某一州的法律。柯里忽视了有些区别并非泾渭分明,而且即便是政策,在一定范围内亦有强弱之分。See Juenger, *Governmental Interests-Real and Spurious—in Multistate Disputes*, 21 U. C. DAVIS L. REV. 227, 228—229 (1990).
[844] See B. CURRIE, *supra* note 93, at 153; Brilmayer, *supra* note 748, at 400; Reese, *supra* note 774, at 721.
[845] Clark v. Clark, 107 N. H. 351, 355, 222 A. 2d 205, 209 (1966) (guest statute); Cheatham & Reese, *supra* note 632, at 980.
[846] Neumeier v. Kuehner, 31 N. Y. 2d 121, 130, 286 N. E. 2d 454, 459, 335 N. Y. S. 2d 64, 72 (1972) (Breitel, J., concurring).
[847] Compare Babcock v. Jackson, 12 N. Y. 2d 473, 191 N. E. 2d 279, 240 N. Y. S. 2d 743 (1963) *with* Dym v. Gordon, 16 N. Y. 2d 120, 209 N. E. 2d 792, 262 N. Y. S. 2d 463 (1965), Tooker v. Lopez, 24 N. Y. 2d 569, 249 N. E. 2d 394, 301 N. Y. S. 2d 519 (1969) *and* Neumeier v. Kuehner, 31 N. Y. 2d 121, 286 N. E. 2d 454, 335 N. Y. S. 2d 64 (1972).

无论以什么理由对之加以辩护,听起来都站不住脚。[848] 纽约法院一直试图揣摩出安大略省乘客法则背后的理由,这竟成为纽约州法律实践的一大特征。对此,一位承审法官反唇相讥,他诘问道:

> 为得到这个问题的证据,难道要传讯加拿大总理,或是一位知情的安大略立法者到纽约法院来吗? 另外,要我们相信任何人在宣誓之下都会承认,那个朴素古老的政治庇护是这一立法的其中一个或唯一的动因,这又现实吗?[849]

乌尔塔多诉高级法院(*Hurtado v. Superior Court*)案[850]是一个典型的例证,足以说明法官在把握外国立法者意图时的无能为力。在该案中,加利福尼亚州最高法院试图找出墨西哥《萨卡特卡

---

[848] 就一般所知,乘客法则是在责任保险公司坚持不懈的成功游说下而制定的。制定乘客法则有两个主要理由:(1) 保护好客;(2) 阻止合谋骗保。第一个理由建立在以下基础上;允许一个忘恩负义的、免费乘客(也许是一位搭顺风车的人)对一位很可能没有买保险的车主施加承重的经济压力,这明显不公。其结果必然是挫伤车主好客善助的积极性。第二个理由是顾及保险公司的利益。因为保险公司需要赔偿损失,极易遇到受伤乘客与车主合谋骗保的情况,车主尤其希望看到赔付,这样他就不用承担赔偿责任了——也无需法院辨明事实,这样就造成保险率提高的结果。典型的涉及乘客法则的案例是:车主的朋友搭他的车去办公室,或者是车主邀请他的朋友共进晚餐,在行车途中,由于疏忽,发生事故,导致其朋友的颅骨破裂。事故发生后,车主与其保险公司援用乘客法则,均得以逃避责任,只留下乘客独自承担损失。如果说这是一条良性社会政策,实在说不过去。
PROSSER AND KEETON, *supra* note 722, at 215—216. 在布朗诉梅洛(*Brown v. Merlo*)案中,8 Cal. 3d 855,506 P. 2d 212, 106 Cal. Rptr. 388 (1973),对支持乘客法则符合宪法的各种理由,加利福尼亚州最高法院均予以反对。该法院裁定,加利福尼亚州的乘客法则违反了州及联邦的平等保护条款,并援引了一个联邦上诉法院的评述:"经济大萧条时期,保险公司处境艰难,在其游说下,乘客法则得以制订,其目的是为了帮助保险公司渡过难关。如今,这样的理由已经不复存在了。原告律师的话甚为形象:它们是保险业一座'时代错误'的纪念碑。"Sidle v. Majors, 536 F. 2d 1156, 1159 (7th Cir.), *cert. denied*, 429 U. S. 945 (1976).

[849] Himes v. Stalker, 99 Misc. 2d 610, 617, 416 N. Y. S. 2d 986, 990 (Sup. Ct. 1979).

[850] 11 Cal. 3d 574, 522 P. 2d 666, 114 Cal. Rptr. 106 (1974).

斯州民法典》某些条款背后的目的,这些条款对过失致死的赔偿数额设定了一个很低的上限。加利福尼亚州的法官并没有找外国法律专家帮忙,而是凭自己的直觉,并参考了卡弗斯的一本书[851],便来探询外国法的目的,并对案件作出判决。卡弗斯的这本书探讨的是美国过失致死法案[852],而作者本人从一开始就承认,他对墨西哥的侵权法与政策毫不熟悉。[853]

柯里的基本假定,即法院可以通过"普通的解释过程"推断出法律规则的空间意义,同样不切实际。诚如拉贝尔所言:

冲突法一般问题的答案很少能在国内制定法中找到的。私法规则通常不直接规制其调整范围内的人或动产。将这些规则盲目地适用于全世界的事件,或者假定它们的适用范围只局限于国内,都是同样错误的。他们只是中立的;答案并不在它们本身。[854]

由于法律通常不会直接规定其效力范围,就需要一种地域化装置,将人、物或事件与特定的法律体系联系起来。尽管柯里及其后继者声称,他们是基于社会关切的分析而得出结论的,但实际上,利益分析与比尔的体系一样,是"天然地理性的"[855]:它只

---

[851] D. CAVERS, *supra* note 307, at 103.

[852] 墨西哥的制定法对侵权损害的限制与美国不当致人死亡法(wrongful death statutes)没有任何联系。后者是模仿《坎贝尔勋爵法》(Lord Campbell's Act)的产物。《坎贝尔勋爵法》是在贝克诉博顿(Baker v. Bolton)案中被确立的,Eng. Rep. 1033(K. B. N. P. 1808),这个英格兰判例裁定,对于不当致人死亡,普通法不提供民事救济。See *infra* text accompanying notes 1269—1275. 这些制定法提供的救济规则在墨西哥从未施行过。《萨卡特卡斯州民法典》作了概括性的简单限定:因人身伤害以及不当致人死亡而产生的所有侵权损害赔偿,均有一个具体的最高额度。

[853] 对那些"博学多识、精通外语的学者能够研习各国的法律与知识",卡弗斯艳羡不已。对外国法,甚至是他的专业领域,即冲突法,他也知之甚少。Cavers, *Contemporary Conflicts in American Perspective*, 131 COLLECTED COURSES 75, 86 (1970-III).

[854] 1 E. RABEL, *supra* note 307, at 103. See also T. DE BOER, *supra* note 333, at 469—478.

[855] Brilmayer, *supra* note 756, at 414.

是用属人联系来代替《第一次冲突法重述》的属地联系。

更为关键的是,"政府利益"是一个让人无法置信的概念。与其他多边主义者一样[856],柯里的立足点建立在虚无缥缈的假定之上:主权者在制定私法时,就将适用意愿(*volonté d'application*)渗透其中。[857] 他相信,政府对施行其法律规则具有深层次的关切;并认为,实现这种关切是一种重要的主权属性。[858] 柯里也好,他的追随者也罢,都没有为这种假设提供经验性证据;与既得权一样,政府利益分析需要信仰的飞跃(leap of faith)。*

此外,政府利益分析的概念还受到一个悖论的困扰。如果一州确实认为,适用其私法对其利益攸关,那么,个人与企业又如何能被允许在协议中约定他们希望适用的法律,或约定解决其纠纷的诉讼地或仲裁地,这不是与政府关切公然挑战吗?利益分析还需要解释,当事人为何有权指定仲裁员,须知仲裁员会剥夺利益攸关州的特权。当事人意思自治权的行使亦决非当事人有能力逃避主权命令的唯一例证。不论一州在其私法中有什么样的利益,通过挑选法院,扩张性的管辖权基础均可挫败之。换言之,柯

---

[856] *See* J. KROPHOLLER, *supra* note 280 at 17, Gothot, *supra* note 606, at 1, 3 (1971).

[857] "Toute sa perspective est dominée par la volonté, réelle ou fictive, d'un législateur étatique déifié." Evrigenis, *supra* note 96, at 367. 就该点更全面的讨论, see Juenger, *supra* note 843, at 518—519, 527, 528—529, 531—535. *See also*, A. FLESSNER, *supra* note 279, at 8—12.

[858] 柯里特别强调州的利益,这一点从他对司法与立法行为施加约束的讨论中可以显见。因此,他主张,法院没有权利牺牲法院地法的利益,以成就判决结果一致的目标。另外,他虽然承认立法机关拥有此权,但认为行使此权"不合时宜"。依他之见,即便是州与州之间通过谈判来交换利益,也"不会有什么好的前景"。他认为,州单方面地将本地利益置于外州利益之下,是"愚侠式的"。B. CURRIE, *supra* note 93, at 1990 & n.5. 当然,他提出这些主张,并没有援引任何权威,实际上也没有什么权威能被援引。恰恰相反,几个世纪以来,法院与立法机关已经将本地政策与利益服从于多州价值。

* 信仰的飞跃(leap of faith)是一个哲学术语。1844 年,索伦·克尔凯郭尔(Soren Kierkegaard,1813—1855)在其著作《恐惧的概念》(The Concept of Anxiety)中提出此概念,不过,他的原话是"leap to faith",后来逐渐被哲学界和宗教界改为"leap of faith"。此概念通指在缺乏经验性证据的情况下信仰的行为,多与宗教有关,因为许多宗教均将信仰作为虔诚的中心要素。——译者注

里方法的标志是法院地优先,而恰恰是这个标志使当事人有能力推翻他所假定的政府关切。

但凡单边主义方法,基本都是在对主权的迷恋下而产生的,柯里对"政府"利益的过度尊崇即为明证。沉迷于主权概念,分散了人们的注意力,须知涉及多州的交易,其解决方法可能与纯国内交易有所不同。假认"霍布斯的自然状态"(Hobbesian state of nature)[859]以及孤立的专注某一州[860],均无法医治冲突法的顽疾。准确的说,冲突法这个学科所要解决的,恰恰是因州和国家享有制定法律的垄断权而产生的问题。故冲突法调整的是涉及多州或跨国的法律,任何一种理论,只要忽视它明显超越主权的性质,就必然以失败告终。与柯里的信念相反,私法事项中的民族本位主义并不是现代国家的官方政策。

有些国家曾经强调以国家利益,而非个人自由为重;即便如此,它们仍支持传统的冲突法理念。[861]处于独裁统治时期的东欧国家,其冲突法学者始终强调的却是"和平共处"、"平等"与"互利"等价值观念。[862] 他们的意识形态背景固难被定性为世界主义与温文尔雅,但是,倘若读到以下这段浸透了沙文主义的话,他们一定会惊愕不已。这段话节选自美国一家上诉法院所作的判决意见书:"我们是美国的法院,是贯彻美国法律与政策的机构。我们的结论是……实施外国政府的政策,而牺牲根深蒂固的美国政策,不论是从法律,还是道德角度来说,我们都无权为之。"[863]

除了理论基础完全不完备外,这种方法的"概念器械组合"

---

[859] Von Mehren, Book Review, 17 J. LEGAL EDUC. 91, 94 (1964).
[860] Evrigenis, *supra* note 96, at 368.
[861] *See* Juenger, *supra* note 295, at 338—339, 352—353.
[862] *See id.* at 339.
[863] Challoner v. Day & Zimmermann, Inc., 512 F. 2d 77, 82 (5th Cir.), vaxated & remanded, 423 U. S. 3 (1975). 将柯里的方法定性为彻头彻尾的地方主义,对此,至少有一位柯里的追随者深感不安。她认为,如果柯里没有英年早逝,他"也许会得出这样的观点:本地政策在冲突法领域,要比纯国内语境下更加具有国际主义特征。" Kay, *supra* note 641, at 170. *See also id.* at 171.

(conceptual instrumentarium)亦存在重大缺陷。柯里强调当事人与法院地的联系,试图以此解释为何要用本地法来支配涉外事件。但是,要为法院地利益的主张提供支持,准确的说,究竟需要什么类型的属人连结？在坚持本国法原则的国家,法学家很可能会强调国籍,而普通法学者偏爱住所。对这两种连接因素,利益分析学者则均无好感。他们不愿意倚赖住所这个常见概念[864],或许是因为他们认为这个概念的技术性太强,或许是他们潜意识地将住所与传统的多边主义等同起来(住所衍生于传统的多边主义)。不管原因如何,利益分析学者至今未能找到理想的替代物。"定居居所"(settled residence)显然是一个"没有精确含义的笨拙术语"。[865] "本州"(homestate)一词含混不清,其目的是"故意回避因精确定义而导致的复杂局面"。[866] 但是,这一术语将利益分析复杂化,因为它精心制造的含混不清增加了潜在有利益州的数量。另外,所要求的连结因素愈短暂,它愈易随时间而变动。譬如,在诉讼涉及的事件发生后,一方当事人可能移居到另一州。这种"交易后"(post-transaction)的变化将如何影响州的利益,殊难预料。[867]

对"立法管辖权"存在相互冲突的主张,这一问题是所有单边主义方法的通病,属人法原则使这一问题变本加厉。读者是否还记得中世纪的那位主教,有感于中世纪早期盛行的属人法,他在信中写道:"五人行坐一处……却各受制于不同的法律。"[868] 巴黎空难案的残酷事实表明,现代化的交通工具可以将来自五大洲的,超

---

[864] See Weintraub, *An Inquiry Into the Unility of "Domicile" as a Concept in Conflicts Analysis*, 63 MICH. L. REV. 961 (1965).

[865] D. CAVERS, *supra* note 57, at 182.

[866] 尽管如此,利益分析学者还是经常使用诸如"居所"、"本州"这样的术语,似乎它们能自我定义。

[867] See 注解, *Post Transaction or Occurrence Events in Conflict of Laws*, 69 COLUM. L. REV. 843, 865 (1969); *see also* Brilmayer, *supra* note 756, at 410—411; Sedler, *The Governmental Interest Approach to Choice of Law: An Analysis and Reformulation*, 25 UCLA L. REV. 181, 236—242 (1977.)

[868] See *supra* note 41 and accompanying text.

过三十个法域人们聚在一起。只要当事人拥有共同的本国(州)法,用利益分析解决法律冲突,就只有一个关注点。但是,如果他们来自不同的法域,"真实冲突"与"无法律规定的情况"便随之产生,因为对于同一组事实,可能有数个法律竞相适用,也可能出现没有一个国家(州)"关心发生了什么"的情况。[869] 前已论及,对于这一棘手难题,柯里的解决方法甚为简单:适用法院地法。对于因依赖属人连结点产生的难题,以民族本位主义的方式来斩断其"戈迪安之结"(Gordian knot)[870] * 也许不失为最务实的方法。[871] 然而,这一方法既然着眼于实现政府关切,为什么又会适用无利益之法院地的法律,而置有利益的州于不顾,这岂不怪哉?

利益分析学者所称的"真实冲突"以及"意料之外的情况"并不新颖。[872] 如果法律的空间范围取决于某些"利益"(或"适用意愿"(*volonté d'application*)),那么,一旦不止一个州对一个案件有利益时,法律重叠("竞合"*cumul*)或"积极冲突"(*conflict positif*))就在所难免了。相反,若没有一个州有利益,利益分析学者就不得不面对法律真空("空隙"(lacune)或"消极冲突"(*conflict négatif*))。多边主义方法有诸多难题,如反致[873]与识别;单边主

---

[869] B. CURRIE, *supra* note 93, at 152.

[870] 柯里被誉为"戈迪安之结的斩断者"。Ely, *supra* note 753, at 203.

* "戈迪安之结",传说是弗里吉亚的国王戈迪安所做的复杂难解之结,能解者,按神谕即可为支配亚细亚之王。亚历山大(Alexander)屡解不开,终以剑断之。现通指棘手的问题或艰巨难办的任务。——译者注

[871] *But see* Gothot, *supra* note 606, at 30—31.

[872] *See generally id.* at 29—33; R. WIETHÖLTER, EINSEITIGE KOLLISIONSNORMEN ALS GRUNDLAGE DES INTERNATIONALEN PRIVATRECHTS 27—30, 58 (1956); Audit, *supra* note 329, at 251; de Nova, *supra* note 213, at 580—590.

[873] 不过,反致(*renvoi*)并非多边主义方法独有之问题。单边主义者也面临这样的问题:尊重外国冲突规则是否意味着外国法律体系并不"希望"其法律得以适用。利益分析学者不同意这样的观点:以地域为导向的外国法律选择规则可能等同于表示其没有利益。比较 Currie, *supra* note 659, at 784—785 with R. WEINTRAUB, *supra* note 315, at 67—71. 美国的判例在这个问题上有分歧。比较 Pfau v. Trent Aluminum Co. 55 N. J. 511, 525, 263 A. 2d 129, 137 (1970) 与 United States v. Neal, 443 F. Supp. 1307, 1315 (D. Neb. 19778) 以及 Gagne v. Berry, 112 N. H. 125, 290 A. 2d 624 (1972). *See also* Audit, *supra* note 329, at 339—343.

义也为各种棘手问题缠身;其著述数量繁多,然而措辞不定,提出的解决答案不切实际。[874] 柯里具有深刻的洞察力[875],他发现经典学说制造了"先前并不存在的问题"。[876] 然而,他自己的方法同样产生诸多难题,不过是用一组人为问题代替另一组。对此,柯里却疏于体察。如果当时他查阅了外国单边主义学者的著述,而非重起炉灶,也许他早就发现了所倡导理论的概念性缺陷。

真实冲突与无法律规定的情况令人不堪其扰;依利益分析,多州案件的每个争讼事项应适用不同的法律选择规则,这一要求同样堪忧。这种零碎的分析使分割法适用(*dépçage* 或 *decoupage* [877])的可能大为增加;换言之,适用不止一个法律体系的实体规则,以之来支配同一个交易的不同方面。这一问题已经出现于经典理论中[878],但是,在着眼于对每条法律规则的范围进行分析的方法中,其出现频率要远高于经典理论。如果将同一个交易的不同方面交由源于多个法律体系的不同法律规则支配,其结果很可能与适用任何一个有利益州的本地法都大相径庭。[879] "一半是驴,一半为骆驼,[允许原告]骑在这头人造的杂交怪物上炫耀成功",对此,柯里持保留态度。[880] 另有一位利益分析学者不得不承认:如果"所有州内的结果因此改变,则很有可能是……利益分析出了差错"。[881] 这些反应可以理解。看到利益相关的主权者

---

[874] *See supra* authorities cited in note 872 (with further references); R. CRAMTON, D. CURRIE & H. HILL KAY, CONFLICT OF LAWS: CASES-COMMENTS-QUESTIONS 222—287 (4th ed. 1987) (with further references); Reppy, *supra* note 72 (with further references).

[875] Kay, *supra* note 635, at 539.

[876] B. CURRIE, *supra* note 93, at 180.

[877] P. MAYER, *supra* note 29, at 171.

[878] *See* G. KEGEL, *supra* note 55, at 88, *supra* text accompanying notes 520—523.

[879] *See generally* R. CRAMPTON, D. CURRIE & H. HILL KAY, *supra* note 874, at 363—368; Reese, *supra* note 521; Weintraub, *supra* note 521.

[880] Currie, in D. CAVERS, *supra* note 57, at 39. 柯里没有阐明观点的理由是,他对相反的情况更加心中有数,即原告两头落空。*Id.*

[881] R. WEINTRAUB, *supra* note 315, at 73.

均不能容忍适用此方法的结果,那些追随强调政府利益的方法的学者一定会觉得如芒在背。

最后,以法院地至上为特征的利益分析会引发根本性的公平问题。柯里意识到,在美国,将本地法的利益保留给法院地居民可能是违宪的。[882] 有几位美国法官确实对这种歧视表达了担忧。[883] 就是把合宪性顾虑丢在一边[884],仅是让司法裁判取决于谁在何地起诉谁,就让人如鲠在喉。柯里与韦希特尔援用"奴婢公式"(Handmaiden Axiom)[885]说明法官不过是立法意志的喉舌,以此来支持法院地至上,这同样令人不悦。历史证明,法院在冲突法案件中的角色并不是如此卑微,世界范围内掀起的冲突法法典化趋势[886]足以驳倒立法者希望法官对法院地法顶礼膜拜的论点。

(c) 折中主义

在冲突法的整部历史上,不论是多边主义学派,还是单边主义学派,都未曾取得过压倒性优势地位。在当今的美国,这两种相对立的方法论不仅共存,而且相互影响。有一位美国学者对司法实践有如下评述:

> 当前大多数案例遵循的是多重引证的方式,只援用单一现代法律选择理论的情况实属罕见。然而,有趣的是,将两

---

[882] B. CURRIE, *supra* note 93, at 180.

[883] *See*, *e.g.*, Skahill v. Capital Airlines, Inc., 234 F. Supp. 906, 908—909 (S. D. N. Y. 1964), *aff'd without opinion* (2d Cir.), *cert. denied*, 382. U. S. 878 (1965); Neumeier v. Kuehner, 31 N. Y. 2d 121, 132—133, 286 N. E. 2d 454, 460, 335 N. Y. S. 2d 64, 74 (1972) (Bergen, J., dissenting).

[884] *See generally* Ely, *supra* note 761.

[885] Peterson, *Weighing Contacts in conflicts Cases*: *The Handmaiden Axiom*, 9 DUQUESNE L. REV. 436 (1971).

[886] *See generally* von Overbeck, *supra* note 484. *See also* 美国的制订法由布里尔迈尔汇编,*supra* note 756, at 425—427, 权威学者的观点由卡弗斯提供,*supra* note 789.

种或者更多的现代理论结合在一起所产生的结果,可以被任何或几乎所有的非机械性的新冲突法方法所认可。[887]

他继续说道:

> 很容易理解为什么法院会将各种方法糅合在一起。它们相互关联,每一种都有长期存在的优点。不过,它们的数量过于繁多,其中一部分很精细,需要细致的区分。法官们事务繁忙,没有时间研习与掌握所有方法……事实是,美国今天的大部分法官正迈向他们所称的"新冲突法"。这是一个并不糟糕的大拼盘。[888]

另一位学者在对全美50个州及哥伦比亚特区的冲突法判例进行详尽考查后,得出如下结论:"美国法院所遵循的方法繁多,在这些方法中,法院或是择一而用,或是将数种结合在一起。细言之,这些冲突法方法有:'重力中心'、'最密切联系'、'优法'、'优先原则','功用'、'法院地法',或'传统的既得权'等。"[889]

法官没能抓住多边主义与单边主义的区别,并不是法院倾向于将两者糅杂在一起的唯一原因。相反,学者所倡导的许多理论,如果不存在内在矛盾的话,其本身就是兼容并蓄。甚至是柯里的言论,有时也带有几份多边主义哲学的味道。在其封笔之作中,柯里写道:

> 没有原则强令一州利用每一次可能的冲突来为自己的利益服务,或在最大限度内行使其宪法权利。相反,主张法院地与外州的利益之间存在冲突,是一件非常严肃的事情;把本地利益的概念作扩张解释,就会与外州利益产生矛盾。这个事实本身就是一个合理的原因,该原因说明为什么需要重新审视该概念,为什么要用更加温和与克制的态度解释政

---

[887] Leflar, *supra* note 71, at 10.
[888] *Id.* at 26.
[889] Kay, *supra* note 635, at 585.

策,以及在什么情况下必须适用这种政策以实现法院地的立法目的。[890]

柯里将法官视为州的工具,他建议法官在评估法院地的利益时,应当考虑到礼让。这一观点同他的早期言论有所不同。他曾认为:"两个不同州的合法利益发生冲突时……须进行评估,从而决定何者优先。这是一项高难度的政治职责。此职责不应交由民主国家的法院来完成。"[891] 由此可见,如同萨维尼不得不承认存在一些法律不受多边主义方法束缚,现代单边主义学者亦感到有必要对多边主义作一定让步。以巴克斯特为例,对用法院地法解决"真实冲突",他不假辞色,认为这只是一种狭隘的权宜之计。相反,他强调提高判决结果一致性与阻止挑选法院的必要性。[892] 为此,他提出,应采用"比较损害"原则。[893] 依据该原则,"在特定案件中,内部目的在一般范围内受到较小损害的那个州,其外部目的应服从另一个州的外部目的"[894] 用多边主义元素中和单边主义同样不是新鲜的主意。也许巴克斯特自己并没有意识,他实际上是重述了皮耶的观点,皮耶主张牺牲"尽可能少的……[法律]权威。"[895]

从这一立场到真正意义上的折中主义(即将单边主义与多边主义元素混合起来)仅有一步之遥。冯·梅伦和特劳特曼提倡的所谓功用方法即为明证。[896] 他们的出发点与柯里相似,即认为州对实施其政策有利益;不过,柯里认为,相关州的政策必然与支

---

[890] Currie, *supra* note 659, at 757.
[891] B. CURRIE, *supra* note 93, at 182.
[892] Baxter, *supra* note 671, at 9, 19.
[893] *Id.* at 17—19.
[894] *Id.* at 18.
[895] Pillet, *supra* note 835, at 472; *see id.* at 469. *See also* Audit, *supra* note 329, at 247 (将"比较损害"翻译成"更少牺牲原则"(principle de miondre sacrifice))。
[896] *See* A. VON MEHREN & D. TRAUTMAN, *supra* note 667, at 76—79, for an overview of their position.

配纯州内事务的政策相同。[897] 对于这种狭隘观点,冯·梅伦和特劳特曼表示反对。他们指出,一州适用于多州交易的"调整性规则"(regulating rules)[898]可能与支配纯州内事件的规则有较大区别。依他们之见,只有在这些调整性规则碰撞时,才会产生"真实冲突"。[899] 遇此情形,应适用有"主导性关切"(predominant concern)州的法律,而非法院地法。[900] 若无从发现何州有主导性关切,冯·梅伦和特劳特曼主张,应对发生冲突的各项政策加以评估性比较,着重考虑哪项政策的理由更充分、更现代或更明确,哪一项规则能更好地实现特定政策,以及适用某特定规则是促进还是阻碍特定政策的实施。[901] 对于"法官的日常工作"而言,这两位哈佛大学教授提出的方法可能"过于苛求"。[902] 但是,辨识出它的以下三点构成要素是可能的:(1)出发点为单边主义(利益分析),由(2)辅以实体法的考量("特殊的调整性规则"是万民法的一种种类,对政策的评估等同于优法原理),以及(3)多边主义化(通过强调多边主义政策,以及努力寻找"最密切"的法律)。

冯·梅伦和特劳特曼通过逐步推进的分析,试图使各种不同的方法相协调,但是,《第二次冲突法重述》生硬地将各种方法强拉在一处。它的构成元素范围极广,从利益分析、以"最密切联系"为代表的灵活的多边主义,一直到黑体字*(至少是灰体字)规则。《第二次冲突法重述》第6条第2款将"确定性、可预见性以及判决的一致"与"法院地的相关政策"并列规定,从而使各种互不协调的影响法律选择的考虑因素被强行结合。这突显"重

---

[897] Id. at 102—109, 215—219.
[898] Id. at 215 & passim.
[899] Id. at 327—328.
[900] Id. at 341—342.
[901] Id. at 376—378, 392, 394—395, 406—408.
[902] W. REESE, M. ROSENBERG & P. HAY, supra note 10, at 491.

* 黑体字规则是一种非正式用法,用来表示被法院普遍接受的或体现在某一特定法域的制定法中的基本法律原则。——译者注

述"的起草者对折中主义的偏好。该条款对维护学术纯洁相当漠然,它直接将多边主义与单边主义糅合起来,而不做任何协调的努力。"重述"的报告人有如下评论:

> 没有证据显示,罗列的因素是按其各自的相对重要性来排列顺序的。在法律选择的不同领域,特定的一个或一组因素被赋予的重要性也各不相同……至少这一款罗列的一些因素将会指向不同方向,最简单的案子除外。[903]

如果说"《第二次冲突法重述》未对理论及分析作出显著的提炼与整肃",[904]这是低估之词。不应小觑"重述"报告人所作的勇敢努力。一方面,报告人要面对令人炫目的纷繁理论,另一方面,他还要考虑到美国司法实践置精细学理而不顾,一味追求合理结果的发展趋势。

143　莱弗拉尔并没有在各种限制与约束中挣扎,但是,他提出的"影响选择的考虑"仍然饱含折中主义特征,这一点与《第二次冲突法重述》伯仲难分。他声称,他所罗列的解决冲突所需要的考虑因素是"要努力探询出促成法院选择此法而非彼法的真实动因"。[905] 莱弗拉尔敦促法院"忘掉理论,依据善良理性来做判决意见",[906]他并不反对将各种不同方法拼凑一处的判决意见书,即便连"学究型理论家"也不愿意接受这种"大杂烩"般的结果。[907] 他提出的"影响选择的5点考虑"[908]确实兼容并蓄,既涵盖多边主义(第1到第3点考虑)及单边主义(第4点考虑:促进法院地的政府利益),还包括目的论(第5点考虑:适用更好的法律规则)。莱弗拉尔附和《第二次冲突法重述》的报告人,指出:

---

[903]　RESTATEMENT (SECOND) OF CONFLICT OF LAWS § 6 comment c (1971).
[904]　Von Mehren, *Recent Trends*, *supra* note 773, at 964.
[905]　Leflar, *The "New" Choice of Law*, 21 AM. U. L. REV. 457, 459 (1972).
[906]　Leflar, *The Nature of Conflicts Law*, 81 COLUM. L. REV. 1080, 1095 (1981).
[907]　*Id.* at 1080.
[908]　*See supra* note 663.

"所罗列的这几点考虑没有先后之分。所涉及的法律领域不同,它们各自的重要性也有所不同。在一个领域内,一些因素比另一些因素重要,但在另一个领域,情况可能恰恰相反。不过,总体而论,不论涉及哪个领域,上述所有因素均应被加以考虑。"[909]

(d)"方法多元主义"的错误

司法与理论革命均未产生出一以贯之的美国冲突法哲学。一面是法院地至上的狭隘的单边主义,一面是不可捉摸的多边主义,法官与学者们深受其扰,无法择一而终,这或许值得同情;但是,方法论上的摇摆不定会招致严重弊端。单边主义与多边主义方法的出发点对立,所追求的结果亦有不同。因此,它们无法相容,试图将利益分析与自体法方法混合起来,好比将水和油相混,必然徒劳无益。同样,糅合这些方法以中和它们缺陷的希望,也注定破灭。事实上,这可能会使它们的缺陷更加严重;至少,将扞格不入的理论糅杂在一起,会使冲突法难以驾驭并不合情理。皮耶所辛劳搭建起来的体系,就是试图用单边主义思维的构架来实现多边主义的目标。对此,瓦雷耶·索米埃(Vareilles-Sommières)有如下评价:"是不是每个人都能看出这一复杂的构架将自我坍塌?法律的真理,好似建筑之美,简约、清晰、宁静。然而,皮耶教授的学说没有展示出这些特点。"[910]

方法多元主义存在本质上的问题,在一个简单的案件中,如果尝试用一种折中主义方法,这一本质便昭然若揭。以凯尔诉汉德森(Kell v. Henderson)案[911]为例,该案涉及一位加拿大安大略省的司机驾车在纽约时发生事故,使同乘其车的一名安大略乘客受伤。如果遵循特劳特曼的"功用方法"[912],法院不仅需要

---

[909] R. LEFLAR, L. MCDOUGAL Ⅲ & R. FELIX, *supra* note 427, at 279.
[910] 1 G. VAREILLES-SOMMIÈRES, LA SYNTHÈSE DU DROIT INTERNATIONAL PRIVÉ 165 (1897).
[911] 26 A. D. 2d 595, 270 N. Y. S. 2d 552 (1966).
[912] *See* Trautman, *Two Views on* Kell v. Henderson, 67 COLUM. L. REV. 465 (1967).

查阅错综复杂的安大略乘客法案[913]，而且要对该法案[914]以及两个相关[915]法域的一般侵权行为法[916]背后潜藏的政策进行分析。假如经过初步评估，法官得出结论：纽约州与安大略省各自的法律关切的确发生了冲突，特劳特曼便允许法官置疑外国乘客法的政策；但是，柯里的方法则不会出现这种结果，因为该方法简单的主张法院地法至上。为达此目的，法官应该研习相关判例以及法学论文，这也许能阐明安大略省的法律趋势，包括未公布的[917]以及传闻中的[918]事项，及立法调查、提议、甚至相关统计数据。他的研究最终表明，乘客法则，不论是总体而言，还是具体到该外国的乘客法则，都不再与时代合拍。这时，法官可能适用法院地法

---

[913] "可能再没有什么法律能像乘客法则一样，能使法院面对这么多的上诉了，而且涉及的是鸡毛蒜皮、无关紧要的法律争议点。" PROSSER AND KEETON, supra note 722, at 16.
[914] 法院猜想外国立法者意图的难处参见 supra notes 842—854 and accompaying text.
[915] 特劳特曼发现纽约有关切，原因如下：
　　纽约州对发生在其境内的疏忽行为课以责任，并非完全不合逻辑，尽管依据这些事实，第三方（不论是驾驶者，还是行人）在纽约州公路上的安全并无关联。警告与阻却政策发挥作用，具有合法性。同时，不能否认纽约州对赔偿重要性的重视，这样，给予在纽约州受伤的所有人以无歧视性的公平对待的政策就可以为纽约州扩大其关切提供支持：只要安大略不存在相反的政策，纽约州对安大略人提供赔偿就具有关切。
Trautman, supra note 912, at 467.
[916] 提到的政策有"赔偿、警告、阻却，甚至还有报复" Trautman, supra note 912, at 466（citing Williams, The Aims of the Law of Tort, 4 CURRENT LEGAL PROBS. 137 (1951)）。特劳特曼没有讨论，以上政策如果确实存在，纽约州与安大略省（两个相关法域）的政策分别是其中的哪些项。他显然假定，世界各地的侵权法表达的是相同的政策，而且每一项政策同等重要。
[917] 特劳特曼提到，一位加拿大同事给了他这些资料；否则，他是无法得到这些资料的。Id. at 470.
[918] "有传言说，安大略省总理之所以对乘客法则持积极接受态度，是因为他本人曾有如下经历：免费给两个人搭车后，这两个忘恩负义的搭车人却成功的对他提起了诉讼。" Id.（citing Linden, Comment, 40 CAN. B. REV. 284, 286 n. 11 (1962).

(当然,他一开始就可以这么做[919]),因为,依特劳特曼之见,一项废弃的外国政策不构成"真正"的政策,即使外国法院仍然在贯彻之。

如果一个普普通通的汽车事故所引发的法律选择问题都需要花费如此巨大的精力才能解决,那么,又如何指望法院有能力处理因大规模事故而引发的复杂诉讼(如土耳其航空公司的航班在法国坠机,或美国公勤人员在印度支那因曝露于除草剂而受到伤害)?关于"橙剂"产品责任诉讼("Agent Orange" *Product Liability Litigation)[920]的简要事实称述,就足以说明"功用"方法在这些情况下所产生的难题:

> 据称,损害发生在原告曾经或现在生活的 50 个州以及一些外国。最早受因曝露而受到橙剂伤害的地点位于越南境内及其周边国家,如南越、柬埔寨及老挝。导致伤害的行为是被告生产橙剂以及被告被指没有向政府警示橙剂的危害。橙剂由设在新泽西、密歇根、阿肯色、西弗吉尼亚、密苏里及加拿大(也许还包括德国和其他一些地方)的工厂生产。美国政府和南越官员作出使用橙剂决定的地点主要在华盛顿特区和南越。对产品负有责任的公司的成立及主要营业地主要在特拉华、新泽西、俄亥俄、密苏里以及康涅狄格……由于被指控的是不作为,而不是作为,因此,很难指明被告被指没有向政府警示的地点是在哪一个州。……其他具有一定关联的州(国家)包括宾夕法尼亚和得克萨斯,因为

---

[919] 《美国宪法》与国会通过的法案均不排除纽约法院对发生在纽约的事故适用纽约法。关于美国法院在多州交易中所享有的选择准据法的充分自由裁量权,*see* generally Juenger, *Supreme Court Intervention in Jurisdiction and Choice of Law: From Shaffer to Allstate*, 14 U. C. DAVIS L. REV. 837(1981)。

* "Agent Orange"是一种化学药剂,可以直接影响植物的新陈代谢,因而越战期间被美军当作除草剂大量使用。该化学药剂会严重影响身体健康,所以参加过越战的老兵以及越南当地人产生许多健康问题。——译者注

[920] 580 F. Supp, 690 (E.D.N.Y. 1984)。

这两个州是美国武装部队除草剂管理小组的驻扎地,阿拉巴马与密西西比是橙剂装船启运的州,南越是橙剂储存与使用的地方。[921]

毫不为奇,撰写本案判决意见的法官不得不得出以下结论:

在这么多州(国家)中辨识出哪一个州的利益足够大,而且大到能为适用该州法解决本诉讼中的事项提供充分依据的程度……实在是不可能的。在这个独一无二的案件中,面对如此多的连结、政策以及互不相容或相互冲突的州(国家)的利益,任何一州(国家)狭隘与机械的法律选择制度都将不堪重负,轰然倾塌。[922]

8. 对美国实验的评价

虽被美国冲突法学者赞誉为另一次"哥白尼革命"[923],但这场轰轰烈烈的变革并没有产生真正意义上的新理念。自体法方法源自萨维尼创制的原则(只不过批驳它无法解决具体案件);利益分析则仍徘徊在"法则区别说思维的窠臼"中。[924] 当美国法官步学者后尘,开始沉迷于无原则的折中主义时,法律选择就变得比以前任何时候都更加扑朔迷离,前所未有的混乱局面因而笼罩四野。鉴于现代理论致使法院摇摆不定,常作出令人费解的司法意见书,难道我们不能得出这样的结论吗?——在美国联邦体制的庞大实验室里所进行的冲突法实验,已遭遇巨大失败。

有一些观察敏锐的美国和外国学者则持更加乐观的态度。索文普兰(Sauveplanne)认为,"司法实践出现的这些新趋势……

---

[921] Id. at 700-701.
[922] Id. at 703. See also id, at 706.
[923] Von Mehren, *Recent Trends*, supra note 773, at 933.
[924] Id.

达到了改革现存制度的效果。"[925] 莱弗拉尔指出,美国冲突法"正被法院托举到一个水源充沛的高原,傲然俯视着它曾经屈居的污水口。"[926] 既然美国当代冲突法的各种方法存在如此严重的瑕疵与缺陷,他们又如何能得出这样的结论?以恰当的角度视之,便可发现冲突法革命,总体上局限于侵权的法律选择领域。这一点值得反复强调。使法院"走上现代化之路"[927] 的大多数案件涉及的都是由汽车交通事故引发的老套问题:受伤原告要求赔偿,依法院地标准,对其有利;但由于侵权行为地法包含了有害的抗辩规定(如乘客法则,或限定不当致人死亡的最高赔偿数额)[928],因此适用后者将导致原告无法索赔,或限制其索赔数额。在这些情况下,援用其他方法所产生的后果确实要好于经典方法。对跨州事故的受害者的同情,而不是对非僵化性规则(nonrule)一概偏好——或彻头彻尾的沙文主义——是法官迫不及待地抛弃事故发生地规则的实际原因。在一些案例中,法官言明遵循利益分析说,但公开挑战柯里本地利益与本地当事人利益至上的观点[929],并允许非本地居民向本地侵权者索赔。[930] 这些判例进一步佐证了以上结论。

当然,并非所有的美国冲突法方法都有如此有益的倾向。莱弗拉尔提出的"影响选择的考虑",明确鼓励法官适用更好的法,给予法官最大的自主权,以达到合理结果。采用该学说的法域,所作出的判决始终保护涉及多州事故的受害者,在必要时不惜适

---

[925] Sauveplanne, *supra* note 329, at 81.
[926] Leflar, *supra* note 71, at 26.
[927] See Sedler, *Choice of Law in Michigan: A Time to Go Modern*, 24 WAYNE L. REV. 829, 853 (1978).
[928] See *supra* notes 721—724 and accompanying text.
[929] See *supra* notes 759—761, 763, 782—783, 871.
[930] See, *e. g.*, Hurtado v. Superior Court, 11 Cal. 3d 574, 522 P. 2d 666, 114 Cal. Rptr. 106 (1974); Pfau v. Trent Aluminum Co., 55 N. J. 511, 263 A. 2d 129 (1970); Johnson v. Spider Staging Corp., 87 Wash. 2d 577, 555 P. 2d 997 (1976).

用优于法院地法的外国侵权规则,以保证这一目标。[931] 自体法方法追求的是以地域为导向的判决,其结果选择性相对较弱。法院一旦以某种方式将特定交易地域化,因循先例原则旋即发生作用,即便当"有最密切联系"法律损害到受害者时,仍需做相同的地域化。[932] 职是之故,法院倾向于将利益分析置于自体法方法之上。[933] 和劳工赔偿案例一样[934],柯里的方法对州际事故中的受害者有利[935],因为其固有的返家趋势会鼓励原告的律师选择在以下法域起诉:该法域的实体法律能将原告索赔的可能性与数额最大化。[936]

《第一次冲突法重述》的中立规则使多州案件中横亘着一道藩篱,阻却了原告的索赔请求,冲突法革命移去了这道藩篱,体现出侵权实体法的进步与完善。最近三十五年来,美国法院与立法机关不断地提升侵权受害人的权利。对促成改革其本州侵权法的法官而言,如遇外国侵权法律规则恶劣有害,他们通常不愿意适用之。譬如,一个刚刚裁定其本地乘客法则违宪的法院[937],就不太可能适用外国的乘客法则。有可能引入外国"令人厌恶的法则"(*statuta odiosa*)的倾向,大大减损了传统的礼让观点与判决

---

[931] *See supra* notes 734—735 and accompanying text.
[932] *See supra* notes 725—726 and accompanying text.
[933] *See supra* note 727 and accompanying text.
[934] *See supra* text accompanying notes 623—625.
[935] *See* A. EHRENZWEIG, *supra* note 55, at 555; Sedler, *Judicial Jurisdiction and Choice of Law*: *The Consequences of* Shaffer v. Heitner, 63 IOWA L. REV. 1031,1034, 1039 (1978).
[936] *See* Baade, *Judge Keating and the Conflict of Laws*, 36 BROOKLYN L. REV. 10, 39 (1969); Brilmayer, *supra* note 748, at 399; Sedler, *supra* note 854, at 229 & n. 265, 232 n. 277,许多已报告的意见表明,律师有挑选法院的倾向, *See, e. g.*, Mahne v. Ford Motor Co., 900 F. 2d 83 (6th Cir.), *cert. denied*, 111 S. Ct. 349 (1990); O'Connor v. Lee-Hy Paving Corp., 579 F. 2d 194 (2d Cir.), *cert. denied*, 439 U. S. 1034 (1978); Savchuck v. Rush, 311 Minn. 480, 245 N. W. 2d 624 (1976), *vacated*, 433 U. S. 902(1977), *aff'd on reh'g*, 311 Minn. 480, 272 N. W. 2d 888(1978), *rev'd*, 444 U. S. 320 (1980).
[937] *See supra* note 722 and accompanying text.

结果一致的吸引力。虽然经典体系确实为法官不适用低标准的外国法律提供了某些托词,如反致、公共政策与识别等[938],但是,援用这些逃避工具会将学者推入思想不忠的尴尬境地,颇不体面。[939] 因此,可以理解,为什么美国法官不愿意先装模作样地援引外国法,再找到理由将之弃而不用。他们宁愿适用更直接的方式,因为学者们向他们保证,更加直接的方式会产生理想的结果。从这一个意义上说,该学者的观点甚为中肯,因为新方法较之经典体系,表现出更为浓烈的法院地偏见。

吸引人的不仅是内在的法院地法至上,现代方法所使用的词汇也让锐意改革的法院怦然心动。诸如"利益"与"关切"的词汇意味着支持索赔,因为它们勾勒出仁慈的主权者热切的为事故受害者提供救济的形象,这种关切还有偶然扩展至外国原告的可能。[940] 与此同时,这些词汇还允许将法官的同情隐藏在强硬追求地方利益的外观之下。无须详述人道主义关切,法院就可以将原告从困难解救出来,其理由时提供资金以满足本地债权人的要求[941]或阻却在本地公路上的不良驾驶行为。[942] "政策"一词具有相同的倾向,尽管其原因稍有不同。一位法官若被要求审视冲突法政策,他通常会在各种政策中作出比较,而比较必然会引发

---

[938] *See supra* text accompanying notes 507—510, 515—518, 536, 554, 626—629. 其他普通法国家适用逃避工具的详情 *see* North, *supra* note 380, at 222—231。

[939] *See e. g.*, B. CURRIE, *supra* note 93, at 132—134, 159, 181, 582; R. LEFLAR, L. MCDOUGALL Ⅲ & R. FELIX, *supra* note 257—258, 373—376.

[940] *See* Tooker v. Lopez, 24 N. Y. 2d 569, 577, 249 N. E. 2d 394, 399, 301 N. Y. S. 2d 519, 525—526 (1969 (dictum)); Shapira, "*Manna for the Entire World*" or "*Thou Shalt Love Thy Neighbor as Thyself*"—Comment on Neumeier v. Kuehner, 1 HOFSTRA L. REV. 168, 172 (1973). *Contra* Sedler, *Judicial Method is "Alive and Well"*: *The Kentucky Approach to Choice of Law in Interstate Automobile Accidents*, 61 KY. L. J. 378, 382—383 (1973).

[941] 侵权法的目的是保护受害者的医疗债权人,这个观点虽令人置疑,但为最高法院所支持。*See* Caroll v. Linze, 349 U. S. 408, 412—413 (1955); Pacific Zem-ployers Ins Co. v. Indus Accident Comm'n 306 U. S. 493 501 (1939).

[942] *See* Hurtado v. Superior Court, 11 Cal. 3d 574, 583—584, 522 P. 2d 666, 672, 114 Cal Rptr.

对哪项政策更加合理的思考。由于大多数美国冲突法案件涉及乘客法则、配偶间侵权诉讼豁免,以及任意性限制过失致人死亡的赔偿责任[943],这一问题的答案不言自明。

毋庸讳言,这些评论所描述的只是一种趋势。在某些情况下,法院援用现代方法驳回了下身瘫痪者、寡妇及孤儿的诉讼请求。[944] 革命性的理论产生的结果并非始终合理;要扬之长避之短,需要高超的技巧,但法官们不是人人都精于此术,而下级法院常常会刻板的遵循先例的。[945] 不过,概言之,由于剔除了低标准的侵权规则,当代理论在实际适用中已经加强了对跨州事故受害人的保护力度。有不计其数的判决达到了确当结果,虽然其依据的理由不甚明晰。这一事实表明,现代方法魅力并不在于它们提高了分析的理性;相反,它们得到美国法院垂青的原因在于其提供了一种巨大的逃避工具,使法院挣脱了法律规则的羁绊,并允许之为达到合理结果而进行自由裁量。由于这些理论没有建立"如何进行的清晰规则……法官因而享有按其意愿进行裁判的自由。"[946]

当然,免受条条框框的束缚进行自由裁判的特权也是有代价的。矫揉造作的判决意见冗长乏味,充斥着"晦涩的新词汇"[947],下面还辅以数量庞大的脚注,推理过程亦深奥难懂,这一切证明,飘忽不定的新方法是以牺牲思想上的诚实为代价的。最高裁判机构在判例中所使用的语言与其说是在阐明判决,倒不如说在给

---

[943] *See supra* notes 721—724 and accompanying text.
[944] *See*, *e. g.*, Tramontana v. S. A. Empresa de Viacao Aerea Rio Grandense, 350 F. 2d 468 (D. C. Cir. 1965), *cert. denied*, 383 U. S. 943 (1966); Colley v. Harvey Cedars Marina, 422 F. Supp. 953 (D. N. J. 1976); Kliner v. Weirton Steel Co., 381 F. Supp. 275 (N. D. Ohio 1974); Cipolla v. Shaposka, 439 Pa. 563, 267 A. 2d 854 (1970).
[945] *See Hurtado*, 11 Cal. 3d at 584—586, 522 P. 2d at 673—674, 114 Cal. Rptr. at 113—114 (在 Ryan v. Clark Equip. Co. 中批评了中间上诉法院, 268 Cal. App. 2d 679, 74 Cal. Rptr. 329 (1969)).
[946] B. CURRIE, *supra* note 93, at 105.
[947] Smith, Book Review, 23 AM. J. COMP. L. 763 (1975).

判决戴上面罩。面对着这些先例,下级法院深感彷徨,不知道如何遵循之。同一个原因使然,律师在给其代理人提出诉讼建议时,也心怀忐忑,因为他们往往看不透其研究的冲突法判例的真正含义。事实上,某些州最高法院的判例法具有极大的误导性。例如,在涉及多州的案件中,加利福尼亚州最高法院一贯拒绝适用低标准的侵权规则[948],甚至包括《加利福尼亚州民法典》的相关条款。[949] 不过,法院又指出,在作出法律选择的决定时,可能无须考虑实体法的质量。[950] 在近海租赁公司(*Offshore Rental Co.*)案中,法院对维持一致性显然不屑一顾,反复重申了这一观点。[951]虽然如此,它依然引用了一篇权威论文,该文提倡以目的为导向的方法,在竞相适用的法律规则发掘其各自的优点。[952] 尽管法院声称其适用的理论系以实施政策为目的,而不论政策是

---

[948] See, e. g., Hurtado v. Superior Court, 11 Cal. 3d 574, 522 P. 2d 666, 114 Cal. Rptr. 106 (1974)(萨卡特卡斯州对侵权损害赔偿的数额限制);Rech v. Purcell, 67 Cal. 2d 551, 432 P.2d727, 63 Cal. Rptr. 31 (1967)(密苏里州有制定法对过失致人死亡的赔偿加以限制);Emery v. Emery, 45 Cal. 2d 412, 289 P. 2d 218(爱达荷州的配偶间侵权诉讼豁免规则)。

[949] See Offshore Rental Co. v. Continental Oil Co., 22 Cal. 3d 157, 583 P. 2d 721, 148 Cal. Rptr. 868 (1978)(《加利福尼亚州民法典》的条款"过时又孤立"。)

[950] 在伯恩哈德诉哈拉俱乐部(*Bernhard v. Harrah's Club*)案中,16 Cal. 3d 313, 546 P. 2d 719, 128 Cal. Rptr. 215, *cert. denied*, 429 U. S. 859 (1976) 法院引用了两篇明确反对结果选择的论文,并对文章持赞成态度。其中一篇认为:

国内法之间的冲突以及国内法所贯彻的价值冲突不能交由法官来解决,除非他已经作好将另一种价值评判置于纠纷之上的准备。

解决法律选择案件的过程必然是在各州间分配法律控制的过程……将案件看成各州利益间的冲突,而不是私人当事方利益间的冲突,才能判决案件。Baxer, *supra* note 671, at5, 22. 另一篇文章的作者提到:

一个早些的加利福尼亚州判例没有在冲突的政府利益间进行"权衡",以确定哪一个冲突法体现的社会政策"更好"或"更有价值"……案件……可以被准确地描述为在发生冲突的州利益之间进行通融,或者是在涉外语境下分配立法权领域的问题;而不是对这些政策的智慧进行评判。

Horowitz, *supra* note 703, at 753; *see* Bernhard, 16 Cal. 3d at 319 n. 2, 320—321, 546 P.2d at 722 n.2, 723—724, 128 Cal. Rptr. At 218 n.2, 219—220.

[951] *See* 22 Cal. 3d at 165, 583 P.2d at 726, 148 Cal. Rptr. 872.

[952] Freund, *supra* note 625, at 1216.

否合理,它还是得出以下结论:与姐妹州适用其"流通、进步的法律"的利益相比,加利福尼亚州适用其过时的民法典条款的利益远逊之。[953]

　　如上例所示,美国法院在保护跨州案件的侵权受害人方面取得的进展不容否定;但是,这些进展是以牺牲明确性与司法坦诚度为代价的。在加利福尼亚以及其他地方,严格的概念主义已让位于肤浅的辩术;革命将美国冲突法降低为诡计与迷魂阵。更糟糕的是,当前,纯国内事项的重要性正逐渐减小,跨国问题正以前所未有的规模汹涌而至,而当代学说过于关注国内事项,误导性地强调法院地的政策,这就将美国冲突法从比较法的港湾中强拉出来(斯托里曾将之带入此港湾),任凭之漫无目的随波漂荡。柯里的新虚无主义学派有许多缺陷,其中,背叛比较法传统最为严重。缺失这样一种视角,其结果必然令人沮丧。斯托里曾埋怨,民法学家用"形而上的精细理论与好奇过度的学说"把我们这个学科人为复杂化;现在,不仅仅是民法学者值得如此诟病;当代的美国冲突法学者也沉浸于"卓越的理论中而无法自拔,这除了能引发无聊的讨论外,几乎没有任何意义"。

---

[953] *Offshore Rental*, 22 Cal. 3d at 168, 583 P. 2d at 728, 148 Cal. Rptr. at 874.

第四章　传统方法与目的论

　　正如美国冲突法剧变所证实，法律冲突依然是一个难以驾驭的领域。然而，对一个自中世纪被发现以来就以游移不定、变化无常著称的学科，人们又能够作何指望？时至今日，当人员、货物和交易的跨州和跨国流动超出以往任何时候，当法院必须因此更为频繁地处理跨州、跨国交易纠纷，当有关该学科的著述已是汗牛充栋，不可胜举，这个古老学科可能显得更加纷繁复杂。然而，如果我们更加仔细地考察，就会发现支配该领域的基本思想纵然历经数个世纪，却并未发生很大的实际变化。虽然现代学者用矫揉造作的现代术语粉饰了古老格言和法则区别说的推理方式，但是他们仍在继续围绕很早以前就为注释法学派学者所迷恋的话题争论不休。单边主义、多边主义和实体法方法的古老原则仍然是我们这个神秘学科的基本构成要素。

1. "新"冲突法

登临美国冲突法舞台的各种方法并非辉煌崭新的起点,实际上,这场冲突法革命只是针对过于僵硬呆板的多边主义规则所作出的反应,其主要特色就在于对单边主义方法的重拾,然而,这种方法绝非只在美国冲突法中才一枝独秀。在欧洲,早在萨维尼的"哥白尼革命"之前,单边主义方法就已经出现,甚至在萨维尼的祖国德国,单边主义方法还在偶尔吸引追随者的目光。[954] 在德国以外,该方法还受到了法国皮耶的拥戴,柯里从潜藏于实体规则之下的社会政策分析演绎出多州法律冲突问题解决方案的尝试[955],在他那里早有预见。还有其他几位学者,也如同皮耶一样拥戴单边主义方法。[956] 近年,一位瑞士评论家评论说,"法则区别说理论(statutist theories)以其独特的出发点,即法律制度的适用范围和适用利益,正在经历令人刮目相看的伟大复兴"[957]。尤

---

[954] See A. NIEDNER, DAS EINFÜHRUNGSGESETZ VOM 18. AUGUST 1896, at 13—15 (2d ed. 1901); Schnell, Über die Zuständigkeit zum Erlass von gesetzlichen Vorschriften über die räumliche Herrschaft der Rechtsnormen, 5 ZEITSCHRIFT FÜR INTERNATIONALES PRIVAT- UND STRAFRECHT 337 (1895). 关于 Schnell 提出的在《德国民法施行法》中构建单边主义冲突法条款的法律建议见 M. BEHN, DIE ENTSTECHUNGSGESCHICHTE DER EINSEITIGEN KOLLISIONSNORMEN DES EGBGB UNTER BESONDERER BERÜCKSICHTIGUNG DER HALTUNG DES BADISCHEN REDAKTORS ALBERT GEBHARD UND IHRE BEHANDLUNG DURCH DIE RECHTSPRECHUNG IN RECHTSVERGLEICHENDER SICHT 47—61 (1980). Schnell 的观点的重述 id. Appendix II 2 at 20—61.

[955] See Pillet, supra note 835, at 467—482. 单边主义者的思想在皮耶的学生尼波埃的专论当中也有反映。See 3 J.-P. NIBOYET, TRAITÉ DE DROIT INTERNATIONAL PRIVÉ FRANÇAIS 243,248 (1944). 法则区别说学者对萨维尼多边主义思想的批判观点,见 1 G. VAREILLES-SOMMIÉRES, supra note 910, at. 129—146.

[956] See, e. g., R. QUADRI, LEZIONI DI DIRITTO INTERNAZIONALE PRIVATO 279—295 (5th ed. 1969); Pilenko, Droit spatial et droit international privé, 5 IUS GENTIUM 34 (1953); Sperduti, Théorie du droit international privé, 122 COLLECTED COURSES 173 (1967-III). See generally R. WIETHÖLTER, supra note 872, at 15—42.

[957] Vischer, supra note 327, at 137. See generally Gothot, supra note 606.

其是人们所称的"直接适用规则"[958],已经成为"无法穷尽列举的大量书目"着墨的内容。[959]

美国冲突法革命的另一组成元素自体法方法,在欧洲亦有国家采用。不只是英美学者,还有大量的欧洲大陆学者,都竭力主张以更加灵活的规则取代呆板的侵权行为地法规则。[960] 其他人还提倡从更普遍意义上"对概念进行软化",以开放性公式取代僵化的连接因素。[961] 故此,"法律印象主义"[962]并非一个美国独有的现象。

回顾大西洋两岸的理论发展[963],大量的当前冲突法讨论都集中在方法和目的之上,这种现象十分自然。在相当长的一段时间内,学者们都在讨论如何才能使冲突法变得更加灵活,单边主义是否比多边主义更为可取,对不同法律领域分别适用这两种传统方法是否可行,或者能否以某种方式将它们结合起来使用,并且如果结合使用,应当怎样结合才适当。[964] 实体法方法也重新

---

[958] See supra notes 546—554 and accompanying text. 法则区别说的推理与警察法和利益分析之间的紧密关系,见 Audit, supra note 329, at 254.

[959] Audit, supra note 285, at 602, n. 60.

[960] See, e. g., M. KELLER & K. SIEHR, supra note 38, at 264—265, 360—363; Binder, Zur Auflockerung des Deliktsstatuts, 20 RABELSZ 401 (1955); Kropholler, Ein Anknüpfungssystem für das Deliktstatut, 33 RABELSZ 601 (1969); Lagarde, supra note 329, at 100—104. 对侵权法律选择的各种方法的比较见 Morse, Choice of Law in Tort: A Comparative Survey, 32 AM. J. COMP. L. 51 (1984).

[961] See Kahn-Freund, supra note 263, at 406—413; Vitta, supra note 96, at 15—16, 17. See also J. KROPHOLLER, supra note 280, at 22—24; Kay, supra note 641, at 190.

[962] See also Y. LOUSSOUARN & P. BOUREL, supra note 63, at 193—225.

[963] See generally The Influence of Modern American Conflicts Theories on European Law, supra note 320。虽然大部分讨论参与者发表的文章都否认美国方法对欧洲法产生了直接的影响,但他们都注意到了两者的近似之处,尤其是在对更高灵活性的追求和对单边主义方法的依赖方面。See also T. DE BOER, supra note 333, at 25—42, 75—91, 488, 494—495; AUDIT, supra note 329, at 229—230, 365—367; Kay, supra note 641, at 189—190; Parra-Aranguren, supra note 545, at 180—182.

[964] See, e. g., I. SCHWANDER, supra note 547, at 447—459; Batiffol, supra note 71; Reppy, supra note 72.

引起了学者的注意,尤其得到了新商人法倡导者的拥护,这些倡导者主张:适用超国家的规则比适用法律选择规则更为可取。[965] 欧洲的情况与美国相同,法学著述者们倾向于以兼收并蓄的包容态度对待这种理论上的多样性,可能是由于他们感觉到全球化前景光明并顺乎我们的时代要求。

然而,方法论上的多元化亦有其自身缺陷。由于这些多元方法之间各争其长,结果一无所获,反而给这个本已混乱的学科又徒增了几分混乱。美国法院的一系列实验就是警示。试图从美国法院现时依赖的不一致理论大杂烩中获取合理结果的尝试,亦无法令人心悦诚服。学者们只顾分析法官之所言,却忽略了法官之所为[966],易于对真正重要的东西视而不见。从法官判词中挖掘出的混杂理论,只会引人误入歧途,因为"法院推理并没有对其结论进行充分解释,判决的真正原因,尚须从他处寻觅"[967]。折中主义的主要作用实际在于掩饰本该昭示的真相,换言之,法院"是以推行有关实体领域政策的方式形成其法律选择决定的"。[968] 因此,虽然美国的判例法和法学著述都表明,冲突法领域的理论之争是在多边主义者、单边主义者和折中主义者之间进行的,但真正的理论碰撞却是在追求特定判决结果的法官与信奉某种冲突法传统理论的学者之间发生的。

有必要再次指出,在这个方面,美国并非唯一有此经历的国家。在其他国家,对理论的专注亦同样模糊了学者视线。当学者们还在传统方法、新法则区别说的利益分析现象和直接适用的规则之间进行对比,为它们的各自优点争辩不休时,法院和立法机关却将注意力更多地倾注于合理的结果,而非纯粹的理论。一旦理论与实践相脱节,就应当考问如何才能将它们再度合璧,是应该让一般做法屈从于已成教条,还是必须让教条迎合现实需要?

---

[965] *See* authorities cited *supra* note 328.
[966] Kay, *supra* note 635, at 523.
[967] Reese, Book Review, 33 AM. J. COMP. L. 332, 335 (1985).
[968] *Id*., at 336.

于教条主义者而言,答案很显然[969]:现实必须服从他们的思维方式。例言之,关于"实体"解决方法与"空间"解决方法之间的根本差别,凯热尔曾断言[970]:"两者差别判若鸿沟:尝试并找到正确平衡在物质和精神价值观上相对立利益的规则是一回事;而放眼全球,纵观有着不同法律的诸多国家,问自己应该适用哪一个国家的规则却是另外一回事。"[971]

这位多边主义者的上述论断对尚需证实的事项作了假定,即(1)以空间为导向的方法论确实可行,(2)实体正义与冲突法不相容。旨在预知判决规则效力之地理所及范围的单边主义方法,亦为基于类似假定。经过进一步考察,我们可以发现,人们习以为常地视之为极端对立的两种传统理论,实际上有着显见的大量共同前提。因此,似乎非常适宜将它们归为一组,以凸现它们与目的论方法之间有何差别。通过对比空间导向方法与价值导向方法,即能够检验传统冲突法理论所暗含的假定的正确性。然而,我们必须首先阐释单边主义与多边主义之间有何共性。

2. 传统理论的重新考察

虽然单边主义与多边主义有着不同特色,需要采用不同的分析方法,并且得出的适用结果也大相径庭,但是它们都建立在同一命题之上,即多国(多州)法律问题的解决取决于立法权力的划分。在为法律提供属人或属地尺度的意义上,它们皆以空间为导向。因此,两者的理论与实践困境都是类似的。

(a) 难以捉摸的地域化任务

单边主义者们谈论判决规则之"效力所及范围",多边主义者们谈论法律关系之"本座"(或"重力中心")或取得于某个特定

---

[969] See infra text accompanying notes 1043—1046.
[970] Kegel, supra note 333, at 621.
[971] Id. See also id. at 616.

地点之"既得权"。所有这些比喻都暗示着这样一种观念:存在以某种方式将法律和法律交易地域化的可能性。然而,这些言论极其容易引人误入歧途。尽管跨越地理边境的法律关系并非排他性地发生于非此即彼的某个地点[972],这两种方法却都要求,必须找到确定规则地理适用范围的工具。实际上,单边主义者与多边主义者都有赖于运用特定连结点的技巧,将跨国(跨州)交易与特定法律体系联系起来。所选择的连结点可能系属人性质——如一方当事人的住所或国籍——亦可能系属地性质——如物之所在地或事件发生地。就某一特定判决规则或法律关系适宜适用哪种连结点的问题,两种传统方法的代表人物都有过长篇累牍的论著。然而,由于每一种法律都既有其属地适用范围,亦有其属人适用范围[973],选择采用此连结点或彼连结点的做法却有其固有的随意性。

易言之,法律关系之本座或法律规则效力之所及,并非由"物的本质"[974]、政治学原理[975]或国际法的基本原则所决定,而是受制于决策者随意发布的命令。在人们的潜意识当中,特定连结点可能有着直觉上的吸引力,因此,决策者命令的随意性特征表现得并不明显,例如有人曾经主张:英美冲突法赋予不动产所在地法的优先适用效力,系源自"土地戒律"。[976] 其实,对此连结点或彼连结点的偏好,无论以何种理由来解释,它们都无法摆脱多变

---

[972] "关于一个法律关系适用这个地域或那个地域法律的问题,从来都不是排他地归这个或那个地域处理的……",1 C. VON BAR, *supra* note 175, at. 77—78. See also David, *supra* note 409, §16; Parra-Aranguren, *supra* note 545, at 163.

[973] 3 J. BEALE, *supra* note 183, at 1929; *cf.* Pillet, *supra* note 835, at 467—468.

[974] 1 C. VON BAR, *supra* note 175, at 113.
    掩盖真相,刻意表现得某些规则好像是在调整事务的本质一样是没有用的。即使是最有名望的理论著述者一直都没能发现这些规则,英国或美国的法院也一直没能创立这样一套稳定连贯的规则。E. LORENZEN, *supra* note 108, at 11.

[975] 如柯里似乎相信的那样。See B. CURRIE, *supra* note 93, at 124, 446; Kay, *supra* note 641, at 40, 84.

[976] A. EHRENZWEIG, *supra* note 55, at 607, 613, 654.

潮流的影响。孟西尼之所以成功倡导以本国法取代住所地法,乃是由于国籍连结因素合乎盛行于上个世纪的国家沙文主义思想。柯里的属人法原则之所以对美国冲突法"革命者"们显得足够新奇,则是由于人们厌倦了传统的属地主义思想。多边主义者们关于不同连结因素优点的歧见,实质上只是法则区别说学者间争论的重演,他们经过了几个世纪的争辩,仍然无法区分究竟哪些法则为属物,哪些法则为属人。这些没有结果的争论强烈表明:要找寻首要原则[977],以告知我们法律关系本座之所在和法律效力范围之所及,只会徒劳无功。

(b) 追求判决一致的徒然希望

正如公路规则和时效法规所证实,法律有时必须求助于任意性选择。为避免混乱,人人都会赞成,有必要确定汽车应该靠右还是靠左行驶,法律上的权利请求应在多少年以后失效。与之类似,为确立某种秩序和实现判决一致性,无论一套地域化规则设计得如何精妙,都必须以确定性和可预见性的重大目标来证明,采纳其为正当。然而,即使是这样一个保守目标,都无法实现。

就多边主义方法而言,在连结因素和分类问题上仍存在争议,这些争议注定:多边主义方法始终都既无助于国家间统一性目标的实现,亦无助于一国内部法制的统一。反致、识别、先决问题和公共政策例外这些尴尬概念,都只能证明:多边主义无力实现其目标。试图借助以开放性公式取代僵硬连结因素的方法,让冲突法摆脱这些困窘,只会招致更大的不确定性。

单边主义方法亦同样陷于困境,在分割涉外交易法律的同时,产生了一些自身问题。柯里将属人连结点的地位提升到属地连结点之上的权宜之计[978],并没有根除所有单边主义方法中重叠("真实冲突")与空白("无法律规定的情况")普遍并存的混

---

[977] Mutual Life Ins. Co. v. Liebing, 259 U.S. 209, 214 (1922) (Holmes, J.).
[978] *See supra* notes 648—650 and accompanying text.

乱状态。这些难题已不可能在该制度的理论框架下得到解决；单边主义者不得不或直接求助于法院地法，或接纳多边主义方法并容忍随之而来的并发症。因此，两种传统方法当中，显然无一能够保证涉外争议判决的可预见性和一致性。

（c）本地司法的不可避免性

多边主义者和单边主义者都相信，冲突法的作用在于：通过考虑法律与当事人和交易之间的联系，从两个或多个相竞争的法律当中，辨别出更有理由适用之法。这个观点假定，所有的判决规则都同样适宜于调整多边案件，然而，即使是在如美国这样的联邦体制之下，法律规则的质量和它们支配多边交易的适宜性也参差不齐。援用内国此判决规则或彼判决规则，而不考虑规则本身内在优点的法律选择机制，肯定无法取得令人满意的结果。正如冯·梅伦所言，"对涉外案件的处理结果，一个人如果指望其在公正标准和当事人认可方面如同纯国内案件一样令人满意，注定会失望。"[979]

这样一种以法院地法为中心、不需要进行法律选择的简单规则，比大部分冲突法方法都更加有效，之所以如此，有这样几个原因：它简化了诉讼程序，排除适用低标准的外国法，允许适用法院地法以迎合解决涉外争议之需。在侵权案件中，实体规则不合理限制赔偿或者完全禁止赔偿的情况时有发生，援用法院地法会鼓励受害人为适用最适当法律而挑选法院。以法院地法为基础的美国式单边主义，较之毫无偏见地适用外国法的多边主义，更能促进州际正义与国际正义之实现，正是出于这个原因。当然，传统制度并没有全然漠视这个问题，正是为应对这个问题，多边主义者才创造了公共政策这样一个安全阀制度[980]。然而，公共政策却像一剂缓和药，反而降低了其所要完善的方法的可信度，也

---

[979] Von Mehren, *Choice of Law and the Problem of Justice*, 41 LAW & CONTEMP. PROBS. 27, 42 (Spring 1977).
[980] 1 C. VON BAR, *supra* note 175, at 132.

损害了判决的一致性目标。[981] 在允许以事后补救方式实现公正的过程中,传统理论承认,相竞争的法律规则的质量,必须在法律选择决策过程中发挥作用,而这一点正是它最初坚决否认的。允许以法院地法一票否决外国规则在判决中的适用,实际上就是承认,不同国家的法律制度之间并非平等,法律选择终究不能脱离价值判断。[982] 为避免出现不公正结果,多边主义与单边主义一样,最终不得不依赖法院地法的优先适用。

(d) 外国法的窘境

传统冲突法理论假定,法院地法官有能力确定、解释和适用法院地以外国家(州)的法律,而单边主义方法如利益分析方法,甚至在这一点上比多边主义更加苛求,因为他们不仅要求法院确定外国(州)法律规则的内容,而且还要求法院确定规则背后的政策和实现这些政策时的外国(州)利益。[983] 然而,正如任何从事国际法律实务的人士所知晓,即使是探求在另一个国何法为现行有效的努力,都充满困难。[984] 既然连求助于外国法都必然会增加司法裁判中发生错误的可能性,又何谈求助于外国政策。[985] 下级法

---

[981] "冲突法中的公共政策原则应当被视为一种警示,公共政策本身作为其例外的那些规则所依据的推理是存在问题的。"E. LORENZEN supra note 108, at 13—14.
[982] "公共秩序例外……以正义的不可分割性证明了其存在的合理性:即使冲突法正义原则上优先,它也必须在重大案件中退居实体正义之后。"Kegel, supra note 333, at 632.
[983] See supra notes 645—646, 841 and accompanying text.
[984] See supra notes 555—565 and accompanying text.
[985] F 国的法院如何查清 X 国、Y 国、Z 国等在他们的本国法规则和法律选择规则之外,隐含于这些国家本国法规则之下的政策:要么通过专家证人,要么自己审查这些法律的内容、历史和背景,要么凭他们从与法律选择规则相联系的本国法获得的大体印象,要么以其他某种方式。这里提到的第一种方法仅对规则的查明来说就已足够麻烦。

Rheinstein, supra note, at 663. 而且,正如伯尔所指出,推行政策导向方法实为反常,它将法律视作社会控制工具,给当事人强加了举证外国法的义务。T. DE BOER, supra note 333, at 183—184. See also id. At 462—465. Kay, supra note 641, at 114 否认这里存在问题,认为应由当事人在专家的协助下将外国法的主旨传达于法庭。她认为,法院处理冲突法案件中"专家之争"的难度,与监护权案件相同。然而,美国法院在实践中发现,即使要猜想姐妹州的政策都很难,而要猜想那些外国的国家政策,就更难了。See supra text accompanying notes 846—853.

院确实会在司法裁判中犯错,但是,由于许多国家的法律制度限制对错误适用外国法的案件提起上诉,下级法院的错误时常无可补救。并且,众所周知,法官在适用外国法时会缩手缩脚,感觉如芒刺在背,与其说他们是在发挥建筑师的作用,还不如说他们是在发挥摄影师的作用[986],他们习惯忠于外国法的字面含义而非外国法的精神行事。[987] 即使法官确实对外国法的真义了然于心,也仍不可避免地会出现曲解外国法的现象。一旦将一个规则移除于其天然生长环境之外,与适应相异实体政策需求的法院地程序规则生拉硬拽在一起,就会损及规则在释义上的完整性。[988] 因此,出于诸多原因,法院于实践中之所适用,往往只是外国法的低级复制品。

更有甚者,在将外国法因素移植到法院地国法律体系中时,还可能产生外国法院和本国法院都不会在纯国内交易案件中作出的判决结果。如一法律事件引发适用多种法律选择规则的可能性,多边主义者即面临这个问题。例如,配偶的死亡不仅会引起继承问题,而且会引起婚姻财产的分配问题,即使是适当的法律选择规则,亦可能导致来自不同法律体系的相斥规则在同一案件中适用。法院因而被迫对法律选择规则或判决规则进行人为操纵,以避免出现荒谬的结果。甚至那些坚决支持传统法律选择方法的学者们亦承认,在这样的情形下,法官不得不临时即兴发挥他们的聪明才智。这个被称之为"适应"(adaptation)或"调整"(adjustment)的神秘过程,实际上授予法院以"全权",为协调矛

---

[986] See supra notes 568 and accompanying text.
[987] "因为没有把握和不应有的谦逊,外国法比本国法更严格地被从字面上加以解释;即使是在国外,该规则也仍然适用;知法者,不仅须理解法律之文句,更须理解其效力。" Siehr, *Die Zeitschrift für schweizerisches Recht und das schweizerische Privatrecht in der deutschen Rechtspraxis*, 100-I ZEITSCHRIFT FÜR SCHWEIZERISCHES RECHT 51, 59 (1981).
[988] See A. FLESSNER, *supra* note 279, at 119; Fränkel, Der Irrgarten des internationalen Privatrechts, 4 RABELSZ 239, 241 (1930).

盾而创造出法院地法和外国法所都没有的法律概念。[989]

将不同法域的法律规则切割开来又拼合在一起的问题,在利益分析方法之下愈加恶化。单边主义方法要求,对可能适用于争议的所有实体规则的效力,都要进行独立的判断,因此,对涉外案件中出现的每一个问题,都有必要进行独立的法律选择分析。将出自数个法律体系的相异规则杂糅在一起,极易产生不同于任何国家现行法律的人造混合法。[990] 如果允许法官为迎合案件需要而拼凑出这样的"人造杂交怪物"[991],那么主张法院缺乏创造多边实体规则的能力,这种借口根本就无以立足。实际上,适应和分割现象都证实了勒内·达维德(René David)的如下评价,"对于每个案件中的国际贸易争议,律师都期望将其交给一个或多个国家的法律制度来支配,然而这种想法只是在自欺欺人。"[992]

(e) 主权的符咒

由于饱受法律实证主义精神和国家主权观念的影响,单边主义者和多边主义者们都同样弃绝这种想法:跨国交易应交由一套超国家法律体系调整。当然,对待吸引他们思想的国家主权观念,这两个学派有着完全不同的反应方式。多边主义者视主权为需要跨越的绊脚石,这正解释了礼让学说和诸如既得权、本地法说之类的创造性理论的产生,为达到跨越主权障碍的目的,这些理论甚至拒绝承认这样一个显而易见的事实:内国法院虽宣誓捍卫法院地法律和宪法,却时常适用外国法。

与之形成鲜明对比,单边主义者则打算服从主权者的命令,依据各个立法者的愿望执行法律,然而,在不止一个主权者"想要"以其法律支配一个特定案件或没有一个主权者意欲如此的情

---

[989] See, e.g., G. KEGEL, supra note 55, at 147—154; P. MAYER, supra note 29, at 170—176.
[990] See supra notes 879—880, and accompanying text.
[991] Currie, in D. CAVERS, supra note 57, at 39.
[992] David, supra note 409, §580.

形下，单边主义者却因此而陷入困境。对这种虚构的进退两难境地，除了让法院卑躬屈膝地充当法院地国的辅助性"机构"或"工具"之外，并无其他圆满解决方案。韦希特尔和柯里以不加掩饰的法院地法嗜好，轻易解决了主权者意见歧异所产生的"真实冲突"和"无法律规定的情况"这两大难题。然而，这个有关司法机关作用的观点完全无法令人信服，没有哪个法官曾因牺牲法院地利益而被弹劾过，让法院屈尊充当法律帝国主义的奴仆，与让法院执行既得权一样矫揉造作。

传统理论追随者对主权性特权的思考，无论是以玩弄既得权或本地法理论之类奇想的方式进行，还是以趋炎附势地再三猜度国家机器欲求的方式进行，他们的冥想对于解决跨国争议都毫无助益。一位德国学者曾经断言，"主权观念，在我们这个世纪已经变得令人疑窦丛生，甚至在国际法中亦为如此，至少在国际私法中，主权观念已无所助益。"[993]

作为相冲突姐妹州诉讼请求的唯一终局裁断机构，美国联邦最高法院在许久以前就否认，宪法对州法院适用本州法处理跨州交易的权力施加有固定限制。[994] 无论何时，只要法院地州能够合理主张其对案件存在一定"利益"，联邦最高法院的大法官都会谅解该州适用本州法的行为，这给各州法院以很大的自由空间，去创立不同的法律选择规则和方法。最高法院的最新案例也适时重申了这个州权利哲学[995]，实际上等同于允许一州权利凌驾于另一州的特权之上。

然而在其他一些场合，法院也承认，双方当事人利益和商业

---

[993] H. Neuhaus, *supra* note 8, at 71（原文中用了强调字体）。But *see* Largarde, *supra* note 329, at 49—56, 194.

[994] *See supra* notes 616—618, 622—624 and accompanying text.

[995] *See* Sun Oil Co. v. Wortman, 486 U.S. 717 (1988); Phillips Petroleum Co. v. Shutts, 472 U.S. 797 (1985); Allstate Ins. Co. v. Hague, 449 U.S. 302 (1981). *See also* Leflar, *Choice of Law: States' Rights*, 10 HOFSTRA L. Rev. 203 (1981); Reese, *supra* note 785.

现实才是多州交易法律中的至高无上因素,而非所属州籍。在不来梅案(*Breman*)中,法院支持了指定外国法院管辖的法院选择条款效力,首席法官伯格(Burger)对此有言:

> 如果我们坚持所有争议都必须按照我们的法律,在我们法院处理的狭隘做法,即使当事人在先订立有郑重的合同也在所不问,那么美国商业和工业的扩展将一筹莫展……我们不能在世界市场和国际海域独断专行地按照我们的条件,适用我们的法律,在我们的法院解决贸易和商业纠纷。[996]

这段言论直言不讳地驳斥了审判冲突法案件的法官必须维护本地主权利益的观点[997],强调我们学科背后的推动力量应为国际贸易发展的当务之急,而非主权。多边主义者和单边主义者都认为,只有某个特定国家(州)的实定法才能调整涉外交易,由此可见,这种观点存在明显错误。

(f) 挑选法院的困境

诉讼当事人利用国际舞台上大量存在的许可性的——有时甚至是偏离常规性的——管辖权规定[998],能够如同叛离主权者利益一样轻易破坏判决的一致性目标。虽然两种传统方法都无法兑现其各自承诺,但是在一定程度上,每种方法都能够实现另一方法之目标。多边主义通过保证利益攸关的各个主权者都能够在冲突法案件中平分秋色,各得其所,保护了政府利益,防止了

---

[996] The Bremen v. Zapata Off-Shore Co., 407 U.S. 1, 9 (1972); *see also* Scherk v. Alberto Culver Co., 417 U.S. 506 (1974)(同意在国外仲裁的协议)。
[997] 还没有国家对执行隐含于私法之下的那些政策表现得如此感兴趣,以至于将其他国家对那些政策的漠视视为对本国管辖权或主权的冒犯,或者视为故意侵权。

在私法中,从没有类似于国家在边界、对外国国民或财产待遇或利益范围问题上发生抵触意义上的国家间冲突。Rheinstein, *supra* note 93, at 663—664.
[998] *See generally* Juenger, *supra* note 7; Juenger, *La Convention de Bruxelles du 27 septembre 1968 et la courtoisie internationale*, 72 REV. CRIT. 37 (1983).

规避法院地政策的行为发生,对判决一致性的实现确实有着些许促进作用。相反,单边主义则招致了挑选法院现象,并鼓励规避法院地政策与利益。与此同时,它却颇具讽刺意味地促进了可预见性目标之实现,因为我们可以预见,精明的律师会见风使舵,选择到法律对己方当事人有利的法域去进行诉讼。

在这许多似是而非的论点之外,还有一点可以为我们的单边主义理论增色:传统理论温文尔雅的中立态度惯于产生为人们所不悦的结果,而单边主义者对法院地法的狭隘偏好,却能够通过鼓励挑选法院和淘汰低标准的外国法,提高多边案件司法的质量和判决的一致性。有关外国人离婚和再婚案件的瑞士法院判决[999],美国的跨州侵权案例[1000]都向人们展示,抛弃传统的判决一致性理想,转而采用看似沙文主义的指导思想如何能够带来司法进步。当然,这些事例都不能证明单边主义在理论上更胜一筹;它们只能证明,不做法律选择的做法可能比不加区别地适用外国法更加可靠。而且,以适用法院地法为目的的做法有其自身局限:它只能令那些足够老练和机智的、善于利用挑选法院机会的当事人受益。

(g) 复杂与困惑

面对古怪的冲突法教授们所臆造出来的怪诞和费解术语,普罗赛进行了辛辣讽刺[1001],这说明了法律与语言之间的联系。深奥的冲突法词汇和难以捉摸的冲突法学说[1002]注定学者们在

---

[999] *See supra* notes 448—455 and accompanying text.
[1000] *See supra* notes 927—930 and accompanying text. 根据 Kay, *supra* note 641, at 171—179,美国法律哲学反映了对不同判决标准的容忍态度。然而,虽然可能在大体上是这样,"革命性"的侵权法律选择判决却显示了对低标准判决的相当低的容忍度。
[1001] *See supra* text accompanying note 2.
[1002] *See, e. g.*, A. FLESSNER, *supra* note 279, at 145—146; Y. LOUSSOUARN & P. BOUREL, *supra* note 63, at 71, 73; H. NEUHAUS, *supra* note 8, at 3.

自圆其说的过程中会遇到逻辑困难。[1003]当然,并不是每个人都视神秘术语和深奥概念为缺陷。由于其特有的不可测知性,冲突法所提出的智力挑战,是任何其他法律领域都无法与之匹敌的,正因如此,冲突法在学者眼中的魅力,亦为任何其他法律领域所无与伦比。[1004]冲突法为学者们提供了一个"极其错综复杂的智力游戏"[1005],那些喜好思索的头脑之所以会被吸引到这个学科,似乎正是由于他们钟情于此。在另一方面,从事法律实务者却不像学者们那样钟情于法律冲突游戏,他们曾把这个学科比作"错综难解的迷宫"[1006],把解决法律冲突所需要付出的努力比作"在肥皂泡上刻字"。[1007]俄勒冈州最高法院的一位法官在提及《第二次冲突法重述》时评价:"法律选择一直都建立在飘忽不定的基础之上,对法律选择的权衡,在很大程度上取决于作出特定判决的法院如何运用语义学。"[1008]

民法法系的观点表述风格并不像英美法系法官这样直白,但是听闻欧洲法官也曾对本学科晦涩难解的理论和令人苦恼的术语颇有怨言。德国中间上诉法院的首席法官曾引述过他的一位同事发表的如下感言:

> 对于许多法官而言,我们的国际私法体系仍旧是一本"天书",最好不要染指其间……许多国际法规则和原则的难度之高、令人费解和缺乏可预见性,是造成这种情况的一

[1003] David, *supra* note 409, §15.
[1004] "国际私法的高度抽象性吸引了许多人。但它也包含着脱离具体事实和已认可价值观基础的危险。" H. NEUHAUS, *supra* note 8, at 3.
[1005] Niboyet, *Territoriality and Universal Recognition of Rules of Conflict of Laws*, 65 HARV. L. REV. 582, 586 (1952). *See also* Y. LOUSSOUARN & P. BOUREL, *supra* note 63, at 71 (堪比一场象棋比赛)。
[1006] Fränkel,, *supra* note 988, at 241.
[1007] J. Kennellly, Esq., as quoted in Kozyris, *Refections on Allstate—The Lessening of Due Process in Choice of Law*, 14 U. C. DAVIS L. REV. 889, 889 (1981).
[1008] Fisher v. Huck, 50 Or. App. 635, 639, 624 P. 2d 177, 178, *appeal dismissed*, 291 Or. 566, 632 P. 2d 1260 (1981).

个主要因素……在许多情况下,一个案件的国际性质要么得不到承认,要么被故意忽略,[或者]……法院时常借助等同于杂耍伎俩的手段,去努力证明适用德国法的正当性。最后,在被承认具有国际性的剩余案件中——令人遗憾地也是最小部分的案件中——法官才会绞尽脑汁地思考国际私法和外国法的最佳适用方案。他们常常囫囵吞枣地遵行某个权威学派的观点,却又常常不明其所以然,更不用说进行批判性的考量了。[1009]

引述这段感言的法官,以同样的批判性口吻,补充评价说,"这些听来深奥难解的技术性词汇"[1010],容易导致人们的"怀疑和抛弃,而非崇拜与热衷"。[1011]

诸如此类人们已经司空见惯,视若往常的批判性评价,正回应了清醒的实务界人士所发出的长期怨叹:法律选择方法所造成的问题,比它们所能解决的问题还要多。两种传统方法都从研究"立法管辖权"的优先效力思想出发,而非从探究冲突法如何才能提高涉外司法的公正水平出发。一旦一个法律学科完全沉迷于这种幻象,它就会丧失其赖以存在的坚实土壤——社会现实。在找寻圣杯的过程中,无论是单边主义还是多边主义,都没有充分顾及法官所肩负的裁判涉外争议的普通任务。

3. 法官在涉外案件中的作用

许多冲突法著述都致力于浓墨重彩地描写各种新奇理论,然而,需由法院处理的法律选择问题本质却一直悬而未决,考虑到

[1009] Otto, *Der deutsche und der schweizerische Entwurf eines Gesetzes über das internationale Privat-und Prozessrecht auf dem Prüfstand*, 37 DAS STANDESAMT 29, 30 (1984). See also J. KROPHOLLER, *supra* note 280, at 40.
[1010] Otto, *supra* note 1009, at 31.
[1011] Id.

冲突法领域的学者主导作用,这一现象毫不出人意表。实际上,我们这个学科的调整对象根本无所谓复杂;发生争议的都只是一些平常的社会交往活动,比如合同、侵权、结婚和离婚。解决争议之所以困难,只是因为这些交往活动跨越了州或国家的界限。由于各个地域实体都有自己的垄断立法权,各法域的立法权威只止步于自己的地域边界,跨州或跨国交往可能会有沦为非法之虞。涉外案件超越了任何一个州或国家的专属管辖范围,却没有一个最高立法机关可以处理之。统一国际法律秩序的缺乏,渐渐为涉外案件的审理注入了这样一股氛围:唯恐法律处于真空状态(horror vacui)。在找不到更好解决办法的情况下,法院只好退而求其次,求助于本地法或其他法域的法律,以解决那些实质上属超国家性质的问题。自中世纪以来,学者们就在孜孜以求地证明特定法律选择的正当性,由此而生的理论,也就因此自然植根于对国家权力的推测之中,而非出自常理。

在实践当中,牵涉到跨国交易法律适用问题的决策者林林总总,如当事人及其代理人、法院、行政机构和立法机关,但是,他们都只在争讼发生的背景下才显得尤为关键。在法律诉讼中,需要决定合同争议人、事故受害者、配偶和子女的命运,这些当事人皆为真实而非虚拟,诉讼双方的艰难鏖战,会使得选择某一法律所造成的结果,与适用其他法律所造成的结果势同水火。抽象意义上看似可信的规则与方法,在被适用于实际争议时,一旦导致判决与法院的正义观念发生抵触,就会丧失其可信性。既然司法裁判是检验法律选择方法正确性的试金石,那么从司法便利的角度来考察法律冲突问题,似乎就很合宜了。再者,考虑到大多数冲突规范毕竟都是法官造法的结果,这种以司法为转移的导向就更为合适了。

审理涉外案件的法官,被传统冲突法理论圈禁于这样一种尴尬境地:必须运用"纯内国性质的工具去解决那些实质上属国际性的问题"。[1012]虽然负有忠于法院地法律和宪法的义务,但是,法官们无法摆脱其作为跨国案件裁判者的身份,其判决将影响到超越本区域和法律影响范围的关系。[1013]既然缺乏统一的法律制度,那么法官应如何填充由此而来的空白呢?法院地冲突规范可能会要求法官参考陌生的外国法,但是法官可能会发现,外国法和法院地法一样无法令人满意,因为无论法院地法,还是外国法,都只是根据立法者最为关切的本地情况制定的(当然,内国法律的制定经常忽略跨国交往的现实也绝非秘密[1014])。为本地适用而发展起来的判决规则与涉外司法正义之间的紧张状态,取决于法官的不同性情,或会令法官感觉徒劳无功,一无所获,或会暗示法官:须以某种方式克服狭隘地方法律的限制。

  法律发展的历史证明,法院在适当解决涉外问题方面,可谓是长袖善舞。法官们身兼双重职能,既要作为本国司法权力的行使者,又要作为涉外争议的裁判者行事,清楚意识到这一点的法官,曾在过去为当今冲突法作出了重大贡献。抛开种种学术理论的指手画脚,在自力更生的基础上完成其超国家任务时,法院并没有考虑采用分配"立法管辖权"范围的方式,而是将矛头直指问题核心,针对调整涉外交易的当务之急,创立发展了实体性的解决方法。罗马的外事裁判官吸取本国法和外国法渊源,创造了优于解决罗马市民间争议的法则而适用的法则。经过罗马官员的阐释,万民法(ius gentium)才获得了普世通用的效力。到了中世纪,历史再度重演,商人法院吸纳各种渊源创制了具有超国家性质的商人法(lex mercatoria)。英国的海事法官,亦运用相同方

[1012] David, *supra* note 409, §15. Cf. Y. LOUSSOUARN & P. BOUREL, *supra* note 63, at 73 (一笔国际买卖和一笔纯国内性质的买卖有着根本的不同)。

[1013] "必须决定国际私法事务的内国法院不仅是——由于它们的职责——内国国家机关,而且要和它们的内国任务一起,完成它们的国际职能。" H. WIEBRINGHAUS, DAS GESETZ DER FUNKTIONELLEN VERDOPPELUNG 142 (2d ed. 1955).

[1014] "各种各样的内国法律制度是为了适应调整内国法律关系的需要而总结和发展起来的,很少考虑到国际贸易的特殊之处。而在许多案件中,正义都要求对内国贸易和国际贸易分别适用不同规则。" David, *supra* note 409, §20.

法奠定了整个世界范围内海事法的基石,这构成了现代国际海事公约的制定基础。

然而美国的发展历程,则为我们提供了有关实体法方法的另一现实例证。从 1842 年到 1938 年,联邦法院一直在适用他们自己创造的一般联邦普通法解决不同州籍当事人之间的案件。[1015]正是约瑟夫·斯托里这位最为杰出的美国冲突法学者,在斯威夫特诉泰森案(*Swift v. Tyson*)中撰写的法官观点[1016],才为实体法方法在美国的发展开了先河,但是,这个里程碑式事件的发生绝非偶然。斯托里对冲突法的执着热爱,并没有遮蔽他的视线,他依然看到了"不依赖于本地法规或本地习惯而存在的",旨在确定"商业世界"普遍"正义规则"之法所具有的优点。[1017]然而,美国联邦最高法院在国家主权观念和实证主义思想的推动下,却在艾利诉汤普金斯案(*Erie R. R. Co. v. Tomkins*)中推翻了斯威夫特案的判决[1018],判定把州际争议留给反复无常的州法和不断波动的冲突法方法解决。后来,联邦最高法院在 Klaxon 公司诉 Stentor 电力公司(*Klaxon Co. v. Stentor Electric Mfg. Co., Inc.*)案中判决:联邦法院在受理多州案件时必须适用各州冲突规范判决,这一判决使得问题愈加恶化了。[1019]

多起大规模灾难性案件向人们展示,牺牲实体性多州规则,适用法律选择方法会造成令人扼腕叹息的后果。例如范·杜森诉巴拉克案(*Van Dusen v. Barrack*)[1020],原定由波士顿飞往费城的东方航空公司飞机在起飞后坠毁,约有 40 起最初在宾夕法尼亚联邦法院提起的不当致死诉讼被移转到马萨诸塞州,而在马萨

[1015] 有关联邦法院对不同州籍当事人之间案件的管辖权见 Cavers, *Contemporary Conflicts Law in American Perspective*, 131 COLLECTED COURSES 75, 107—108 (1970-III).

[1016] 41 U. S. (16 Pet.) 1 (1842).

[1017] *Id.* at 19.

[1018] 304 U. S. 64 (1938); *see* Cavers, *supra* note 1015, at 114—115.

[1019] 313 U. S. 487 (1941); *see* Cavers, *supra* note 1015, at 116—117.

[1020] 376 U. S. 612 (1964).

诸塞州已经有起因于同一事故的一百多起诉讼提起待决。联邦最高法院裁定，艾利案和 Klaxon 案都要求，接受诉讼移转的马萨诸塞州法院，应如同案件来源地宾夕法尼亚州法院审理这 40 起案件一样作出判决。因为宾夕法尼亚州的冲突规范与马萨诸塞州不同，马萨诸塞州的联邦地区法院基于诉讼的不同提起地点，不得不适用了两套不同的实体法。著名的比较法学者勒内·达维德恰如其分地批评道，该案的审理结果足令法院蒙羞。[1021] 由于在空难案件中适用州法而导致的不一致，在美国冲突法革命的背景下变得更加严重。无论法官还是律师，都为形形色色令人烦恼的冲突法问题所激怒，要求以联邦立法来补救这种令人难以容忍的状况。[1022]

然而，"橙剂"产品责任诉讼案的事实甚至比空难案件更加引人注目。[1023] 3000 多名原告具名起诉位于美国各州、波多黎各和哥伦比亚特区的 19 名被告，要求被告对在印度支那使用除草剂橙剂给军队人员及其家属造成的伤害负责。据原告主张，这些侵权行为在包括美国、南越南、老挝、柬埔寨、西德和加拿大等在内的多达二十个国家境内都有发生。有人估计，另外还有上百万名的潜在原告没有加入到诉讼当中来。接手这些诉讼的联邦地区法院法官最初决定适用联邦普通法来处理当事人的诉讼请求，[1024] 但是，联邦第二巡回法院撤销了地区法院法官的判决，[1025] 认为不能"冒险确认存在能够据以创造联邦普通法规则的联邦政策"。[1026] 因此，艾利案、Klaxon 案和范·杜森案在理论上都要求，地区法院应按照特定诉讼提起州的法律选择规则，去

[1021] David, *supra* note 409, §27.
[1022] See, e. g., *In re* Air Crash Disaster Near Chicago, Ill. On May 25, 1979, 644 F. 2d 594, 632 (7th Cir.), *cert. denied*, 454 U. S. 878 (1981); Kennelly, *Aviation—The Need for Uniform Legislation*, 48 J. AIR. L. & COM. 613 (1983); Wright, *supra* note 555, at 336.
[1023] 580 F. Supp. 690 (E. D. N. Y. 1984).
[1024] *In re* "Agent Orange" Prod. Liab. Litig., 506 F. Supp. 737 (E. D. N. Y. 1979), *rev'd*, 635 F. 2d 987 (2d Cir. 1980), *cert. denied*, 454 U. S. 1128 (1981).
[1025] 635 F. 2d 987 (2d Cir.), *cert. denied*, 454 U. S. 1128 (1981).
[1026] 635 F. 2d at 993.

确定每一案件应适用什么侵权法。

然而,纽约东区法院首席法官温斯坦(Weinstein)并没有盲从联邦最高法院的判例。相反,为避免陷入冲突法泥沼,他沿着斯托里法官的足印,假定存在一套"全国统一法"(national consensus law),以备州法院和联邦法院同样适用于橙剂案。[1027] 由于美国社会、法律思维和法律制度本质上的同一性[1028],以及联邦法的说服力,首席法官温斯坦轻而易举就确定了适当规则的内容,响应了勒内·达维德对范·杜森案的批评意见。他还谴责道,"对那些在同一场艰苦对外战争中并肩战斗,置身同样险境的军人提出的相同诉讼请求,适用不同法律,显然不公"。[1029]

美国联邦最高法院早在四十年前就曾经尝试建立全国性的普通法,在首席法官温斯坦的手中,全国性普通法又得到复兴,表明那些全国性普通法已经消亡的报告可能只是夸大其词而已。无论如何,橙剂案都昭然揭示,传统方法对多州法律问题的充分解决,已经是无力回天[1030],而各州法律皆可同样适用于多州法律问题的假设,亦为谬误。[1031] 与此同时,橙剂案肯定了罗马执政官创立万民法的智慧,肯定了中世纪法官创立商人法的智慧,

---

[1027] *Agent Orange*, 580 F. Supp. at 696—699, 708, 709, 711, 713.

[1028] 为了强调"共同的美国法律观念基础",温斯坦法官说过:"我们属于同一个国家,律师和法官们都把自己视为同一美国职业的成员,有着共同的法律哲学和同质的社会基础"。*Agent Orange*,580F. Supp. at 699. *See also id.* at 696.

[1029] *Id.* at 703.

[1030] 依温斯坦法官之言,
  要明智地适用《第二次冲突法重述》中的法律选择理论或分析,去认定某一个州的利益充分大于任何其他州是不可能的……任何州的狭窄和机械法律选择制度面对这个独特案件,在各种各样的联系、政策因素和不相关或相冲突州利益的重压之下,都只会面临崩溃……适用某一州的法律而非联邦法或国家统一法,既不合理又不公正。*Id.*

[1031] 虽然发生地法方法通常会将南越南、老挝或柬埔寨作为对军人的侵权行为地,但没有一方当事人主张适用这些国家的法律,即便这些国家的法律内容是可以查明的……南越南……不复存在,柬埔寨也只是在名义上是一个独立的国家……而如果让北越南(或者法国、苏联,他们的法律无疑对越南的法律制度有着深重影响)去确定该案的法律适用,又将是滑稽可笑的。
  Id. at 707.

肯定了英国海事法官的智慧,当然亦肯定了斯托里法官在斯威夫特诉泰森案(Swift v. Tyson)的判决中所表现出来的智慧。

另外值得一提的是,美国联邦法院在管辖不同州籍当事人之间的诉讼之外,在集不同地方法律之大成,创建多州统一规则方面,亦表现出相当的敏锐。在关系到特殊联邦利益的领域,联邦法院仍在继续总结各州判例和其他渊源,从中创立全国性规则。[1032]借助此种方式,联邦法院在美国宪法的管辖权授权条款基础上,已经创立了一套完备的海事法体系。[1033]甚至在基础更为薄弱的劳动法领域,他们亦取得了类似成就。[1034]得到海外多国效仿的美国反托拉斯法,在很大程度上即为围绕《谢尔曼法》和其他补充性立法的模糊词句创立的判例集合体。[1035]这些事例[1036]足以证明,美国法院有能力摆脱艾利案的控制,为在宽广且不断扩大的领域内创造统一联邦规则而行使其司法权力。[1037]

无独有偶,《国际法院规章》(the Statute of the International Court of Justice)第 37 条第 1 款 c 项明确规定,国际法院有权从"文明国家公认的一般法律原则"中推导出国际法规则,这正承认了国际法院作为国际性案件决策者的作用。甚至是没有得到如此明确授权的欧共体法院(the Court of Justice of the European Community),作为共同体法治的保证者,在行使其职能的过程中,亦已在大量案件中创立了超国家性质的规则,从而成为欧共体内

[1032] *See generally* Friendly, *In Praise of Erie—And of the New Federal Common Law*, 39 N. Y. U. L. REV. 383 (1964).

[1033] *See generally* G. GILMORE & C. BLACK, THE LAW OF ADMIRALTY 45—47 (2d ed. 1975).

[1034] *See* Bickel & Wellington, *Legislative Purpose and the Judicial Process*: *The Lincoln Mills Case*, 71 HARV. L. REV. 1 (1957).

[1035] *See* L. SULLIVAN, HANDBOOK OF THE LAW OF ANTITRUST 14 (1977).

[1036] *See* C. WRIGHT, HANDBOOK OF THE LAW OF FEDERAL COURTS 387—397 (4th ed. 1983).

[1037] *See* Wright, *supra* note 555, at 330—331, 335—337.

部一个至关重要的一体化因素。[1038]为实现创立超国家规则的目标,欧共体法院开创性地运用了比较方法。[1039]尽管《罗马公约》第 215 条第 2 款暗示,欧洲法官只能适用"成员国的共同基本法律原则",然而在这些法官看来,既无必要只适用存在于共同体市场内部的法律原则,亦无必要根据各成员国的平均标准判决。在许多案件中,欧共体法院的法务官(Advocates General)* 都曾向法院引用并非来自欧洲法源的规则,作为颇具说服力的权威意见。[1040]

这些事例表明,针对跨州和跨国交往频繁发生的现实,法官确实具备创造实体规则的能力。当然,多州或多国统一立法者的角色,自然应由联邦或准联邦体制下的中央法院扮演,例如美国和欧共体的最高法院。但是正如罗马外事裁判官和英国海事法官的事迹所证明,那些并不具备正式最高地位的裁判机构,亦具备完成相同使命的能力。无论是作为统一司法体制终局裁判者的法院,还是作为平行法域间纠纷处理机构的法院,都是在行使其作为涉外案件裁判者的职能,在创制多边实体规则的方法上,

---

[1038] Hallstein, *Die echten Probleme der europäischen Integration*, 37 KIELER VORTRAGE (n. s.) 9 (1965).

[1039] *See generally* Juenger, *The Role of Comparative Law in Regional Organizations*, in REPORTS FROM THE UNITED STATES OF AMERICA FOR THE IXTH CONGRESS OF THE INTERNATIONAL ACADEMY OF COMPARATIVE LAW 57—63(N. Hazard & J. Wanger eds. 1974).

* 欧共体法院的法务官系法院成员,但不是法官,负责就提交法院裁决的事项向法官提供经其详尽论述的意见。——译者注

[1040] *Id.* at 58—59; *see*, *e. g.*, Ahlström Osakeyhtiö v. Commission (Joined Cases Nos. 89, 104, 114, 116—117 and 125—129/85), 1988 E. Comm. Ct. J. Rep. 5193, 5221—5224, 5226—527 (美国判例法,《对外关系法重述》); Musique Diffusion Française SA v. Commission (Joined Cases Nos. 100—103/80), 1983 E. Comm. Ct. J. Rep. 1825, 1930 (美国最高法院共谋方面的判例法); Criminal Proceedings Against Oosthoek's Uitgeversmaatschappij BV (Case No. 286/81), 1982 E. Comm. Ct. J. Rep. 4575, 4592 n. 1 (citing L. TRIBE, AMERICAN CONSTITUTIONAL LAW (1978)); Jenkins v. Kingsgate (Clothing Prods.) Ltd. (Case No. 96/80), 1981 E. Comm. Ct. J. Rep. 911 (种族与性别歧视方面的美国判例法); Handelskwekerij G. J. Bier B. V. v. Mines de Potasse d'Alsace (Case No. 21/76), 1976 E. Comm. Ct. J. Rep. 1735, 1755 (《第二次冲突法重述》).

两者如出一辙。

　　法院在创制新法的过程中,决不会忽视可资选择利用的任何现有资料,在此意义上,由法院创立的实体规则,亦为其法律选择决定之所出。然而,法院在进行此种法律选择时,是建立在对"相冲突"规则的批判性比较评价基础上,而非基于旨在划分立法权力范围的原则。采用此种法律选择方法审理案件的法官,自然倾向于采纳他们眼中更为优越的法律。欧洲法院前法务官莫里斯·拉格朗日(Maurice Lagrange)紧扣这种目的论方法的实质,曾在其判决意见中有言:在运用共同体成员国的共同基本法律原则时,

　　　　法院并不满足于使用此种方法,即在不同国家的解决方案中,以几近于计算的方式寻找它们的"共同分母",而是考虑到公约目标,从各成员国解决方案中选择其认为是最佳或最进步的方法。这正是法律选择的精神所在,而且,这种精神至今一直在引领着法院前行。[1041]

4. 法律选择中的目的论方法

　　在判决冲突法案件时,法院频繁使用着同一种方法——目的论方法。正如明尼苏达州最高法院的一位法官在其判决意见中所述:"必然影响法院判决的一个考虑因素,就是它对'较好的法'——向法院提供更合理视角的法律的探寻……这种选择法律适用的方法当然值得任何法院采用。"[1042]事实上,在学者当中,

---

[1041] Koninklijke Nederlandsche Hoogovens en Staalfabrieken N. V. v. High Authority (Case No. 14/61), 1962 E. Comm. Ct. J. Rep. 253, 282—283 (1962); *cf.* *In re* "Agent Orange" Prod. Liab. Litig., 580 F. Supp. 690, 707, 713 (E. D. N. Y. 1984).

[1042] Heath v. Zellmer, 35 Wis. 2d 578, 598—599, 151 N. W. 2d 664, 673—674 (1967)(Heffernan, J.).

两种传统方法的追随者都已经意识到这种发展趋势,但是他们都对此持责难态度。多边主义者克恩·弗罗因德(Kahn-Freund)诘问道:"谁能够怀疑法官和施政者们在作出法律选择决定时,有意识或无意识地受到了他们所知的待选法律内容的影响呢?"[1043]对这种结果导向意识,他毫不含糊地继续谴责说:"在实践中,无论法官对此法律或彼法律内容的偏好,可能在多大程度上影响到其法律选择,要将人类有其自身弱点的事实,提升为立法的政策性原则,都是非常失策的。"[1044]柯里也注意到,法院可能会"从进步的外国法中寻求公正的结果"[1045],但是他同样着力强调:"冲突法案件并没有授予法院以此权力:借口某州的法律和政策过时、具有误导性或在社会、经济意义上不明智而对其加以谴责。"[1046]

(a) 法学家

学术界的非难,并不能抹煞目的论已经在冲突法历史上发挥作用的事实。被誉为本学科创始人的阿德瑞克斯曾经主张,法官应该对相冲突的法律规则进行考察,基于这些规则的优点进行准据法的选择。[1047]虽然这位注释法学派先驱的建议还没有成熟到形成一个理论,但是,他的思想依然频频闪现于历史舞台之上。巴托鲁斯和其他学者曾教导说,法律的地域效力可以取决于它们自身是"令人厌恶的"还是"令人赞许的"[1048],到了20世纪,这种古老的法律分类方法又在美国法学著述中重新现身,却烙上了"回归的"和"新兴的"政策标记。[1049]

多边主义者们虽然对判决的一致性目标奉若圭臬,但是,他

[1043] Kahn-Freund, *supra* note 263, at 153.
[1044] Id. at 466.
[1045] B. C<small>URRIE</small>, *supra* note 93, at 175. *See also id*. at 705.
[1046] Id. at 153.
[1047] *See supra* notes 51—52 and accompanying text.
[1048] *See supra* note 69 and accompanying text.
[1049] A. <small>VON</small> M<small>EHREN</small> & D. T<small>RAUTMAN</small>, *supra* note 667, at 377, 407.

们也意识到,在多边案件中,有必要防范适用质量低劣的外法域法[1050],正是为了达到这个目标,他们才设计了公共秩序保留制度。诚如斯托里所言:

> 许多法律都必然只适宜存在于一国领域之内……完全不适于被移植到另一个国家的制度和习惯之上……要让其他国家执行与其本国的道德观、正义观、利益或政体不相容的法律、制度或习惯,存在极大困难。[1051]

抑或如凯热尔所言,"即便冲突法正义在原则上优先,但是在重大案件中,它必须退居二线,以保证实体正义之实现。"[1052]

正如这些引述所阐明,多边主义者们倾向于将目的论方法视为一种补救性措施,只有在例外情形下才能动用之。单边主义者们虽然出言必称政策,但对互相冲突的政策进行批判性衡量比较的方法,多数人都持反对意见。与两种传统方法截然不同,实体法方法从未吸引学者为之持续付出系统化努力,然而,较之传统方法,一些学者却更偏好实体法方法。例如法国学者约瑟夫斯·吉塔(Josephus Jitta),他对传统主义者们选择此国法律或彼国法律的方法进行了谴责,贬斥这种方法实际就是把我们的学科交付给"冲突剪切机"(conflicts guillotine)一刀切的做法[1053],他强调,有必要针对国际事务的需要,建立一部全面的综合性法律。[1054] 他提倡创制超国家性的判决规则,以调整"绝对的国际性关系",该号召得到了许多其他著名学者的响应,例如阿方辛[1055]、

[1050] 值得一提的是,并非所有的多边主义者都像克恩·弗罗因德一样明确反对司法中的结果选择方法,*supra* note 1044, does. *See infra* notes 1062, 1084, 1108.

[1051] J. STORY, *supra* note 9, at 31—32.

[1052] Kegel, *supra* note 333, at 632.

[1053] D. JOSEPHUS JITTA, LA MÉTHODE DU DROIT INTERNATIONAL PRIVÉ 44 (1890).

[1054] *See id.* at 5, 98, 117.

[1055] Q. ALFONSIN, *supra* note 73, at 45—46.

施泰因多夫（Steindorff）[1056]、朗根（Langen）[1057]和马德尔（Mádl）[1058]。

然而,这些学者只是把实体法方法作为通常法律选择程序的补充而已,与折中学派将实体法规(Sachnormen)包含于他们所说的"多元方法论"类似。[1059]学者们普遍认为,特别实体规则最适宜于调整国际商事交易,需要在该领域建立一套"全新的商人法"。[1060]虽然有些学者,尤其是索文普兰(Sauveplanne)[1061]和茨威格特(Zwigert)[1062],一直主张采用更为全面的优法方法,但他们同样只是把优法方法作为补充而已,并不视其为主要的解决冲突途径。一些更年轻的学者,却更为大胆。近来,有两篇瑞士的法学博士毕业论文,对实体法方法进行了深入探讨,其中一篇仍认为实体法方法只是"一般"多边规则的一个例外[1063],而另一篇却把实体法方法作为传统地域化规则的替代方法。[1064]一篇论证选择性冲突规则(alternative reference rules)的德国法学博士毕业论文甚至更为激进:作者建议以结果选择规则取代传统的

[1056] E. STEINDORFF, SACHNORMEN IM INTERNATIONALEN PRIVATRECHT (1958).
[1057] E. LANGEN, TRANSNATIONALES RECHT (1981).
[1058] F. MÁDL, THE LAW OF INTERNATIONAL TRANSACTIONS (1982). See also Mádl, Introduction, in LAW-DECREE NO, 3 OF 1979 ON PRIVATE INTERNATIONAL LAW 21—29 (Ministry of Justice of the Hungarian People's Republic trans. 1982)[hereafter HUNGARIAN LAW DECREE NO.13].
[1059] See, e.g., 2 H. BATIFFOL & P. LAGARDE, supra note 82, at 286—288; I. SCHWANDER, supra note 547, at 377—446.
[1060] See supra note 328 and accompanying text.
[1061] Sauveplanne, supra note 329. See also Audit, supra note 329, at 255—258.
[1062] Zweigert, Some Reflections on the Sociological Dimensions of Private International Law, or: What is Justice in Conflict of Laws?, 44 U. COLO. L. REV. 283 (1973). 这篇文章的德文版更为出名,名为 Zur Armut des internationalen Privatrechts an sozialen Werten, 37 RABELSZ 435 (1973). 克纳普也在更早时候表述过类似思想,Essai sur la sauvegarde de l'order public et la protection des faibles en droit international privé, in MELANGES GUISAN 191 (1950). See also A. FLESSNER, supra note 279, at 85—91.
[1063] I. SCHWANDER, supra note 547.
[1064] P. PATOCCHI, RÈGLES DE RATTACHEMENT LOCALISATRICES ET RÈGLES DE RATTACHEMENT A CARACTÈRE SUBSTANTIAL (1985).

冲突规范。[1065]

足以称奇的是,虽然美国冲突法革命是为改善多州案件的判决结果而发起[1066],大部分冲突法革命的推动者们却都三缄其口,并不主动承认目的论方法为跨州纠纷的解决因素。尽管《第二次冲突法重述》的起草者曾经赞同将"个案公正"作为一项特别的法律选择政策[1067],然而,《重述》第 6 条列举的影响法律选择的因素中,并没有提到目的因素。在卡弗斯早期的里程碑式文章中,曾有一段文字,不禁令人回想起阿德瑞克斯的著名论断[1068],但是卡弗斯本人后来却明确表示,他并不赞同优法方法。[1069]虽然弗罗因德亦在其短小精悍的文章中提到过"放弃地域标准,转而采用目的标准"[1070],但是,他又用各种各样的限定条件模糊了这一论点,最终都没有对该论点进行任何阐释,就匆匆告别了冲突法领域。在学者当中,旗帜鲜明地拥护结果选择说的人寥寥无几,罗伯特·莱弗拉尔正是其中之一,他认为,美国法院已经多次在法律选择判决中运用优法规则。[1071]然而,莱弗拉尔也只是把目的论作为影响法律选择的几个因素之一。[1072]其他的美国折中主义学者,尤其是冯·梅伦、特劳特曼(他既承认吉塔的实体"调整规则"[1073],又

[1065] H. BAUM, ALTERNATIVANKNUPFUNGEN (1985).
[1066] See supra notes 927—936 及相关内容。正如路德·麦克杜格尔指出的,"柯里的利益分析理论将法律选择案件的实际结果抛诸脑后……在这点上和传统的既得权理论是一样的"。McDougal III, "*Private International Law*: Ius Gentium Versus Choice of Law Rules or Approaches", 38 Am. J. Comp. L. 521, 529(1990).
[1067] See Cheatham & Reese, *supra* note 632, at 980.
[1068] Cavers, *supra* note 587, at 179, 187.
[1069] D. CAVERS, *supra* note 57, at 8—10, 75—81, 85—86.
[1070] Freund, *supra* note 625, at 1214.
[1071] R. LEFLAR, L. MCDOUGALL III & R. FELIX, *supra* note 427, at 297—300.
[1072] 没有人能够理智地争辩,这第五点赞同适用优法规则的考虑因素比其他的四点考虑因素更为重要。它只是五点考虑因素之一,它在某些类型的案件中比在其他类型的案件中更为重要,在某些类型的案件中几乎起着决定性作用,而在其他类型的案件中又可能毫不相关。
　　Id. at 300.
[1073] A. VON MEHREN & D. TRAUTMAN, *supra* note 667, at 77—78, 215—219, 230—232 & *passim*; see also von Mehren, *supra* note 773.

承认有必要考虑相冲突规则的质量[1074])和温特劳布(Weintraub)[1075],似乎还不及莱弗拉尔那么倾向于对目的因素给予优先考虑。似乎只有路德·麦克道格尔(Luther McDougall)与笔者一样旗帜鲜明地支持目的论实体法方法。[1076]

(b) 法院

优法方法尽管曾遭克恩·弗罗因德非难,却在不计其数的法院判决中得到了法官青睐。[1077]美国学者有记录为证,在《第一次冲突法重述》的主导时期,法院曾频繁借助逃避工具,以避免适用质量低劣的判决规则。[1078]虽然这些法院判决通常都躲藏在民法学者称之为"总论"的烟幕之下,但是即使在那时,亦有一些法官公开强调,多州争议案件需要合理的审判结果。[1079]

结果选择方法亦非为美国法院所独具。一些众所周知的法国法院判决证明,欧洲法院亦能够通过熟练操纵冲突法逃避工具,作出正确的判决结果。在著名的苏利耶案(*Soulié*)中,法国最高法院借助反致制度,避免了一项带有种族歧视性质的路易斯安那州法律的适用,如其适用,就会剥夺当事人的继承权。[1080]在卡拉斯兰尼斯案(*Caraslanis*)中,法院将昔日的希腊宗教婚姻要求识别为"形式"要件,而非"实质"要件,支持了希腊公民在法国

[1074] A. VON MEHREN & D. TRAUTMAN, *supra* note 667, at 377, 407.
[1075] R. WEINTRAUB, *supra* note 315, at 342—345.
[1076] See McDougal Ⅲ, *supra* note 1066; McDougal Ⅲ, *Toward Application of the Best Rule of Law in Choice of Law Cases*, 35 MERCER L. REV. 483 (1984).
[1077] See *supra* text accompanying note 1044.
[1078] See, *e. g.*, B. CURRIE, *supra* note 93, at 132-23; R. LEFLAR, L. MCDOUGALL Ⅲ & R. FELIX, *supra* note 427, at 257—263; G. STUMBERG, *supra* note 586, at 199—212. See also *supra* notes 626—629 and accompanying text.
[1079] See, *e. g.*, Siegelman v. Cunard White Star, Ltd., 221 F. 2d 189, 206 (2d Cir. 1955)(Frank, J., dissenting); Kilberg v. Northeast Airlines, 9 N. Y. 2d 34, 39, 172 N. E. 2d 526, 527, 211 N. Y. S. 2d 133, 135 (1961).
[1080] Veuve Humann v. Soulié, Decision of March 1, 1910, Cass. req., 1912 D. P. I 262.

缔结的民事婚姻的效力。[1081]尽管这些判决都展示了法国法官们操纵冲突法逃避工具的精细手法,然而,法国法官们的更常见做法却是挥舞公共政策的大棒,以对抗不受欢迎的外国法规定。[1082]而且,法国最高法院直到最近才要求当事人援用外国法,以鼓励健康的返家趋势。[1083]

以审判结果为导向,对冲突法进行人为操纵的事例绝非为美国和法国所独有。著名比较法学家恩斯特·拉贝尔注意到一个普遍趋势:为避免无视规则价值的法律选择规则所带来的不良后果,法院已全副武装,采用了各种各样的防御策略。[1084]瑞士联邦法院关于外国人离婚和再婚案件的判决表明[1085],即便是成文立法,亦不能阻挠涉外司法正义在秉性公正的法官手中实现,而仅凭诸如"判决一致性"和"冲突法正义"之类的学术理想,更难在像冲突法这样幽暗隐晦、花招频出的法律领域限制法官本能的正常发挥。

[1081] Caraslanis v. Caraslanis, Decision of June 22, 1955, Cass. civ. 1re, 1956 D. S. Jur. 73. See Audit, supra note 329, at 322—325.

[1082] See, e. g., 1 H. BATIFFOL & P. LAGARDE, supra note 82, at 82, at 418; Maury, L'ordre public en droit international privé français et en droit international privé allemand, 43 REV. CRIT. 7, 12—13 (1954).

[1083] 1 H. BATIFFOL & LAGARDE, supra note82, at 408; Y. LOUSSOUARN & P. BOUREL, supra note 63, at 374—377. 上诉法院从那时起改变了想法,现在要求法院依职权适用法国的法律选择规则。See Schule v. Philippe, decision of Oct. 18, 1988, Cass. civ. 1re, 1989 J. C. P. II 21259; Rebbouh v. Bennour, decision of Oct. 11, 1988, Cass. civ. 1re, 1989 J. C. P. II 21327. 法国法官没有像德国那样的专门机构为其提供协助,他们如何完成处理涉及外国法的大量案件的任务,还有待未来检验。

[1084] 我们很清楚这一点,法院会尝试采用许多直接或间接的方法去满足这种正义感。他们会……根据法院地公共政策的理由拒绝适用外国法。他们会将不受欢迎的外国法规则识别为外国程序法而不予适用。他们会为了达到希望实现的目的,承认或拒绝承认一个人的住所。而且我们可以相信,法院在两条可选择的途径当中,总是会选择那条引向他们认为的更可取结果的途径。而这些法官智囊中的权宜之计尚不能在这里一一尽述,而且也不应该,因为冲突规范总是粗糙的、模糊的。

1 E. RABEL, supra note 307, at 98.

[1085] See supra notes 448—455 and accompanying text.

试图掩盖自己真实意图的法院，依靠的是一些无法预见的因素，例如辩护人素质和法官的兴致所至。对援用公共政策保留作出价值导向型判决犹豫不决，或倾向于适用更合理外国法规则的法官，或许会依赖反致或识别制度。这些冲突法体系中的"王牌"[1086]可经常互换使用。豪姆斯齐尔德诉大陆公司案（Haumschild v. Continental Casualty Co.）[1087]即能说明各种冲突法逃避工具在功能上的等同性。该案被告在一起汽车交通事故中致使其妻子受伤，事故发生地为加利福尼亚州，威斯康星州最高法院不愿对之适用加利福尼亚州的配偶间豁免规则，因而将该案识别为家庭法而非侵权法问题。基于这个"理由"，威斯康星州最高法院判决，根据当事人的共同住所地法，恰巧亦为该案的法院地法，威斯康星州原告应从其存在过失的丈夫那里获得赔偿。还有一位法官持同意意见，但是在判决理由上认为，应基于反致制度而适用法院地法；因为在加利福尼亚州，存在将配偶间豁免权问题识别为身份而非侵权问题的先例，可以由侵权行为地法反致指向威斯康星州法，也就是当事人的住所地法。当然，法院亦可以通过更加咄咄逼人的方式，即通过援用威斯康星州公共政策，取得相同判决结果，因为该州已经废止了不允许配偶一方向另一方提起诉讼的陈旧普通法规则。

　　可资暗中推行目的论方法而利用的逃避工具，名目繁多，几乎是无穷无尽。例如，德国昔日曾经有一条古怪的法律选择规则，阻挠西班牙人与德国离异者结婚，为规避这一规定，许多不幸的未婚夫妇不得不到丹麦结婚。[1088]针对西班牙禁止再婚的原有规定，德国法院本可将其简单识别为一个"单边"阻碍因素，抑或如凯热尔所建议，把前一德国离婚的效力作为一个"附带（程

[1086]　为 Audit 所用词汇，supra note 285 at 597. 但是 Audit 否认，"在恰当运用大陆法方法时"，识别、反致和公共政策这些传统逃避工具，可以被法院当作"王牌"自由动用。But see Audit supra note 329, at 322—352.

[1087]　7 Wis. 2d 130, 95 N. W. 2d 814 (1959).

[1088]　See supra note 442 and accompanying text.

序)问题"处理,交给德国法支配。[1089]然而,德国联邦法院却置常理于不顾,一直对判决一致性的虚伪目标俯首帖耳,坚持"近乎荒谬的"[1090]做法,把已离婚的德国人当成已婚者对待。普通法院对实体价值的视而不见,最终迫使德国宪法法院创造了一个新的逃避工具[1091]:命令审理跨国案件的法官,必须尊重《基本法》所保障的基本权利,包括结婚权利。从那时开始,在联邦共和国国际私法中,德国宪法法院(*Bundesverfassungsgericht*)所引入的宪法因素就一直在与公共政策保留制度艰难共存。[1092]

采用住所连结因素而非属地联系或本国法(*lex patriae*),亦可作为推行目的论方法的手段之一。由于诉讼通常都是在当事人居住地提起,这种变化可降低外域法问题的发生几率。[1093]住所概念所固有的模糊性,亦使其成为一个极富操作潜力的"柔性"连结因素。住所有两个构成要件:一为个人与特定地域之间的实际联系,二为个人的居住意向。对两要件各自的强调程度稍作变化,都会造成迥然相异的结果。为证明选择此法域或彼法域法律的正当性,法院有时强调当事人的意向因素,有时强调当事人与一国(州)之间的客观联系。[1094]正如一部重要冲突法论著中的评价,"住所是一个概念性工具,适于处理那些需要工具才能

[1089]　G. KEGEL, *supra* note 55, at 344—345.
[1090]　1 E. RABEL, *supra* note 307, at 558.
[1091]　*See* Juenger, *supra* note 442.
[1092]　*See* Kegel, *in* 8 SOERGEL, BÜRGERLICHES GESETZBUCH, EINFÜHRUNGSGESETZ, annotations 3—8, 19—20 preceding Art. 7, annotations 3—10 preceding Art. 13 (11th ed. 1984).
[1093]　这有助于解释莫尔斯(Morse)提及的呆板侵权行为地法规则的"普通属人法"例外受人欢迎的原因, *supra* note 960, at 90—92.
[1094]　*Compare in re* Dorrance's Estate, 309 Pa. 151, 163 A. 303 (1932), *cert. denied*, 288 U.S. 617 (1933) *with In re* Dorrance's Estate, 115 N.J. Eq. 268, 170 A. 601 (Prerog. Ct.), *supplemented by* 116 N.J. Eq. 204, 172 A. 503 (Prerog. Ct. 1934), *aff'd sub nom.* Dorrance v. Martin, 116 N.J.L. 362, 184 A. 743 (Ct. Err. & App. 1935), *cert. denied*, 298 U.S. 678 (1936).

完成的工作"。[1095]

在这个方面,住所连结因素与自体法方法有着诸多相似之处。像住所一样,"最密切联系"方法亦包含主观和客观因素。只要对其中一个因素的强调超过另一个因素,法官们总能根据每个案件的具体事实作出适当的判决结果。[1096]强调心理因素更甚于地理因素的法官,甚至不会由于缺乏有关当事人心理状态的证据而退缩。即使没有明示的意向,他们也总能找到默示的意向;这种假定对肯定双方自愿达成的交易的有效性尤为有用。但是,这种方法的有效性并不局限于一般合同之上。杜摩兰最早提出默示合同(*pactum tacitum*)的概念,是针对婚姻财产纠纷而言[1097],美国法院为支持遗嘱信托和生前信托(*inter vivos* trusts)*的效力,对财产托管人的选择进行推定的做法由来已久。[1098]依赖当事人的真实抑或假定意图,与依赖那些呆板的连结因素相比,能够产生更好效果。因此,学者们一直都在提倡让当事人意思自治在冲突法领域发挥更大作用,这种趋向毫不出人意表。[1099]

显然,传统冲突法学说确实留有充分余地,以供实体考虑因素在法律选择过程中发挥作用。事实上,正是由于传统机制的接合点作用,美国冲突法革命才会被视为一次非同寻常的重大飞跃。要进行如此复杂的重新定位,必须同时具备这样几个因素。第一,侵权法领域发生剧变,尤为灵活的法律选择规则得以优先适用。第二,由于跨州事故在美国的频繁发生,侵权行为地法原

[1095] R. LEFLAR, L. MCDOUGALL Ⅲ & R. FELIX, *supra* note 427, at 19.
[1096] *See* Juenger, *supra* note 85, at 304—305.
[1097] *See* Juenger, *supra* note 164, at 1062.
  * 生前信托,即财产托管人生存期间设立并生效的信托。区别于财产托管人或遗嘱人死后生效的遗嘱信托。——译者注
[1098] *See e. g.*, Shannon v. Irving Trust Co., 275 N. Y. 95, 9 N. E. 2d 792 (1937); *In re* Chappell's Estate, 124 Wash. 128, 213 P. 684 (1923); *see also* RESTATEMENT (SECOND) OF CONFLICT OF LAWS § §269, 270 (1971).
[1099] *See* Sturm, *Fakultatives Kollisionsrecht: Notwendigkeit und Grenzen*, in FESTSCHRIFT ZWEIGERT 329, 348—351 (1981).

则造成了影响面甚广的不公正结果。第三,美国联邦最高法院在劳工赔偿案中的判决意见,已对多边主义理论的基本原则表示不满。最后,学者们在对法律选择规则施予口惠的同时,却又借助逃避工具回避其适用,已经暴露了他们思维上的不诚实。

如人们所见,正是实践与理论原因的特殊结合,才促成美国大多数州的最高法院对冲突法进行彻底改造。通过以印象主义的"最密切联系"公式取代严格的连接因素,用利益分析的单边主义方法进行实验,法官们有效加强了对州际侵权案件受害者的保护。[1100]但是,除了追随莱弗拉尔学说的那些州以外,许多美国法官都对采用结果选择方法犹豫不决。然而,似乎并无必要坦率承认可目的论方法。在侵权诉讼这个构成美国冲突法案例主体的领域,新方法论所固有的返家趋势,使得受害者能够为适用对自己最有利的法律而挑选法院。即使原告律师没有选择到对受害者最有利的法院起诉,一心念及公平正义的法官,亦可通过对自体法方法和利益分析进行折中,充分灵活地实现公正目标。

然而,无论是表现为利用传统的逃避工具,还是表现为采用非规则方法,处理冲突法案件的人为操纵手法都无法令人满意。不应为实现涉外司法正义而逼迫法官去玩猜谜游戏,而且,并非每个法院都同样精于此道,乐此不疲。法国最高法院在处理跨国家庭法问题上可谓是游刃有余,然而在侵权案件方面,却顽固地墨守侵权行为地法规则,导致侵权案件的受害人时常掣肘于低标准的外国法。[1101]甚至是美国法院,在计算联系、分析利益之后,亦曾经驳回伤残人、受骚扰儿童、孤儿和寡妇的诉讼请求。[1102]由此可见,虽然自体法方法和利益分析授予法院以自由裁量权,但是,它们并没有指示法院应如何行使该权力。因此,不肯以真面目示人的理论,在破坏可预见性目标的同时,亦不一定能够产

[1100] See supra a notes 933—936 and accompanying text.
[1101] See 2 H. BATIFFOL & P. LAGARDE, supra note 82, at 237—239.
[1102] See supra notes 725—726, 944—945 and accompanying text.

生合理的判决结果。

在莱弗拉尔看来,"诚实乃上策,甚至在法院的判决意见当中亦为如此"。[1103]已经采用了莱弗拉尔的法律选择考虑的法院,在公正和可预见地处理跨州纠纷方面,并没有遇到什么实际困难(除了在一些罕见情形下,法官感觉有必要对法院地的政府利益而非公正考虑给予更多重视)。[1104]但是,结果选择方法无需像莱弗拉尔的法律选择五点考虑那样直白;它能够迎合法官不愿揭示判决真实原因的自然倾向,亦为法官省去了寻找托词的麻烦。例如德意志帝国最高法院(*Reichsgericht*)在许久以前,曾经设计过一条带目的论色彩的法律选择规则,用以加强对远距离侵权案件受害人的保护,将侵权行为地法(*lex loci delicti*)简单解释为行为发生地法和损害发生地法中的任意一个,并授予原告选择适用对其更有利法律的权利。[1105]通过这种方式,该德国最高法院解决了这个毫无结果(虽然争论颇多)的问题,即应适用行为发生地法还是损害发生地法的问题[1106],同时,认可了有利受害人原则(*favor laesi*)在侵权法律选择中的适用。

选择性冲突规则既不新奇也绝非例外。[1107]几个世纪以来,法院一直在使用此类规则,以保护跨国合同免受不同法律支配所带来的风险。[1108]依据"场所支配行为"(*locus regit actum*)这句古老格言,对不符合合同实质要件准据法形式要求的合同效

[1103]　R. LEFLAR, L. McDOUGAL III & R. FELIX, *supra* note 427, at 300.

[1104]　*See, e. g.*, Satchwill v. Vollrath Co., 293 F. Supp. 533 (E. D. Wis. 1968); Maguire v. Exeter & Hampton Elec. Co., 114 N. H. 589, 325 A. 2d 778 (1974).

[1105]　*See, e. g.*, decision of Oct. 18, 1909, 72 RGZ 41; decision of November 20, 1888, 23 RGZ 305.

[1106]　*See supra* notes 350—351 and accompanying text.

[1107]　*See* H. BAUM, *supra* note 1065, at 9—16; J. KROPHOLLER, *supra* note 280, at 121; Audit, *supra* note 329, at 301, 363; Lagarde, *supra* note 329, at 56—58.

[1108]　"'法律的严格性'有所放松,这正是为了补偿国际法律交往中的特殊困难和陷阱,以保证无效交易的数量不会变得太多。"H. NEUHAUS, *supra* note 8, at 142—143. *See also id.* at 176(从多边主义原则中演变出来的其他选择性冲突规范也是基于同样的理由)。

力,法院一直是予以首肯。与之类似,婚姻有效性取决于婚姻缔结地法,这条规则亦有其目的论解释:将准夫妇从其本国法可能强加的婚姻限制中解放出来,可促成结婚自由之实现。因为人们能够选择到法律上支持其婚姻成立的国家举行婚礼(尤其是在可疑情形下),这个看似机械的法律选择规则实际起到了肯定婚姻效力的作用。[1109]

正如这些事例所呈现,目的论方法可以表现为多种形式。对规则实体价值的追求,法院或予以公开承认,或隐含体现于选择性冲突规则,或以更通常的隐蔽方式实现,由此可见,实体价值在涉外案件中发挥着核心作用。无疑,法官们乐于实现正义,虽然他们可能并不总是勇于承认这一点。与法学家的态度相同,法院亦不情愿承认判决结果为影响法律选择的主要考虑,在法官判决意见中,传统冲突法理论的束缚如同在学者著述中一样清晰可辨,然而,我们不能因此错误低估法院在作出法律选择决定时,其对目的论方法的依赖程度。实际上,只有认清了隐藏在反致或政府利益分析计算烟幕背后的不同司法倾向(favor judicis),才能对浩如烟海的案例法形成清晰理解。[1110]

(c) 立法

立法者并不会直接面对他们制定的法律选择规则所带来的后果。他们看不到当事人,亦不一定知晓涉外案件发生的典型事实模式。由于他们同实际争议之间相距甚远,法官在法庭审理案件时所承受的压力,他们无从体会。而且,实际起草冲突法规的

[1109] See A. EHRENZWEIG, supra note 55, at 377.
[1110] 即使法官在变更或操纵法律选择规则时感觉受限,他们仍然可能找到途径来修正这些规则所带来的后果。一个明显事例就是法院适用法院地程序规定和衡平原则来补救"无效"结婚和离婚效力的方式。See Juenger, supra note 429, at 24. 类似地,当德国联邦法院仍然禁止西班牙人和已离婚的德国人结婚时,法官只要把德国实体规则和程序规则结合起来,即能够肯定当事人在国外庇护法域缔结的婚姻效力。See Juenger, supra note 442, at 292.

人,往往正是两大传统冲突法理论的忠实捍卫者。虽然如此,以结果导向进行法律选择的成文法规则仍旧数量颇丰。与司法过程中一样,立法过程中的目的论方法亦表现为多种形式[1111],同样可运用这些技巧,诸如柔性连结因素、倾向于广泛适用进步法院地法的单边主义规定和选择性冲突规则。

开放性连结因素,系仿效英国"最密切和最真实联系"的自体法公式和美国《第二次冲突法重述》的"最密切联系"而创制,在欧洲有了更进一步的发展。[1112]例如1988年《瑞士联邦国际私法法规》第15条第1款[1113],含有一个逃避条款,允许法院在"例外情形下",超越成文的法律选择规则,适用与案件有着"明显更密切联系"的法律。《政府草案》中的评论[1114]强调,有必要留下"创造性的法律适用余地",授权法官避免"不合适和不公平结果"的发生。[1115]正如一位瑞士学者的评价,"在这个逃避条款的框架下,遵从优法方法的诱惑是巨大的"。[1116]

[1111]　See generally von Overbeck, *supra* note 484, at 71—90, 186—187, 198—207.

[1112]　See id. at 187—207; Parra-Aranguren, *supra* note 545, at 204—208.

[1113]　See supra note 444. 有数个英文翻译版本。See P. KARRER & K. ARNOLD, SWITZERLAND'S PRIVATE INTERNATIONAL LAW STATUTE (1989); F. THOMANN, B. MEYER HAUSER, A. REBER & G. INSLEY, SWISS FEDERAL ACT ON INTERNATIONAL PRIVATE LAW (1989); UMBRICHT, BADERTSCHER & JAAG, FULBRIGHT & JAWORSKI, LDIP-IPRG-LDIP-CPIL(1989); Cornu, Hankins & Symeonides, *Swiss Federal Statute on Private International Law of December* 18, 1987, 37 AM. J. COMP. L. 193 (1989).

[1114]　BOTSCHAFT DES SCHWEIZERISCHEN BUNDESRATES ZUM BUNDESGESETZÜBER DAS INTERNATIONALE PRIVATRECHT (IPR-GESETZ), 1983 BB1 I No. 4 at 263—519 [hereafter BOTSCHAFT].

[1115]　Id. at No. 214. 3. *But see* Kreuzer, in LAUSANNER KOLLOQUIUM ÜBER DEN DEUTSCHEN UND DEN SCHWEIZERISCHEN GESETZENTWURF ZUR NEUREGELUNG DES INTERNATIONALEN PRIVATRECHTS 11, 14—23 (1984) [hereafter LAUSANNER KOLLOQUIUM].

[1116]　Von Overbeck, *supra* note 484, at 190 (emphasis in the original); *see also id.* at 189, 206—207; McCaffrey, *The Swiss Draft Conflicts Law*, 28 AM. J. COMP. L. 235, 250—252 (1980); Symeonides, *The New Swiss Conflicts Codification*: *An Introduction*, 37 Am. J. Comp. L. 187(1989).

《澳大利亚联邦国际私法法规》第 1 条[1117]亦存在同样倾向,虽然该规定中的"最强联系"是否意味着允许法院忽略明确的法律选择规定还尚存疑问。[1118]在诸如家庭关系[1119]、合同[1120]和侵权法律选择[1121]等特定领域的成文法规定中,我们亦可找到类似语言。作为连结因素而非仅仅作为逃避条款使用的醒目字眼,例如"更密切"、"更强"或"最密切联系",公然导致了法官造法。甚至那些强烈反对结果选择方法的学者,都承认这样一种非规则方法对法官有着很强吸引力,有些学者还认为,这种方法构成了当代冲突法的主导旋律。[1122]在克恩·弗罗因德看来,

只是站在"公正"的祭坛上悲叹对可预见性的牺牲,抑或用"法律虚无主义"谴责这种倾向,毫无用处。对连结概念的软化现象,无论是欣然接受,还是愤然谴责,几乎都是对日

[1117] Bundesgesetz über das internationale Privatrecht (IPR-Gestz) of June 15, 1978, 1978 BGBl No. 304 [下文统称《奥地利冲突法法规》]。英译本见 Palmer, The Austrian Codification of Conflicts Law, 28 AM. J. COMP. L. 197, 222—234 (1980)。帕尔玛翻译的第一条是这样规定的:

最强联系原则

(1)在私法方面,与外国有联系的事实状况应该根据与之有最强联系的国家的法律秩序来认定。

(2)本联邦法规(冲突规范)中所包含的关于可适用法律秩序的具体规定应该被认为是本原则表述范围内的。

[1118] See id. at 204—205; M. SCHWIMANN, GRUNDRISS DES INTERNATIONALEN PRIVATRECHTS 54—57 (1982); F. SCHWIND, INTERNATIONALES PRIVATRECHT 60—63 (1990); Schwind, *Zwischenbilanz der Reformbestrebungen des österreichischen internationalen Privatrechts*, 29 DAS STANDESAMT 122 (1976).

[1119] See Portuguese Civil Code art. 52(2), as amended by decree Law of October 6, 1977; Austrian Conflicts Statute § 18(2), second sentence.

[1120] See Hungarian Law-Decree No. 13 §29, second sentence; Turkish Act on Private International Law and Civil Procedure of May 20, 1982, 1982 *Official Gazette* No. 17701, art. 24 (2) [hereafter Turkish Conflicts Statute], German translation by Tekinalp, 47 RABELSZ 131 (1983).

[1121] See, e.g., Austrian Conflicts Statute § 48 (1), second sentence; Turkish Conflicts Statute art. 25 (3).

[1122] See, e.g., Lagarde, *supra* note 329, *passim*; Kahn-Freund, *supra* note 263, at 406, 410—413; Vitta, *supra* note 62, at 175, 178—179, 189.

渐复杂的社会和经济生活不可避免的反应,这是一种尝试——有时成功,有时失败——意在对冲突法原则进行调整,以适应变化中的社会环境。[1123]

法律印象主义并非立法机关尝试调和规则要求与正义要求之间矛盾的唯一途径。一些成文法规定,在那些尤为值得适用法院地法的领域,应尽可能保证法院地法的适用。根据《统一商法典》第 1 条第 105 款第(1)项第二句的规定,在缺乏有效法律选择条款的情况下,《统一商法典》适用于所有"与本国存在适当关系的交易"。官方评论对该规定的评价有言:

> 在这种情况下适用《统一商法典》,有着多重理由,其一,该法典规定甚为全面,其二,统一性政策的要求,其三,在很大程度上,该法典是对超越州界、甚至国界的商人法与商业社会理解的整合、重述。[1124]

官方评论把对"适当"一词的界定留给法官自由裁量,显然是在鼓励法官,应忽略那些可能抑制《统一商法典》发挥其广泛有益作用的法律选择案例。

甚至在缺乏明确立法指示的情况之下,法院都经常在涉及面广阔的"域外性"案件中适用进步的法院地法。在劳工赔偿案中,这种扩张性解释的适当性,得到了美国联邦最高法院[1125]的支持。与之类似,在波尔案(*Boll*)[1126]中,国际法院允许以"基本的国家法律观念、社会准则和道德观念"[1127],排除《海牙公

[1123]　Kahn-Freund, *supra* note 263, at 407.
[1124]　U. C. C. §1—105 comment 3.
[1125]　*See supra* notes 622—625 and accompanying text.
[1126]　Application of the Convention of 1902 Governing the Guardianship of Infants (Swed. v. Neth.), 1958 I. C. J. 55 (Judgment of Nov. 28).
[1127]　*Id.* at 90 (Lauterpacht, J., concurring).

约》中可能损及被滋扰儿童福利和保护的多边法律选择规定。[1128]目的论考虑亦有助于解释"直接适用的法"现象,最近在欧洲,这一现象引发了诸多评论。[1129]在矫揉造作、毫无意义的客套用语背后[1130],例如"对国家政治、社会、经济建构的保护"[1131],存在一个简单想法:不应为判决的一致性目标而牺牲法院地实定法所认可的重要实体价值。[1132]正如一位德国学者的扼要表述:"法律的本能在于,寻找制度'之外'的其他途径,以完成其必须完成的任务。"[1133]

然而,立法机关有时并不满足于把事务交给法官本能解决。在为广布国内法律改革之福祉而被命令广泛适用于涉外案件的立法方面,《统一商法典》并非唯一特例。如《德国反限制贸易法》第98条第2款,为保证联邦共和国反托拉斯规则的普遍适用,它采用了单边主义的客观属地原则[1134]。在私法领域,《法国民法典》第311条第15款即为一个直接适用规则的立法例,该条规定,儿童身份是否为婚生子女的问题应依法国法决定,是在1972年作为保护儿童法律的组成部分通过的。与之相类,作为

[1128] "应由国家对未成年人施行保护,尤其是在未成年人孤立无助、身患疾病、构成对他们自己或社会的实际或潜在威胁的情况下,未成年人更应成为国家同情和帮助的合法目标。"*Id.* 另一位法官诘问道:
> 如果法院的判决结果是为了排除迁移未成年人及其即将给未成年人带来的痛苦,而将未成年人从她的祖父母身边带走,让她远离出生地国,生活在异国他乡,法院的判决会不会显得不合理或者荒谬?法律并非人类思想冷酷、抽象的推理结果,并非脱离社会现实的形而上的创造。

Id. at 109 (Moreno Quintana, J., concurring).

[1129] *See supra* notes 546—554 and accompanying text.

[1130] 所有的社会法律,在终极意义上皆为保护个人之法律;所有保护个人之法律,在真正意义上,皆为社会性的法律。欲从国家目标的这两个方面出发,总结出具有实际意义的法律结果,存在着一丝不现实因素。
1958 I. C. J. at 85 (Lauterpacht, J., Concurring); *see also* Y. LOUSSOUARN & P. BOUREL, *supra* note 63, at 182—183; Audit, *supra* note 329, at 252.

[1131] Francescakis, *Y a-t-il du nouveau en matière d'ordre public?*, TRAVAUX DU COMITÉ FRANÇAIS DE DROIT INTERNATIONAL PRIVÉ 1966—1969, at 149, 165 (1970).

[1132] *See* E. STEINDORFF, *supra* note 1056, at 256—259.

[1133] K. SCHURIG, *supra* note 62, at 317.

[1134] *See* Juenger, *supra* note 552, at 613.

1975 年离婚法律之一部分生效的该法典第 310 条,让这场法律改革惠及所有的法国国民和居民。[1135] 在适用其他法律可能造成不尽如人意的结果时,可借助适用法院地法这个略为不同的技巧,以实现令人满意的国内政策。依照此种方式,针对一般应予适用的外国法会妨碍当事人离婚的情形,最近大量的立法都通过援引法院地法,使得有利离婚原则得以推行。[1136]

立法机关亦可通过授权法院指定值得适用的法院地规则为"直接适用的法",界定可以适用本地政策的"域外性"案件范围。例如《瑞士冲突法法规》第 18 条,授权法院在此种情形下适用法院地法:"考虑到某些瑞士规则所包含的特殊政策,不管本法规冲突规则指定适用何法,都必须适用这些瑞士规则判决。"此条规定授权瑞士法院以内国法取代较次的外国判决规则,而不必进行第 17 条所要求的价值判断,即适用外国规则会导致与瑞士公共政策不相容的结果。有趣的是,第 19 条又允许法官"考虑"外国的直接适用规则——在排除本该适用的准据法之后——只要"根据瑞士的法律观念,一方当事人的利益是值得保护且显然占据优势地位的",就应当适用外国的直接适用规则。换言之,第 18 条和第 19 条允许法院通过分析本地和内国政策来避免多边法律选择规则的适用。该法规借助这种方式,鼓励瑞士法官使用近似美国利益分析的结果选择方法。

还有一些法规,不似《瑞士冲突法法规》那样以迂回曲折的方式推行目的论方法,而是明确规定,应援用最符合重要实体政策之法律。要完成这个目标,一种方法是扩大当事人指定准据法

[1135] 对《法国民法典》有关父母子女关系和离婚规定的批评意见见 Y. LOUSSOUARN & P. BOUREL, *supra* note 63, at 139—141, 245—247, 501—516, 539—565; P. MAYER, *supra* note 29, at 86, 358—363。

[1136] 见前德意志民主共和国《法律适用法(*Rechtsanwendungsgesetz*)》第 20 条第 2 款,1975 DDR GB1 748,荣格英译本,*supra* note 295, at 354;《匈牙利国际私法法令》,No. 13 § 41。关于"方便离婚的普遍趋势",见 Siehr, *supra* note 457, at 50; von Overbeck, *supra* note 484, at 84—86。

的权力。[1137]于是之,在传统的合同法律选择以外的其他领域,大量现代冲突法法规亦授予当事人行使意思自治的权利。[1138]另一种方法更为直接,可通过选择性冲突规则,偏向特定的一方当事人或某种特定结果。[1139]这类立法大量存在于家庭法领域,一位比较法学家曾对此评论说:"适用较优法律规则的倾向尤为明显。"[1140]选择性冲突规则可以保护非婚生子女和未婚母亲的抚养诉讼请求[1141],类似规定还可帮助确认子女的婚生地位。[1142]这类规则的典型代表,可见诸《法国民法典》第311条第16款第(1)项:

> 如果支配父母婚姻效力的法律、父母一方属人法、子女属人法中的任何一个,承认非婚生子女因父母事后婚姻而准正的效力,则非婚生子女从其父母缔结婚姻之日起取得婚生地位。

在对法律行为的形式要求方面,成文法律选择条款中的选择性冲突规则比比皆是,尤其充溢于合同领域。[1143]有关远距离异地侵权的德国案例法,即适用最有利于受害人之法律的做法[1144],亦同样吸引了立法者仿效。[1145]

最近的大量欧洲冲突法法规,都再现了一种有利于进行结果选择的立法模式。严格的国籍原则,表现出向更灵活的住所地法

[1137] Von Overbeck, *supra* note 484, at 87; Sauveplanne, *supra* note 329, at 69—71. See also A. FLESSNER, *supra* note 279, at 107—108.
[1138] See generally von Overbeck, *supra* note 484, at 88—90.
[1139] 有关选择性冲突规则的类型,见 H. BAUM, *supra* note 329, at 69—71. See also A. FLESSNER, *supra* note 279, at 107—108.
[1140] Siehr, *supra* note 457, at 47.
[1141] *Id.* at 50.
[1142] *Id.* at 49.
[1143] See generally Lando, *supra* note 263, §§183—184.
[1144] See *supra* notes 1105—1106 and accompanying text.
[1145] See Lagarde, *supra* note 329, at 59; von Overbeck, *supra* note 484, at 86—87.

发展的动向。在"总则"部分的编纂方面[1146]，这些法规将法官注意力引向各式各样的传统掩饰手段。[1147]一些类似《瑞士冲突法法规》的法规，亦含有开放性逃避条款和关于直接适用规则的规定[1148]，为法官行使自由裁量权留下了充分空间，在推行目的论方法方面走得更远。[1149]除此之外，有关管辖权和承认外国判决的宽松规则，还鼓励了挑选法院现象，帮助巩固了挑选法院者的利益。[1150]虽然德国立法机关选择在德国冲突法的最近修订中不采纳这类规定，但是经素有声望的马克思—普朗克外国法和国际私法研究所（Max-Planck-Institute for Foreign and Private International Law）阐释的"《国际私法和国际程序法改革要点详解》"[1151]论证，通过强调住所连结因素、扩展当事人意思自治、使用选择性冲突规则、采纳宽松的管辖权和判决承认规则，完全可以制定出符合社会期待的成文法规定。

伴随现代冲突法立法出现的某些官方和半官方评论揭示，人们已敏锐意识到采用目的论导向的必要性。例如《瑞士政府草案》，曾如此评价："如欲设计一个历久不衰的冲突法法规，就必须给法官留下自由发挥的空间。为避免产生不恰当或不公平的结果，必须保证法官能够在例外情形下摆脱僵化法律选择机制的束缚。"[1152]马德尔在1979年《匈牙利国际私法法令》英译本的权威引言中，曾提及冲突法的"革命、蜕变和重新定位"[1153]，尔后写道："在各种法律关系的调整过程中，反映出不同的实体法

[1146] *See generally* von Overbeck, *supra* note 484, at 91—167, 207—214.

[1147] 关于人为操纵"总则"的可能性，见 Audit, *supra* note 329, at 322—352; Sauveplanne, *supra* note 329, at 38—46.

[1148] *See supra* notes 1113—1116 and accompanying text, text following note 1136.

[1149] *See* Vischer, in LAUSANNER KOLLOQUIUM, *supra* note 1115, at 265—268, 270.

[1150] *See* Siehr, *supra* note 457, at 52—53, 59—61.

[1151] Dopffel & Siehr, *Thesen zur Reform des Internationalen Privat-und Verfahrensrechts*, 44 RABELSZ 344 (1980).

[1152] BOTSCHAFT, *supra* note 1114, at No. 214. 3. *See also* Kegel, in LAUSANNER KOLLOQUIUM, *supra* note 1115, at 271—273.

[1153] Mádl, *supra* note 1058, at 22.

价值,支配法律冲突的规则应该——尽可能地——建立在对这些实体法价值的比较、综合之上"。[1154]

这些事例应足以证明,目的论方法能够贯彻于成文法形式,本学科不存在价值判断的假定,亦已为实定法所否定。促进实体价值的冲突法法规,有助于实现若干重要目标。其中的首要目标,亦为最重要目标在于,给予法官明确指示。此外,较之尊崇传统理论的法律选择法规,此类立法能够达到更高程度的一致性和可预见性。

在具体实体目标——诸如配偶平等、保护儿童——已得到广泛认同的背景下,结果导向条款促进了地方性裁判机构在州际和国际案件判决方面的统一。以价值判断为基础的冲突法法规,能够通过这种方式,帮助把内国法律的变革成果转化为普遍的冲突法原则。不似法官和诉讼当事人,冲突法学者们更为关注规则来源而非其内容,可能会反对给这些原则冠以"超国家性"。然而,那些能够于形式背后明辨实质的人,将会看到目的论法律选择规则的巨大潜力,其预示着全新区域普通法乃至世界普通法(*ius commune*)的出现。

(d) 国际公约

订立法律选择公约的建议最早由萨维尼提出[1155],随后,孟西尼步其后尘[1156],他们都认为,这样做可以在保持法律多样性的同时,保证跨国纠纷处理结果的统一。这个想法终于风行于世,时至今日,这样的多边条约正在"如雨后春笋般涌现出来"。[1157]

[1154] *Id.* at 26.
[1155] See *supra* notes 284, 308 and accompanying text.
[1156] See *supra* notes 308—309 and accompanying text.
[1157] G. KEGEL, *supra* note 55, at v (quoting from the preface to the treatise's second edition).

但是,制定国际法律选择条约的理想性还是广受质疑[1158],许多国际条约也确实遭受了彻底失败。例如19世纪初,萨维尼的多边主义理论与孟西尼的国籍法原则结合在一起,促成了家庭法领域五个海牙法律选择公约的诞生,然而,这些公约中的法律选择规则,后来竟被证明是持续性危害的源头。波尔案[1159]和瑞士联邦法院关于外国人再婚案件的判决[1160],充分暴露了这些公约在实践当中的适用情况是如何令人不满。正如一些人的早先预见,一个个国家开始接二连三地抨击这些公约成果,指责其仰赖所谓"首要原则"是在误入歧途。

因此,海牙国际私法会议(the Hague Conference on Private International Law)新近采用完全不同于早先尝试的方式,丝毫不出乎人们意料。认为硬性规定能够充分解决涉外法律问题,统一性目标应被奉为冲突法圭臬的传统认识,在海牙以至其他地域,已失去其吸引力。最近制定的公约,像当前判例法和成文立法一样,都呈现出法律印象主义、法院地法优先和结果选择方法的熟悉特征。

有人可能会认为,多边条约并不适宜采纳柔性连结因素,因为多边条约是要就何国法律支配何种事务问题,在国家间达成一致,以促进法律统一性之实现。此外,还有人可能会认为,法律选择公约须由各国法官对其进行解释,而各国法官的背景差异巨大,因此,公约应以清楚、明确的规定,去限制而非鼓励法官行使自由裁量权。虽然如此,在当代国内冲突法立法中表现得至为明显的法律选择灵活化趋势,亦开始在国际条约中崭露头角。在最近制定的几个公约中,都出现了指示法官适用具有"最重大联系"或"最密切联系"法律的非僵化性规则。

[1158] 没有理由假定,在冲突规则上取得一致要比在统一实体规则上取得一致更加容易。David, *supra* note 409, §98.

[1159] *See supra* notes 1126—1128 and accompanying text.

[1160] *See supra* note 455 and preceding text.

1969年的比利时、荷兰、卢森堡三国经济联盟草案(Benelux draft),自被弃置以来,是世界上第一个让韦斯特莱克的自体法公式登上国际舞台的国际文件。[1161]正是源自这个文件,《关于合同债务准据法的罗马公约》(the Rome Convention on the Law Applicable to Contractual Obligations)中才出现了"自体法"一语,由于该公约已得到欧共体若干成员国的批准,法律印象主义因此而上升至超国家原则的地位。[1162]自体法方法还被用于1985年《关于信托准据法及其承认的海牙公约》(the 1985 Hague Convention on the Law Applicable to Trusts and on Their Recognition)第7条和1978年《关于婚姻财产制度准据法的海牙公约》(the 1978 Hague Convention on the Law Applicable to Matrimonial Property Regimes)第4条,这两条规定都使用了"最密切联系"术语。根据1986年《国际货物买卖合同准据法的海牙公约》(the 1986 Hague Convention on the Law Applicable to Contracts for the International Sale of Goods)第8条第3款,如果合同与其他国家的法律具有"明显的更密切联系",则不适用在合同未作出法律选择时应予适用的法律选择规则。虽然这种性质的规定在国际性协定中能否有所助益,还尚存疑问,但是,公约起草者们无疑已受到这种规定吸引,因为在国内立法中,如此这般的柔性连结因素正越来越受欢迎。[1163]

对成员国法律当前发展倾向的敏感,亦能解释《罗马公约》为什么采用单边主义规定。由于单边主义旨在维护国家权力,有人可能会认为,单边主义所代表的哲学,是与志在迎合签字国利

[1161] See T. DE BOER, supra note 331, at 25—27; Vitta, supra note 96, at 13.
[1162] See Juenger, supra note 85, at 300, 303—306.
[1163] 根据《罗马公约》的官方报告,第4条考虑到这样一个事实:
除了意大利这个唯一例外,……所有的其他共同体国家都采用了也将继续采用一种……灵活方法,在每个具体案件中,都把为确定合同准据法而选择压倒性和决定性连结因素的任务交给法官……
Giuliano & Lagarde, supra note 406, at 20. See also Parra-Aranguren, supra note 545, at 204—208.

益的法律选择公约目标背道而驰的。其实,若要保护国家的根本利益,运用公共政策保留制度足矣。事实上,《罗马公约》第16条允许成员国法院拒绝适用与法院地国公共政策"明显不相容"的外国法。而该《公约》第7条第2款还允许援用法院地直接适用的法(按照公约的拘谨表述,即"不管是否存在其他可适用法律都具有强制性"的规则),并不需要证明有关法律与国内政策之间存在严重抵触。此外,第7条第1款允许法院援用与争讼合同有着密切(不一定是最密切)联系的任何第三国直接适用规则。

与《瑞士冲突法法规》第18、19条类似[1164],《罗马公约》第7条为类似利益分析的法律选择方法敞开了大门[1165],但是,其单边主义本质却代表着"法律制度调和过程中的一个不安因素"。[1166]在适应国家主权需要的单边主义方法与欧共体对超国家价值的强调之间,人们将如何进行协调?有人认为,第7条反映了"有关法院'适当'作用的更激进观点,概言之是为了普及'正义'的理想化观念……"[1167]换言之,《罗马公约》的起草者之所以采纳单边主义方法,可能并非出于其使用目的,而是出于其实际效用:并非为维护成员国"利益",而是为促进重要实体价值之实现。

越来越多的法律选择条约,开始接纳这样的直接适用规则。自从1978年《代理准据法公约》(the 1978 Convention on the Law Applicable to Agency)第16条采用类似《罗马条约》第7条的规

[1164]　See supra text following note 1136.
[1165]　See, e. g., I. FLETCHER, CONFLICT OF LAWS AND EUROPEAN COMMUNITY LAW 170 (1982); Audit, supra note 329, at 254; Lagarde, The European Convention on the Law Applicable to Contractual Obligations: An Apologia, 22 VA. J. INT'L L. 91, 103 (1981); Mengozzi, Norme di applicazione necessaria e progetto di Convenzione CEE sulla legge applicabile alle obbligazioni contrattuali, 1979 ARCHIVIO GIURIDICO 3.
[1166]　Y. LOUSSOUARN & P. BOUREL, supra note 63, at 193. See also Heini, Ausländische Staatsinteressen und internationales Privatrecht, 100 ZEITSCHRIFT FÜR SCHWEIZERISCHES RECHT 65, 78—79 (1981).
[1167]　I. FLETCHER. supra note 1165, at 169.

定,海牙的公约起草者们就一直在其工作成果当中运用这类规则。[1168]在处理诸如儿童监护、抚养之类敏感问题的几个海牙公约中,这种返家趋势亦有所体现。[1169]按照同样方式,1961年《未成年人保护领域的管辖权和准据法公约》(1961 Convention on Jurisdiction and the Law Applicable in the Field of the Protection of Minors)第2条第1款和第4条通过指定适用法院地法,避免了成本高昂、耗费时日——且可能是百无一用的——援用外国法行为。由于公约规定了广泛的管辖权行使依据,未成年人能够通过挑选法院,避开不满意法律的适用。宽松的判决承认规则,甚至更增加了这种做法的吸引力。1965年《关于收养的管辖权、准据法和判决承认公约》(the 1965 Hague Convention on Jurisdiction, Applicable Law and Recognition of Decrees Relating to Adoptions)使用了类似立法技术。熟悉美国冲突法革命的任何人都会对这种模式表示认可:为保证理想的实体结果而倚重以法院地法为中心的方法。最后,与在国内法律选择中一样,在国际公约当中,亦可通过制定选择性冲突规则实现目的论方法。最为显著的例证,也许非1961年《关于遗嘱处分形式的海牙冲突法公约》(the 1961 Hague Convention on the Conflicts of Laws Relating to the Form of Testamentary Dispositions)第1条莫属,它列举了五个连结点,即遗嘱订立地、立嘱人的国籍、住所、惯常居所和不动产所在地,只要遗嘱符合其中任何一个连结点所指向法律的形式要求,遗嘱效力即能够得到支持。该规定通过考虑立嘱人订立遗嘱时和死亡时的国籍、住所和习惯居所,进行时际法律选择,进一步促进了有利遗嘱成立原则(*favor testamenti*)之实现。而且,该《公约》第3条还规定,缔约国有权保留和制定更为宽松的肯定遗嘱效力的规则。

[1168] See, e.g., 1986 Convention on the Law Applicable to Contracts for the International Sale of Goods art. 17; 1985 Convention on the Law Applicable to Trusts and on Their Recognition art. 16.

[1169] See Siehr, *supra* note 457, at 69.

自从在二战后重新担当起统一冲突法的重任,海牙国际私法会议在其起草的条约中,反映出越来越明显的追求合理实体结果的意识,与早期的错误努力方向形成鲜明对比。1956 年《关于子女扶养义务的海牙公约》(the 1965 Hague Convention on Child Maintenance Obligations)的缔造者们,成功地把多种方法融合在一起,以确保子女的扶养请求能够得到支持,但他们的态度依然相当谨慎。公约第 1 条使用了子女惯常居所地这样一个灵活的连结因素,为当事人挑选法院提供了充分机会。第 2 条还允许扶养义务人的惯常居所地国适用法院地法,只要扶养义务人和子女同为该国国民。第 3 条有限度地运用了优法方法,允许法院在子女惯常居所地国法律不能支持其扶养请求的情况下,适用法院地国的通常法律选择规则。1973 年《扶养义务的准据法公约》(the 1973 Convention on the Law Applicable to Maintenance Obligations),采用了更为大胆和直接的方式解决问题,按照优先适用顺序指定了若干连结因素,对当事人的扶养请求予以保护。如果扶养权利人的惯常居所地国(当然他有权为了挑选法院的目的而改变其惯常居所地)法律不支持其扶养请求,则适用当事人的共同本国法,如果当事人的共同本国法亦不支持其扶养请求,则可适用法院地法。另外几个公约,没有采用这种存在优先顺序的法律适用方法,却采用了支持特定当事人或特定结果的选择性冲突规则。虽然没有一个公约如 1961 年《遗嘱处分形式公约》的规定那样宽泛,但是,所有这些公约都承认,在法律选择中使用目的论方法确为必要。按照此种方式,1978 年《关于婚姻缔结及其有效性之承认的公约》(the 1978 Convention on Celebration and Recognition of the Validity of Marriages)第 9 条对婚姻效力予以了宽松承认,反映出不同以往的有利婚姻成立原则(*favor matrimonii*)。1973 年《产品责任的准据法公约》(the 1973 Convention on the Law Applicable to Products Liability)第 6 条则采用了温和的有利受害人原则(*favorlaesi*),在特定情形下,允许受害人援用被告主营业地法或伤害发生地法。1989年7月15日订立于乌拉圭蒙得维的亚的《关于扶养义务的美洲国家间公约》(the Inter-American Convention on Support Obligations)第6条,采用了更为大胆的有利于扶养权利人原则(favor pueri)。根据该条规定,扶养义务应受最有利于扶养权利人的法律支配,可从扶养义务人或扶养权利人的住所地法或惯常居所地法中进行选择。

这些事例表明,优法原则与国际公约之间,并非势不两立。与在国内法中一样,目的论方法可以表现为多种形式。无可辩驳地,公开支持预定实体结果的选择性冲突规则,才最符合国际合作之精神。采用法律印象主义或简单选择法院地法,虽然确实能够产生合理结果,但却是以判决结果的不可预见和贬抑礼让为代价。在国际关系领域,依赖法官变戏手法的"自体法"规则,甚至比在国内立法中更不可信。国际协定的谈判者和制定者,应以更加直接的方式处理跨国法律问题。实际上,托词和花招可能只会妨碍国家对法律选择公约的批准,因为推行甚至对外行人都具有明显操纵潜力的策略,似乎不及接受表述清楚的实体性原则容易。

当然,还有一种更为直接的方式,既可保证统一性又可保证理想结果之实现,即实体法的国际统一。然而,这种协调不同国家法律的努力却遇到了许多障碍。[1170]有一些法律领域,特别是海事法和航空法领域[1171],具备进行实体法统一工作的天然条件,而其他领域,则被证实难以驾驭。总体上来看,实体法统一方面的进展至今都是令人失望的。甚至在类似联邦体制的欧共体内部,起草关于产品责任这个重要议题的《理事会指令》就花去了八年时间。[1172]而且,完全消除国家间差别亦不一定为处理跨国法律问题的理想途径。国家之间,有时只能通过迎合代表性利益

[1170] See generally David. supra note 409, §§55—85.
[1171] See id. §§393—417.
[1172] Council Directive 85/374 of 25 July 1985, O. J. Eur. Comm. (No. L 210) 29 (1985).

和妥协接受较低的共同标准达成协议,《华沙公约》对人身伤害和死亡赔偿金数额的低标准限制即为一个显著例证。[1173]

　　《华沙公约》说明,实体法的国际统一还存在若干其他问题。对拙劣或落后国内法规的修订,只需要经过单一立法机关的多数票通过,然而对多边条约的修订,哪怕只是只言片语的变动,都需要经过复杂的多轮谈判,且通常还要获得所有签字国的同意。因此,对于千变万化的现实情况,多边条约总是呆若木鸡,反应迟钝,而修改条约的尝试,又可能导致缔约国之间四分五裂,威胁到来之不易的现有条约成果,以史为鉴,《华沙公约》的近年发展即印证了此种情况。[1174]一旦内国法院察觉到条约特定条款的规定不公,为实现公正、闪避其害而另辟蹊径,公约适用的统一性就会被削弱。[1175]空难案件上意见分歧的判例法和普遍存在的挑选法院现象,足以说明《华沙公约》的失败。

　　因此,以多边条约统一实体法的做法绝非一剂万能良药。由于多数公约都存在漏洞,加之调整范围狭窄,大量涉外事务仍处于不一致州法和国家法的无常调整之下。在特定领域,即使存在广为接受的国际公约,也仍有无数须以冲突规范解决的并存问题。因此,无论私法领域的国际立法取得了多大进展,法律选择问题和如何以最佳方式解决之的问题,仍旧摆在我们面前。然而在完成该任务时,国内法院和立法机关仍不应忽视这个事实,创立统一实体规则确实可为涉外法律问题的圆满解决带来最大希望。法院和立法机关的权威,不应仅仅止步于各国边界;它们能够通过设计采用目的论方法的法律选择规则,参与国际立法,促进那些值得获取超国家认可的实体政策实现。

[1173]　　*See generally* A. LOWENFELD, *supra* note 339, at ch. 7, §21; David, *supra* note 409, §§420—423.

[1174]　　*See* A. LOWENFELD, *supra* note 339, at ch. 7, §§4.35—5.42; David, *supra* note 409, §423.

[1175]　　*See, e. g.*, *In re* Paris Air Crash of March 3, 1974, 399 F. Supp. 732 (C. D. Cal. 1975); A. LOWENFELD, *supra* note 339, at ch. 7, §§3—3.32.

第五章　冲突法的重新定位

前一章的论证表明，结果选择方法实为实定冲突法之不可或缺的组成因素，人们已越来越清醒地意识到，涉外案件需要合理的判决结果[1176]，在诸如家庭法和侵权法的重要国内法律改革领域，尤为如此。而今，优法原则以弥山亘野之势，或公开或隐晦地渗透到了判例法、成文法和公约当中。传统主义者们发现，要对这种趋向假装视而不见，已经越来越困难；他们现在所能做的，只是要么轻描淡写这种趋向的重大意义，要么提醒人们警惕优法原则对传统理论的进一步侵蚀。精良的法律要为人们所接受，仍然是十分的艰难。有学者确实承认传统冲突法理论存在缺陷，

[1176] "根据纯粹机械的地理标准指定准据法的冲突法思想，似乎过时了。"Von Overbeck, *in* LAUSSANNER KOLLOQUIUM, *supra* note 1115, at 36. *Contra* Kegel, *id.* at 272—273. 在一位法国学者看来，多边主义方法过度的概念主义和教条主义"在一定程度上为目的论、现实主义和衡平方法的回归提供了合理性。"Audit, *supra* note 329, at 367.

却又对实体法方法不无担心。[1177]然而,无论人们喜欢目的论方法与否,它都已经实际存在。唯一问题在于,应该承认它为冲突法的主要构成要素,还是影响法律选择的诸多考虑因素之一。在这个问题上,有人可能会脱口而出:"事实本身能够说明一切(res ipsa loquitur)。"正如传统方法的概念性和实践性缺陷所证实,以空间为导向的传统方法,并不能充分解决涉外法律问题,因而我们必须把目光转而投向他处。当然,仅仅依靠排除竞争对手的手腕,并不能证明本方法的优越之处,所以我们有必要在此以一定笔墨详述目的论方法的优点。

1. 目的论方法的优点

以目的论方法取代传统理论,有着诸多用益。第一,这样一种重新定位能够对外法域法的适用问题进行简化和合理化。多边主义和单边主义方法都假定,法官有能力如同处理本法域法一样娴熟地处理外法域法,而实体法方法并没有作此假定,只是要求法院在确定适当的涉外案件判决规则时,视外法域规为应予考虑的规则模型,并不要求保持外法域规则的一成不变。利益分析方法要求法官去探求隐藏在外法域规则背后的政策,实体法方法的这种思路却将法官从这项繁重工作中解放出来。而且,对规则来源地州或国家的法院实际是如何将规则适用于具体问题,此种方法亦不强迫法官去妄加揣测。只要把外法域判决规则视为模型,就再无必要对陌生的外法域裁判机构思考过程亦步亦趋。

第二,令传统主义者困惑不已的适应和分割现象[1178],亦在目的论下找到了现成解释:涉外案件所适用的判决规则并不一

[1177] See Lagarde, *supra* note 329, at 56—60, 194. Compare Y. LOUSSOUARN & J.-D. BREDIN, DROIT DU COMMERCE INTERNATIONAL 8—9 (1969) *with* Y. LOUSSOUARN & P. BOUREL, *supra* note 63, at 85—89.

[1178] See *supra* notes 989—991 and accompanying text.

定与内国法规则完全相同。出于对法律实证主义和国家主权的效忠,传统主义者无法接受这个显而易见的结论。因此,他们被这样一个难以解释的悖论所拖累:当法院把来自不同法律体系的规则拼接在一起,涉外案件的审理结果可能与"相关"法律体系的法院处理纯国内性质案件的结果大相径庭。

第三,在这些理论考虑之外,实践中,不应让法官在为衡量竞相适用的判决规则优点而发挥其评价功能时,感到尤为困难。传统方法如同紧身衣一样束缚着法官思维。多边主义者的教条要么要求法官不顾后果地适用外国法,要么要求法官写出一份谴责外国法违反法院地政策的判词,而单边主义则几乎没有为外国法的适用留下任何空间。实体法方法并没有以这种方式限制法官,因赋予法官创造性的自主权限而成其为一种颇受法官欢迎的方式。代表强硬对外政策的法院地法偏向并不符合处理涉外案件之需要,制定良好法律当然要比模仿外法域法院的推理方式更加容易。[1179]

第四,实体法方法通过保证涉外案件的合理判决结果,可回报人们为查明外国法而付出的努力,而传统理论却没有提供此种好处。如果多边主义的法律选择规则援用了低标准的外国判决规则,为避免适用令人厌恶的法则(*statutum odiosum*),法院只能要么忍痛接受违反其正义观念的结果,要么寻求采用逃避工具。反之,正如近海租赁公司案(*Offshore Rental*)所证明[1180],为适用较好的外国规则,法院可能不得不抛弃单边主义教条。在传统理论的实证主义哲学与法官公正判决涉外案件的自然倾向之间,存在着紧张对立,无可避免地导致了此种多余工作的产生,而优法原则则可免去这些不必要之举。

第五,实体法方法要求对相互冲突的判决规则进行批判性的

[1179] 比较 Wright, *supra* note 555, at 322 (对联邦法院在涉及多州籍案件中适用州的评论)。

[1180] *See supra* notes 705—708 and accompanying text.

权衡比较,远比破译"天书"[1181]或"给肥皂泡刺字文身"[1182]更适应法官性情。甚至那些敌视目的论方法的人,都认同这一点。[1183]对涉外司法正义的追求,不会令法官失察于成文法和判例的质量,相反,只会把法官注意力引向法律的缺点,从而附带产生一项宝贵成果:根据竞相适用的判决规则优点作出的理性法官判决。这种比较衡量的作用数倍于讨论诸如反致、真实冲突和寻找法律关系本座之类的虚假问题。正如保罗·弗罗因德(Paul Freund)所说,冲突法案件判决能够"成为一个国家法律的成长发展之痛"。[1184]通过警示外国法和内国法所存在的缺陷,目的论方法能够为学者、立法机关和法院考虑进行必要改革提供重要激励。

第六,实体法方法促进了法律的确定性、可预见性和判决一致性,而这些目标正是传统冲突法理论所无力实现的。[1185]一旦法院辨识出那些适于处理涉外事务的判决规则,一套全新共同法(ius commune)将得以建立,由优点已获法官认可的多项原则构成。照此方式,填隙式的内国法院造法过程能够为私法的国际统一作出贡献。值得纳入国际私法宝库的判决规则,虽然源自内国法源,但其意义将是超国家性的。

当然,创建这样一套统一的法律确实应当以普遍的共同一致为前提,可能有人会预言,法院并不总是能就特定规则的评价达成一致意见。然而,法官的观点差异,至少能为获取建设性的批评意见提供基础,由此筛选出那些需以成文法或公约进行改良的问题。而且,实体法方法能够说服外州和外国为符合通行标准而修改法律。例如德国和瑞士两国法院在外国人离婚和再婚问题

[1181] See supra text accompanying note 1009.
[1182] See supra tex accompanying note 1007.
[1183] See, e.g., Currie, supra note 659, at 777—779, 798; Kahn-Freund, supra note 359, at 153, 466.
[1184] Freund, supra note 625, at 1216.
[1185] See Y. LOUSSOUARN & J.-D. BREDIN, supra note 1177, at 8. Contra Lagarde, supra note 329, at 58.

194 上的判决,可能就对西班牙和意大利姗姗来迟的婚姻法律改革起过推动作用。[1186]有证据表明,在美国,冲突法案件已经成为协调本地法与首要司法原则之间关系的推动因素。[1187]

最后,即使超国家性涉外事务法律的发展前景还全然不明,实体法方法也仍旧比传统方法的"冲突剪切机"可取。[1188]法官裁断涉外争议之时,有意识地适用其眼中质量较优的规则,较之适用任何其他理论,应该可以保证取得更为合理的判决结果。同时,该方法避免了伪善和混乱这对相伴而生的恶果。为追求某种特定结果而利用托词,既有损司法诚实,又让下级法院和律师困惑。正如莱弗拉尔所说,"诚实乃上策,甚至在法官判决中亦是如此。"[1189]法官应该如同他们在纯国内案件判决中所做的那样,揭示其作出涉外案件判决的真实理由。通过直白的目的论方法,而非通过掩饰手段,更易实现公正和法律之确定性。

[1186] See infra note 1414 and accompanying text.

[1187] See Juenger, Letter to the Editors, 118 U. PA. L. REV. 1141 (1970)(新罕布什尔州最高法院在 Clark v. Clark 一案中拒绝适用乘客法则之后,佛蒙特州乘客法则被废止)佛蒙特州对乘客法则的废止有如破冰之举,"大量他州立法机关纷纷效仿之。" PROSSER and KEETON, supra note 722, at 216. See also Baade, The Case of the Disinterested Two States: Neumeier v. Kuehner, 1 Hofstra L. Rev. 150, 154—155 (1973)(纽约州上诉法院拒绝在 Babcock v. Jackson 案中适用乘客法则之后,安大略省修改了其乘客法则)。到现在,引起美国冲突法革命发生的三个主要规则,即乘客法则、配偶间豁免和非法致死赔偿的最高限额问题,已经大体上从美国消失。See Juenger, Mass Disasters and the Conflict of Laws, 1989 U. ILL. L. REV. 105, 105—106.

侵权法并非见证冲突法与实体法之间改革互动的唯一领域。纽约州在其上诉法院承认为规避本州法律而在墨西哥进行的离婚为有效的同年,放宽了其限制条件极为严格的离婚法律。纽约州的立法机关意识到本地法与冲突法之间的相互关系:正如原先起草的,其离婚法将本地法律改革与意在限制规避性外国离婚的条款结合起来了。See Juenger, supra note 429, at 21 n. 103.

很可能还存在其他事例,能够表明域外法律实践对本地法律改革所产生的影响。然而,相信冲突法是不受实体法影响的一整套规则和方法的观念,一直都在限制着对这种相互关系进行的研究。

[1188] See supra text accompanying note 1053.

[1189] R. LEFLAR, L. MCDOUGAL III & R. FELIX, supra note 427, at 300. See also Audit, supra note 329, at 325.

2. 目的论方法与规则

实体法方法以其最为激进的方式,要求法官在创立"真正的国际私法"时发挥积极和开放的作用。[1190]在设计调整涉外纠纷的判决规则时,他们应如同国际裁判机构或联邦或准联邦体制下的中央法院一样行事。就冲突法案件而言,有学者曾经建议[1191],可以将此类纠纷指定给专门法院处理,此类法院的法官将处于类似昔日罗马外事裁判官的地位,练就必要的专业技能。然而,甚至那些极少处理涉外诉讼的法官,都至少能够如同应付"冲突法迷宫"一样令人满意地应对目的论方法。[1192]如果要有所区别,他们应该会发现,评价诸如合同、侵权和家事关系等常见领域实体规则的质量,要比处理识别、无法律规定的情况之类的深奥问题更加容易,这些深奥问题甚至难倒了那些博学之士。[1193]

然而,如果法官独立实施目的论方法的能力尚不能博得人们信任,还存在一个简单机制,有助于法官找到适当的实体法解决办法,即选择性冲突规则。长期以来,此类规则都被用于肯定合同和遗嘱的有效性,其实它们亦可被用于其他领域。由德国马克

[1190]　See F. KAHN, supra note 490, at 259.
[1191]　See Siehr, *Special Courts for Conflicts Cases: A German Experiment*, 25 AM. J. COMP. L. 663 (1977).
[1192]　See supra text accompanying note 1006.
[1193]　"对问题的讨论已经达到了这样的程度……冲突法学家再也不能互相理解,使得那些重要问题处于悬而未决的状态……"Siehr, supra note 484, at 417. 有一篇法语论文是这样评价冲突法理论的:
　　学者们的归纳使得冲突法理论深奥莫测,能够真正领会其精巧构造的人寥寥无几,而那些并非冲突法专家的法官又如何能够正确运用冲突法理论呢?更为严重的是,非讼法律关系的参与者由于冲突法知识的匮乏而能力欠缺的现象更加突出。
　　即使是具备这种专业能力的人,在适用冲突法时,也常常会在实际运用中曲解冲突法理论,因为冲突法理论自身隐藏着无法修正的缺陷。
　　Y. Loussouarn & P. Bourel, *supra* note 63 at 71.

思—普朗克外国法和国际私法研究所阐释的《国际私法和国际程序法改革要点详解》[1194],详释了这类规则在家事关系和继承法领域所能够发挥的作用。该所所长德罗布尼希(Drobnig)还提出,在产品责任法律选择问题上亦可采用类似方法。[1195]选择性的法律适用参考并非要求法官在缺乏引导的条件下评价相冲突法律的相对优点,而是从一开始就指定了期待效果——例如对扶养权利主张者的最大保护。此类规则能够帮助实现从传统方法向价值导向方法的转变,因为它们使用了人们所熟悉的连结因素,例如事件发生地、财产所在地、个人的国籍或住所等。由于选择性冲突规则只是改良性的,而非革命性的,甚至那些传统主义者都认为,它们在理论上并不招人反感。[1196]

起草此类规则并非特别困难。[1197]从大胆到谨慎的规则模式,不胜枚举。例如上文所提及,为肯定遗嘱效力,1961年《关于遗嘱处分形式的海牙冲突法公约》第1条列举了一个极为广泛的连结因素选择范围。相反,1979年《匈牙利国际私法法令》则列举了一个更为局限的选择范围:规定在适用法院地法对儿童更有利时,只要儿童具有匈牙利国籍或位于匈牙利的住所,就应适用匈牙利法。

相关的连结因素和选择标准可能依不同国家的风格和特质而千差万别。我们先引用一个德国范例,由德罗布尼希所长建议

[1194] See *supra* note 1151 and accompanying text。为了增加法律选择的灵活性,《国际私法和国际程序法改革要点详解》建议把当事人意思自治原则扩展适用于合同以外的其他领域。*See* Thesis 4(人的姓名),Thesis 8(2)(婚姻财产权利),Thesis 9(3)(配偶扶养),Thesis 10(2)和(3)(离婚和分居),Thesis 16(2)(立遗嘱人的选择)。

[1195] Drobnig, *Produktehaftung*, *in* Vorschläge und Gutachten zur Reform des Deutschen Internationalen Privatrechts der Ausservertraglichen Schuldverhältnisse 298, 337 (1983).

[1196] *See* Vitta, *supra* note 96, at 8. *But see* Lagarde, *supra* note 329, at 59—60.

[1197] 适用复述连结点的不同种类的规则,参见 H. Baum, *supra* note 1065, at 46—88; Vitta, *supra* note 96, at 58—60。

的产品责任法律选择条款[1198]是这样表述的:

1. 因产品造成损害而导致的法律责任,由受害人选择受生产商主营业地、损害发生地、受害人主营业地或惯常居所地法调整。

2. 但是,当受害人对被告存在合同法意义上的诉讼请求时,侵权责任由支配合同诉讼请求的法律调整。

可与之相较的更符合美国起草技术的选择性冲突规则,非常容易仿效《第二次冲突法重述》条款拟定。例如,粗略模仿第145条第2款,可以这样拟定美国的产品责任法律选择规则:

在选择对跨州产品责任案件中的任何问题应适用何判决规则时,法院应考虑下列法域的法律规定:

(a)损害发生地;
(b)致损行为的发生地;和
(c)双方当事人的本州(习惯居所地、成立地或主营业地)。

对每个问题,法院都应从最符合现代产品责任标准的法域法律中选择判决规则。

这两个范例表明,冲突规则的起草者必须考虑到两个重要方面:(1)连结因素的范围;(2)从可能适用的法律中进行选择的标准。第一个方面取决于导向某一特定结果的政策力量,以及对盛行于其他州和国家的判决规则的可接受性评估。《关于遗嘱处分形式的海牙冲突法公约》中宽泛的选择性冲突规则就表明,尽量使遗嘱有效原则已成为一个强力政策,足以淘汰那些要求遗嘱必须符合特定形式的可能理由。起草者还可能假定,所有的法律体系都制定有充分的防范措施,以预防公然欺诈、调整过头和不确定性发生。与之相类,向产品严格责任方向发展的世界普遍趋

[1198] *See supra* note 1195 and accompanying text.

势亦证明,有利于受害消费者和第三人的基本法律选择政策为正当。

以上两例还说明,选择性冲突规则中的选择范围不仅取决于连结点的数量,而且还取决于选择的目标。德罗布尼希的建议条款体现了整个法律关系与特定法律制度之间的总体关联,而笔者的建议条款则要求为每一个问题都进行单独的法律选择。因此,为实现赔偿规则之最佳结合,笔者所建议的美国式规则明确支持采用分割方法的可能性。若要确定哪一个法律体系能给原告带来最有利净收益,则需要对此法律体系的所有庞杂规则都进行搭配比较,而以单个问题为导向的选择方法,却免除了这个必要。[1199]事实上,运用这种做法当然更易进行对特定判决规则的比较。而且,逐一分析问题的必要,为诉讼当事人限制其意欲提出的外国法问题范围提供了独特激励。

法律选择标准的重要性绝不亚于选择范围的重要性。德罗布尼希的建议条款允许受害人选择比较有利于之的法律,就对法官的要求而言,显得较美国式建议条款的开放性标准更低一些。但是,允许诉讼的某一方当事人决定法律适用的合理性,很可能会遭人质疑。这种权宜之计带有偏袒的嫌疑,暗示着法官作用的逊位。因此,让准据法的选择取决于相竞争判决规则的内在优点,似乎更为可取。人们还可能会质疑德罗布尼希建议规则的基础——不加限制的有利受害人原则。固然,在工业化社会不可避免地会发生事故,而针对如何处理事故的问题,许多地方都因法律发展迟滞而导致事故受害人饱受其苦。然而,有一些侵权行为规则,例如美国侵权法中的 3 倍惩罚性赔偿金规则,又给了原告过度的赔偿。而且,还可能存在真实的法官观点差异,例如缺陷产品导致损害的中间人责任。如果要让冲突法担当起推行合理实体政策的任务,则进行"质量控制"的任务就必须交给法官而

[1199] See Drobnig, *supra* note 1195, at 335.

非当事人来完成。此外,另一考虑因素亦说明了同样问题。在存在多个原告的情形下——特别是多个原告都来自不同州和不同国家的情形下——如允许每个原告都单独选择法律适用,会使得源于相同或相关事实的诉讼处理过程更加复杂,尤其会妨碍大规模灾难性案件的迅速处理。[1200]

那么,最后决定法律选择的主动权应当掌握在谁手中?当然,没有任何因素会禁止立法机关或国际公约的起草者们采纳笔者所建议的那种选择性冲突规则。但是,法院可以自主构建这样的法律规则吗?当然从传统上来看,冲突法一直都是由法官和学者盘桓其上的领域,而非立法机关的地盘。在普通法系和民法法系国家皆为如此。在法国,尽管《法国民法典》有法则区别说式的条款,然而法院依然可以无拘无束地采纳多边主义的法律选择规则。[1201]与之类似,虽然前《德国民法施行法》中的大多数冲突法条款[1202]都反映了立法者对萨维尼理论的弃绝,但是,德国法官们却将单边主义的成文法规定多边化了。[1203]这些民法法系国家法院背离成文法规定裁判的现象表明,只要没有为成文法所明确禁止,法院就应该可以行使其长期以来享有的特权,采纳其认同的法律选择规则。

不单是立法机关,法官们也曾设计过选择性冲突规则。数世纪以来,法院一直都在借"场所支配行为"这句古老格言的东风,去肯定那些如依准据法会有无效之虞的交易的效力。[1204]美国

[1200]　See Juenger, *supra* note 1187, at 125—126.

[1201]　See 1 H. BATIFFOL & P. LAGARDE, *supra* note 82, at 10; Y. LOUSSOUARN & P. BOUREL, *supra* note 63, at 115—117, 174—176; P. MAYER, *supra* note 29, at 315.

[1202]　《德国民法施行法》(下文统一称前 EGBGB)。这些冲突法规定被 1986 年 7 月 25 日的 BGBl. I 1142(1986 年 9 月 1 日生效,下文统一称新 EGBGB)彻底修改和多边化了。新法规定的翻译见 GILDEGGEN & LANGKEIT, THE NEW CONFLICT OF LAWS CODE PROVISIONS OF THE FEDERAL REPUBLIC OF GERMANY: INTRODUCTORY COMMENT AND TRANSLATION, 17 GA. J. INT'L L. 229 (1987).

[1203]　See A. EHRENZWEIG, *supra* note 55, at 312; G. KEGEL, *supra* note 55, at 135.

[1204]　See *supra* notes 1107—1109 and accompanying text.

199　法院曾经借助类似方法保护有违州高利贷法律的合同。甚至连约瑟夫·比尔都承认,这种与其既得权说扞格不入的做法,"已经根深蒂固,除非通过成文法才可能改变"。[1205]在遗嘱和信托案件中,美国法院亦表现出明显的支持协议有效性(*favor negotii*)倾向。[1206]若是仅把目的论方法的作用限制在需要达成合意的事务之上,则毫无道理可言。有关远距离侵权的德国冲突法案例[1207]表明,即使是在无法协商一致的情形下,法院也有能力设计出以结果为导向的选择性冲突规则。稍加增强法官能动作用的发挥,似乎远比来一场纷乱如麻的冲突法革命更站得住脚。较之传统方法依赖使用托词这种最蹩脚的替代选择调和的机械规则,目的论方法当然更为可取。

3. 反对目的论方法的理由

从"法律思维的首要原则"[1208]出发,演绎其规则和方法的学者,可能会对此种观点感到不悦,即认为冲突法应如所有其他法律学科一样,产生合理结果。事实上,许多学者也确实认为,冲突法领域是独一无二的,因此可以豁免于追求合理结果这个目标,或者至少可以对抗实体正义的要求。在这群学者当中,有些人相信存在一种神秘的"冲突法正义";其他人则借口法院只是当地立法机关的传声筒,否认法官在涉外案件中的创造性作用。然而,实际的冲突法案件揭示,这些学术假定与事实相去千里,法院其实很在意涉外纠纷的审理结果。实际上,甚至连传统方法都必须为实体考虑留下一些余地。多边主义者承认公共政策保留制度为必要;单边主义者在解决"无法律规定的情况"时,发现目

[1205]　2 J. BEALE, *supra* note 599, at 1241.
[1206]　*See generally* E. SCOLES & P. HAY, *supra* note 289, at 774—786, 800—806.
[1207]　*See supra* notes 1105—1106 and accompanying text.
[1208]　*See supra* note 977 and accompanying text.

的论方法可为其所用,并且可能在"真实冲突"情形下亦为如此。但是,如果结果当真如此重要,那么为什么仅应如许多人所主张[1209]的,将实体法方法作为最后的求助手段呢?

　　传统主义者一方面紧盯着以结果为导向的司法判决之间的不一致,另一方面也意识到他们自己的理论假定之间相互抵触,动辄将其解释为"人类的弱点"[1210]或嘲笑这些判决为"卡迪司法"(Cadi justice)*。[1211]当要他们确切指出法官到底错在何处时,似乎嘲笑要比辩驳来得容易。毫不出人意表,多边主义者和单边主义者们的某些反对意见干脆回避了这个问题。美国的单边主义者辩称,法院无力充分保证涉外案件之司法正义[1212],然而直到现在,柯里的追随者们一直都无法证明柯里所假定的"政府利益"之存在,而"政府利益"又被指妨碍法院按自然方式行事。[1213]多边主义者主张目的论方法与"冲突法正义"势同水火[1214],仅仅只是在用不同的措辞重复萨维尼的基本思想——地理位置优于公正考虑[1215],个人系因其住所、国籍或与一国的

[1209]　See, e. g., T. DE BOER, *supra* note 333, at 489; K. SCHURIG, *supra* note 62, at 309; Kegel, *supra* note 333, at 632; van Hecke, *supra* note 333, at 479—480.
[1210]　Kahn-Freund, *supra* note 263, at 466.
　*　卡迪司法是指穆斯林国家的法官根据一时的心血来潮或自己的消化状况来判案。庞德曾在一篇比较一种法律体制与卡迪审判之间任意性的文章中这样描写:"东方国家城门口由卡迪主持的审判率性而为,审判还可能受卡迪的消化状况的影响",反映了认为不以规则为基础的决定必然含有任意性的观点。该文见 Pound, *The Decade of Equity* (1905), 5 Col. L. Rev. 20.21。——译者注
[1211]　B. CURRIE, *supra* note 93, at 153.
[1212]　See Sedler, *Professor Juenger's Challenge to the Interest Analysis Approach to Choice-of-Law*: *An Appreciation and a Response*, 23 U. C. DAVIS L. REV. 865, 890—901 (1990).
[1213]　See Juenger, *supra* note 857.
[1214]　G. KEGEL, *supra* note 55, at 80—86.
[1215]　*Id.* at 81.

其他联系才将自己"交给"某国法律支配[1216]。换言之，诸如"冲突法正义"和"政府利益"之类的概念仅仅只是在为某些方法提供文字辩护，这些方法系基于这种先入之见而生：法官应于不受通常人性考虑污染的纯净氛围中判决涉外纠纷。这些术语虽然引人注目，但却并不具有自己的独立存在价值；它们只是在重复表达学者对此冲突法传统理论或彼冲突法传统理论的效忠。

大多数其他反对意见则围绕猜测法官能力展开，认为法官在进行实体法方法所必然要求的价值判断方面无能为力。[1217]但是，如果我们考虑一下这个发难者是谁，就会发现该论断其实并不具有说服力。期望法官与冲突法传统理论中的深奥词汇较劲，并用扭曲的概念工具主义加以搪塞的学者们，最不具备假定法官无能的资格。然而，即使我们真的不能信任法官区分良莠的能力，也仍然存在目的论方法的适用空间，因为法官为评价竞相适用法律的优点而行使自由裁量权，并非不需任何指引。传统主义者承认，由立法机关制定有利于特定实体结果之实现的选择性冲突规则是合适的。[1218]事实上，一些多边主义者还对这种技术赞

[1216] 甚至那些对"冲突法正义"概念感觉不怎么舒适的学者，例如伯尔，还是可能总结说，一方当事人至多有权获得"其住所地法的利益，不能多于此，也不能少于此"。T. de Boer, *supra* note 333, at 73. 隐藏于这种思想之下的"服从"概念的假想本质在以下论述中变得非常明显："一个人在自己选择的法律支配下生活，信任自己的法律，并不论好坏都愿意遵守它。"G. Kegel, *supra* note 55, at 82. 该假定显然是违背现实的。要将其适用于未成年人、难民和囚犯都是完全不确切的。在更通常意义上，没有几个诉讼当事人可能在输掉官司之后会因为是输在"自己的"法律之下而找到安慰。事实上，正如艾蒙诺维勒空难案死亡受害人的亲属所做的那样，许多人都准备好了挑选法院，寄希望于在外州法院和在外州法的支配下，实现更高程度的公正。

[1217] See, e.g., E. LORENZ, ZUR STRUKTUR DES INTERNATIONALEN PRIVATRECHTS 99—102 (1977); K. SCHURIG, *supra* note 62, at 309—311; Evrigenis, *supra* note 96, at 338—345; Kisch, *La loi la plus favorable*, in FESTGABE GUTZWILLER 373 (1959); Sedler *supra* note 1212, at 895—898.

[1218] See, e.g., K. SCHURIG, *supra* note 62, at 204—209, 309; van Hecke, *supra* note 333, at 478.

许有加,虽然其系以结果选择为导向。[1219]但是采纳此种规则的立法机关常常是信任法院作出合理判决的能力的。例言之,《匈牙利国际私法法令》第 46 条,就要求法院适用"对儿童更加有利的法律"。这条开放性的选择性冲突规则,应该不会比要求法官考虑"儿童最佳利益"的国内法条款更难以适用。在实践中,甚至是一条直白的优法规则,较之诸如正当程序、诚信原则和禁止权利滥用等一般条款,并不会给法官增加更重负担。

一些人主张,由于较之外法域法,法官总是更倾向于适用法院地法[1220],因此法院会受法院地法的诱惑而滥用优法原则。然而,目前搜集的实际情况表明,并不需要将目的论方法建立在狭隘的返家趋势之上。虽然美国冲突法革命之初的大多数判决,包括那些适用莱弗拉尔影响法律选择考虑因素的判决,都是通过援用法院地法解决多州争议,但是个中原因,并非一定出自狭隘的地方主义。这些案件中的大部分都涉及侵权诉讼,我们可以预见,原告律师不会选择到一个制定有低标准赔偿规则,可能导致不合理限制或减少赔偿额的法域提起诉讼。[1221]在一些案件中,选择适用外法域法作出判决的法院还会借鉴积累而来的比较经验,借此机会改变本法域法律。[1222]正是出于这些原因,适用较优外法域法的案例可以说是凤毛麟角,但是,仍有一些报告过的

[1219]　See e. g. , G. KEGEL, *supra* note 55, at 470 (《关于遗嘱处分形式的海牙冲突法公约》);H. NEUHAUS, *supra* note 8, at 142 (支持协议有效性原则)。

[1220]　See, *e. g.* , T. DE BOER, *supra* note 69, at 69; R. CRAMTON, D. CURRIE & H. HILL KAY, *supra* note 874, at 320; H. NEUHAUS, *supra* note 8, at 39; van Hecke, *supra* note 333, at 479, Sedler, *supra* note 1212 at 891, 895.

[1221]　See *supra* notes 934—936 and accompanying text; Juenger, *supra* note 7, at 557—562.

[1222]　See, *e. g.* , Spherex, Inc. v. Alexander Grant & Co. , 122 N. H. 898, 451 A. 2d 1308 (1982); Adams v. Buffalo Forge Co. , 443 A. 2d 932 (Me. 1982); B. CURRIE, *supra* note 93, at 154 n. 82; *see also* Thompson v. Estate of Petroff, 319 N. W. 2d 400, 407 & n. 12 (Minn. 1982).

美国法院判决的确适用了外法域法。[1223] 比较法学家的评论[1224]，还有已报告案例的结果[1225]，都表明其他国家的法院亦存在类似作法。因此，无论是大陆法系法官，还是普通法系法官，似乎都能压制他们选择法院地法的自然倾向，采用理想的外国法解决办法。

在美国以外的其他国家，更难找到证据证明：法院于处理冲突法案件之时，确实会对摆在他们面前的相冲突法律进行价值判断。许多国家的法院都喜好用隐晦的文风书写判词[1226]；而且，传统方法亦要求法官运用种种操作技巧去掩饰其判决的真实原因。即便是冲突法专家[1227]，在概念推理的假面之下，要辨别这背后影响法律选择的因素，也可能会陷入茫然一片的境地。[1228] 尽管存在矫揉造作的字眼和条文主义的惯例，然而一些欧洲案例表明，法官们已经意识到这样一个事实：要对涉外案件中的实体价值予以尊重，就可能需要背离业已确立的冲突规则和国内法。一个明

[1223] *See e. g.*, Schlemmer v. Fireman's Fund Ins. Co., 292 Ark. 344, 730 S. W. 2d 217 (1987); Bigelow v. Halloran, 313 N. W. 2d 10 (Minn. 1981); *see also supra* notes 734-351, 931 and accompanying texts。一些以结果为导向的法官甚至毫不犹豫地使用了利益分析以适用更好的外国法，而利益分析通常是带有强烈的法院地倾向的。*See* Offshore Rental Co. v. Continental Oil Co., 22 Cal. 3d 157, 583 P. 2d 721, 148 Cal. Rptr. 867 (1978); Frummer v. Hilton Hotels Int' l, Inc. 60 Misc. 2d 840, 304 N. Y. S. 2d 335 (Sup. Ct. 1969).

[1224] *See supra* notes 1043, 1062 and accompanying text.

[1225] *See e. g. In re* Annesley, [1926] Ch. Div. 692（适用反致制度依照法国法授予立遗嘱人之女以婚生地位）；BGH, decision of May 12, 1971, 56 BGHZ 193（妻子依照其本国法或婚姻住所地法选择姓名的选择权）。后一案例见 Sturm, *Der Name der Ehefrau aus kollisionsrechtlicher Sicht-Zum Beschluss des BGH vom* 12.5.71, 20 FAMRZ 394 (1973).

[1226] *See* Audit, *supra* note 329, at 325; Siehr, *Vom Lesen und Schreiben kollisionsrechtlicher Entscheidungen*, 38 RABELSZ 631 (1974).

[1227] "这些冲突法案件的判决结果是非常重要的。这些判决意见经常只是为了证明这些结果为合理的尝试……" Siehr, *supra* note 1226, 633—634（原文中还加以了强调）。

[1228] 对德国冲突法案件中选择性冲突规则的评价，*see supra* notes 1105—1106 and accompanying text，一位著名的冲突法学者称："德意志帝国最高法院判决中的观点完全是概念主义的[begriffsjuristisch]……有利受害人原则是否发挥了作用还不确定。" H. NEUHAUS, *supra* note 8, at 177.

显例证就是法国法院支持国际合同中黄金条款（gold clauses）＊效力的判决。[1229]法院考虑外国法中"直接适用规则"的事例亦属同类。[1230]如果现有的可获得证据还不足以下定论，那么完全可以归咎于掩盖法院真实判决原因的各种冲突法方法论。

　　法官若选择允许其言明适用某个特定法律的真实原因的方法，则可避免这种困难。在采纳莱弗拉尔方法的州，法院已经明确拒绝使用逃避工具和"非理性地援用法院地法"。[1231]正如凯尼森法官（Judge Kenison）在第一个采纳莱弗拉尔影响法律选择考虑因素的案件中所说："如果某个他州法律已经过时……我们可能会争取适用本州法律。如果是本州法律过时或不合理（这是可能发生的），我们会努力适用其他州的法律。"[1232]与该观点相类，加利福尼亚州最高法院在一个里程碑式案件中，直白驳斥了法官的返家倾向强于实现州际正义愿望的假定。该案适用了"普遍、进步的"路易斯安那州规则，禁止对公司高级职员提供的服务导致的损失提起诉讼，淘汰了《加利福尼亚州民法典》要求对这种损失承担责任的"过时和孤立"的规定。[1233]

　　就对竞相适用的判决规则进行开诚布公的质量评价而言，这两个冲突法案件并非美国法院之仅有判例；事实上，许多法官都以明确的语言表述了他们的实体价值判断。正是按照此种方式，纽约上诉法院谴责马萨诸塞州对不法致死赔偿设置最高限额的

＊　黄金条款是指合同、债券或抵押契据中规定以黄金清偿债务的条款。1933 年美国国会宣布此项条款无效。——译者注

[1229]　See G. Delaume, Transnational Contracts: Applicable Law and Settlement of Disputes § 4.08 (1985); Y. Loussouarn & P. Bourel, *supra* note 63, at 608—611.

[1230]　See E. Steindorff, *supra* note 1056, at 227—240; Juenger, *supra* note 554, at 243—244, 247—480.

[1231]　R. Leflar, L. McDougall III & R. Felix, *supra* note 427, at 295.

[1232]　Clark v. Clark, 107 N.H. 351, 355, 222 A. 2d 205, 209 (1966).

[1233]　Offshore Rental Co. v. Continental Oil Co., 22 Cal. 3d 157, 168, 583 P. 2d 721, 735, 148 Cal. Rptr. 867, 874 (1978).

原有规定是"荒谬和不公正的"。[1234]富德法官(Judge Fuld)在巴布考克诉杰克逊(*Babcock v. Jackson*)案中,以更加保留却同样蔑视的口吻,将安大略省的乘客法则识别为"独一无二的"。[1235]在施莱默诉消防员基金保险公司案(*Schlemmer v. Fireman's Fund Insurance Co.*)[1236]中,阿肯色州最高法院公然抨击法院地的原有乘客法是"过时和不公正的"。[1237]在克拉克诉克拉克案(*Clark v. Clark*)[1238]中,凯尼森法官适用了优法规则,更为诗意地称佛蒙特州乘客法规为"文明礼服之拖沓裙摆"。[1239]在比奇洛诉霍洛朗案(*Bigelow v. Halloran*)[1240]中,明尼苏达州最高法院没有采纳法院地禁止提起遗留诉讼的规定,斥其为"早期普通法之残余"。[1241]虽然新罕布什尔州最高法院在马圭尔诉埃克塞特汉普顿电力公司案(*Maguire v. Exeter & Hampton Electric Co.*)[1242]中,决定适用法院地对不法致死赔偿的两万美元法定限制,但法官还是意识到,该制定法"是逆现代潮流而动的"。[1243]

断言法官缺乏进行价值判断的能力显然是置现实于不顾,然而,还有另外一种意见认为——目的论方法超出了法官的权限范围。一些学者承认,法院在竞相适用的判决规则之中进行选择时,可能会受到规则质量的影响,但坚持主张,这样的结果选择方法是在以法官的一时兴致取代法律原则。[1244]该反对意见的提出

[1234] Kilberg v. Northeast Airlines, Inc., 9 N. Y. 2d 34, 40, 172 N. E. 2d 526, 528, 211 N. Y. S. 2d 133, 136 (1961).
[1235] 12 N. Y. 2d at 484, 191 N. E. 2d at 285, 240 N. Y. S. 2d at 751.
[1236] 292 Ark. 344, 730 S. W. 2d 217 (1987).
[1237] Id. at 347, 730. S. W. 2d at 219.
[1238] 107 N. H. 351, 222 A. 2d 205 (1966).
[1239] Id. at 355, 222 A. 2d at 209.
[1240] 313 N. W. 2d 10 (Minn, 1981).
[1241] Id. at 12.
[1242] 114 N. H. 589, 325 A. 2d 778 (1974).
[1243] Id. at 592, 325 A. 2d at 780.
[1244] See, e. g., B. CURRIE, supra note 93, at 153—154; Evrigenis, supra note 96, at 342—343.

者惯于担心造成"法律的不安全感"[1245]或"不确定性"[1246],对传统方法到现在都无法让人感知其确定性和可预见性的事实,却选择视而不见。[1247]考虑到法院亦担负着造法任务的更通常情况[1248],这个论点显然有些似是而非。普通法的历史发展,有力驳斥了司法创造性与法律稳定性不能和谐共存的观念。

一些欧洲学者似乎认为,法官造法只是纯粹的英美法现象[1249],但事实并非如此。甚至在像法国这样如此重视权力分立的国家,整个公法实际都是由法国行政法院(Conseil d'Etat)一手缔造。在私法领域,法国法院从几条含糊其辞的民法典条文演绎而来的侵权行为规则,即为法官发挥其积极能动作用的典型事例。还有法国学者更加入木三分的论断为证,"当今国际私法的重要渊源仍能在上诉法院和受其控制的下级法院判例法(判例体系[*jurisprudence*])中找到"。[1250]万民法和商人法早已证明,法官们在很久以前就已知晓如何去创立合理的超国家性判决规则。近年来,忠于传统理论的法院仍能以迂回间接的方式取得公正的判决结果,这令理论纯粹主义者们大失所望。[1251]美国冲突法革命对姐妹州和加拿大令人厌恶法则(*statuta odiosa*)的弃绝表明,

---

[1245] See, e.g., P. LALIVE, *supra* note 462, at 366—369; Evrigenis, *supra* note 96, at 342—243.

[1246] B. CURRIE, *supra* note 93, at 133.

[1247] "只要我们有不同的法律……在涉及多州案件的场合,私法实施就会受到不一致性和不确定性的影响。" *Id.* at 179. 多边主义方法也无法补救这个内在缺陷。不容置疑地,甚至连传统冲突法规则都"经常是不确定的,也因此而不可预见"。Y. LOUSSOUARN & J.-D. BREDIN, *supra* note 1177, at 8; cf. Evrigenis, *supra* note 96, at 387—388.

[1248] See, e.g., Evrigenis, *supra* note 96, at 343, 387; Sedler, *supra* note 1212, at 895—897.

[1249] See, e.g., M. MÜHL, *supra* note 797, at 174; P. LALIVE, *supra* note 462, at 360—361; Evrigenis, *supra* note 96, at 343, 387.

[1250] 1 H. BATIFFOL & P. LAGARDE, *supra* note 82, at 19.

[1251] 见例如 Kahn-Freund, *supra* note 263, at 153, 466; Sedler, *supra* note 867, at 203. 正如两个德国学者的评论,在许多甚至可以说是大多数法院没有适用冲突规则或没有正确适用冲突规则的案件中,是"完全可以容忍的"。Neuhaus & Kropholler, *Das Elend mit dem Internationalen Privatrecht*, 1980 FAMRZ 753.

虽然各个司法判决所借助的方法迥然相异,但是它们之间仍能保持充分一致,以至于实际创立了一套多州实体法。[1252] 如果要指责这些判决仍缺乏确定性和可预见性,那么问题并不在于案件判决本身,而在于法官判词未能清楚展示促成特定判决产生的真实原因。

对于目的论方法,还有一种更为间接的抨击方式,即警告人们毁弃业已确立的冲突法传统理论必然招致的可怕后果。例如凯热尔所言:"在本已复杂的国际私法领域,若抛弃清楚、易辨识和易操作的冲突法规则,就会陷入万劫不复的深渊;美国冲突法在改革者手中的分崩离析就为此教训提供了最有力实证。"[1253] 诚然,国际私法领域确实"本已复杂",但这正是因为传统法律选择规则一点都不"清楚、易辨识和易操作"。多边主义的结构性缺陷造成了"总则"部分错综复杂的立法设计[1254],与单边主义者的"真实冲突"和"无法律规定的情况"一样,播下了混乱的种子,收获的却是法律的不可预见。结果导向方法则无需动用这些稀奇古怪的补救手段。美国经验已经证明,大多数涉外诉讼都只局限于为数不多的某几个实体问题,法院必须对之进行价值判断,而价值判断亦绝非难事。适用乘客法则、家庭成员间豁免规则和不法致死金钱赔偿限额处理的大多数案件[1255],还有大量案例、成文法和法学著述,都证实了这些令人厌恶法则的缺点。

美国冲突法实验的教训,其他法律体系亦同样受用。冲突法领域之动荡,通常都反映了实体法领域之变迁。当现代交通条件和大规模商业交易产生大量的州际事故案件,导致法院和立法机关不得不重塑其侵权法律制度时,美国的传统冲突法制度则随之土崩瓦解。严格的侵权行为地法规则(lex loci delicti),由于它总

[1252] *See supra* notes 926—943 and accompanying text.
[1253] Kegel, *supra* note 333, at 622; *see also* von Mehren, *Recent Trends*, *supra* note 773, at 952—953.
[1254] *See supra* notes 483—545 and accompanying text.
[1255] *See supra* notes 721—724 and accompanying text.

是一成不变地援用未经变革的外国法,已被证实不尽人意。在家庭关系案件中,盛行于许多欧洲国家的本国法原则亦表现出同样倾向。当人员的跨国流动已达到前所未有的程度,仍强调适用本国法,会导致在法院地居民之间的大量诉讼中都产生适用外国法问题;本国法原则就变成了大规模引进陈旧外国法规则的渠道。西班牙和意大利直到20世纪下半叶才允许离婚这样一个简单事实,足以说明欧洲冲突法的混乱状况。另一个产生摩擦的源头在于,虽然近年来出现了向男女平等方向发展的普遍趋势,但一些法律体系还是偏向丈夫和父亲。因此,在已经变革本国歧视性法律的国家,法院就需要应对那些不符合法院地法标准的外国规则残余。有一个简单方法可解决此种因法律改革滞后而导致的冲突。如同美国侵权法的发展状况一样,大量的法院判决、立法和学术评论亦对家庭法的各个方面作出了贡献,如果欧洲法院业已确立类似政策,那么就引发多数欧洲冲突法问题产生的判决规则而言,所有有关其优点的疑虑即可迎刃而解。

  这些评论同样适于反击针对实体法方法提出的另一反对意见。凯热尔曾经说过,优法方法的逻辑要求,在每个案件中,都应对全世界的所有法律进行比较考察,因为"最好的法律毕竟应为所有可比对象之中最好的"。[1256]无疑,尽可能广泛的最大比较范围将会保证最佳实体规则的产生,此种想法可能正为选择性冲突规则的起草者铭记。意识到自己涉外案件裁判者身份的裁判机构,会像以前的英国海事法院和现在的欧共体法院一样,在创制新的超国家法律的过程中参考各种法律体系的法律规定。然而,如果已报告的冲突法案件判决可以提供任何提示,则几乎不必再进行殚精竭虑的研究。在大多数案件中,都只存在两个判决规则之间的简单冲突,其中一个规则显然优于另一个规则。在实际适用中,实体法方法应该被证实有着非常突出的可操控性。涉

[1256] Kegel *in* F. JUENGER ZUM WANDEL DES INTERNATIONALEN PRIVATRECHTS 35, 36 (1974).

外诉讼的当事人为避免使其案件复杂化,不会去依赖与其诉讼之间联系不够密切的法律体系规则。明智的律师,即使是出于自身利益需要,也应该保证将可能适用的法律限制在相当简易的选择范围内。

即便是选择范围相当广泛的选择性冲突规则,例如《关于遗嘱处分形式的海牙冲突法公约》中的条文,亦没有不当加重司法任务的复杂程度。不同国家的判决规则,虽然在细节上有所不同,但是经进一步分析,即使无法找出它们在实质上的一致性,亦会发现其有明显的共同发展趋势。丰富的比较法著述,更是便利了批判性评价的进行。在大多数案件中,稍微查阅一下汉堡马克思—普朗克研究所编著的《国际比较法百科全书》,就应该能够打消所有的不确定。当然,在一些案件中,要评价竞相适用的实体规则的各自优点,可能会存在困难。然而,愈有争议的问题,愈值得公开讨论。为争论法的内在理性(ratio legis)而花费时间和精力,是值得的。与我们熟悉的格言正好相反,只有高难度案件才能帮助制定良好法律。法官们应努力扩展其对法律规则内在质量的理解,书写出能够为其他法院和立法机关提供有益指导的判决意见。

因此,针对实体法方法的种种驳难都是没有根据的。一些传统主义者作了很大让步:只要优法原则表现为选择性冲突规则的形式,他们就不会对之进行非难。[1257]事实上,只有一条反对意见是基于原则,而非基于权宜之计或对传统冲突法的本能偏好提出的,即所建议方法违反了平等保护的基本原则。这种论断有两种版本。根据第一种,选择某个特定实体结果会给予一方当事人超过另一方当事人的优势地位。[1258]这个论据的正确性确定无疑。例如德国关于远距离侵权案件的规则,显然是以牺牲侵权人

[1257] See M. MÜHL, *supra* note 797, at 179; K. SCHURIG, *supra* note 62, at 309.
[1258] See A. BUCHER, GRUNDFRAGEN DER ANKNÜPFUNGSGERECHTIGKEIT IM INTERNA-TIONALEN PRIVATRECHT 64 (1975).

利益为代价,偏向保护受害人一方。但是,所有的法律规则都必然会以某种方式有所偏向,这个论据也同样正确,因为所有法律规则的目的都是为了决定应由原告还是被告胜诉。加强消费者保护,从而促成多数发达国家的内国法形成共同政策的冲突规则又何错之有呢?显而易见,该反对意见将未经证实的问题视为当然;其假定了这个传统理论前提的正确性,即冲突规则应从定义上保持中立。

关于平等保护论断的另一个版本,即为责难实体法方法对涉外交易和内国交易的处置殊不相同。[1259] 这种反对意见实际是在悲叹,涉外事务的当事人比那些事务不幸囿于本地的当事人获得了更高程度的公正。这种考虑从未扰乱过罗马外事裁判官的思维,更不应扰乱其他任何人的思维。涉外事务产生了值得特殊对待的特殊风险[1260];事实上,纯国内事务与涉外事务之间的区别,也正是冲突法的存在前提。比如,一位截瘫患者虽然按其本国(州)法得不到赔偿,但按外国(州)法却能够获得赔偿,任何真正关注这种差别的人都不应悲叹这笔赔偿给受害者带来了"意外横财",而应该接受这个事实:涉外案件正揭示了本地法律标准向国际普遍标准看齐的必要性。

如果找不到任何原则来抨击法律选择中的目的论方法,那么还存在一个问题:目的论方法能够发挥作用吗?为回答这个问题,笔者从那些曾反对实体法方法的学者论述中找到了支持。曾经谴责过法官的结果选择倾向的学者,例如柯里和克恩·弗罗因德[1261],都承认目的论方法能够运作,但需以非公开的方式运作。他们的反对意见等于是在说:"目的论方法不是在理论而是在实

[1259]　*See*, *e.g.*, T. DE BOER, *supra* note 331, at 73—74; E. LORENZ, *supra* note 1217, at 82—83; M. MÜHL, *supra* note 797, at 135, 178.

[1260]　*See*, *e.g.*, H. NEUHAUS, *supra* note 8, at 142—143, 176; Drobnig, *supra* note 1195, at 326.

[1261]　*See supra* notes 1043—1045 and accompanying text.

践中发挥作用",该论点足令律师们踌躇不已。[1262]否认实体正义与涉外案件之间联系的人,应当反思无视这种考虑的理论的实际后果。双方当事人若不能在其内国法院获得公正判决,他们会受到挑选法院的诱惑[1263],以博取改变其命运,并且,当前法律选择实践的差别,必然能够保证其获得成功。如果将实用性作为检验冲突法的标准,比起那些招致麻烦和耗费成本的欺骗性方法,优法方法似乎更为可取。[1264]

4. 案例的再审视

现在让我们再回顾一遍导论中提出的案例。目的论方法究竟应该在实践中发挥什么作用？在冲突法理论中它又能够发挥、应该发挥什么作用？如何实施目的论方法,目的论方法又将产生什么样的实际效果？

(a) 艾蒙诺维勒空难案:替代性选择

土耳其航空公司 DC-10 航班在巴黎附近坠毁后发生的诉讼,反映了《华沙公约》之缺陷。该公约为实现统一性而背离公正[1265],对赔偿金设置了不合理限额,招致了当事人对其适用的逃避。[1266]毫不出人意料,原告律师把工作重点瞄向产品责任理论,以之为诉由提起诉讼,以规避《华沙公约》的适用,并通过挑选法院取得程序上的优势地位。在洛杉矶联邦地区法院最后审

[1262] 对法官的结果选择方法更为乐观的观点,见 E. RABEL, *supra* note 307, at 98; cf. H. NEUHAUS, *supra* note 8, at 38 n.110 (优法方法在美国实践中比在理论中更加重要)。See also *supra* note 1251 and accompanying text。

[1263] *See generally* Juenger, *supra* note 7.

[1264] *See* Siehr, *Produkthaftung und Internationales Privatrecht*, 18 AWD/RIW 373, 384 (1972).

[1265] *See supra* note 1173—1174 and accompanying text.

[1266] *See supra* note 1175 and accompanying text.

结的"埃扬尼克"案(Aegaéonic)[1267]中,冲突法理论仅只发挥了次要作用。在众多的潜在法律选择问题当中,只有一个问题,即向受害人家属支付非金钱损害赔偿金的准据法问题,得到了书面判决结果。而具有讽刺意味的是,在这个问题上,原告本可从侵权行为地法规则中受益。法国法允许就失去亲人的痛苦获得赔偿,"而今,对死亡所引起的精神损害,很可能在其他任何地方都找不到如此具有同情心的处理方法"。[1268]与法国法形成鲜明对比,由于历史原因,普通法对不法致死赔偿问题的处理,非常地不尽如人意,混乱不堪。

有关不法致死的英格兰法,自从艾伦博罗法官(Lord Ellenborough)("他的长处就是从来不从常理出发"[1269])判决"在民事法庭,一个人的死亡不能被诉称为痛苦"开始,就有了一个不良开端。[1270]正是在这个判例的影响下,普通法国家的法院得出结论,只有立法机关才能对不法致死规定民事救济。1846年英国《坎贝尔勋爵法》[1271]创造了这样一种救济,但却被保守地解释为仅限于对金钱性质的损失进行赔偿。[1272]美国在制定类似成文法之后,美国法院亦对这些成文法进行了相似的限制性解释。在加利福尼亚州,甚至在1862年《不法致死法》[1273]中原有的"金钱性"一词被删掉[1274]十年后[1275],情况依然如故。然而,加利福尼亚州法

[1267]　*In re* Paris Air Crash of March 3, 1974, 399 F. Supp. 732, 735 (C. D. Cal. 1975).

[1268]　McGregor, *Personal Injury and Death*, in 11 INT'L ENC. OF COMP. L. (TORTS) ch. 9 § 39 (1972).

[1269]　W. PROSSER, HANDBOOK ON THE LAW OF TORTS 901 (4th ed. 1971).

[1270]　Baker v. Bolton, 170 Eng. Rep. 1033 (K. B. N. P. 1808).

[1271]　Fatal Accidents Act, 1846, 9 & 10 Vict. ch. 93.

[1272]　*See, e. g.*, Shiels v. Cruikshank, [1953] 1 All E. R. 874 (H. L.); Blake v. Midland Ry. Co., 118 Eng. Rep. 35 (1852) (Q. B.).

[1273]　1862 Cal. Stat. 447.

[1274]　*See* CAL. CIV. PROC. CODE § 377 (a) (West Supp. 1991) ("such damages... as... may be just").

[1275]　*See, e. g.*, Gilmore v. Los Angeles Ry. Corp., 211 Cal. 192, 295 P. 41 (1930); Parsons v. Easton, 184, Cal. 764, 195 P. 419 (1921).

院并没有将赔偿狭隘限制在具有某种可确定经济价值的损失成分之上。在早期,法院允许受害者家属搜集证据证明"陪伴、安慰和保护"的损失。[1276]但仍有一些案件要求证明,失去的配偶权利存在可评估的金钱价值,并假定生存者的悲痛不能得到赔偿。[1277]

由于巴黎坠机案中的许多原告都不依赖受害人扶养[1278],非金钱损害赔偿问题就具有至关紧要的重大意义。受害人中的最大团体来自英格兰,而该法域法律却明确禁止此种赔偿。因此,原告律师主张适用对受害人亲属更为有利的法律,即法国法[1279],而被告却主张适用各个乘客的住所地法,因为英国受害人组成了唯一的最大团体(177名乘客)。[1280]皮尔逊·阿尔法官(Judge Peirson Hall)打算通过利益分析方法解决法律选择问题,虽然他对美国冲突法当前状态的评价[1281],表明其并不喜好加利福尼亚方法[1282],但这种方法正是艾利案和克拉克森案[1283]强加于之的。他提到过有利受害人[1284]原则,却并未采用该原则,并在最后总结:加利福尼亚州法院如遇到同样问题,会适用法院地法。

在霍尔法官看来,加利福尼亚州——虽然在分配赔偿金给外国受益人方面并无利益——会希望阻止本地制造商的不法行为,但同时亦希望免除外国法可能加诸于本地制造商的过重责任。

[1276] See, e.g., Bond V. United R. R., 159 Cal. 270, 113 P. 366(1911); Munro v. Pacific Coast Dredging & Reclamation Co., 84 Cal. 515, 24 P. 303 (1890).

[1277] See, e.g., Parsons v. Easton, 184 Cal. 764, 195 P. 419 (1921); Dickinson v. southern Pac. Co., 172 Cal. 727, 158 P. 183 (1916).

[1278] See S. SPEISER, supra note 340, at 452.

[1279] Id. at 453.

[1280] Id. at 454; see In re Paris Air Crash of March 3, 1974, 399 F. Supp. 732, 741, 745 (C. D. Cal. 1975).

[1281] See 399 F. Supp. at 739, 741.

[1282] See S. SPEISER, supra note 340, at 455—456.

[1283] See supra notes 1018—1022 and accompanying text.

[1284] See 399 F. Supp. at 744. 原告律师从没有要求法院创造选择性冲突规则。他们显然相信有必要证明法国法有着"极为重要的"或者"更强"的利益。See S. SPEISER, supra note 340, at 453, 456. 这个误解正阐释了加利福亚最高法院依赖"利益分析"托词在实践中造成的有害影响。

他还假定，加利福尼亚州在制定不法致死赔偿的统一规则方面存在利益，如此可以方便本地制造商估计其因销售产品而可能招致的侵权责任。[1285]霍尔法官拒绝采用住所地法原则，因为针对不同原告群体作出不同判决，无异于拒绝为所有原告提供平等保护，任何在加利福尼亚州法院起诉的人都应该"在承担同等义务的同时享有同等利益"。[1286]他评论说，"若要列表统计原告或死者实际涉及多少国家或州，无论是法院还是法院工作人员，都无暇于此……"[1287]，间接影射了适用住所地法解决大规模灾难性案件的复杂状况。

虽然霍尔法官不赞成采用住所地连结因素，但是，其适用法院地法解决"真实冲突"的做法，与柯里的教导如出一辙。[1288]然而，他没有直接适用加利福尼亚州当时的法律，将赔偿限制在金钱性损失之上，而是从美国政府对航空器设计和制造的管理出发，杜撰出所谓的联邦利益[1289]，以联邦利益为依托，"放宽"[1290]了加利福尼亚州关于不法致死赔偿的规则。在海事案件海陆服务公司诉高德特案（*Sea-Land Services v. Gaudet*）[1291]中，美国联邦最高法院承认，因"服务和陪伴损失"而获得赔偿的权利，包括诸如

[1285]　399 F. Supp. at 743.
[1286]　*Id.* at 744.
[1287]　*Id.* at 742.
[1288]　But cf. id. at 741（注意利益分析中的适用法院地法倾向）。
[1289]　*Id.* at 746—747.
[1290]　*See id.* at 747；*See also In re* Paris Air Crash of March 3, 1974, 423 F. Supp. 367, 370 (C. D. Cal. 1976); S. SPEISER, *supra* note 340, at 456—459.
[1291]　414 U. S. 573 (1974). 高德特案处理的是一个在领海死亡的港口工人案件。与之相反，《公海死亡法》46 U. S. C. app. §762 (1989)，这部 1920 年制定的法律明文将赔偿限于金钱损失。在 Mobil Oil Corp. v. Higginbotham, 436 U. S. 618 (1978) 案中，最高法院拒绝给予国会法律规定之外的救济，将高德特案的判决结果限制在领海死亡案件中。虽然适用于海员受伤和死亡的《琼斯法》，46 U. S. C. app. §688 (1989)，并没有以明确的语言将赔偿限于金钱性质的，但法院仍将其解释为不允许就陪伴损失取得赔偿。Miles v. Apex Marine Corp., 111 S. Ct. 317 (1990).因此，高德特案的效力一直被严格限定在领海内非海员的不法致死案件上，其权威价值一直令人怀疑。

"爱情、亲情、照顾、关心、友谊、安慰和保护"之类明显属于非金钱性质的因素。霍尔法官的判决意见将这个宽容的前联邦标准融入法院地法当中,以支持他早些时候在法庭上所得出的结论,即"爱情和亲情的丧失应包含失去亲属的生者所遭受的痛苦和创伤"。[1292] 这个"带有所罗门式智慧"[1293] 的判决,虽然基于完全不同的理由,但是本着务实的目的,使得法院地法堪与允许补偿生者丧亲之痛的开明法国案例法媲美。[1294]

然而,霍尔法官还是感觉有必要隐藏自己对原告的明显同情。于是,他披上当前美国冲突法理论的外衣,运用利益分析法的语言书写了他的判词。在国家主权思想支配下,他声称联邦法官职位只是"为执行美国法律和政策而创立的手段"。因此,他感觉自己"并没有法律或道德上的正当理由,去适用外国政府的本地政策,而摧毁业已确立的美国政策"。[1295] 这个极端声明与其判决中的有利受害人原则有着令人好奇的相左之处。其论证结果与论证理由之间的不一致淋漓尽致地说明,他存在着以政府利益分析伪装目的论方法的倾向。

霍尔法官若是泰然自若地适用了实体法方法(原告律师曾委

[1292] S. SPEISER, *supra* note 340, at 458.
[1293] *Id.* at 460.
[1294] Id at 458,460. 在洛杉矶陪审团,一群急切希望扮演正义女神角色的法律门外汉手中,牺牲不具名保险公司的利益,允许就精神损害获得赔偿的法律规则,对受害人而言,会被认为比法国法院适用同样规则更为有利。*Cf. id.* at 454. 正如起因于艾蒙诺维勒空难并唯一获得陪审团裁定的案件所证明的,在加利福尼亚州获得的损害赔偿额极大超出了那些在外国(州)获得的损害赔偿额。*See id.* at 461(一对年轻英国夫妇的两个遗孤获得了 1509950 美元的赔偿金);*See also* McGregor, *supra* note 1228, §§47, 169, 176. 然而,霍尔法官在法庭上分配的正义确实也是公正的,虽然可能看起来显得粗糙,但他并没有给被告科加真正过度的责任。解决 1123 名原告提起的诉讼总共支付了 62268750 美元,还不到飞机的土其所有人要求赔偿的飞机机体损失 3500 万美元的两倍。See S. SPEISER, *supra* note 340, at 443. 证明现存所有庞大喷气式客机的安全性,不会再发生类似灾难的成本被估计为 6000 万美元,其中麦道公司将会承担其中 2000 万美元的份额。Id. at 467.
[1295] 399 F. Supp. 733—745 (C. D. Cal. 1975) (quoting from Challoner v. Day & Zimmerman, Inc., 512 F. 2d 77, 82 Cir.), *vacated & remanded*, 423 U. S. 3 (1975)).

婉地请求法院采用之[1296]),他就没有必要玩这样的文字游戏了。呈递给法院的评价相冲突规则的资料,有现成的英文版本可用。《国际比较法百科全书》第 11 卷第 9 章全面比较了有关人身伤害和死亡赔偿的法律[1297],其比较证明,纷乱如麻的各州和各国法律背后,存在一个明显的发展趋向,即允许受害人亲属就受害人死亡引起的悲痛获得赔偿,该规则最早为法国最高法院所采纳。美国的权威判例和制定法亦反映了这样一种演变趋势。[1298]实际上,加利福尼亚州最高法院在对巴黎坠机案作出判决后不久,就持赞同态度地引用了海陆服务公司一案,破除了仅对金钱性损失进行赔偿的限制。在科洛斯诉格雷厄姆案(*Krouse v. Graham*)[1299]中,该法院授权承审法官指示陪审团:陪伴和安慰方面的损失能够获得赔偿,不需要把非金钱性质的损失描述为金钱性质的。但是,加利福尼亚州最高法院仍旧坚持,生者悲痛不能像陪伴和安慰方面的损失一样获得赔偿。

很不幸,霍尔法官并没有意识到,他事实上是在承担裁断涉外案件的任务。无疑,其考虑范围已囊括英美法案例和法国判例[1300],若是公开讨论它们的各自优点,他本可能已为如何赔偿人类生命丧失的世界性大讨论作出了重大贡献。律师们的广泛调查研究[1301],为批判性的评价比较提供了丰富资料。此外,在洛杉矶能够查找到《国际比较法百科全书》,该书详尽论证的解决方案[1302],驳斥了相对论者认为我们缺乏法律规则质量评价标准的论点。[1303]就补偿丧亲之痛的适当性而书写判词,肯定不会比以

[1296] See S. SPEISER, *supra* note 340 at 456—458(强调法国法在质量上更胜一筹)。
[1297] McGregor, *supra* note 1268, §§35—47.
[1298] See 1 S. SPEISER, RECOVERY FOR WRONGFUL DEATH §3:49(2d ed. 1975 & Supp. 1990).
[1299] 19 Cal. 3d 59, 562 P.2d 1022, 137 Cal. Rptr. 863 (1977).
[1300] See S. SPEISER, *supra* note 340, at 460.
[1301] *Id.* at 453.
[1302] McGregor, *supra* note 1268, §47.
[1303] See Sedler, *supra* note 1212, at 895, 897, 898.

伪社会学分析主权"利害"更加困难,而后者正是霍尔法官所为。这样的判词,本可能帮助加利福尼亚州最高法院判决科洛斯一案,促进该案完全抛弃不得对悲痛进行赔偿的落后规则。同时,这样的判词还本可能对推进联邦法律改革有所助益,尤其是在海事领域,倒退的联邦最高法院判决和长期落伍的成文法仍禁止对非金钱损失进行赔偿。[1304]这样一个在霍尔法官手中错失的良机表明,较之利益分析的逃避手段,目的论方法(可能采用选择性冲突规则的形式)要更为优越。

然而,霍尔法官处理巴黎坠机案中法律选择问题的手段,确实显现了针对具体外国法问题,而非以一刀切方式解决法律冲突的优点。德罗布尼希建议的法律选择条款[1305]要求产品责任诉讼的原告以选择法域的方式,在三个法律体系中任选一个。这种选择权的行使,要求对三个法律体系的规定进行比较,而这种比较可能被证实难度极大。若要解决的唯一问题是确定不法致死赔偿金的数额,让原告(或法院)承担这种选择所要求的复杂评估,只会一无所获。例言之,受害人在误导之下作出法律选择之后,如果原告援用的州(国家)的法律有一个非常短的诉讼时效期间或其他异常之处可供精明的被告利用,那么这种选择权就仅仅只是在为原告设置陷阱。相反,笔者建议的美国式选择性冲突规则条文[1306]则排除了涉足外国产品责任法丛林的必要,这种冒险尝试可能只会以巨大成本换取微小的边际利益。而且,德罗布尼希的建议条款必然要求分析哪一法律更为有利,这在实际上可能无法做到。例如在推测更为有利的产品责任归责原则和开明赔偿金规则时,它们之间可能存在相互抵消作用,原告该如何计算之?如果目的论方法能够采取不同形式,其中一些形式显然优于其他形式。

[1304]　See supra note 1291.
[1305]　See supra text following note 1198.
[1306]　See supra at 196—197.

(b) 钻井设备受损案：当事人意思自治与"默示的同意"

首席法官伯格（Chief Justice Burger）在不来梅诉扎帕塔近海公司一案（*Bremen v. Zapata Off-Shore Co.*）中的判决意见[1307]，比霍尔法官关于政府利益的冥想更为实用，对于要求美国石油公司将其与德国拖船公司之间的争议提交伦敦法院诉讼的法院选择条款，伯格法官认定为有效。而美国联邦最高法院为什么会允许私人当事人"剥夺"美国法院的管辖权，政府利益分析家们很难对此作出解释。长期以来，管辖权一直都被认为是主权的标志，利益分析的关键要素，正是这个考虑导致了美国有关服从管辖（prorogation）*法律的滞后发展。其他国家[1308]，包括英格兰在内[1309]，执行指定法院地的合同条款已经颇有时日，而美国法院还是站在家长式作风的立场上，认为"我国法院的管辖权系由法律规定，不能通过当事人协议加以贬损或添加"。[1310]一些法官甚至还认为，"在争议发生之前就制定好旨在剥夺某些法院管辖权的协议，系与公共政策相抵触，不能执行之"。[1311]

"剥夺说"的教条，自然是与商业现实和常理格格不入的。相冲突的管辖权主张，会给跨州和跨国事务增加不便，于企业而言，服从法院管辖原则（*prorogtio fori*）则是一个极为有用的应对策略。由于各国法律千差万别，管辖权重叠，加之冲突法缺乏确定性和可预见性，涉外合同面临着各种各样的国际风险，而选择

[1307]　407 U.S. 1 (1972).

*　服从管辖指当事人通过其同意接受法院管辖的意思表示或行为——例如出庭并提出答辩——而赋予法院对案件的管辖权。文中此处的服从管辖是指当事人通过协议订立法院选择条款而表示其同意接受特定法院管辖。——译者注

[1308]　See generally Lenhoff, *The Parties' Choice of Forum*: "Prorogation Agreements," 15 RUTGERS L. REV. 414 (1961).

[1309]　See Law v. Garrett (C.A.)(1878) 8 Ch. D. 26.

[1310]　State *ex rel.* Kahn v. Tazwell, 125 Or. 528, 543, 266 P. 238, 243 (1928).

[1311]　Carbon Black Export, Inc. v. The S.S. Monrosa, 254 F. 2d 297, 300—301 (5th Cir. 1958), *cert. dismissed*, 359 U.S. 180 (1959).

法院条款则减少了这种风险。[1312]因此，美国联邦最高法院让剥夺说最终退出历史舞台，在有关法院选择的法律方面向其他文明国家看齐，这种做法值得首肯。[1313]然而，不来梅案（Bremen）的判决意见书甚至比判决本身更为重要。

首席法官伯格（Chief Justice Burger）为证明私人选择法院的正当性，借助对英国法的比较研究[1314]，将实际考虑的重要性提到了理论考虑之上。下级法院以国家利益和美国公共政策为由，拒绝执行当事人协议[1315]，与之相反，伯格法官强调了国际贸易与商

[1312]　See Juenger, *Supreme Court Validation of Forum-Selection Clauses*, 19 WAYNE L. REV. 49, 50—51 (1972).

[1313]　关于不来梅案的范围和影响见 *id.* at 59—60。See also E. SCOLES & P. HAY, *supra* note 289, at 360. 联邦最高法院一直都在回避回答不来梅规则是作为联邦普通法还是作为联邦法院法适用，或者是否仅适用于海事案件的问题。后一种观点在最高法院的最近判决中得到了一些支持，Carnival Cruise Lines, Inc. v Shute, 111 S. Ct. 1522, 1525 (1991)案，在该案中，以布莱克曼大法官（Justice Blackman）为首的多数判决意见提到，在法庭看来，法院选择条款是受联邦法律调整的，因为这是一个海事案件。但法院已经在不同案件中通过要求联邦法官考虑法院选择条款，以决定是否根据 28 U. S. C. § 1404 (a) 将案件移转给指定州的联邦地区法院，肯定了法院选择条款的效力，即使该条款依照诉讼提起州的法律会变得无效。Stewart Org., Inc. v. Ricoh Corp., 487 U. S. 22 (1988年)。

因为大多数处理法院选择条款的诉讼都由于当事人具有不同州籍而在联邦法院审结，所以遗留下来的主要问题就是对选择外州或外国法院的条款适用何地法律。有几个联邦法院已经判决适用不来梅案确立的原则。See, e. g., Royal Bed & Spring Co. v. Famossul Industria e Comercio de Moveis Ltda., 906 F. 2d 45 (1st Cir. 1990); Manetti-Farrow, Inc. v. Gucci Am., Inc., 858 F. 2d 509 (9th Cir. 1988). 即使是以州法而非联邦法来决定法院选择条款的有效性和效力，州最高法院也越来越多地遵从了美国联邦最高法院的指引，多数遇到这种法院选择条款的案件都已经接受了不来梅案确立的规则。See, e. g., Volkswagenwerk A. G. v. Klippan, GmbH, 611 P. 2d 498 (Alaska) *cert. denied*, 449 U. S. 974 (1980); Smith, Valentino & Smith, Inc. v. Superior Court, 17 Cal. 3d 491, 551 P.2d 1206, 131 Cal. Rptr. 374 (1976). 而且，一些州已经制定了特别授权当事人订立法院选择条款的成文法。See Cal. Civ. Proc. Code § 410.40 (West Supp. 1990); N. Y. Gen. Obl. Law § 5-1402 (McKinney 1989).

[1314]　See *Bremen*, 407 U. S. at 11 & n.12.

[1315]　See In re Unterweser Reederei, GmbH, 428 F. 2d 888, 894 (5th Cir. 1970), *adhered to*, 446 F. 2d 907 (5th Cir. 1971), *vacated*, 407 U. S. 1 (1972).

业的发展需要,以及从事涉外交易的当事人利益,推翻了下级法院裁决。当事人已经指定了一个中立的——与交易没有任何联系的法院——虽然使得本案缺少了"政府利益"这个神奇成分,但这一点无关紧要。因此,这位首席法官的判决意见是在公开驳斥该观点:冲突法系建立于主权考虑之上。他强调的是实体价值,即"以自由协商的协定表述出来的当事人合法期望",并没有集中围绕国家考虑。[1316]

法院之所以认为没必要处理不来梅案所提出的法律选择问题,可从其对实际考虑的强调中找到解释。在首席法官伯格看来,联邦法院必须执行美国当事人与德国公司协议中的法院选择条款,除非美国当事人能够证明,"执行法院选择条款会造成不合理或不公正后果,或者该条款因欺诈或不公平而无效"。[1317]他假定,法院选择条款是初步有效的,但没有说明其效力来源于何国法律。自然而然,这位首席法官提到了法院选择条款在英格兰和其他普通法国家的可执行性[1318],并注意到英国法院很可能会对该协议适用英国法。[1319]不过,他没有讨论,英国法在判定该条款的有效性时,是否将其视为美国法律选择规则的事项加以对待[1320],或者,美国(或德国)法是否有更好的理由支配这一问题。

这位首席法官未曾在法庭上讨论,法院选择条款的有效性是受何国法律支配,我们可以从中作出两个可能推断:他要么忽视了这个问题,要么认为这个问题毫不相关。他曾提及"契约自由的古老观念"[1321],并将拖船合同定性为"自由协商订立的私人国际协议"[1322],这为我们提供了一丝线索。这段文字表明,冲突法

[1316] *Bremen*, 407 U. S. at 12.
[1317] *Id.* at 15.
[1318] *Id.* at 11.
[1319] *Id.* at 13 n. 15.
[1320] 首席法官伯格也没有提到应该由美国法的哪一部分,即州法还是联邦法提供适当的法律选择规则。
[1321] *Bremen*, 407 U. S. at 11.
[1322] *Id.* at 16.

专家心之所系的两个问题，在他看来却无足轻重：（1）法院选择条款的有效性是受法院地法还是受准据法控制；（2）当事人是否能够自由指定调整这个特定问题的法律。[1323] 显然，首席法官伯格系从普遍原则而非从冲突法原理出发，为当事人指定法院的权力奠定基础。足以见得，他的判决是基于商人法而非基于任何特定州或特定国家的法律。

然而，合同的其他条款应受何法调整？尽管千里迢迢地越洋牵引石油钻井设备，冒有很大风险———一旦风险转化为实际损失就会达到百万美元之巨——然而双方当事人并未指定其希望用以支配协议的准据法。考虑到这两个企业已经协商确定了进行诉讼的法院，他们却让自己的权利与义务受制于反复无常的冲突规则，这种做法就更加令人莫名惊诧。因其无意疏忽抑或有意回避，未行使自己的意思自治权利，一个法律选择问题由此而生。该协议包含一个旨在免除德国拖船公司过失责任的条款，这种免责条款在英国[1324]法和德国[1325]法中都为有效，只要免责条款是具有平等谈判能力的当事人自由议定的合同组成部分。然而，在比索诉内陆水运公司案（Bisso v. Inland Waterways Corp.）中[1326]，美国联邦最高法院曾经判决这样的免责条款不具强制执行力（实际上，比索案正是下级联邦法院拒绝驳回美国石油公司诉讼的原因

[1323] See, e. g., G. KEGEL, supra note 55, at 484; P. MAYER, supra note 29, at 192—193; cf. supra notes 379—381 及相关内容。比较 Bense v. Interstate Battery System of Am., Inc., 683 F. 2d 718 (2d Cir. 1982)（适用法院地法）和 Polar Shipping, Ltd. v. Oriental Shipping Corp., 680 F. 2d 627 (9th Cir. 1982)（适用法院选择条款中指定的法律）。

[1324] See, e. g., The Raphael, [1982] 2 Lloyd's Rep. 42 (C. A.); Canada S. S. Lines Ltd. v. The King. [1952] 1 Lloyd's Rep. 1 (P. C.); cf. Smith v. South Wales Switchgear Co. Ltd., [1978] 1 W. L. R. 165 (H. L.)(indemnity provision).

[1325] See BGB § 276 (2); see generally R. SCHLESINGER, H. BAADE, M. DAMASKA & P. HERZOG, supra note 556, at 714—725.

[1326] 349 U. S. 85 (1955). See also Dixilyn Drilling Corp. v. Crescent Towing & Salvage Co., 372 U. S. 697 (1963). 美国法关于免责条款的混乱状况，见 R. SCHLESINGER, H. BAADE, M. DAMASKA & P. HERZOG, supra note 556, at 721—723.

之一。[1327]同样地,道格拉斯法官以私人当事人不能通过指定外国法院管辖来逃避美国政策为由,提出了他的反对意见[1328])。那么,应由何国法律支配免责条款的有效性呢?

英国法院根据"选择何地管辖即为选择何地法律"(*qui elegit judicem elegit ius*)这句古老格言,推定选择英国法院即为选择英国法。[1329]这种假定似乎合理,不是因为它必然反映了当事人意愿[1330](当事人没有通过合同解决法律选择问题,表明他们要么不能达成一致意见,要么直接忽略了这个问题),而是因为援用法院地法可避免潜在的繁冗法律选择问题。在不来梅案中,德国拖船公司允诺,其将穿越大西洋,把美国公司的石油钻井设备拖运至亚得里亚海,何国法律能够支配该允诺?在连结点如此分散的案件中,很难主张某个外国法应优于法院地法而适用,尤其是在合同指定了一个中立法院的情形下。在此情形下,法院地法同样中立,通过适用法院地法,法院可避免偏向任何一方。

在不来梅案中适用该原理尤具说服力。正如先前所提及[1331],对英国法院的选择,反映了两个来自不同国家的企业之间的妥协,此种妥协系为消除其合同的国家之别而刻意达成。[1332]双方选择其为未来的诉讼地点,很可能是出于英国法院在海事法领域之专业能力,这种专业能力不仅反映在法官的专业素质上,而且反映在他们所适用的实体法上。最后,不得不提及,在海事案件的审理方面,英国法院倾向于采用世界性的实体法方法。例

217

[1327] See *In re* Unterweser Reederei, GmbH, 428 F. 2d 888, 895 (5th Cir. 1970), adhered to, 446 F. 2d 907 (5th Cir 1971), *vacated*, 407 U. S. 1 (1972).
[1328] See Bremen, 407 U. S. 1, 23 (1972).
[1329] *See supra* note 419 and accompanying text.
[1330] But see Bremen, 407 U. S. at 13 n. 15.
[1331] *See supra* note 416 and accompanying text.
[1332] "为了迁就扎帕塔公司的要求,昂特维思公司建议由伦敦法院受理它们之间的诉讼",虽然它通常都主张接受德国法院的管辖,并主张适用德国法。Bremen, 407 U. S. at 13 n. 15(引用昂特维思常务董事的书面陈述)。*See also* Unterweser, 428 F. 2d at 896 (5th Cir. 1970)(Wisdom, J., dissenting).

言之,即使英国冲突规则没有要求,英国法院依然会考虑外国法。因而,在有关海事免责条款的主要英国权威判例之一——加拿大S.S船运公司诉国王号案(*Canada S. S. Lines, Ltd. v. The King*)中[1333],对来自加拿大最高法院的上诉,枢密院判决虽然系依魁北克法律作出,却被认为在海事法上具有先例价值。出于同样原因,扎帕塔公司本可在英国法院主张适用比索规则,以否定免责条款的执行力;如同昂特维思公司在美国诉讼时,游说联邦最高法院信赖英国判例为有说服力的权威渊源,肯定法院选择条款的有效性一样。[1334]然而,有人可能会怀疑,扎帕塔公司决定放弃这个机会,是因为其意识到英国法院处理免责条款的方法比美国判例更为合理。[1335]

法律选择问题以间接的方式,亦吸引了美国联邦最高法院的注意力。如先前所提及,道格拉斯法官这位孤立的持异见者主张,如果执行当事人的法院选择条款,美国法院就是在允许当事人规避比索案所暗含的美国政策。[1336]首席法官伯格的判决意见承认,英国法官确实会支持免责条款的效力[1337],但他否认规避一说,在纯美国国内合同(如比索案中的合同)和不来梅案中的"私人间国际商事协议"之间做了清楚区分。[1338]用他的话来说,"坚

[1333]　[1953]1 Lloyd's Rep. 1 (P.C.).
[1334]　See Bremen, 407 U.S. at 11 n.12.
[1335]　See Bisso v. Inland Waterways Corp., 349 U.S. 85, 98—121 (1955) (Frankfurter, J., dissenting); Comment, Unconscionable Business Contracts: A Doctrine Gone Awry, 70 Yale L. J.453 (1961). 比索案代表了美国联邦最高法院协调早先相矛盾判决,终结其在下级法院中导致的摇摆不定的努力。See 349 U.S. at 85—90. 最高法院提到了禁止在拖船合同中使用免责条款的两个原因:(1) 为预防过失的发生,和;(2) 为阻止获得不公平商业利益。其中的第一个原因会使得整个保险业变为非法;第二个原因在拖船产业不具市场支配力的情形下是否适用还值得怀疑。对该问题更具洞察力的分析见 Gillespie Bros. & Co. Ltd. v. Unfair Contract Terms Act, 1977, ch. 50; R. SCHLESINGER, H. BAADE, M. DAMASKA & P. HERZOG, supra note 556, at 721—723 (给了更多参考)。
[1336]　See Bremen, 407 U.S. at 23—24.
[1337]　See id. at 13 n.15.
[1338]　Id. at 16.

持所有争议都必须用我们的法律,在我们的法院解决的狭隘观念",将会陷于谬误。[1339]这位首席法官还强调了当事人意思自治的重要性,认为其可排除国际交易中的不确定和不方便因素。[1340]他反复提及世界性商业利益和"私人的国际的"一语,表明他已经感知到了创立特殊实体规则的必要性,这类规则不受冲突规则干预,能够直接支配国际协议,可不同于纯国内交易所适用的实体法。在这个方面,不来梅案的多数判决意见堪与"国际合同"概念媲美,法国最高法院正是运用这个概念,才肯定了有违法国内国法的黄金条款和仲裁条款效力。[1341]

法、美两国最高法院的判决表明,在审判涉外案件的过程中,法院确能摆脱主权观念和实证主义观念之束缚。同时,不来梅案阐释了目的论相对于机械规则、法律印象主义和"政府利益分析"的优越之处。[1342]通过揭示限制适用公共政策保留制度和拒绝采纳剥夺管辖权说的真正原因,首席法官伯格做了霍尔法官本应在巴黎空难案中所做的事情。不来梅案为未来争议的解决提供了指导,并由此促进了涉外案件审理结果的可预见性。虽然多数法律体系已经承认,当事人在法律选择和法院选择问题上享有意思自治,但是,推理严密的法官判决意见总是大有裨益,能够告诉我们该原则缘何如此重要。同时,不来梅案提醒人们,法律选择决不能忽略实体考虑。[1343]正如首席法官伯格所强调,当事人意思自治将合同自由的基本理念扩展到了涉外交易领域。正是

[1339]　*Id.* at 9.
[1340]　*Id.* at 13—14.
[1341]　*See supra* note 1229 and accompanying text.
[1342]　"当事人选择法律的自由实质上也等同于优法方法。与优法方法其他形式的根本差别就在于,对'更优的'法律的指定,取决于当事人意图而非法官评价"。E. LORENZ, *supra* note 1217, at 83. 由于这个原因,劳伦兹虽然忠于传统冲突法理论,却赞同在狭窄的限定范围内适用当事人意思自治。*See also* Blom, *supra* note 406, at 178.
[1343]　由于他们没有抓住这些实体支撑点,传统主义者们在解释当事人意思自治原则上有些困难,见 G. KEGEL, *supra* note 55, at 421, 或者认为它是"反常的"。2 J. BEALE, *supra* note 183, at 1080.

以这种方式，"协议必须遵守"（*pacta sunt servanda*）这句古老格言，帮助企业摆脱了狭隘地方性规则的摆布，这些规则虽在纯国内交易背景下显得合理，却与国际商业现实不相协调。

然而，目的论考虑亦表明，必须对当事人的选择权进行限制，不来梅案的多数判决意见就明确承认了制衡政策的重要性，对具有优势谈判力量的企业单方强加的法院选择条款，该案判决谨慎保留了拒绝执行的自由裁量权。[1344] 换言之，联邦最高法院承认，保护当事人不受过分强大的经济实力操纵，与保障合同自由同样重要。这种限制同样符合国际潮流。弱方当事人，尤其是消费者，要求针对商家手腕获得保障的思想，与当事人意思自治一样，正在迅速取得同等的超国家原则地位。[1345]

冲突法对两种相对立实体政策的认可——当事人意思自治和弱方当事人保护——提供了丰富的思想养料。这两大政策的其中之一主要是为保护企业，而另一个主要是为保护个人。指定支配性法律和管辖法院（或仲裁机构[1346]）的自由，使得商人们能够有效打破其交易的地域性。当事人意思自治的开明理论，系对跨国商业发展需要的务实反应；对于法律适用和管辖权主张交叠所带来的问题，它提供了实际的解决方案。同时，传统冲突法方法孜孜以求的判决结果确定性、可预见性和统一性目标，在该理论之下得到了更高程度的实现。但是这些优点所能够带来的利益，为什么就只能为商业企业所独享呢？例如为家庭关系或继承问题的解决，个人可能同样需要通过指定法律和法院，将自己从

[1344] *See* Bremen, 407 U.S. at 15, 16.

[1345] 见《布鲁塞尔公约》第12条、15条；《罗马公约》第5条第2款、第6条第1款、第7条。因此，美国联邦最高法院最近支持附合合同中法院选择条款有效性的做法就更加令人忧虑了。*See* Carnival Cruise Lines v. Shute, 111 S. Ct. 1552 (1991).

[1346] *See* Mitsubishi Motors Corp. v. Soler Chrysler-Plymouth, Inc,. 473 U.S. 614 (1985)（美国的反托拉斯诉讼请求受到在日本进行仲裁的协议的约束）；Scherk v. Alberto-Culver Co., 417 U.S. 506 (1974)（尽管交易可能违反了美国联邦证券法，法院还是支持了在瑞士进行仲裁的条款的效力）。

冲突法迷宫中解救出来。如一些新商人法的支持者[1347]似乎假定的那样,将跨国交往法律中的目的论方法仅限于对商业利益的促进,显得毫无根据。

此外,人们还可能追问,在冲突法工具的组合当中,为什么只有当事人意思自治才能保障重要实体价值之实现?法院和立法机关已经意识到,需要为保护弱方当事人而防范意思自治之滥用,这表明,我们的学科能够以多种方式适应所觉察需求。保留跨国公司以自主意思解决法律冲突的特权,却让空难受害人及其配偶受制于反复无常的不一致法律和不尽如人意的法律选择规则,原则上似乎存在谬误。如果目的论方法确实能够在冲突法中发挥作用,那么阻止其施惠于那些对自身利益保护缺乏事先明智规划的人,毫无理由可言。

(c) 发生在瑞士的离婚案:法院地法——更优规则?

在卡里亚洛(Caliaro)案[1348]中,一位州官员拒绝承认一个意大利公民在英国的再婚,瑞士联邦法院对其决定予以了支持,而该意大利公民的瑞士妻子已经在瑞士与他离婚。这个于1954年作出的判决,淋漓尽致地说明了欧洲大陆法院做法与现实的脱节程度。一旦人们开始流动于不同地域之间,国籍连结因素就必然会引入不合法院地标准的外国判决规则。当被要求适用更为严格的当事人本国法时,法院通常不会根据比法院地法更宽松的理由,准予当事人离婚。因此,本国法原则实际等同于对最不利法律的替代性选择手段。在人们比今天更加安土重迁的年代,在没有法律体系可能因离婚和再婚事项上的过分宽大而受到批判的背景下,此种坚决反对离婚的政策,可能曾经是顺应人心的。尽管如此,错误的结果选择方法,却断送了已陷入婚姻困境者绝处逢生的机会,造成了巨大困难,毫不必要地加剧了国际家庭法领

[1347] *See supra* note 328 and accompanying text.
[1348] Decision of December 11, 1954, 80 BGE I 427.

域的纷乱。[1349]

瑞士法院的经历,戏剧化地展现了现代生活需要与判决一致性的理想目标之间,是如何产生冲突的。为达到判决一致性目标,瑞士冲突法规定,只有证明瑞士判决会在当事人本国得到承认,才能准许外国人离婚。[1350]而在瑞士定居的最大外国人团体就是意大利人,他们的本国法过去习惯于排斥离婚。意大利人只有在说服瑞士配偶起诉离婚的前提下,才能在瑞士离婚[1351],尽管如此,他们还要被宣判过上永远的独身生活。对待遭遇此种不幸的外国人,瑞士的民事婚姻登记官拒绝为其颁发结婚证书,且如卡里亚洛案的判决,瑞士法院亦不会承认其可能在外国缔结的再婚效力。[1352]为补救这种令人无法容忍的状况,瑞士联邦法院终于迫不得已地违反了先前瑞士冲突法的精神,即使其没有违反先前瑞士冲突法的字面规定。[1353]基于常理而非成文法规定,瑞士联邦法院作出了几个里程碑式的判决,迅速解除了其对跨国离婚案件的限制。第一个判决是1968年作出的卡东诉卡东案(Cardo v. Cardo)判决[1354],允许一名法国妇女与其意大利丈夫离婚。三年后判决的达尔·波斯科(Dal Bosco)案[1355]承认,一个其瑞士籍妻子已经在瑞士与之离婚的意大利人在丹麦的再婚为有效。最后,1976年作出的达梅诉纽夏特案[1356](Dame P. v. Neuchatel)判决,允许一名意大利离婚者在瑞士再婚。

瑞士联邦法院的推理,与这些案件的判决本身同等重要。在卡东案中,法官进行了如下推理:

[1349] *See* 1 E. RABEL, *supra* note 307, at 495.
[1350] *See supra* notes 444—445 and accompanying text.
[1351] *see supra* note 446 and accompanying text.
[1352] *see supra* notes 452, 1304 and accompanying text.
[1353] *See* A. BUCHER, *supra* note 1258, at 140—145.
[1354] Decision of July 11, 1968, 94 BGE II 65.
[1355] Dal Bosco v. Bern, decision of June 3, 1971, 97 BGE I 389.
[1356] Decision of February 5, 1976, 102 BGE IB 1.

如果法官不可以将其判决建立在关乎理想法律的考虑之上,他仍必须尝试以尽量贴近当前形势和思潮的方式适用法律。为了这个目标,他经常会迫不得已地抛弃传统解释,这些传统解释虽在阐释成文法时无疑为正当,却因情势抑或甚至是思想变化再也不能保留……这些考虑在私法中是合理的,而在国际私法中,它们只会显得更加合理,实质上仍为法官所造,即使该领域确实制定有全面的成文法。[1357]

因此,瑞士的最高级别法院是公开支持目的论方法的。与此同时,它抛弃了形而上学的"冲突法正义"应成为跨国离婚实务指针的观念。结果选择方法亦能够解释,瑞士联邦法院判决为什么没有理会意大利法强加给卡东案原告的双重国籍:承认婚姻会授予嫁给意大利人的妇女以意大利国籍的意大利规定,会以另一种形式引入法院决意解决的相同问题。[1358]法官判决意见将对法院地法的偏好与优法方法混合在一起,简洁表述说:"瑞士法官没有理由优先考虑忽视这种制度(即离婚制度)的外国法。"[1359]相反,法官应该选择原告原来的本国法——法国法,因为它更接近法院地法。[1360]

最终推翻卡里亚洛案的达·波斯科案判决意见,体现了同样的精神。瑞士学者为保全前瑞士冲突法法规的字面规定,曾提供过各种逃避手段,该案判决却对这些冲突法伎俩表现出勇气可嘉的蔑视,在避免其逻辑冲击的同时,对其予以全盘抛弃[1361]。在评价判决一致性的理想目标时,瑞士联邦法院略带讽刺地评论:冲突法所造成的不一致判决结果,比比皆是。[1362]避开熟悉的程序问题识别和先决问题策略,瑞士法官决定直面问题的真正所

[1357]　*Cardo*, 94 BGE Ⅱ at 71.
[1358]　See id. at 72—73.
[1359]　Id. at 73.
[1360]　Id.
[1361]　See *Dal Bosco*, 97 BGE Ⅰ at 402—405.
[1362]　Id. at 406.

在,即拒绝承认意大利离婚者在外国的再婚合理吗？他们得出结论,跛脚婚姻关系的潜在缺点还不及完全禁止离婚者再婚所导致的后果严重,后者会迫使离婚者要么抛弃新的生活伴侣,要么生活于罪孽之中,危及当事人及其子女的法律地位。[1363] 为了强调此问题之重大,法院引用了一份统计数据,表明在瑞士定居的外国人,尤其是意大利人的数量,以及他们与瑞士公民通婚的数量都有稳定增加。[1364] 法官们并不满足于仅仅借助目的论方法,还添加了利益分析要素。他们评价,遵从当事人本国法等于是对允许离婚者再婚的"内国法律政策无可容忍的自我牺牲"。[1365] 该原理预告了达姆诉纽夏特案[1366] 允许意大利离婚者在瑞士再婚的判决,正是这个判决,为瑞士法院追求婚姻事项判决一致性的实验画上了句号。

瑞士判例法的发展过程有力证明,传统冲突法理论已成为解决跨国家庭关系问题的绊脚石,而以法院地法为中心的方法,却更能迎合相关社会考虑。其他欧洲国家亦有着相同教训。在多次摇摆不定之后,法国最高法院采用与明显法院地法倾向相结合的住所地法原则,解决了外国人的离婚问题[1367],与美国解决跨州问题的法律实践有着显著的相似之处。[1368]《法国民法典》第3条第3款所庄严宣告的本国法原则,已经走向穷途末路。从20世纪50年代开始,只有在涉及具有共同国籍的外国人夫妇的案件中,法国最高法院才会适用本国法。《法国民法典》在1975年纳入的单边主义冲突法条款,甚至完全破除了对过去残余经验的此种依赖。[1369]

然而,在德国,有关成文法规定却被证实为更难攻克的堡垒。

[1363] *Id.* at 407—408.
[1364] *Id.* at 408.
[1365] *Id.* at 409.
[1366] Decision of 5 Feb. 1976, 102 BGE IB 1.
[1367] See 2 H. BATIFFOL & P. LAGARDE, *supra* note 82, at 76—79; Y. LOUSSOUARN & P. BOUREL, *supra* note 63, at 493—501.
[1368] 2 H. BATIFFOL & P. LAGARDE, *supra* note 82, at 78 n. 8.
[1369] *See id.* at 79—82; Y. LOUSSOUARN & P. BOUREL, *supra* note 82, at 501—516.

由于建立在本国法原则和男性主导地位的思想之上[1370],1900年《德国民法施行法》中的家庭法冲突条款,还散发着陈腐时代的气息。例如第 17 条第 1 款就规定,离婚案件适用夫之本国法[1371](除非德国妻子被授予类似瑞士配偶以前所享有的属人法特权[1372])。随着《联邦共和国基本法》的制定,将保障男女平等的内容写进该法第 3 条第 2 款,加之德国日益繁盛,吸引大批外国工人移民到此,这些法律选择条款的适当性和合理性,开始遭到质疑。由于这些事件的原因,《施行法》中的歧视性连结因素变得违宪,本国法原则亦失去其合理性。但与瑞士法院不同,德国法官缺乏根除过时立法方案所必需的勇气和创造性。因此,德国法律改革一直迟滞不前,直到 1971 年,联邦共和国宪法法院最终不得不进行干预。

引起宪法法院干预的,正是离婚者的再婚问题,对于将冲突法定位于本国法原则和判决一致性目标的所有法律体系而言,该问题都被证明是棘手的。在瑞士,再婚问题导致了达姆诉纽夏特案判决的产生[1373],宣告了瑞士法院与传统方法的彻底决裂。相反,法国则设计了创造性的官员政治解决办法。虽然根据法国的法律原理[1374],结婚能力取决于双方当事人的本国法,但是,法国的婚姻登记官已经被指示,不要依职权调查外国法。[1375]他们可

[1370] Von Bar, *Das Internationale Eherecht auf dem Prüfstand der Verfassung*, 35 NJW 1929 (1983). *See also*, A FLESSNER, *supra* note 279, at 24.

[1371] 为保险起见,《德国民事诉讼法典》以前还要求对夫妻双方都为外国人的离婚案件行使管辖权必须满足一个前提,即德国判决会在丈夫的本国得到承认。德国联邦法院后宣告该规定违宪。BGH, decision of January 1, 1984, 89 BGHZ 325, 330 (1984)(dictum); cf. B VerfG, decision of January 8, 1985, 68 B VerfGE 384 (前《德国民法典》第 17 条第 1 款的违宪性)。

[1372] 见前《德国民法施行法》第 17 条第 3 款(德国法适用于具有德国国籍的妻子提起的离婚诉讼); *supra* notes 446 and accompanying text(瑞士配偶的离婚特权)。

[1373] *See supra* notes 455, 1356 and accompanying text.

[1374] *See* Y. LOUSSOUARN & P. BOUREL, *supra* note 63, at 466—478; P. MAYER, *supra* note 29, at 342—344.

[1375] *See Instruction générale relative à l'état civil*, 1974 J. O. 5286, 8596; P. MAYER, *supra* note 29, at 350—351; Siehr, *supra* note 457, at 48.

以警告其本国法并不承认前次离婚的外国人，婚姻可能会在法国和法国以外被认为无效，但对那些准备碰运气的人，却不能拒绝其结婚申请。与之形成鲜明对比，德国法院浸淫于判决一致性观念，对本国法原则竭尽忠诚，总是尽其所能地避免"跛脚婚姻"的发生。过去的《施行法》第 13 条第 1 款，要求适用结婚申请者各自的本国法，为避免跛脚婚姻，德国法院对该规定进行了宽泛而荒谬的解释：他们不允许德国离婚者与来自西班牙和意大利之类国家的外国人结婚，因为这些国家不承认前次德国离婚的效力。当然，法官的严酷姿态，并不能阻止德国离婚者从外国婚姻主持者那里重获婚姻祝福。为避开这个人为的再婚障碍，准备再婚的夫妇所要做的所有事情，就是购买两张到丹麦小镇岑讷(Tønder)的返程票。拜自由的丹麦法所赐，这个靠近德国边境的小镇，变成了迫切希望与德国离婚者联姻的西班牙人和意大利人的庇护天堂。无论其意图和目的如何，这些丹麦婚姻在德意志联邦共和国境内都是有效的。[1376]

要不是由于一对拒绝屈服于荒谬冲突法规则的情侣的坚定努力，岑讷也许会一直保留它作为丹麦格雷特纳·格林式婚姻(Gretna Green)*举行地的名声。希尔达(Hilda)，一名德国离婚者，与她的西班牙未婚夫何塞(José)没有选择去丹麦结婚，而是在德国的卡尔斯鲁厄市(Karlsruhe)，对拒绝为其颁发结婚证书的登记官和支持登记官决定的法官，提起了宪法上的诉讼。宪法法院批准了这对未婚夫妇的请求，排除了受误导的法律选择规则意图援用的外国规则效力。[1377] 该案的判决意见书，以与瑞士联邦法院同样直白的语言，对目的论方法予以了支持。如德国宪法法院的法官所述：

[1376] See Juenger, supra note 442, at 292.

* 格雷特纳·格林式婚姻即私奔婚姻。之所以得名是因为，1940 年前，在苏格兰只要双方在两个证人面前宣布或书面证明自愿结为夫妻，即可成婚，因此常有英格兰的青年男女，为逃避父母的反对，通过边境私奔至苏格兰境内的格雷特纳·格林村成婚，后世即以格雷特纳·格林指代私奔婚姻。——译者注

[1377] BVerfG, decision of May 4, 1971, 31 BVerfGE 58.

"判决一致性……原则"在很大程度上只是国际私法上一个未竟的理想……只要存在与外国国家之间有联系的事实,"跛脚"婚姻关系就会频繁发生……原告不可因一条原则之故而永远被禁止结婚。

人才是宪法价值体系的核心所在,法律规则本身绝非它们的存在目的。[1378]

宪法法院的法官附带意见,除了嘲讽普通法院法官对"跛脚婚姻关系"的过度关注,还明确宣告,《施行法》的歧视性法律选择规则缺乏宪法上的立足之地。[1379]就此而论,宪法法院指出,粗略浏览一下外国法律体系就可发现,本国法并非唯一可能的连结因素。只要将准夫妇双方的本国法抛诸一边,普通法院就能够以婚姻举行地法或当事人住所地法取而代之,作为评价婚姻有效性的适当连结因素,从而补救这个问题。[1380]然而,德国普通法院在开始与不合宪连结因素角力之前,已经耗费了大量时间,并且他们从未认真考虑过转而采用住所地法原则。在宪法法院判决作出后八年多之久,对以前的第17条第1款适用夫之本国法的规定,德国联邦法院仍表示不确定其合宪性。[1381]在晚至1982年的时候,最高法院还是认为,根据《施行法》以前的第15条第1款,适用奥地利丈夫本国法的规定,剥夺一个德国籍离婚女人的婚姻财产权为适当,而根据德国法,这个女人本可取得婚姻财产权。[1382]为回应德国冲突法学者的疑虑[1383],德国最高法院民事庭

[1378] Id. at 83, 85.
[1379] 宪法法院拒绝接受法律选择规则因其技术性强、不受价值观影响的特点而不受宪法审查的观点(正如那些认为《施行法》以前的家长式规则继续有效的学者们所争辩的),认为"德国国际私法规定与基本权利之间的相容性是完全可以接受宪法审查的"。Id. at 73.
[1380] See id. at 73—74.
[1381] See BGH decision of November 7, 1979, 75 BGHZ 241, 252—253.
[1382] See BGH, decision of February 3, 1982, 35 NJW 1937 (1982).
[1383] See Henrich, *Verfassungswidrige Kollisionsnormen-Ein Rechtschaos*, 38 RABELSZ 490 (1974). See also A. FLESSNER, supra note 279, at 17—20, 40—42.

坚持主张,对现有冲突法规则的信赖利益,优于宪法考虑。

直到 1982 年 12 月,德国联邦法院才终于抓住这个显见的要点:歧视性的法律选择规则,是为联邦共和国《基本法》所不容的。[1384]甚至在那时,德国联邦法院都没有像瑞士联邦法院那样抓住时机,彻底改革《施行法》中的过时规则。德国终审法院没有抛弃过时的本国法原则与不合宪的连结因素,试图在不触犯《基本法》的前提下,尽量保留原有规定。它设计了一套错综复杂的规则,根据谁起诉谁,是否有一方当事人为德国人,是涉及婚姻状态的解除还是离婚中的其他问题,而有所区别[1385],其是在尝试调和本国法原则与平等保护原则之间的矛盾,但却十分牵强。德国最高法院民事庭并不理会其他欧洲国家的改革,着眼于当时悬而未决的立法(追求类似的限制性目标),决定给予住所地法原则尽可能小的适用空间。它勉强将住所地法的适用,限制在夫妇双方从未有过共同国籍,且至少有一方仍居住在双方当事人以前的共同居所的情形下。[1386]应运而生的法官所造规则之所以令人满意,只是由于它们本质上的法院地法偏向。[1387]这些规则本来全然不必如此复杂,在瑞士、法国法院对待外国人离婚事务的务实方法面前,它们相形见绌。

因此,德国联邦法院针对宪法法院干预所做的变化,并没有

[1384] See BGH, decision of December 8, 1982, 86 BGHZ 57, 拒绝了进行宪法审查的诉讼请求,B VerfG, decision of June 23, 1983, 30 FAMRZ 1211 (1983)。但该案并没有免除宪法法院继续进行干预的必要性。由于联邦共和国体制下宪法审查的特殊之处和普通法院的摇摆不定,德国宪法法院后来就德国法律中法律选择规则的合宪性作出了两个判决。See B VerfG, decision of January 8, 1985, 68 B VerfGE, 384(前《德国民法施行法》第 17 条第 1 款违宪); decision of February 23, 1983, 63 B VerfGE, 181(前《德国民法施行法》第 15 条违宪)。

[1385] See BGH, decision of December 12, 1984, 38 NJW 1283 (1985); decision of January 11, 1984, 89 BGHZ 325; decision of June 8, 1983, 87 BGHZ 359.

[1386] BGH, decision of January 11, 1984, 89 BGHZ 325, 334—335(在联邦共和国有最后共同居所)。

[1387] See Kühne, in LAUSANNER KOLLOQUIUM, supra note 1114, at 61, 75(但他却批评了这个特点)。

起到改善冲突法案件判决质量的作用。仅举一例而言：1982 年 2 月，德国联邦法院根据夫之本国法奥地利法，剥夺了一个离婚妇女的婚姻财产权[1388]，同年 12 月，该院再次作出类似判决。[1389] 虽然联邦法院当时认为，《民法典》指定适用夫之本国法为违宪，但它仍适用了奥地利法，理由就是，该案中的美国妻子曾经一度拥有与丈夫相同的国籍。如此令人疑窦丛生的结果，其实只是扭曲冲突法所造成的症状。德国联邦法院为与宪法的平等保护规定保持一致，在尽可能保留其实质的前提下，胡乱修补《施行法》中的冲突法条款，因而错失了西班牙人案为其提供的彻底改革机会。[1390] 务实的瑞士联邦法院挣脱受误导的法规束缚，并非得益于宪法考虑，而德国联邦法院却仍心醉神迷于过时教条，不顾超过四百万的外国人正居住在德国的事实，保留了功能紊乱的本国法原则。

德国宪法法院曾经谆谆告诫，实体价值可以优于制定法冲突规则，德国普通法院却漠然视之，且其并非漠视该告诫之唯一法院。德国联邦社会保险法院，出于对冲突规则的过分尊重，曾拒绝授予一名英国人的遗孀取得养老金的权利。[1391] 该案中的英国死者原为英国军队的一名文职雇员，于 1947 年在德国的英军驻地上，与一名德国女子在英国牧师面前结为夫妇。后来夫妇俩移居英格兰，妻子成为英国公民。1949 年，夫妇二人又返回德国，共同生活，直到丈夫 1975 年辞世。因为根据德国法，死者有权获得养老金，于是其遗孀提起生存者权利诉讼。然而，联邦社会保险法院并不接受当事人曾存在夫妻关系的主张，即使根据英国

[1388]　See BGH, decision of February 3, 1982, 35 NJW 1937 (1982).

[1389]　See BGH, decision of December 8, 1982, 86 BGHZ 57, 拒绝了进行宪法审查的诉讼请求，BVerfG, decision of June 23, 1983, 30 FamRZ 1211 (1983). 对该案的有力批评见 A. FLESSNER, *supra* note 279, at 21 n. 62, 88—90.

[1390]　See Juenger, *Möglichkeiten einer Neuorientierung des internationalen Privatrechts*, 26 NJW 1521 (1973). *But see* Gamillscheg, *Ein Vorschlag zum Internationalen Scheidungsrecht* 38 RabelsZ 507, 508 (1974).

[1391]　BSG, decision of May 14, 1981, 34 NJW 2655 (1981).

法，该婚姻的有效性不容置疑。原来，该法院根据这条规定——在德国缔结的婚姻必须在德国婚姻登记官面前举行，竟把这名英国死者的遗孀视为他的姘妇。[1392]宪法法院不得不再次进行干预，以避免不公平结果的产生。[1393]宪法法院判决，在跨国案件中，"跛脚关系"可以等同于有效婚姻，却没有理会这条不合理冲突法规定的反常逻辑。

从几个国家选取的这些案例，应足以表明目的论方法在家庭关系冲突法领域的作用。人们意识到，对结婚和离婚科加过度严格的要求，必然只会使人类的不幸有增无减，而不会产生任何相应益处，当此种认识开始扩散，许多国家都对其法律进行了相应变革，但这些法律变革并非同时进行。一些国家因宗教和政治原因而落后于变革潮流，冲突法对此是如何回应的呢？在相当长一段时间内，根深蒂固的冲突法教条，仍在继续向更为进步的国家输送那些令人厌恶的法则，萨维尼的判决一致性原理和孟西尼的本国法原则，已悄无声息地融入公约、成文法和司法判例，亦悄然占据学者头脑，妨碍了这些国家的冲突法变革。

对传统冲突法智慧的信任，甚至蒙蔽了杰出的法学大家。例如伟大的法学家恩斯特·拉贝尔（Ernst Rabel），他描绘了世界各国离婚法令人惊愕的差别，以及在他那个时代常被用于逃避更严格法律的一些手腕[1394]，之后得出结论认为，有必要批判放任的美国跨州离婚法律实践，因为它缺乏"明确的概念依据"[1395]，虽然他

[1392] Former *Ehegesetz* of February 20, 1946, as amended §§11, 13（婚姻只有经过登记官主持才能生效）。只有在结婚当时准夫妇双方都不是德国公民的情况下，登记官才可以在准夫妇任何一方本国法的授权之下，在德国为准夫妇主持婚礼。*Id.* §15 a.

[1393] BVerfG, decision of November 23, 1982, 62 BVerfGE 320; *see* W. MÜLLER-FREIENFELS, SOZIALVERSICHERUNGS-, FAMILIEN-UND INTERNATIONALPRIVATRECHT UND DAS BUNDESVER-FASSUNGSGERICHT (1984).

[1394] 1 E. RABEL, *supra* note 307, at 415—419.

[1395] *Id.* at 456.

承认,大陆法系的"离婚法律制度已成废墟"。[1396]由于欧洲法院和立法机关对学者观点言听计从,欧洲冲突法当时正处于严重危险之中,可能沦陷为时代错误的保留区域。然而,前所未有的跨国境移民大潮,终于使得人们无法忽视,冲突法制度若对人类需要麻木不仁可能造成可怕后果;事实的惯常力量,终于压到了学者们对理论纯粹性的嗜好。

在处理跨国离婚案件时,几乎没有国家愿意以更宽松于内国法的条件批准离婚,在这个特定背景下,目的论方法即意味着选择适用法院地法。返家趋势能够采用萨维尼建议的不作选择的直白规则形式[1397],亦能够采用盛行美国的住所地联系方式。[1398]许多逃避工具,从公共政策保留到诉答程序规则,再到外国法的证明,都能被用于达到相同目的。由于受到开明判决承认实践的支持,选择适用法院地法极易适应流动性社会之所需。比较两个存在密切联系的欧洲法律体系,对妨碍采用该常理性对策的公约和内国立法的处理方式[1399],可以为我们带来些许启发。瑞士联邦法院公开采用结果选择方法,直接扫除了制定法上的改革障碍,并建议,有必要废除阻碍对跨国案件进行国内处理的公约。对比来看,德国宪法法院发出的目的论方法讯息,到现在为止,还没有在德国引起任何反响。

瑞士终审法院判决的内在价值,已经超出其作为处理特定种类争议判例的重要意义。毫无疑问,新《瑞士冲突法法规》受到了该国最高审判机构开明判例法的深重影响。瑞士联邦法院的目的论方法,不仅反映在该法规的有利婚姻成立原则和有利离婚原则(*favor matrimonii vel divortii*)上,而且还更广泛体现在该灵

[1396] *Id.* at 495.
[1397] See *supra* note 432 and accompanying text.
[1398] See *supra* notes 424—427 and accompanying text.
[1399] See *supra* notes 435—436,440—441 and accompanying text.

活、进步[1400]立法的结果导向精神上。因此,较之德国联邦共和国对《施行法》的零星修订[1401],瑞士法典的编纂显得更胜一筹,究其原因,就在于德国《施行法》的起草者们不可能从类似瑞士法院的判例中吸取营养。德国宪法法院的观点,虽然与瑞士法官的观点同样开明,但其权力仅限于对现行法律的宪法审查。因此,德国冲突法的新规定,较之宪法法院的进步观点,带有更投合德国普通法院教条主义立场的传统色彩。固然,萨维尼[1402]和原《施行法》起草者想当然认为天经地义的男性主导原则,最终确实为德国冲突法新法规所抛弃。然而,负责制定当前成文法规定的德国司法部官员[1403],并没有吸纳宪法法院所宣示的目的论内涵。仅举一例而言,对《施行法》中差点剥夺英国遗孀获得养老金权利的退步和"不当规定"[1404],他们居然决定"保持不变"。在许多其他方面,与完备的现代瑞士法典相对比,德国的零星改革亦显得落后。[1405]

　　冲突法案件的判决结果不仅有着重要的国内影响;而且还能产生超出法院地国界的溢出效应。例如瑞士法院不支持跨国离婚和再婚的早先做法,就曾经贻害于英国判例法。在女王诉布兰

[1400] "瑞士法规在提供合理性和创造性解决办法方面比任何其他法规都做得更进一步……实际上,经验可能会很快证明,这个最新制定的大陆法系冲突法法典也是最好的。"Symeonides, *supra* note 1116, at 187. See also Siehr, *Zum Entwurf eines schweizerischen Bundesgesetzes über das internationale Privatrecht*, 25 RIW 729 (1979)(对早先立法草案的评价)。

[1401] See e. g., A. FLESSNER, *supra* note 279, at 42—44; Otto, *supra* note 1009, at 35—36. 对早先德国立法草案的详细——但却被忽视的批评意见见马克思—普朗克研究所, *Kodification des deutzchen Internationalen Privatrechts*, 47 RABELSZ 595 (1983). 对该草案的批判性比较评价见 LAUSANNER KOLLOQUIUM, *supra* note 1115, 尤其是凯热尔, *id.*, at 271 和菲舍尔, *id.* at 265.

[1402] See *supra* text, accompanying note 421.

[1403] 德国法官对"行政部门傲慢官僚作风"的不满,见 Otto, *supra* note 1009, at 32.

[1404] W. MÜLLER-FREIENFELS, *supra* note 1393, at 101—102.

[1405] See de Boer & Polak, *Naar en gecodificeerd international pricatrecht*(!/?), 101 Mededelingen voor Internationaal Recht 3, 93, 114 (1990)(将瑞士列为最近七个冲突法立法中最先进的,将德国列为最落后的)。

特伍德婚姻登记主管一案(Regina v. Brentwood Superintendent Registrar of Marriages)[1406]中,萨克斯法官(Lord Justice Sachs)引用了卡里亚洛案[1407],以支持其拒绝为一意大利公民颁发结婚证书的判决,而该意大利公民的瑞士籍前妻已经在瑞士与他离婚。虽然萨克斯法官和瑞士法官一样担心跛脚婚姻问题[1408],但是,他仍为其判决深感不安。他预见到了瑞士联邦法院在达尔·波斯科案[1409]中的立场转变,评价说:"一个人自然会非常同情那些虽然事实上居住在一起,但却渴望得到神职人员婚姻祝福的人,这种同情当然会延及民事婚姻登记官对婚姻的认可"。[1410]

如果萨克斯法官当初能够依随他的司法本能行事,而不是引用学者著述[1411],本可免去议会为纠正这个不当判决而进行的繁琐工作。现在的1971年《离婚与司法别居承认法》第7条,已经将常理置于判决一致性目标之上:它规定,离婚已经得到联合王国承认的夫妇,可以在英国再婚。然而,甚至是这项成文法,都没能彻底根除萨克斯法官所播下的混乱种子。在劳伦斯诉劳伦斯案[1412](Lawrence v. Lawrence)中,家事庭不得不承认,当事人在内华达州离婚之后又在内华达州进行的再婚为有效。虽然美国的离婚判决是可以得到联合王国承认的(以便当事人能够在联合王国再婚),但是,根据妻子的住所地法巴西法,当事人的再婚会被认定为无效,因为根据英国传统的"双重住所标准"(dual domicile test),当事人的结婚能力取决于准备结婚双方的住所地法。然而,林肯法官却抛弃了这个传统标准,支持了内华达州再婚的有效性,理由是,英格兰法,即当事人打算作为婚后住所地的法律应

[1406] [1968] 2 Q. B. 956.
[1407] Id. at 971.
[1408] See id.
[1409] See supra text accompanying notes 454, 1362—1365.
[1410] [1968] 2 Q. B. at 967.
[1411] See id. at 968.
[1412] 1985 Fam. 106, 109, aff'd, id. at 120 (C. A).

当在案件中适用。在他的判词中,有一些观点,比他的冲突法策略更具启发性。他建议采用有利婚姻成立的选择性冲突规则,在判词中写道:

> 在人员跨国流动频繁,涉外离婚动辄发生的时代,人们不应因法律的复杂而陷于重婚的图圄。对于平常人来说,承认其从一桩婚姻中自由走出的明显结果之一,就是授予其以走进另一桩婚姻的自由。
>
> 就个人而言,本人认为,像在本案情形下缔结的婚姻是符合人们期望的……应当得到支持而不是摧毁。如果适用真实和重要联系标准会导致婚姻被认定为有效,而适用双重住所标准会导致婚姻被认定为无效,那么在我看来,前者就应当得到优先适用。至于相反命题是否成立的问题,我并不想妄下定论。[1413]

卡里亚洛案和布兰特伍德案都向我们展示,糟糕的国内判例是如何影响到国外法律,而诸如劳伦斯案、达尔·波斯科案和西班牙人案之类的判决,则能够如同促进国内法律改革一样,促进国外法律改革。它们的重要性并不局限于国家边界以内,因为其他国家的法官——当然还有学者和立法者——都必然会注意到它们。对拒绝适用外国判决规则的原因,进行开诚布公的探讨,可以点醒那些法律上落伍的国家。虽然很难找到支持该论点的直接证据[1414],但是,一旦各国法院都拒绝在跨国案件中承认对离婚的不合理限制,那么不合理限制离婚的规则——像乘客法则一样——濒临灭绝境地,几乎就成为必然。对落后法律进行改

[1413] Id. at 112, 115. 阿克纳法官(Lord Justice Ackner)在他赞同家事庭做法的判决意见中声明,"我完全赞同,被承认对'平常人'有吸引力的解决办法是正确的"。Id. at 123. 劳伦斯案的解决办法最终被写入了 1986 年《家庭法》第 50 条,根据该规定,在当事人的前次离婚得到联合王国认可的情形下,不考虑当事人住所地法对再婚的禁止性规定。See North, *supra* note 380, at 71—72.

[1414] See supra notes 1187, 1226—1228 and accompanying text.

革,可能需要花费漫长的时间,例如希腊,直到 1982 年——几乎是在法国最高法院作出卡斯兰尼斯案判决后三十年之久——才取消了荒谬的宗教婚姻要求。然而,国外法院对进步内国法律的持续回绝,清楚表明,光靠进步的内国法本身,并不能全然奏效,法律改革的重任,还是直接落在那些需要改革的国家自身。一旦其不合理规则再也无法在世界范围内得到执行,低于国际法律标准的国家,就必然开始为跛脚关系而忧心。这些在法律改革方面迟滞不前的国家,如果确实重视判决一致性目标,就应该主动加入其他文明国家,以实现这个未竟的理想。

结　语

　　实体法方法正以弥山亘野之势,席卷欧美冲突法领域。在实践中,它可以多种方式为人们所感知,其表现形式包括借助掩饰手段、使用"柔性"连结因素、返家趋势还有最后——但肯定并非最微不足道的形式——直截了当的结果选择方法。如果对那些至关重要的实体政策缺乏把握,就不可能清晰理解当前的冲突法。因此,问题并不在于目的论是否合适,而在于目的论在冲突法传统理论中应扮演什么角色。但是,结果选择方法到现在为止还没有得到人们的充分尊重,主要原因出在学者身上,因为他们拒绝承认这种传统理论的替代方法所发挥的突出作用。从其发端之时起,冲突法领域便一直由法学教师所主导,他们的影响绵延至今。从法官在审理跨国案件时所使用的学术术语中,从他们对学术著作的旁征博引中,从他们对研究机构和法学教师摘要和观点的遵循中,我们都可发现这种影响的痕迹。然而,学者们的影响并不局限于诉讼领域;学者们在冲突法法规和公约之中的影响亦清晰可辨。正如赫尔玛·希尔·凯(Herma Hill Kay)所述,我们的学科是一个"由人而非法律支配的领域"。[1415]

因此,传统冲突法智慧会继续主导法官和立法者的思维,直到学者们改变主意为止。然而,尽人皆知的是,法学教师们并不情愿对他们据以创立其观点的前提进行重新思考。确实极少听说有人会放弃执着的信念,特别是那些已经落实为白纸黑字的信念;历经千辛万苦著书立说,才得以确立权威,但是,坦承错误会将之破坏殆尽。不仅如此,冲突法的固有本质就是禁止对其进行重新评价。如果说,一个领域为学者所主导,那么,这些学者反过来也会受制于这个领域。要理解冲突法的深奥体系、神秘观念和难解术语,需要付出艰辛的智力劳动,这使得那些献身冲突法事业的人不仅无暇理会他们的信条所造成的实际后果,而且无暇质疑这些教条所赖以成立的假定。一位法国学者曾将欧洲大陆法系的法律选择方法称为"笛卡尔式的"[1416],然而,甚至是在笛卡尔的本国,怀疑精神也没有对冲突法学者造成任何影响。如果要进行区别比较的话,大陆法系学者甚至还不如普通法系的法学家那么倾向于以"良好公理"(good sense)来检验他们观点的效力,而这正是笛卡尔的《方法论》所推崇的方法。

实体法方法虽然已经在实践中得到了广泛采纳,但是,显然还没有深入学者的心中。甚至是美国的法学教师,虽然与欧洲同行相比,他们更以注重案例导向及务实而闻名,即便如此,他们仍然时常忽略法院的真实做法。仅举一例:美国"冲突法革命"的发生原因对任何一位有经验的评论家而言,都应该是至为明显的。正如西弗吉尼亚州最高法院的一位法官所言,"我国有近一半的州最高法院已经对它们的程序冲突法进行了彻底改造,以避免造成不公正的实体结果"。[1417]然而,一位并不知晓实际情状的

[1415] Kay, *Ehrenzweig's Proper Law and Proper Forum*, 18 OKLA. L. REV. 233 (1965).
[1416] Loussouarn, *supra* note 70, at 338.
[1417] Paul v. National Life, 352 S. E. 2d 550—553 (W. Va. 1986)(Neely, J.).

读者,如果仅靠查询美国主要冲突法著述,是不可能把握这个显著原因的。在看过《第二次冲突法重述》之后[1418],威利斯·里斯(Willis Reese)教授后来批判说,该书作者并没有"考问法院判决意见中的推理是否总能对其结论提供真实解释"[1419],并提前告诫那些不谙实务者"应以怀疑的态度去阅读这些判决意见"[1420]。正是"在大多数涉及法律选择的侵权案件已适用对原告更为有利的本地法规则的这个事实中",里斯教授找到了"揭示法院真实动机的线索",从而补充了《第二次冲突法重述》的疏漏。[1421]

为什么主流著述的作者要向读者隐瞒这样一条关键信息呢?考虑到作者们常抱怨侵权法律选择的缺乏可预见性,对这样一条可以向读者指明一种不同法律选择模式的线索,他们的忽略就越发令人诧异了。[1422]至于他们为何努力掩饰本应披露的线索,我们只能做如下猜测:他们对实体法方法深感不适。[1423]然而,他们为什么会感到如此不适呢? 我们可以用卡弗斯的一段话作答,"让法官在两条规则之间以'公正和方便'标准简单地进行选择,无异于取消了我们这个拥有悠久历史的古老学科"。[1424]

正如这段引文所表明,学者们可能已经感到了实体法方法对其在冲突法领域的主导地位的威胁,他们的这种担忧不无道理。依目前情况,我们这个学科上演了一场"无比复杂的智力游戏"。[1425]如果依常理评判,应如何处置旋转木马式的反致以及对无法律规定案件的探寻? 甚至连改革实体法都会威胁到传统方法。譬如希腊早先坚持宗教婚姻,从而产生了识别和先决问题,在该国改良其家庭法之后,这些问题已不复存在。由于在欧洲,

---

[1418] E. SCOLES & P. HAY, *supra* note 289.
[1419] Reese, supra note 967, at 334.
[1420] *Id.* at 335.
[1421] *Id.*
[1422] E. SCOLES & P. HAY, *supra* note 289, at xvii.
[1423] *See id.* at 586, 587.
[1424] D. CAVERS, *supra* note 57, at 86.
[1425] J.-P. NIBOYET, *supra* note 1005, at 586.

仅有爱尔兰和马耳他禁止离婚,婚姻破裂因而再也不会给冲突法带来它们曾经造成过的挑战。与此类似,当乘客法则被判违宪,或被立法废止,许多存在真实冲突的案件和无法律规定的案件便从美国冲突法舞台上消失了。它们的消失当然会令利益分析论者悲伤,正如一本新近出版的案例书所提到的,"用涉及乘客法则的案件教授现代法律选择方法,再难找到比此更好的方式了"。[1426]我们能教些什么,写些什么?整个跨国交易领域会消失于"实体法的'黑洞'"吗?[1427]

但是,以漠视事实的规范性力量为代价,来保存我们的古老学科,这如何让学者们相信是顺乎人意甚或是可能的呢?面对学者们所创制的怪诞教条,人们的反应已从钦佩逐渐转为蔑视。律师们谈及"醉心于理论的教授们将冲突法变为一个地雷密布的迷宫"[1428],立法者则告诉冲突法专家他们可能"因其抽象活动而失去阵地"[1429],法官则抱怨"拖沓笨重的冲突法体系造成了混乱、不确定、不一致和司法任务的复杂化"。[1430]法官、学者倾向于拥护无原则的折中主义,这表明传统方法无法圆满地解决日常问题,折中主义仿佛一条变色龙,在不同案件中不停地变换着颜色。我们的学科因而变得支离破碎,这才是本学科真正陷入危机状态的确定表征。是留意这种警示的时候了:冲突法"并不是为了学者们舒展其法理学肌肉而玩耍的游戏,而是致力于通过法律来改善人类的生活状况"。[1431]

数世纪以来,法律冲突一直都令法学教授们心醉神迷,因为"如何解释法院地国使用另一个国家法律的原因确实是一个令人

[1426] D. VERNON, L. WEINBERG, W. REYNOLDS & W. RICHMAN, CONFLICT OF LAWS: CASES, MATERIALS AND PROBLEMS vii (1990).
[1427] Kegel, *supra* note 333, at 617.
[1428] Buchholz, quoted in Otto, *supra* note 1009, at 32.
[1429] Quoted in A. BUCHER, *supra* note 1258, at 249.
[1430] Paul. v. National Life, 352 S. E. 2d 550, 553 (W. Va. 1986).
[1431] Rosenberg, *supra* note 3, at 644.

着迷的法学探究过程"。[1432] 法律冲突领域产生了大量著述,这是学者思想的大迸发,任何其他法律领域都无法望其项背。然而,长期置身于法律选择理论的纯粹氛围,必然会造成理解偏颇。多数著述都建立于可疑的理论基础之上,某些著述甚至荒谬至极。学者们误把隐喻当作现实,真的相信法则有其空间维度,在整个法律空间之中,法律关系在某处有其本座,法律权利又是在某处被合法授予。此类制度系法律空想的产物,它们在被付诸实践时必然遭遇失败,此点显而易见。现代国家的属地性组织与自然人和企业的跨国活动之间不可避免地存在紧张关系,而想象不可能解决之。法律选择问题的答案也不可能从关于实证主义和主权的形而上的推测中获取,正是这些概念造成了冲突法所需要克服的困难。

　　如果说单边主义和多边主义都已败北,那么剩下的唯一方法便是关注超越国界之价值观的法律选择方法,因此,本书建议,应在对相冲突的判决规则进行质量评估的基础上进行法律选择。如果该方法得到广泛采用,它所产生的可预见性和一致性,将高于单边主义和多边主义所能保证的程度。如果有什么奇能异术能够阻止当事人挑选法院,那便是涉外司法正义在任何地方都能得到实现的预期。即使这个目标被证明无法达到,实体法方法至少还可以在个别案件中产生更为合理的结果。此方法也是唯一能够要求法官考虑外国法的可信理由。选择性地引入更好的外国规则,为法院地法向国际标准看齐提供了独特激励,并因此促进了国内法律的变革。通过将注意力集中于这样的实体标准之上,审理跨国争议的法院不仅是在为本国法律体系服务,而且是在为整个世界法律体系服务。为追求判决可预见性和实现公正的双重目标,在研究、适用外国法上花费时间、金钱是值得的。

　　经验已经表明,一旦跨国问题的数量开始激增,便会对所适

[1432] Freund, *supra* note 625, at 1210.

用法律的质量提出要求,这样一来,传统理论的可资信任度就开始减弱。而此时,地位最为牢固的多边规则显然成了最可能引发难题的规则。偶尔的司法错误尚可忍受,然而,一旦看似中立的法律选择机制导致大肆引进低标准的外国法,多边主义的价值就必然会遭到法院的质疑。为抵制这种令人厌恶的法则,最为显著的措施就是回复到单边主义。与多边主义不同,单边主义方法不会为了达到判决一致性的目标而牺牲公正性,它只能保证冲突法案件的判决至少能够符合法院地的正当性标准。

外国法确为特定跨国问题提供了更加顺乎人意的解决办法,既然如此,法院为什么应对其漠然置之呢?上溯至古罗马外事裁判官时代的悠久法律传统证明,审理跨国案件的法官能够如同援用本地法渊源一般援用外国法渊源,从而形成合理的判决规则。据说马克·吐温曾经指出,"预言艺术的难度非常大,尤其是关乎未来的预言艺术"。但是,为什么永远要让那些期待在跨州和跨国争议中实现正义的人"注定失望",这显然没有任何正当理由可言。[1433]

[1433] Von Mehren, *supra* note 979, at 42.

荣格教授来自天堂的问候

迈考尔·泰诺(Michael Trayner)

来自天堂的 email*

亲爱的迈克：

获悉你将参加在戴维斯举行的研讨会，我甚欣喜。我已经到达泰乐乌斯星球(Planet Teleos)**的冲突法天堂，尽管审查委员会花了不少时间来检查我的资格，我还是感到颇为幸运。哪些人会在这里，哪些人会在别处，就留给你们遐想吧。

我的新地址虽然听起来有点属地性，但实际上并非其然。它暗含着精神上的自由状态，或者说，是一种状况。在此状况下，我可以继续追求我的最终目标或计划，以确保涉外司法的正义，并

---

* 原文是：Via e(thereal) mail。——译者注
** "telos"源于希腊语，意为"目的"或"目标"，以亚里士多德为代表的希腊哲学家对之有深入阐释。该词后来成为"teleology(目的论)"词根；此处暗合荣格所持的目的论观点。——译者注

解决冲突法的诸多难题。能跨越时空,与不同专业背景的各方人士进行直接对话,是何等惬意。前两天,一位律师朋友费马(Fermat)来访,这提醒我一件事,即请你告诉大家,我已经发现了真正理想的法律选择方法。不过,天堂当局目前坚持要求我将该方法保留于此处。我尚不明白他们发出此封锁令的政策或利益何在,也不认为这是什么更好的规则*,但是,我暂时别无选择。因为在无限期的未来,与我存在最密切联系的法域都是泰乐乌斯星球。然而,请转告在戴维斯汇集一堂的学者们,他们一定能在会议那天或稍晚一些,找到或接近我所发现的理想解决方法。对此,我信心十足。在拙著中,我做过一点暗示,即重视"跨越州(国)境的价值",尽管对这个基本观点,我后来又做了较大调整。今天,你从职业律师的角度简要评述了当前的冲突法状况,对此,我亦深表谢意。

来自天堂的祝福
弗里茨

亲爱的弗里茨:

收到你的消息,真是万分惊喜。虽然远在天堂,你依然像往常一样谦和(这必定是你的邮件能通过垃圾邮件过滤器的原因),这让我倍感宽慰。简言之,此封回信的主旨是:冲突法仍处于一片混乱之中。当然,我的报告并非完全悲观。

在属人管辖权方面,事实密集的正当程序调查(fact-intensive due process inquiries)仍然让美国法院深陷其中,无法自拔;目前,已有数百个判例试图将这种笨拙的方法适用到网络案件中。他们还引入了新的管辖权种类,即将网站分成"主动"与"被动"两种类型。当然,这种分类与你的高标准相距尚远。到目前为止,

---

* 此处分别与利益分析与优法(更好的法,better law)规则理论相暗合。——译者注

最高法院还对清理、更新属人管辖权的法律没有表现出积极意愿。其他国家的法院做得更好些,在这些事项上,其他国家的从属诉讼似乎要远少于美国。

在判决方面,终审判决原则(principle of finality)仍使法律保持协调。法院正致力于在判决的承认与执行间作出区分,探讨一州的禁令在另一州是否必须得到承认与执行,以及有关跨法域诉讼和争点阻却(issue preclusion)*等事项。美国法学会正在进行一个关于外国法院判决承认与执行的项目,并在着手起草联邦法案的建议稿。此外,美国法学会还启动了一个单独的关于国际知识产权的项目,该项目主要关注法律冲突、管辖权和判决等问题。

在法律选择方面,最高法院近期重申了长期以来所坚持的立场,即只要州法院在法律适用上具备某些正当程序基础,最高法院就不倾向干涉各州的法律选择事项。不过,目前还有不少理论尖锐对立,不甚明朗之处甚多。在合同案件中,法院实质上遵从法律选择和法院选择条款,虽然合同效力、解释及适用范围等诸多深层次问题依然悬而未决。有意思的是,支配这些条款的法律在立法场所可能产生对立与争执。譬如,美国法学会(ALI)与统一州法律委员全国会议(NCCUSL)**均同意对《统一商法典》(UCC)第1条进行现代化,但就笔者了解,美国有特殊利益集团会反对此修订工作。再如,海牙国际私法会议曾雄心勃勃的致力于制订一个关于国际民事管辖权与判决的宏大公约(还记得几年前,我们作为公约专家组成员在一起工作的情景吗?),然而,现在却在为合同的法院选择事项而大伤脑筋、裹足不前。

---

* "issue preclusion":(既决)争点阻却(再诉),是指同一争点经有管辖权的法院判决后,除非该判决被依法撤销,当事人或利害关系人不得在以后的诉讼中在同一法院或与之有并存管辖权的其他法院就该争点再作争执,而不论前后两个诉讼在诉因、请求、目的或标的方面是否相同。——译者注
** NCCUSL(National Conference of Commissioners on Uniform State Laws):统一州法律委员全国会议,旨在促进各州法律统一的组织,它起草各种法律供各州采纳。该组织成立于1982年,由来自50个州的代表组成。目前它已起草了200多个统一性法律,包括《统一商法典》在内。——译者注

《第二次冲突法重述》虽广受诟病,但美国法学会在短期内制订"第三次重述"的前景仍十分渺茫。我想,你会认为这是个好消息,因为你刚刚说到,在无限期的未来,你亦恪守最密切联系原则。这颇具有几分讽刺意味。法律完全处于混乱状态,这殊为遗憾;此外,值得提及的是,我们这个学科的国际因素正日渐增强。

有一个发展令人振奋:近期的判例以及个人讲话和文字表明,现任最高法院的几位法官已意识到全球化给法律及法律问题带来的影响正与日俱增,并注意到比较法的分析不仅对司法判决至关重要,而且攸关有效辩护。但愿新近出现的对比较法的兴趣不断增长,而不是过眼云烟,稍纵即逝。

当然,未解难题仍然不少。在此,我只提及其中一个:诽谤。依据美国法律规则,原告仍有可能找到一个在诉讼时效法上对自己最有利的法域提起损害赔偿之诉,要求被告对其在全国范围、甚至世界范围内受到的损害进行赔偿,即便该诉讼在其他几乎所有州(国家)都无法获得支持。借用法(borrowing statutes)*以及法律选择原则可以使情况有所改善,但亦为棘手之策。在国际上,澳大利亚高等法院在一个重要案件中作出判决,肯定了维多利亚州法院的管辖权。该案原告是一名澳大利亚公民,被告为道·琼斯(Dow Jones)。原告指称被告的网络杂志《巴润斯》(Barrons)侵犯了他的名誉权,故需承担赔偿责任。原告很明智的将他的赔偿请求限制在其于澳大利亚境内所受的损害,并指出不会提起重复诉讼。此外,欧洲法院认为,诽谤案件的原告在被告住所起诉时,可以请求完全损害赔偿,不过,赔偿仅限于起诉时原告在被告住所所在法域遭受的损害。众所周知,欧洲委员会起草的《罗马公约 II》建议案饱受争议。该草案调整的是非合同之债的法律适用问题,其中规定,诽谤与侵犯隐私的诉讼适用损害发生地法。再如,《欧洲人权公约》(尤其是关于言论自由的第 10

---

* "borrowing statutes",也作"borrowed statues",是指一州法院在裁决冲突法案件时,适用另一州或法域的法律。——译者注

条)影响广泛,而且已在英格兰生效,这很可能会在将来某一天对美国判例产生一系列影响,因为美国判例拒绝承认与执行英格兰(和其他国家)作出的关于诽谤的判决,理由是其法律违反了"美国宪法第一修正案"对言论自由的保护。诽谤是一个重要领域,在该领域,有各种不同观点交错,且仍在发展之中。这不仅表现在实体法方面,冲突法的 3 个领域亦概莫能外,即属人管辖权、法律选择及判决的承认与执行。也许,该领域能为孕育发展出涉外司法原则提供足够的契机。

最近,在一个涉及保险公司失信的案子中,最高法院对原告所能获得的惩罚性损害金以及在其他州进行取证的行为(该证据可以被采信,以支持原告的主张)均进行了限制。不过,现在便预测这一发展将对涉外诽谤或其他案件的相关问题产生影响,尚为时过早。

我尚未发现近期有重视超国(州)境价值的案例,也没有发现有将比较责任(或比较利益)的概念引入法律选择领域的文章可向你举荐。此处,我并非指所谓的"比较损害"方法,须知该方法不仅因其减损一州(国)的政策而备受批判,而且,它不过是法域选择的另一种技术罢了,而与涉外司法的方法论无干(当然,这并不代表这样的案例或文章完全不存在,只是我尚未发现而已)。

在侵权案件中,我们对比较责任的概念已相当习惯,虽然我们所比较的是所有当事人的潜在法律责任,而不仅仅是他们的过错。的确,在某些海事以及返还请求权(restitution)*案件中,分

---

* 如何翻译 restitution,颇为不易。考察大陆和港台地区的译法,并不一致。大陆地区常将之译为"返还原物"或"恢复原状",港台地区多译为"回复"或"归复"。以上译法,均有可商榷之处。大陆译法欠缺准确性,因为在很多情况下,restitution 并非"返还原物"或"恢复原状",而为"价额偿还"。港台译法亦有不足,一来比较抽象,不易把握;二来汉语"回复"或"归复"之意,与救济方式近,而与独立请求权远,因而不能反映出 restitution 的本质特征。鉴此,经再三思索,我们将之译为"返还请求权"。该译法能够体现出 restitution 作为一种独立请求权的本质属性,亦可准确概括出其以返还不当得利为基础的外部特征。然此译法是否最佳,笔者尚有疑虑,敬请同仁惠赐教正。参见霍政欣:《不当得利的国际私法问题》,武汉大学出版社 2006 年版,第 35—36 页。——译者注

担得益或损失在某种形式上是有可能的。然而,在冲突法案件中,法院的精力主要集中于选择一个特定法域的法律作为争讼事项或案件的准据法,除非他们能依赖法律选择条款或通过"虚假冲突"的分析来逃避该问题(需要指出,尽管柯里的方法无法解决真实冲突案件以及"无法律规定的案例"(unprovided for cases),但我认为,该方法对至少对分辨出虚假冲突案件是行之有效的,它以用一种克制的、开明的方式关注政策安排,以此解决问题。鉴于我们俩在政府利益分析上的意见相左,我在回信中不再强调之)。

多年前,关于汽车担保权益的州际法律冲突引发了竞争性诉讼问题,对此,我曾建议——既非特别严肃,亦非戏谑之辞——有一天,也许法院可以考虑另辟蹊径,尝试一种从未用过的方法,即均分损失,并兼顾确保"所有利益尽可能将其对全体利益(或者作为一个整体利益)的损害降到最低点(庞德所言)。"对此解决方法,我并非全力提倡,只是将它提出来作为一种备选可能,仅此而已。然而,我还没有发现佐证案例,因为如此会发展出一个颇具挑衅性的概念。杰克·库恩(Jack Coon)那篇关于妥协与正义的文章非常著名,它对我们理解学理上为什么追求或完全胜诉或全盘败诉的规则有所助益,尽管绝大多数争议都得到了解决。

仰慕你的人为数众多,能成为其中一员,并与各位学者一起参加会议,分享你的光辉成就,我深感幸运。将来会不会有一天,法官、仲裁员、立法机构、学者以及律师都加入我们的行列,以实现"涉外司法正义播撒各地"的目标,这还是一个非常具有挑战性的问题。

顺致崇高敬意与真挚问候
迈克

天　才[*]

约翰·B. 奥克利（John B. Oakley）

　　二十多年来，我和弗里茨朝夕相处，亲密无间。我们之间的关系始于师生之交。1975年夏天，我俩几乎同时来到金厅（King Hall）[**]，且办公室恰好相邻。那时，弗里茨名声赫赫，其身份是访问学者；次年，他永久性加入了金厅的教师团队。而当时的我不过是初出茅庐的后生：毕业不久，仅有从事移民法律事务的3年工作经验。面对弗里茨这位天才学者和法学老师，我自然敬慕有加。他和善宽厚，在我聆听课程及迈入学术殿堂时，对我提携甚多。然而，我和弗里茨的关系岂止于师生，我们俩很快就成为莫逆之交。从一开始，我们的交往就非常愉快和融洽；后来，随着彼

---

[*] 原文题目是"The Natural"，有一语双关之意，既指荣格是位天才，也指他是属于自然法学派。——译者注

[**] 金厅是加州大学戴维斯法学院大楼，系为纪念美国黑人民权领袖马丁·路德·金（Martin Luther King, Jr.）而命名。——译者注

此事业的发展,这种愉悦的关系逐渐增加了一层对彼此工作的相互尊重,尤其表现在对彼此著述的尊重上,因为著述是工作的最好体现。每当为验证新观点而冥思苦想时,每当为在晦涩行文中选择一个恰当词汇而举棋不定时,我们都会互施援手。

弗里茨办公室的另一侧隔壁是埃德加·博登海默(Edgar Bodenheimer)。埃德加是一位享誉全球的法哲学家,于1991年逝世。[1] 对我而言,埃德加不仅是学术上的导师,更为思想上的引领之光。作为同事和著述合作者,埃德加启发我对司法哲学(philosophy of adjudication)进行了认真思考。弗里茨与埃德加亦为好友。于是,弗里茨很快发现,他身处两位法哲学学者的友善包围之中,时时被催促着做他最不愿意做的事情——抽象的概念化思考,而非务实的批判。《法律选择与涉外司法》的再版,使我有机会对弗里茨的法哲学思想做一简要评述。

弗里茨毕生反对为法律选择构建理论框架,试图给这样一位学者贴上哲学标签,其风险不可谓不大。但是,我希望这种努力不会有辱对他的纪念。其实,依愚见,这种冒险是值得的,因为它有利于我们深入探究这位受人爱戴的学者的内心世界。下面,我从法哲学的3个常规流派,即法律实证主义、法律现实主义以及自然法,谈起。

法律实证主义者否认法律主张的真实性与道德主张的真实性之间存在任何必然的概念性关联。法律主张的真实性有赖于其效力。尽管法律实证主义对什么是评判法律规则是否有效的适当标准尚有争论,但是,法律效力实质上取决于经验标准,已成为其共识。法律的效力是一个事实问题——可能是一个政治事实,如主权;也有可能是一个心理事实,如人民对管制他们的特定

---

[1] See John B. Oakley, *Bodenheimer, Edgar (1908—1991)*, in 1 THE PHILOSOPHY OF LAW: AN ENCYCLOPEDIA 86 (C. Gray ed. 1991); Carol Bruch, Daniel Dykstra, Friedrich K. Juenger, & John B. Oakley, *In Memoriam Edgar Bodenheimer, 1908—1991*, 39 AM. J. COMP. L. 657 (1991).

立法机构或官员的接受。法律实证主义与众不同的地方是,当这个事实性检验标准得以满足时——即当法律得到特定的人或机构确认,或经过正式的立法程序后——法律即为有效,不论在道德层面上,它有多么邪恶。当然,在法律与道德之间,可能存在偶然性联系。在一个功能性社会中,大多数法律应合乎道德。但是,法律实证主义坚持认为,道德并不是法律具有效力的必要性概念要件。法律满足了合适的形式要件,即事实标准,便具有效力,即使其与道德相悖。

对形式标准能否或应否决定政府行为的合法性,法律现实主义者持怀疑态度。法律现实主义者认为,法律是一种隐喻,是现代社会实际权力多重复杂的表征。因此,法律在本质上是一个谜。法律规定本身并不关键,执行才是最重要的。有权"创制法律"者,即法律规则的制定者和判决的作出者,他们创制的法律以政府的强制力为后盾得以执行,而约束他们的是实际政治,而非形式规则。我们评判这些官员的标准应该是他们行为的后果。良好的立法者和法官,其行为可以推进良性的社会政策;但是,如果他们的行为系出于自私或短视的目标,他们可能会被指责为对社会不负责任,甚至不道德。不过,他们不会受到行为非法的责难。法律现实主义者通常宣称,应该为公益目的务实的行使政府权力。

有一段时间,"自然法"主要追求超越人类政治的标准,即神授抑或从自然世界中推导出来的标准,以此作为判定人类制订的法律是否有效的标准。到了更现代一点的时候,自然法近乎演变成一种包罗多种法律理论的伞状体系,各种非纯形式的理论,如法律实证主义,或对法律概念不特别抵触的理论,如法律现实主义,均被囊括其中。[2] 自然法学者对法律甚为严肃,认为对特定

---

[2] See John B. Oakley, *Foreword: Conceptions of Natural Law Within the Philosophy of Adjudication—Metaphorical, Metaphysical, and Metatheoretical*, 26 U. C. DAVIS L. REV. 509 (1993).

行为是合法或非法作出评判,以此作为支持或批判政府行为的依据,是有其意义的。但是,依自然法学者之见,法律不是自发性的、严格意义上的经验学科。法律之所以成为法律,或许需要道德评判,但是,这不是批判法律的标准,而是揭示法律内部道德性的一个过程。对于道德推理在多大程度上应成为法律推理的要素,以及道德标准作为法律效力的条件应如何运作,还多有争议——自然法的伞状体系非常庞大——但是被其囊括者,莫不认为道德与法律的概念在一定程度上是相关联的。与法律现实主义者不同,他们主张,法律主张并不存在固有错误;与法律实证主义相异,他们认为,让法律主张受制于道德评判并不缺乏连贯性。简言之,自然法学者同意,至少在某些情况下,法律的要求与正义的要求相契合。换言之,在这些情况下,正义是法律的一部分。

那么,我们应把弗里茨归于以上哪个流派呢?首先,可以肯定的是,弗里茨·荣格不是法律实证主义者。对著名的艾利诉汤普金斯案(*Erie Railroad Co. v. Tomkins*)[3],弗里茨丝毫不掩饰他的不屑,并将该案与美国法律思想中的实证主义的强势地位联系起来。[4] 但我认为,他之所以厌恶法律实证主义,不仅仅是因为对审理艾利案的法院重程序问题轻实体问题的做法甚为反感,此中还有更深层次的原因。二战期间,弗里茨在纳粹德国历经磨难。那时,他还是一个孩子,即便后来移居美国,仍有两段灼痛的记忆如影相随,挥之不去。第一,法律在形式上已经到了疯狂的地步。其次,强权之大,到了评判它是否具备正当性几无意义的地步。这两种记忆在弗里茨幼小的心灵中扎根,成为专制独裁的见证。第一种记忆使他对那些强调法律形式而非实质结果的人抱有深深的芥蒂。不过,这是间接受难的结果。因为与埃德加不同,弗里茨在德国并没有受到直接迫害。然而,第二种记忆是其切身所受的折磨,在他的意识中打上了深深的烙印。在对平民的

---

[3] 304 U. S. 64 (1938).
[4] See *infra* page 163.

无情空袭中,他成为目标与受害者,亲眼目睹了家人被炸死、房屋被夷平的凄惨场景。轰炸平民本应为非法,即便不是必然如此。本应违法的行为,却不受约束,这是霍布斯所描绘的不受法律束缚的自然状态下滋生暴力的一个例证。不过肯定的是,他并不认为,轰炸者赢得了战争,一切即成为合法行为。他毕生的事业反映了一个信念,即法律的意义以及法律人的目标是:确保只有在具备正当性的前提下,政府方能行使强制性权力。

对法律而言,这种对正当性的要求是外在的吗?毫无疑问,弗里茨会认同法官应该务实,因此,他似乎最有可能被归类为法律现实主义者。他的确援用过理论标签,如此援用是为了在冲突法中引入目的论方法——在面临法律选择时,法官应当从备选法律中选择出实体规则最好的法律。[5] 然而,在现代法哲学中,目的论方法所暗指的不仅是以目的与结果为导向的法律争议解决方法,而且指对应支配法律决策之目的的特别遵循。目的论(teleology)追求利益,义务论(deontology)与之相反,追求正义。因此,法律上的目的论断言,政府行使权力——即法律或至少法律的外表——是为了促进社会的整体福祉,并否认此功利主义目的应当受制于对义务或权利的关注(这种关注尊重个人尊严或自由,且不惜以牺牲社会的整体福祉为代价)。

我认为,弗里茨的目的论倾向不属于上述传统范畴。有法律规则保证列车准点固然很好,但弗里茨关心的始终是如何才能保护铁轨沿线的旁观者的安全。为了降低保险成本,他对削减注意义务从不予以同情。他也许本应务实,但是,实际上他是一位体恤他人的务实主义者,对现代工业国家的替罪羊始终抱有同情心。当他援用司法的概念时,他是在援用权利(寻求保护及补偿的权利)的理念,以实现公平、尊严和人道。

职是之故,我的结论为:弗里茨·荣格不但是一位天才法律

---

[5] See *id.* at 191—199(建议用"目的论"或"实体法律"方法来代替正统的法律选择理论。)

人;而且,从法哲学的角度看,亦是一位自然法学者。其著述的书名——《法律选择与涉外司法》(Choice of Law and Multisate Justice)*即为力证,它没有将法律与司法正义相混淆。像弗里茨与埃德加·博登海默这样的自然法学者,他们均拒绝将正义与法律相剥离,而是将两者视为相互关联的概念。当弗里茨要求法官公正司法时,他是在要求法官将公正司法作为法律问题来处理。

  这有助于解释弗里茨为什么会对法律选择如此痴狂。在面临需要作法律选择的案件时,法官必须在模糊地带中进行裁判,这里,相互冲突的不仅是规则与标准,而且是法律制度。在裁判涉外争议时,法律主张与正义主张的关联,通常比裁判纯内国争议要远为直观。考虑到要从相互冲突的法律主张中作出选择,弗里茨坚决主张,为什么不选择能产生最公正结果的法律主张呢?此外,弗里茨强调,这不仅仅只是一个吸引人的选项,或是一个最好的可替代方案。弗里茨坚信,在法律束缚中公正执法是法官与生俱来的职责——尤其当主体与行为涉外需要选择法律,从而使法律束缚顿失时,促进涉外司法公正就成为法官的首要职责。

---

* "justice"在英文中既有司法也有正义的含义。——译者注

超越《法律选择与涉外司法》:实体法方法与追求合理管辖权

迭戈·P. 费尔南德斯·阿罗约
(Diego P. Fernández Arroyo)

弗里德里希·荣格的《法律选择与涉外司法》是一部领袖之作。该著作于 11 年前首版,值其再版之际,我应邀出席研讨会。借此机会,我想提出与此杰作相关的两个基本问题:第一,荣格对冲突法理论的主要贡献:"实体法方法"。这个问题比较容易选择和把握。第二,"合理管辖权"。这个问题似乎很难找到原则性依据,因为这本书关注的是法律选择,而非"程序性"问题。尽管如此,本书仍然触及了管辖权事项。诚如荣格所言:"本书虽以法律选择为主要议题,但对管辖权与判决承认在国际诉讼中的作用,仍会尽力加以探讨。"[1]对此,他的思考如下:"几个世纪以来,法学家们已划出一条红线,法律选择居于一侧,而管辖权与判决的承认居于另一侧……从功能上讲,以上 3 个议题却是相互关联的。"[2]更为重要的是,荣格在后期的很多著述中对管辖权问

---

[1] See FRIEDRICH K. JUENGER, CHOICE OF LAW AND MULTISTATE JUSTICE 4 (1993).
[2] See id. at 3.

题及其解决方法表现出浓厚兴趣。这样一来,他的冲突法学说便形成了完整的理论框架。我将用这些后期著述来评论1993年后荣格是如何对某些问题形成自己观点的。[3]

I. 实体法方法的适用

毋庸置疑,荣格教授最重要的贡献在于为实体法方法的发展打下了基础。他笃信实体法方法,常用精准,有时甚至是尖刻的语言对传统的多边主义与"现代的"单边主义展开批判。[4] 他所有的著述均以此为导向[5],而其代表性著述在这个议题上尤其雄辩。[6] 在其晚期的一篇文章中[7],荣格指出,这一理论非常重要,尤其是对商业行为而言。他写道:"毫无疑问,就跨国合同而言,详细阐释一套超国家的实体法律要胜于对传统国际私法规则的依赖。"[8] 以此观点为基础,考虑到很多国家存在传统规则是不争的事实,研究这些方法之间的关系便特具价值。尤其重要的是,这为运用法律选择方法构建"真正的国际私法"提供了可能,尽管在传统国际私法与所谓真正的国际私法之间,孰优孰劣,现

---

[3] See Friedrich K. Juenger, *The Need for a Comparative Approach to Choice-of-Law Problems*, 73 TUL. L. REV. 1309 (1999) reprinted in FRIEDRICH K. JUENGER, SELECTED ESSAYS ON THE CONFLICT OF LAWS 181 (2001).

[4] See Friedrich K. Juenger, *How do You Rate a Century*?, 37 WILLAMETTE L. REV. 89 (2001); id., *Choice of Law: How it Ought Not To Be*, 48 MERCER L. REV. 757 (1997).

[5] See Friedrich K. Juenger, *Choice of Law in Interstate Torts*, 118 U. PA. L. REV. 202 (1969), and the commentary of Patrick J. Borchers, *A Look Forward, A Look Back: Juenger's First Major Conflicts Article*, in INTERNATIONAL CONFLICT OF LAWS FOR THE THIRD MILLENNIUM. ESSAYS IN HONOUR OF FRIEDRICH K. JUENGER 3 (Patrick J. Borchers & Joachim Zekoll eds., 2001).

[6] See Juenger, *supra* note 1, at 151—190(与正统理论与目的论展开交锋).

[7] *The Lex Mercatoria and Private International Law*, 60 LA. L. REV. 1133 (2000).

[8] See. id., at 1149. 然而,需要指出,这一主张是为了证实实体法方法对本学科其他领域的有效性而提出的。的确,他接着说:"但是,对于其他跨国行为就有所不同了吗? 如果是这样,在没有《国际商事合同通则》这样的准法典作为规则的领域,如侵权,该怎么办?"

在还没有答案。[9] 这一争论远不仅限于理论,因为在实践中,合同当事人订立的实体规则愈来愈多,法官与仲裁员同样也经常面对这一问题。此外,国际组织制定的公约要么排他性采用实体法方法,要么部分采用之。[10] 由于实体规则必须与冲突规则共存,问题便应运而生,虽然至少从原则上说,如果适用实体规则,冲突规则便无存在的必要。

依此思路,我想简要探讨一下荣格对两个关于合同准据法的多边公约的基本看法。1980年《罗马公约》以及1994年美洲国家组织制定的《墨西哥城公约》均遵循多边主义方法;后一个公约反映了荣格教授学术生命中鲜为人知的一面:作为一名国际立法者的工作生涯。他是"第5届美洲国际私法会议"(CIDPIP V)的美国代表。会上,他提议取消特征性履行标准——此标准是《罗马公约》的核心要素[11]——用于在当事人没有选择法律时确定合同的准据法。荣格主张,用"各国际组织所认可的国际商法的基本原则"来代替备受争议的特征性履行标准和作为一般规则的"最密切联系"。尽管《墨西哥城公约》的最后生效文本没有完全采纳荣格的建议[12],但是,该公约有两个条款明确肯定了他关

---

[9] See. id., and Friedrich K. Juenger, *Private International Law or International Private Law?*, 5 KING'S COLLEGE L. J. 45 (1994) 重印于 FRIEDRICH K. JUENGER, SELECTED ESSAYS ON THE CONFLICT OF LAWS 205 (2001).

[10] 如1980年《联合国国际货物销售合同公约》、2001年《联合国国际贸易应收款转让公约》,以及2001年国际私法统一协会与联合国国际民航组织制订的《移动设备国际利益公约关于航空器设备特定问题的公约》。

[11] See Friedrich K. Juenger, *Parteiautonomie und objektive Anknüpfung im EGÜbereinkommen zum internationalen Vertragsrecht. Eine Kritik aus amerikanischer Sicht*, 46 RABELSZ 57, 63 (1982), id., *Two European Conflicts Conventions*, 28 VICTORIA U. OF WELLINGTON L. REV. 527, 540-01 (1998) 重印于 FRIEDRICH K. JUENGER, SELECTED ESSAYS ON THE CONFLICT OF LAWS 361 (2001).

[12] 的确,公约在第9条第1款作了如下规定:"如果当事人没有选择适用的法律规则,或他们的选择无效,合同应受与之有最密切联系的国家的法律支配";第9条第2款接着规定:"法院应当考虑合同的客观与主观因素,来决定它与哪一个国家的法律有最紧密的联系。法院应当考虑被各国际组织认可的国际商法的基本规则。" See Friedrich K. Juenger, *The Inter-American Convention on the Law Applicable to International Contracts: Some Highlights and Comparisons*, 42 AM. J. COMP. L. 381, 391 (1994) 重印于 FRIEDRICH K. JUENGER, SELECTED ESSAYS ON THE CONFLICT OF LAWS 337 (2001).

于实体正义思想的重要性。[13]如此一来,荣格就在"传统"冲突法公约与呈现在如《国际商事合同通则》文本中的实体方法之间架设了有益的桥梁[14],尽管他认为这两种方法扞格不入。[15]这种混合方法的引入,为当事人甚至可以选择非国内法的观点提供了支持。[16]一方面,《墨西哥城公约》措辞严格,另一方面,它具有强烈的实证主义传统,这就限制了意思自治的范围。不过,至为明确的是,在当事人没有选择法律时,法官与仲裁员有权适用跨国商事原则。[17]

依荣格之见,美洲国家组织制定的《墨西哥城公约》与欧洲模式相比,前者是一个"远胜于后者的产品"。[18] 这表明,作为学者的荣格与作为立法者的荣格在立场上是一致的;剩下的问题便是:在这两个角色中,他扮演的角色是否确当。为解决这个问题,首先需要考虑以下几个事实,其中有一些他支持的见解。首先,

---

[13] 另外一条是第 10 条,该条规定:"除前面几条的规定外,国际商法的指导原则、惯例和原则,以及被广泛接受的商业惯例亦应适用,**以保证在特定案件中满足正义与衡平的要求**。"此外,公约第 15 条规定:"在判定一个代理人是否能约束本人或代理机构、公司或法人时,应当考虑第 10 条的规定。"

[14] See Juenger, supra note 12, at 392, and also Juenger, *supra* note 7, at 1149—1150.

[15] See Juenger, *supra* note 1, at 152—153 ("在方法论上采用多元化,亦有弊端。因为它试图解释一切,到头来什么都没解释清楚,而且将本已混乱的问题弄得更加混乱")。

[16] See Friedrich K. Juenger, *Contract Choice of Law in the Americas*, 45 AM. J. COMP. L. 195, 204—205 (1997).

[17] 这可能是一个悖论,但是冲突法中的悖论岂知一二? 观察到美洲法院倾向于按字面意思来解释法律规则,并不表明他是一位实证法主义者。这里,"美洲"不仅指拉丁美洲,而且包括北美洲 See, e. g., *Kreimerman v. Casa Veerkamp*, 22 F. 3d 634 (5th Cir. 1994),对 1975 年美洲国家组织《委托调查函公约》的解释。

[18] See Juenger, *supra* note 12, at 393, and *id.*, *supra* note 16, at 207—208(1997) 一些欧洲学者明确同意。See, e. g., MICHAEL JOACHIM BONELL, AN INTERNATIONAL RESTATEMENT OF CONTRACT LAW—THE UNIDROIT PRINCIPLES OF INTERNATIONAL COMMERCIAL CONTRACTS 122—123 (1994); Katharina Boele-Woelki, *The UNIDROIT Principles of International Commercial Contracts and the Principles of European Contract Law: How to Apply Them to International Contracts*, UNIFORM L. REV. 652, 675 (1996); but see also ALEXANDER GEBELE, DIE KONVENTION VON MEXIKO—EINE PERSPEKTIVE FÜR DIE PERFORM DES EUROPÄISCHEN SHULDVERTRAGSÜBEREINKOMMENS? 198—206 (2002).

由于《罗马公约》从一个国际公约转变为一个欧共体法律文件，该公约的方法因而正被提交"官方"辩论。[19] 欧洲委员会明确认可一些学者的观点，即"为了达到《罗马公约》第3条之目的，他们更喜欢选择一个非国家的法律（non-state law）构成准据法"[20]。欧洲委员会同时认定，特征性履行标准运作不佳。[21] 其次，在许多国家，仲裁员可以适用商人法（lex mercatoria），在此背景下禁止法官适用之，显然存在矛盾。从严格的法律角度来看，对这种禁止加以反对并不为奇；相反，问题是：在欧洲语境下，如此是否有益以及在体系上是否协调。荷兰最高法院曾作出两个著名判例，接受当事人选择1980年《维也纳公约》。[22] 这两个判例被欧洲委员会所引用。

其他一些事实则似乎无法支撑荣格的主要观点。由于自《墨西哥城公约》通过后的10年内仅有两个国家批准之，该公约显然未能成为真正意义上的国际公约。荣格虽然作出种种努力，但是，连美国都没有批准该公约。[23] 虽然比照其他美洲公约的情况，《墨西哥城公约》依然有被拉丁美洲国家立法机构批准的可能性[24]，但就目前来看，该公约的冒险性还是过大。即便在是否采纳意思自治的问题上，仍有数个拉丁美洲国家处于进退两难的

---

[19] See Green Paper on the conversion of the Rome Convention of 1980 on the law applicable to contractual obligations into a Community instrument and its modernization (EU document COM/2002/0654 final).

[20] See Boele-Woelki, *supra* note 18, at 659—670; Michael Joachim Bonell, *Verso un codice europeo dei contratti?*, EUROPA E DIRITTO PRIVATO 181, 190—191 (1998); Ole Lando, *The Principles of European Contract Law and the lex mercatoria*, in LIBER AMICORUM KURT SIEHR 394, 402—403 (2000).

[21] 由欧洲国际私法小组（European Group for Private International Law）提出的改革《罗马公约》的建议没有反映出任何可以调和的方法。See http://www.drt.ucl.ac.be/gedip/.

[22] See *supra* note 19.

[23] 虽然公约的英文文本确实存在一些问题（See Juneger,, *supra* note 12, at 393 n. 53），但是美国的态度似乎仍无法令人接受。

[24] 韦内瑞拉是两个缔约国之一，该国将《墨西哥城公约》的主要解决解决途径融入了其1998年的《国际私法法案》中。阿根廷司法部2003年的项目也受其影响。

境地。[25]

II. 寻求合理的管辖权

管辖权是荣格的另一个主要研究课题,尤其是在他的代表性著作出版之后。对美国法院所采取的确定管辖权的方法,他表示强烈反对。[26] 每次将美国原则同欧洲"布鲁塞尔体系"相比较[27],他得出的结论都是:欧洲模式更胜一筹。[28] 依荣格的观点,"功能性与务实性的欧洲方法"似优于美国对"不精准调查"(imprecise inquiry)的仰赖。[29] 欧洲体系值得褒奖的地方,在于它给司法裁量权留下的空间非常有限。其中原委是,管辖权与重大权利紧密相连,关于此点,欧洲法院已明确表达意见。[30] 不过,有一个污点玷污了这一模式的良好声誉:"布鲁塞尔体系"歧视性的规定,对于欧盟成员国以外的人,他可以在欧盟成员国法

---

[25] *See* Friedrich K. Juenger, in THE UNIDROIT PRINCIPLES: A COMMON LAW OF CONTRACTS FOR THE AMERICAS? 89 (1998).

[26] *See* Friedrich K. Juenger, *Supreme Court Intervention in Jurisdiction and Choice of Law: A Dismal Prospect*, 14 U. C. DAVIS L. REV. 907 (1981); *id.*, *American Jurisdiction: A Story of Comparative Neglect*, 65 U. COLO. L. ReV. 1 (1993); *id.*, *A Shoe Unfit for Globetrotting*, 28 U. C. DAVIS L. REV. 1027 (1995) 重印于 FRIEDRICH K. JUENGER, SELECTED ESSAYS ON THE CONFLICT OF LAWS 71 (2001). ("毫无疑问,美国关于管辖权的法律一片混乱"); *id.*, *The American Law of General Jurisdiction*, U. CHI. LEGAL F. 141 (2001).

[27] 我们通常用"布鲁塞尔体系"指在欧洲一体化背景下(从广义上说包括 EU 与 EFTA)调整民商事管辖权与外国法院判决的所有法律文本。具体而言是指:1968 年《布鲁塞尔公约》、1988 年《卢迦诺公约》,以及 44/2001 号条例,这些法律文本"构建"出布鲁塞尔公约体系。此外,家庭法领域还有两个关于民商事管辖权与外国法院判决的两个条例(1347/2000 号条例与 2201/2003 号条例,后条例取代前条例)。

[28] *See* Friedrich K. Juenger, *Judicial Jurisdiction in the United States and in the European Communities: A Comparison*, 82 MICH. L. REV. 1195, 1210—1211 (1984) reprinted in FRIEDRICH K. JUENGER, SELECTED ESSAYS ON THE CONFLICT OF LAWS 87 (2001) ("将《布鲁塞尔公约》的管辖权规则与我们自己的蹩脚方法相比较,就会发现,欧洲领先于我们").

[29] *id.* at 1212 (quoting Calder v. Jones, 104 S. Ct. 1482, 1487 (1984)).

[30] *id.* at 1209. *See* more recently Case C-7/98, 28 March 2000, *Krombach*, [2000] ECR I-1935.

院以一个偏离常规的标准被诉,而当被告在欧盟成员国内有住所时,则不被允许。[31] 出于正义感及对常理的笃信,荣格对这一不公平的规定进行了谴责。即便有例外存在的可能,偏离常规性管辖权仍具有不合理特性,显失正义,这使人们很容易对荣格的责难产生共鸣。

不过,正如荣格指出,美国法院也存在偏离常规性管辖权的基础,而且是针对每一个被告。[32] 在对一个涉及管辖权的美国重要判例的结果进行分析后,荣格认为:"*Shoe* 案判决意见的另一缺陷是遗留下完整的尾随管辖权*,最高法院在后来的伯纳姆诉高级法院(*Burnham v. Superior Court*)案中对之进行了修正。如此一来,我们就有了两种偏离常规的一般管辖权:尾随管辖权与'经营'(doing business)管辖权,而后者迄今没有定义。"[33] 在确定是否具有管辖权时,连结因素对法律关系而言并不重要,偶然性的联系即可,这是偏离常规性管辖权的标志。第二,偏离常规性管辖权的主要目的常为袒护与本地有联系的一方当事人或与规定偏离常规性管辖权规则的国家有关联的当事人,即便是外国当事人。可见,合理性的缺失是偏离常规性管辖权的最为重要特征,而仅以国家主权的需要作为其辩护理由,是站不住脚的。[34] 因此,除极少数例外或极特别情况外,基于这种管辖权作

---

[31] See Friedrich K. Juenger, *La Convention de Bruxelles du 27 septembre 1968 et la courtoisie internationale. Réflexions d'un américan*, REV. CRIT. DIP 37, 41—51 (1983).《布鲁塞尔公约》中的歧视性条款在欧盟 44/2001 号规定中仍予保留。

[32] See especially *Pennoyer v Neff*, 95 US 714 (1877), and *International Shoe Co v Washington*, 326 US 310 (1945). See Juenger, *The American Law of General Jurisdiction*, *supra* note 26, at 147—148.

* 尾随管辖权(tag jurisdiction)是指被告临时性出现在法院地所在州或美国境内,基于对其所声称的送达而产生的管辖权——译者注。See Newman and Burrows, *Tag Jurisdiction*, 209 N.Y.L.J., p.3, c.1 (April 15, 1993).

[33] See Friedrich K. Juenger, *Traveling to the Hague in a Worn-out Shoe*, 29 PEPP. L. REV. 7, 9 (2001). See also Friedrich K. Juenger, *Supreme Court Intervention in Jurisdiction*, *supra* note 26, at 149—153,以及美国最高法院在 *Helicópteros Nacionales de Colombia v. Hall* 案中所作的判决, 466 U.S. 408 (1994).

[34] See JUENGER, *supra* note 1, at 160—161.

出的裁决无公正性可言。[35]

恰如谚语"女人皆如此"(*cosi fan tutte*)[36],从原则上说,要消除偏离常规性管辖权的使用与滥用,制定国际公约应为良策。这也是欧洲经验的总结。所以,美国提议的目标之一应该是,将欧洲的解决方法扩大至一个世界范围的关于管辖权与判决承认的海牙公约。然而,美国代表团最初力图推导的是"混合"公约模式,即包括3种管辖权基础。[37] 经过漫长而艰辛的谈判,美国政府发现,无法接受将其传统的偏离常规性管辖权纳入不合法的管辖权清单之中。[38] 由于这个原因及其他一些原由[39],这项立法工程无果而殇。其他解决途径亦无可能,美国对偏离常规性管辖权的态度难以理解。具有英国渊源的尾随管辖权,早已被欧洲体系废止。不过,这一管辖权至少在英国加入欧盟后已为欧洲所熟悉。与之不同,"经营"管辖权甚至对美国的学者和法官而言,也是异类。[40] 因此,很难指责我们的欧洲同行对之持质疑态度。[41]

---

[35] 例如与侵犯人权相关的案例 See Juenger, *Traveling to the Hague in a Worn-out Shoe*, *supra* note 33, at 13.

[36] Juenger, *The American Law of General Jurisdiction*, *supra* note 26, at 160.

[37] "白色清单"是被认可的管辖权,基于此作出的判决应得到所有缔约国的执行;"黑色清单"例举的是不能对住所在缔约国的被告提起诉讼的管辖权基础(基于在此清单之列的管辖权作出的判决,一律不能得到其他缔约国的确执行);在以上两者之间的是无形的"灰色清单",例举的是"特异性"管辖权,这些管辖基础,不能保证一定会被承认。对此模式的批评, See Friedrich K. Juenger, A Hague Judgments Conventions? , 24 BROOK. J. INT'L. 111, 118—120 (1998).

[38] See Friedrich K. Juenger, *Supreme Court Intervention in Jurisdiction*, *supra* note 26, at 163—165.(援引美国国务院国际私法助理法律顾问在法院与知识产权小组委员会上的作证,2000年6月29日)See Friedrich K. Juenger, *Traveling to the Hague in a Worn-out Shoe*, *supra* note 33, at 155—157.

[39] 此外,欧洲国家对美国的不少法律工具深表担心,如披露(discovery)、风险代理费(contingency fees)、集团诉讼(class actions)、未决诉讼(*lis pendens*)、非方便法院原则(*forum non conviences*)以及惩罚性损害赔偿金(punitive damages)等。

[40] (在 Shoe 案的55年以后,我们仍然不知道在什么时候州法院会对非本州公司主张普通管辖权)See Friedrich K. Juenger, *Supreme Court Intervention in Jurisdiction*, *supra* note 26, at 155—157.

[41] See Juenger, *Traveling to the Hague in a Worn-out Shoe*, *supra* note 33, at 11("这好似我们在向世界各国兜售选举团制度一样。")

事实证明,荣格对海牙规划[42]所持的怀疑态度是站得住脚的。雄心勃勃的美国提议变成了调整范围为判决承认事项的规划,且仅局限于基于法院选择协议而作出的判决。[43] 无人知晓这个规划的未来;然而,如果它成为一个国际公约,欧盟国家会最终尊重非欧盟被告的程序性权利,而美国法院则会在更客观的基础上受理案件。同时,即便海牙公约没有成功,这些目标亦能达成,因为海牙国际私法会议所致力的工作会在一国或地区层面上施行。[44] 譬如,美国规划制定关于判决承认的联邦法律。不过,荣格对这种可能性并不乐观。[45] 至少依其之见,"解铃还需系铃人,似乎只有最高法院才能解决其自己制造的困局"[46]。无论如何,荣格在管辖权上所作的努力,是找到最终解决途径所不可或缺的。

---

[42] *See* Juenger, *supra* note 37, *passim*.
[43] *See* http://www.hcch.net/e/workprog/jdgm.html.
[44] 荣格关于欧盟与美国订立"双边协议"的建议并不比海牙工程进行的顺利。*See* Friedrich K. Juenger, *Amerikanische Praxis und europäische Übereinkommen*, in FESTSCHRIFT FüR ULRICH DROBNIG 229, 304 (Jürgen Basedow, Klaus K. Hopt, and Hein Kötz ed., 1998). 关于在美洲国家间制定管辖权公约的可能性,*see* Diego P. Fernández Arroyo, *Acera de la necessidad y las possibilidades de una convención internmericana sobre competencia judicial en casos de derecho internacioinal privado*, in LIBER AMEICORUM DIDIER OPERTTI BADAN (2004).
[45] *See* Juenger, *The American Law of General Jurisdiction*, *supra* note 26, at 166—167.
[46] *Id.* at 167.

法律选择中的目的论、国家利益与多元主义：深情缅怀弗里德里希·荣格

西蒙·C.西蒙尼德斯(Symeon C. Symeonides)

弗里茨·荣格的杰出著作极大的丰富了美国冲突法。对于此著作及其作者本人，我万分敬仰，并在正式场合多次予以表达。[1]缘此，我不再重复强调我的崇敬之情，亦不再罗列我们观点一致之处；这里，我想探讨的是我们意见相左的若干问题。我了解荣格，深信他决不会对不同观点耿耿于怀；事实上，他定会欣喜有加，因为对待不同意见，他向来诚心欢迎。唯一的遗憾是，这次无法得到他的回应；否则，我可以进一步加深对冲突法的理解。

I. 法律选择的目的论

1.1 目的论在法律选择中扮演什么样的角色，是荣格与我

---

[1] See, e.g., Symeonides, *In Memoriam Friedrich K. Juenger*, 35 U. C. DAVIS L. REV. 249(2002); Symeonides, *Material Justice and Conflicts Justice in Choice of Law*, in INTERNATIONAL CONFLICT OF LAWS FOR THE THIRD MILLENNIUM: ESSAYS IN HONOR OF FRIEDRICH K. JUENGER, 125—140 (P. Borchers & J. Zekoll eds., Transnational Publishers 2001).

的分歧之一。荣格是坚定的目的论支持者。他将其提倡的方法称为"一种毫不遮掩的目的论实体法方法"(an unabashedly teleological substantive law approach)。[2] 荣格的目的论具有实体性(substantive)、司法性(judicial)和排他性(exclusive)3个特点。之所以具有实体性,是因为它试图创设出新的法律规则,以调整每一个涉外案件,而不是在有关联的数州(国)的现行法律规则中择一适用。从这个意义上说,荣格提出的方法不是法律选择,而是实体结果的选择;之所以具有司法性,是因为荣格把法官视为处于决策过程中的飞行员与船长,具有不受约束的自由裁量权,几乎完全自由,地域并不构成制约;之所以具有排他性,是因为依荣格之见,目的论应该是掌控性的指导原则,它排除其他任何方法论——不是"例外情况下的校正性方法",也不是"普通法律选择过程中的补充性方法"。

与荣格一样,我也相信目的论。不过,我的目的论是空间性的,而非实体性的;是立法性的,而非司法性的;是补充性的,而非排他性的。

1.2 空间性方法论。实体性目的论与空间性方法论,两者间的区别好比那个古老的困境:冲突法的目标究竟是"实体正义",还是"冲突法正义"。荣格笃信实体正义观,并进行了饱含激情的雄辩论证;而我倚重冲突法正义观,尽管我的冲突法正义观受制于后文行将描述的一些条件。我认为:(1)冲突法系通过对现行法律的选择来解决问题,而非创制新法;(2)法官的选择限于与案件有关联的国家(州)的法律;以及(3)在这些法律中,法官应该选择在"空间上"最恰当的法律。

1.3 立法—空间性目的论。给空间上恰当的法律下定义当然是个问题。但是,这是个选择法律的问题,而非创制法律的问题。法官具有选择权,但在作选择时,应当始终考查涉及冲突的

---

[2] *See* Juenger, *infra* at 173. 以下,凡无引注之引文,皆出自该著作。

每一个法律的目标或目的（*teleos*）。在很多情况下，这样的考察能显示出某一特定的法律是否有意愿适用于所审理的涉外案件（适用意向"*volonté d'application*"）。这样一来，法官便有能力诊断出案件所呈现出的冲突类型，进而得以顺利裁判案件。对于这种目的论，荣格坚决反对。关于此点，下文再行详述。

    1.4 立法—实体性目的论。对于另一种立法性目的论，即立法—实体性目的论的适当性，荣格与我均予以肯定。这种目的论反映在很多制定法的法律选择规则中（选择性援引规则）。制定这些规则系着眼于实现特定的实体结果，该结果被先验性的认定为更加可取。荣格和我都曾撰文指出[3]，这类规则要远多于通常认为的数量。但是，从这些规则大量存在的事实中，荣格与我却得出了不同的结论。面对数量众多的以结果为导向的规则，荣格的结论是：(1)"这与认为我们这个学科无价值取向的观点相矛盾"；(2) 这表明"目的论可以被改变为制定法形式"；以及(3) 这有力的支持了他的如下观点，即"目的论"或结果导向应该被提升为法律选择的掌控性标准，至少在无冲突法法典的国家（如美国）应该如此。

    对于前两个观点，我完全赞同。的确，我们这个学科并非无价值取向；它不应对实体正义的考量视而不见；此外，对于这些考量，当代立法机关完全有能力给予充分确认。至于第三个观点，我实难赞同。我认为，这些以结果为导向的规则，其存在并不意味——或导致——冲突法全方位的重新定位，以转向实体正义。它们固然重要，但仍然属于例外性规则。它们只涵盖了冲突法的一小部分问题；更为重要的是，制定它们系着眼于取得集体意志认为良好的结果，而不是有争议的结果。

    1.5 司法—实体性目的论。论及选择性的预先授权的调整（selective preauthorized adjustments），以支持实体正义是一回事；

---

[3] See Juenger, *infra* at 179—185; S. Symeonides, Private International Law at the End of the 20th Century: Progress or Regress 38—40, 48—60 (1999).

然而,提倡一种特别方法,用实体正义完全取代冲突法正义,则需另当别论了。与荣格一样,我也承认,以结果为导向常常是对大多数美国冲突法案件结果最为现实的解释。但是,我认为,认可这种实际(de facto)状况,并将之提升到法律冲突的法律(de jure)解决途径的高度,危害性很大。

与荣格不同,我对司法主观主义一直心存疑虑;而且,对近20年来大量冲突法案例的研读,丝毫没有减轻我的这种担心。我相信,立法性结果选择主义与司法性结果选择主义之间有本质区别。对于前者,良好的结果是通过集体民主程序的共同合意机制预先、抽象的加以确定的。而对于后者,结果是事后、具体的选择;同时,它往往是由个人确定的。而个人,纵使其意愿再良好,亦难避免主观主义的危险。

职是之故,对于在法律选择的立法中采用有选择性、有针对性、以立法性结果为导向的规则,我表示欢迎;但是,对于在法律选择的司法实践中采用无束缚的结果选择主义,我深表怀疑。我之所以持这种观点,可能部分是因为我接受过欧洲经典"冲突法正义"观的灌输。尽管我来美国已逾二十年,但与荣格不同,我还没有从这种灌输中解放出来。依我之见,即便在美国这样一个法律至上的国家,在密西西比河一侧被认为是正义与公平的结果,在另一侧则未必如此。在为美国某一地制订冲突法立法时,我只在以下情况下才会援引结果导向规则:已积累的大量经验已为何谓适当的实体结果提供了清晰的指导。[4]

不过,我此时再次想起荣格的一个深刻论断,他指出:"那些实际上制订冲突法规则的人常常是忠于这个或那个正统理论的学者。"作为有幸参与冲突法立法的这些学者之一[5],我必须承

---

[4] See Symeonides, *Les grands problèmes de droit international privé et la nouvelle codification de Louisiane*, 81 REVUE CRITIQUE DR. INT'L PRIVÉ 223, 253—256(1992).

[5] See Symeonides, *Private International Law Codification in a Mixed Jurisdiction: The Louisiana Experience*, 57 RABELSZ 460(1993); Symeonides, *Revising Puerto Rico's Conflicts Law: A Preview*, 28 COLUM. J. TRANSNAT'L L., 601(1990).

认并披露我自己也有持某种偏见的可能。

1.6 补充性目的论。上文还提及,我对荣格把司法—实体性目的论当作解决法律冲突的排他性方法表示反对。综上所述,我信赖立法—空间性目的论,也同意立法机关选择适用立法—实体性目的论。在例外情况下,在其他方法均告失败时,我甚至接受司法—实体性目的论;但是,我不同意荣格将之提升到排他性掌控原则的高度。

II. 法律选择中的国家(州)利益

2.1 在法律选择中,国家(州)利益的作用如何,是我与荣格的另一分歧之处。荣格认为,"'政府利益'的概念是一个高度虚幻的构建。"柯里假定,国家(州)对私人当事方法律争议的结果拥有利益,荣格将之表述为"政府对其法律规则的执行有深层次的关切"。对于此假定,荣格表示怀疑,他批评柯里及其追随者,认为他们"没有拿出经验性证据来佐证这一假定。"

2.2 我敬重柯里对美国冲突法所作的贡献,但我并不是他的追随者;我支持荣格对柯里提出的许多批评意见,尤其是对其法院地法至上主义的批判。因此,我觉得,我并无义务提供荣格所说的经验性证据。然而,我曾撰文指出[6],有充分证据表明国家(州)——而非政府——对于涉外私法纠纷的解决拥有利益。这种利益的一个表现是,很多国家(州)的制定法规定,为保护执行国家(州)利益,一些特定的涉外案件,必须排他性适用本国(州)法。另一个例子是,在很多情况下,一国(州)的官员以法院之友(amici curiae)*的身份敦促某一法院,有时是外国(州)法院,适用该官员所属国(州)的法律。即使没有这些显而易见的证据,

---

[6] See, e.g., Symeonides, *The American Choice-of-Law Revolution in the Courts: Today and Tomorrow*, 298 RECUEIL DES COURS 1, 361—369 (2003).

* 法院之友是指对案件中的疑难法律问题陈述意见,并提醒法院注意某些法律问题的临时法律顾问;协助法庭解决问题的人。——译者注

考虑到税收,也有理由接受这一论点。譬如内华达州,该州严重依赖博彩业,如果让此产业受制于另一国(州)法律规定的民事责任,显然对该州十分不利;再如密歇根州,三大汽车制造商的总部位于该州境内,如果让它们受制于另一国(州)法律规定的惩罚性损害赔偿,显然将产生负面影响;同理,一个严重依赖航运业的国家,如果让其受制于美国的营业与赔偿标准,亦甚为不利。这种负面影响是国家(州)"利益"该术语的实质所在。

2.3 然而,不幸的是,柯里在阐述这个有用术语时,用其暗指"政府"方面对适用其法律有"主动的欲念";更糟糕的是,他倾向于主张,此欲念是以一种攻击性、帝国主义式以及"以邻为壑"(beggar-thy-neighbor)的方式表现出来的。所以,或者说柯里犯了错,或者说他言过其辞。国家(州)对于私人纠纷的解决结果并没有主动的欲念。然而,如果一国(州)的法律有适用于某一案件的意图而没有得到适用;那么,体现其中的政策、目的以及价值便会受到负面影响。从这个意义上说,说一国(州)对适用其法律有利益,未尝不是描述这种负面后果(adverse consequence)的速写方式。底线是,各国(州)对它们各自法律冲突的解决不会漠不关心。因此,任何一种对法律选择所作的分析,如果没有将这一因素考虑其中,其理论前提必定存在缺陷。

2.4 得出以上结论并不意味着全盘接受柯里的特定价值体系,甚至连部分接受也不足以说明,尤其是其狭隘的法院地国(州)至上,以及关于各国(州)只对保护其本国(州)公民有利益(属人法原则)的观点。有些批评者指责这些观点违宪,此言不确切;实际上,它们是相悖于州际及国际私法的目标。套用约翰·多恩(John Donne)的一句话,没有国家是孤岛*,即便在地理

---

* 约翰·多恩(1572—1631)是英国文艺复兴时期的一位诗坛巨匠,早年曾学习法律。他死后,第一部诗集才得以问世,但却长期受人争议,直到三百年后的20世纪才被公认为大师。诗歌"No Man is an island('没有人是独岛',也译为'没有人能自全')"是其代表作之一。——译者注

上确实如此。自私的追求法院地的利益,有损于个体正义、各国(州)间的相互共处;同时,从长远来看,亦会贻害法院地自身的利益。对于这一点,荣格与我意见一致。

III. 适用意向(La volonté d'application)

3.1 有一种观点认为,"私法系由主权者颁布,故其浸透着主权者所强加的适用意向"。荣格对此观点存有疑义,他认为,制定法"并非生来便贴着标签,宣布其适用的空间范围"。然而,我曾撰文指出[7],倘若仔细观察制定法规则,便能发现许多规则确实包含着这样的标签。这些法律规则规定,在行为或事件与颁布该规则的国家(州)有其例举的特定联系时,应予适用。有些制定法规则甚至明确规定,不得约定适用其他国家(州)的法律。因此,荣格反对将国(州)赋予拟人化特性的观点固然正确,但是,这些制定法规则显示,制定国(州)对其所例举的涉外行为具有适用意向(又称"利益"),确为不争的事实。

3.2 也许荣格会回应指出,很多制定法并没有贴上界定其空间范围的标签。的确如此,上文所描述的贴有标签的制定法诚然为数不少,但总体而言,并不占多数。在大多数情况下,立法机关并没有用明确的语言来规定制定法的域外效力范围。但是,明示性语言的阙如并不必然代表缺失适用意向,只不过意味着这种意向没有表达出来而已——而法官的职责正是确定并表达该意向。荣格指出,"柯里有个基本假定,即借助'普通的解释过程'(ordinary process of construction and interpretation),法院可以推断出法律规则的空间效力。此假定谬矣。"然而,与此同时,荣格却将一个更加严肃和艰难的任务委任给法官——创制新的、"更好"的法律,以满足特定涉外案件的需要。不过,如果法官有能力确定一个案件的实体目标并创制实体规则以实现该目的;那么,

---

[7] See supra note 6.

确定一个既存实体法律规则的空间目标,对法官而言,必定不在话下。在涉外案件中完成这一任务,其难度与复杂性固然远胜于纯州(国)内案件,但有必要为之,且能够为之。我们无须认同柯里推断法律空间效力范围的方法;但对于他的如下观点,即检审法律的目的与功能可以准确确定其效力范围,我们可以接受。可以肯定,这只解决实际冲突法问题的前一半过程。后一半过程是使法律与重叠的空间范围实际、理性的相协调。在后一半过程中,柯里的方法毫无建树、乏善可陈。指出柯里在此方面的困局,荣格自然没错;但是,他本人拒绝接受立法性目的论,并对司法性目的论热情推荐,这对于我们克服困局并无助益。

IV. 方法论上的多元主义

4.1　单边主义与多边主义。荣格对他的实体主义方法情有独钟[8],而对冲突或选择方法(即多边主义与单边主义)嗤之以鼻。尽管他对单边主义尤其不假辞色;他更相信,将这3种方法结合或混合在一起,无异于犯下致命的罪过。[9] 我无法逃避此罪;不过,依我所见,没有任何一个当代冲突法体系,可以宣称自己在方法论上保持纯洁性,甚至连对这种纯洁性的追求也无力标榜。也许当代法律学者开始认识到,没有一种方法是完美的;没有一种方法可以解决所有的冲突法问题;若能相互良性合作,多边主义与单边主义一起,可以创造出一个比它们单兵作战好得多的体系。更为重要的是,荣格的实体主义方法若能被选择性、补充性的运用,这两种方法均将获益匪浅。

4.2　斯托里(Story)的多边方法主宰了美国一个多世纪后逐渐式微,尤其到其继承者约瑟夫·比尔(Joseph Beale)那里,更

---

[8] 关于这些术语的含义及其历史,see Symeonides, American Choice pf Law at the Dawn of the 21st Century, 37 WILLAMETTE L. REV. 1, 3—41 (2001).

[9] See, e.g., A Third Conflicts Restatement? 75 IND. L. J403 at 410 (2000)(批评该作者将"利益"与"各种多边的法律规则"混同,并得出结论:"单边主义与多边主义形同冰炭,扞格不入,因而无法混同")。

是陷入困顿。于是,柯里提出了他的单边方法,冀以彻底取代之。不过,单边方法亦步入迷局,特别是在面对真实冲突和无法律规定的情况时,更是无能为力。从这两种方法的碰撞中,我们可以发现,多边主义与单边主义若相互配合,能产生比它们各自为政更为理想的结果。在两者的新关系构架中,单边为体,多边为用,即任何一种解决法律冲突的方法,其基本及外部框架继续由多边主义掌舵;其内部核心则为单边主义主宰,这会令该方法因此受益;换言之,在选择准据法时,应当考虑潜藏在法律规则深处的目的、政策或利益。这个观点十分有用,因为对于辨识出虚假冲突并妥善解决之,它很有助益。当然,它并非一剂万灵丹药,因为面对真实冲突及无法律规定的情况,它仍有诸多困难。我们可以继续在利益分析的框架中寻找这些冲突的原则性解决途径,但是,这颇为艰难,而且似难有所收效。如此,即便是利益分析的倡导者也会发现,他们不得不跳出单边主义的窠臼,而接近原本为多边主义提倡的因素与价值取向。

最终,五十余年来,州一级的立法机关业已在宣传多边主义与单边主义的另一种混合。如前所述,从字面上看,有数以百计的各州制定法包含着单边冲突规则,并点缀着实体规则。这种混合源自立法机关认定,法院依然在援用多边法律选择程序。虽然学者们对这些制定法不屑一顾,但是,这种现状并不会因学者的态度而消失。可以预见,在实体制定法中,单边规则的数量会进一步增加。至于其中原委,究竟是因为保护主义抬头,抑或各国(州)间经济竞争日趋激烈,还是院外活动集团成员(lobbyists)*的经验愈加丰富,以及其他原因,倒并不重要。事实依然如此:立法机关更愿意在它们行将制定的法律中明确规定,当案件具有与本国(州)所例举的联系时,是否应适用之,而不愿意制定完全性、综合性的多边法律选择规则,以免陷入"阴郁的沼泽"而无法自拔。

---

* 院外活动集团成员(lobbyists)系指以公开或暗中说服、强求或诱导等手段,使决议案或法案通过或废弃的人。——译者注

4.3 因此,在可预见的未来,单边主义将继续存在下去。学者们不应漠视这一现实;相反,应该尽力引导立法机关和法院在适用单边主义时避免地方主义偏见。与此同时,学者们如果不再顽守方法论上的纯洁性(法院早已抛弃之),并接受妥善解决涉外问题不应受单一方法论束缚的观点,则能发挥更加建设性的作用。荣格的实体主义方法在其中可以扮演有用的角色。

4.4 实体主义方法。前文已述,荣格倡导,从与案件相关的国家(州)的法律中,创立出与现代实体法趋势与标准最契合的法律规则,以此来解决法律冲突。譬如,对产品责任的法律冲突,荣格主张,在产品生产地法、损害发生地法、购买产品地法以及当事人住所地法之间,法院应当"对争诉点逐一考察,选择与现代产品责任标准最契合的判例规则"。

荣格正确地指出,20世纪以来,实体主义方法在国际及州际商事仲裁中重新强势再现,成为仲裁员的首选方法。其结果是产生了大量的(也许尚未被广泛认可的)跨国和非内国实体法律规则。在国际层面上,这些规则发端于国际公约,如1980年《联合国国际货物销售合同公约》、1929年《华沙关于统一国际航空运输某些规则的公约》、1956年《日内瓦国际公路货物运输合同公约》、1964年《海牙国际货物买卖统一法公约》,以及1973年《华盛顿国际遗嘱形式统一法公约》等。

州际层面上,在同一时期,立法机关不再援引法律选择规则,而是反复运用实体主义方法制定统一实体规则,以此直接解决州际法律问题。统一实体规则主要源于统一州法律委员全国会议,该机构已经制定约200部统一法律,包括现适用于全美50个州的《统一商法典》。

显然,统一性法律倾向于通过消灭实体规则的多样性,来消除(至少在一段时期内)其调整范围内法律冲突的可能性。从这个意义上说,实体主义方法已经缩小了选择主义方法的适用范围。不过,宏观而言,这种缩小仍相对有限;即便实体主义方法未来呈现扩展态势,这种扩展亦非常缓慢。因此,在可预见的未来,选择主义方法将继续在解决涉外法律冲突的问题上发挥主导作用。

4.5 荣格大力倡导司法性实体主义方法,但还未得到法院方面有意识的遵循。荣格指出,温斯顿(Weinstein)法官所用的方法与实体法解决途径非常接近,因为在处理橙剂受害者提起的集团诉讼时,他建议创制"全国一致的法律",以此来解决该涉及产品责任的复杂案件。[10] 然而近期,温斯顿似乎已经开始偏向相反方向了,因为在一个近似的假想案件中,他提出适用法院地法。[11] 温斯顿的两个不同建议,似均源于他对在美国施行的选择主义方法不再抱有幻想。一位拥有丰富冲突法实务经验与深厚理论素养的法官,他对选择主义方法的失望,应该值得我们停下来思考片刻。在裁判温斯顿所探讨的那个复杂的"大范围侵权"(mega torts)案件时,法官们不再对选择主义方法抱有幻想,是相当普遍性的态度。[12] 事实上,正是在面对这些案例时,选择主义方法开始一步步接近专揆点。在此背景下,出现放弃这种方法——或将其与实体主义方法配合使用——的想法,是完全可以理解的。不过,在普通侵权案件中,选择主义方法仍占主导地位。[13]

4.6 概言之,当代司法实务不遵循实体主义方法,并不足为

---

〔10〕 See In re Agent Orange Products Liability Litigation, 580 F. Supp. 690, 713 (E.D. N.Y.1984).

〔11〕 Weinstein, *Mass Tort Jurisdiction and Choice of Law In a Multinational World Communicating by Extra-Terrestrial Satellites*, 37 WILLAMETTE L. REV. 145 (2000).

〔12〕 See Symeonides, *The ALI's Complex Litigation Project: Commencing the National Debate*, 54 LA. L. REV. 843, 852—855 (1994) (discussing the "van Dusen burden").

〔13〕 司法上使用选择主义方法的一个可能性例外是分割法(dépeçage)的逐渐增多。所谓分割法,是指对同一个诉因的不同事项适用不同国家(州)的法律。分割法与实体主义方法近似,因为该方法会导致创设出诸多实体规则;而在与案件有关的各国(州)中,这些规则本来并不存在,只是为解决受理的案件而产生。然而,分割法与实体主义方法仍有区别,因为分割法是在选择主义而非实体主义考量的驱使下而产生的。故它不是一种有意图的实体主义方法,而是现代选择主义方法一个特点所产生的预料之外的结果——在单独分析每个事项时,它们不能保持一致(所谓"事项的逐一分析"(issue by issue analysis))。

奇。其中的一个原因是,"多年来,我们对传统以及冲突、选择与挑选观点的理论早已习以为常。"[14] 然而,另一个原因更为严肃,它涉及当代对法官的适当角色以及法律渊源的高低顺序的理解。例如,与仲裁员不同,法官裁判纠纷须依法进行,而不能依据公允与善良原则(*ex aequo et bono*)。从司法角度适用实体主义方法有以下问题,即"法律"在其被法官创制和阐明的前一秒钟,事实上都不存在;将之溯及既往的适用于案件,显然在当事人的预期之外。虽然荣格争辩到,这与法官一直在做的扩大普通法的工作并无二致,但两者至少在程度上(创制法律的程度)存在重大差异;更为重要的是,两者在类别上亦不相同。

---

[14] Trautman, *The Relation Between American Choice of Law and Federal Common Law*, 41 LAW & CONTEMP. PROB. 105, 118 (1977).

弗里德里希·荣格的法律和谐观

莱昂内尔·佩雷斯尼托·卡斯特罗
(Leonel Pereznieto-Castro)

在那一代人中，鲜有弗里茨·荣格这样的美国教授，能以超越美国的视角观察世界。这或许同他出身欧洲有关，因为这一出身可能赋予他更为宽广的视野。他撰写了许多关于欧洲法，尤其是德国法的重要著述。[1] 自从在海牙国际法学院首次授课后[2]，荣格便驰名欧洲。到逝世之前，他结交了很多欧洲的教授与律师，欧洲同行对他理解欧洲法律帮助甚多。

不过，在拉丁美洲，知晓荣格教授及其著作的人还不多。怀

---

[1] 如：*Zum Wandel des Internationalen Privatrecthts*, Jurische Studiengesellchaft Karlsrche, 1974; *Trends in European Conflicts Law*, 60 (6) CORNELL L. REV., 968—984 (August 1975); *The Conflict Statute of the German Democratic Republic: An Introdnction and Translation* 25(2) AM. & COMP. L. REV. 332—353 (Spring 1977); and his critical study on the German Masterpieces works: GERHARD KEGEL, 8 BURGERLICHES GESETZBUCH (SOERGEL-KOMMENTAR) (11th ed. 1984) 以及 HANS JUERGEN SONNENBERGER, 7 BÜRGERLICHES GESETZBUCH (MUCHEN KOMMENTAR) (1983); 343 AM. J. COMP. L. 562—571(Summer 1986), etc.

[2] 1983年，海牙国际法学院，国际私法概论课程。

着对墨西哥[3]和乌拉圭[4]的满腔热爱,荣格大力提升该地区的学术项目,倾力支持该地区的学者[5],并将他们引见给世界其他地区的学术圈。他快速学会了西班牙语,这使得他与拉美的教授与律师展开了很好的交流与沟通,从而扩展和丰富了他在国际法律关系方面的视野。[6] 正是在这样的背景下,荣格教授才能给我们带来博大精深的著作:《法律选择与涉外司法》。

在评述中,我想强调两个方面。我认为,这两个方面是本著作最重要的地方,也是我们召开这次研讨会的要旨所在。第一:"多边法律选择规则"的概念,这是最主要的一点;第二:作者的比较法禀赋,这是更一般性的问题。[7]

在各种法律中实现公正的平衡,可以放诸四海而皆准,这种观点包含着国际主义精神。不过,通过将某一法律或法理的体系与本地法院希冀在涉外案件中作出更公正判决的目标相结合,这一理念在实践中亦有实现的可能。

荣格教授援引的主要是欧洲和美国的案例、法院实践与学说。这是因为在欧美,国际贸易原则和商人法与本地法的司法适

---

[3] 荣格教授和夫人芭芭拉在墨西哥喜结连理。他们多次和朋友们提及,在结婚之前,他们俩环绕墨西哥作了长途旅行,这些经历是他们与该国亲密关系的开始。荣格教授和芭芭拉决定让他们的长子具有墨西哥国籍,于是芭芭拉到墨西哥产下他们的长子。以后,荣格教授和夫人芭芭拉经常到墨西哥看望他们的老朋友。

[4] 荣格教授在那里过了安息日(1987 年),并发现了《昆廷·阿方辛论国际私法》(Quintín Alfonsín on Private International Law)一书,他认为,此书是拉丁美洲最优秀的国际私法著作。

[5] 荣格教授支持的学术项目之一就是墨西哥国际私法研讨会。他不但亲临会议,同时邀请了其他美国学者参加。2003 年 10 月,研讨会召开了第 27 次会议;第 26 次会议的主题是纪念荣格教授。荣格教授也是 REVISTA MEXICANA DE DERECHO INTERNACIONAL PRIVADO Y COMPARDO 的坚强支持者,他邀请美国学者撰文,并对近期著述进行述评。荣格教授发表了两篇回顾性论文:*Contract Choice of Law in Americas* (October 1977) 和 *The Need of a Comparative Approach to Choice of Law Problems* (October 1999)。

[6] 荣格教授与全世界的 31 个学术机构发展了国际关系。

[7] 我对《法律选择与涉外司法》的更多意见,参见我发表在 51 NETHERLANDS INT'L L. REV. 385—386 的批判性书评。

用得到了较好的融合,其结果是案件的裁判结果更为公正。[8]

对国际条约、示范法及立法准则的发展,法院将开始发挥推动作用,尤其是对联合国国际贸易法委员会(UNCITRAL)、国际统一私法协会(UNIDROIT),以及美洲国家组织(通过其国际私法委员会)制订的法律文件,其作用更加突出。对于那些国际贸易尚不发达、刚刚开始融入国际贸易体系中的国家而言,司法判例可以将这些国际法律文件的原则拓展到其国内法中。因此,荣格教授提出构建这套原则的体系,在目前更显重要。

北美自由贸易区(NAFTA)建立后,墨西哥的对美贸易与日俱增,有越来越多的贸易纠纷发生于墨西哥,但在美国法院受审。在此背景下,选取适当的准据法来裁判这些案子就显得更加重要。[9]

当作为专家在美国法庭作证时,我始终尽力在具体案子中提及什么是法典化的法律方法,这样一来,美国法庭就能给自己适当定位,并尊重比较法的核心格言:"评判外国法,如同本国法"(Judge the foreign law as if it were your own.),这一点至关重要。对当代墨、美两国的比较法世界而言,最重要的是创立能反映墨西哥法律特性的、并能使两国寻找到经济和法律共同点的原则。

十年前,斯蒂芬·赞莫拉(Stephen Zamora)教授撰文"墨西哥法律的美国化:北美自由贸易协议的非贸易事项"。[10] 在这篇文章中,他提出,墨西哥的法律制度正在向美国模式接近,如已经颁

---

[8] 荣格教授关于在州际或国际案件判决中寻找公平的早期思想,可以参见以下文章:*Mass Disasters and Conflict of Laws*, 1 U. ILL. L. REV. 105—205 (1989),相同的观点,参见评论:"*Conflict Revolution*": *Choice of Law: How It Ought to Be*, 48 MERCIER L. REV. 757—764 (1997); *Correspondence of Friedrich K. Juenger and Larry Kramer to Henry F. Sigman* (1994), 28 VANDERBILT J. TRANSNAT'L L. 445—486 (1995).

[9] 美国法学会资助了 NAFTA 3 个成员国的两个统一法律的项目:(1) 民事程序领域,统一管辖权、国际民事司法协助与损害赔偿判决的承认;(2) 侵权与合同领域,在《国际商事合同通则》基础上制订法典。

[10] *Law and Policy in international Business*, 24 Georgetown University Law Center 391—415 (1993).

布的《墨西哥贸易法》便与美国贸易法规很近似。赞莫拉教授预测，其他方面的美国法概念会继续融入墨西哥法，如电信、能源、经济竞争、环境保护等领域。十年后的今天，墨西哥为了参与国际市场竞争，正在对其法律实施现代化，而其所选择的模式，便为美国模式。所以，创设出对两国通用的法律，至少在贸易与家庭法领域，从而为法院提供解决跨国界法律问题的法律就十分必要，尤其是在合同、财产转让、儿童诱拐、抚养费用及结婚等重要领域。

正是在此语境下，荣格教授提出紧密联系经济体间的跨界贸易问题。因此，司法判决应保持和谐，为此目的，他提出，采用"实体法方法"，以此解决与其他国家法律有关联的案件。

现在，我想再谈谈荣格教授所致力的比较法问题。我们之间的友情接近三十载，所以我能充分了解到他的比较法主义。然而，更为重要的是，他是一位怀有比较法主义的批判者与比较法理念的促进者。在他的努力下，一些法律文本融进了这一理念，如《美洲国际合同公约》第 10 条[11] 即反映出他所倡导的实体法方法。[12] 我们今天讨论的著作，有一节题为"目的论的优点"。在该节中，荣格教授以比较法为基础，进行了一段理论推理，这不禁让我们想起了恩斯特·拉贝尔（Ernst Rabel）。[13] 在此，我引用拉贝尔的一句论述："在涉外案件中适用的判例规则与纯国内案件不一定完全相同。"伟大的比较法主义者致力于建立一套包含国际原则的法律与法理体系，这必然会使由一国国内法创设的有限的法律类型得以大大增加。[14] 对于两个来自不同法域的当

---

[11] "第 10 条。除了前述条款外，国际法的准则、惯例和原则，以及被广泛认可的商事惯例均可适用，以保证在个案中实现公平与正义。"
[12] 荣格教授是本公约起草小组的美国代表团成员（1994 年 3 月）。前述条款由他提议，并被其他代表团接受。
[13] I THE CONFLICT OF LAWS, A COMPARATIVE STUDY 49 et al. (1958).
[14] 荣格教授所持的国际比较法主义理念使他对布雷纳德·柯里及其学说所倡导的本地主义立场进行了尖锐的批评。关于此方面，See, Correspondence of Friedrich K. Juenger and Larry Kramer, op. cit.

事人,本地法官可以理解并认可他们的婚姻效力;同样,涉及两个不同法域的财产转让也可以被认可。如此,荣格教授的法律和谐观便能在实践中得以实现。

弗里茨·荣格箴言录

詹姆斯·A. R. 纳夫滋格（James A. R. Nafziger）

英语是弗里茨·荣格的第二语言（也许是第三语言），但是，他对英语的娴熟运用，堪称典范。即使随便翻翻他的冲突法著述，我们也会被其深刻的实质内容与隽美的写作风格深深触动。

以下引文选自弗里茨的《冲突法选集》（2001）。[1] 这些引文为"弗里德里希·荣格研讨会"提供了讨论的主体框架。本次研讨会及其所有论文都是为了纪念这位深受景仰的学者。每段引文之后，附有简短评注，这些评注与他生命最后一周的两次对外交流有关。这两次交流，其中之一是，弗里茨在语音邮件中给我的留言；另一次，则是他为那一周召开的"第一次国际法周末沙龙"所准备的报告。[2]

---

[1] 2001 年，这本《选集》在荣格逝世后出版。此处所引荣格语录，系按《选集》章节的先后顺序安排。每段引文后标出其在《选集》中的页码。

[2] 这个为期两天的活动由国际法联合会美国分会（American Branch of International Law Association）主办，派普丁恩大学法学院（Pepperdine University School of Law）承办，于 2001 年 1 月 26 日至 27 日举行。弗里茨在活动第一天逝世。

序言／冲突法历史

如果说，我的工作有什么一以贯之的主题的话，那便是一直在为摆脱利益分析的羁绊而努力，并冀望美国冲突法最终能与这个毫无功用的学理分道扬镳。柯里方法的悲哀之处在于其闭关自锁的态度；而以开放心态对待外国法源，曾经构成美国冲突法的最重要特点。要跳出目前所弥漫的僵化状态，我们需要回归温文尔雅的世界性心态。事实上，自斯托里发表其具有划时代意义的论文后，这种心态曾一度为本学科所拥有。(viii)

由于学理之过，法律选择举步维艰；与此同时，因最高法院试图从宪法第 14 修正案的正当程序条款进中凭空推导出原则和规则，管辖权因而备受其害。(ix)

换言之，当冲突法规则最初被创设时，法律还是世界性的。由于存在普适性的原则与制度，那时的冲突规则中所隐含的特殊性倾向，与我们现在所处的国家主义与实证主义时代相比，更能被接受。(13)

毫无疑问，协调与一致并非法律的全部价值。在古代，对涉外问题的回应，显示出的是对实体正义的渴望，且这一考量在冲突法中从未完全消失过。如果本学科和其他学科一样，必须关注结果，那么，这一束缚又如何与判决一致的理想相协调？(42)

毋庸置疑，美国冲突法历史进程的下一步，将是法律选择规则加速实现法典化——即便不是在联邦层面，也至少会在各州层面上。[3] 在 2001 年 1 月弗里茨给我的电话留言里，以及我们先

---

[3] 西蒙·C.西蒙尼德斯是这种努力的先行者，他是露伊斯安那州法律选择规则的报告人，同时是波多黎各一个近似项目的报告人之一。See James A. R. Nafziger, *Oregon's Project to Codify Choice-of-Law Rules*, 60 LA. L. REV. 1189, 1190 (2000).

前的谈话中,都提及俄勒冈州冲突法的法典化项目。[4] 在弗里茨给我电话留言时,他恰好获悉该项目的第一阶段(涉及合同)已进入州的立法进程。这个正待批准的法案反对利益分析说。毫无疑问,弗里茨对此热烈欢迎,因为此说容易招致"学理之过";他支持"反映实体正义的"实证规则,将其作为判决结果一致的最终前提。

管辖权

无须置疑,美国关于管辖权的法律一片混乱。争锋相对的主张、拖沓繁冗的脚注,以及点缀着古怪词汇的种种观点繁多而晦涩。它们试图给各种半生不熟的概念套上光环,而所使用的方法则是把它们装扮成政治科学,或让它们穿上带着友善的装束。这一切只能显露出法官的无能,即在应于何地提起民事诉讼这个简单问题上,法官无法设计出一个满意方法。虽然学者——与实务工作者不同——沉溺于一些玄妙之物,即便如此,学术界对法院在管辖权领域所作所为的态度也发生了逆转,从很早以前的赞赏与崇拜,变成明显的失望。(71)

然而,法律的一片混乱使我们裹足不前,使我们无法缔结跨国间的管辖权与判决承认的公约。这一事实殊为不利,不仅对我们,而且对我们潜在的条约伙伴亦然。欧盟的管辖权与判决承认的法律框架虽然胜于我们,但并非完美无缺。《布鲁塞尔公约》尤因其对外国人的敌视态度而备受诟病。(85)

---

[4] *See* OR. REV. STAT. §§81. 100—135 (2003). 作者是该项目的报告人。*See* James A. R. Nafziger, *Oregon's Conflicts Law Applicable to Contracts*, 38 WILLAMETTE L. REV. 397 (2002). 本论文更早的版本曾以同名发表在 III Y. B. PRIVATE INT'L. L. 391 (2001). *See also* Symeon Symeonides, *Codifying Choice of Law for Contracts: The Oregon Experience*, 67 RABELASZ 726 (2003).

在弗里茨为"国际法周末沙龙"准备的开幕致辞中——这是他平生最后一篇学术著述——我们能再次找到他对跛脚游荡的管辖权理论所作的评论。在"脚踏破履赴海牙"一文中[5],弗里茨既为学术词汇的贫乏感到悲哀——如"有意接受"(purpose availment)*、"最低联系"(minimum contacts)等,也为美国宁愿在"经营管辖权"和"送达管辖权"("尾随"管辖权)的祭坛上牺牲管辖权规则的全球协调而哀叹不已。

法律选择

从顽守僵化教条,到如梦方醒般的彻底放弃,冲突法再一次陷入死胡同,这印证了莱茵施泰因(Rheinstein)的预言。卡多佐所描述的严格的概念主义已被浅薄的诡辩之术所代替。柯里的理论和用语影响美国冲突法程度之深,以至于企图在我们的法律语言中不留痕迹的将之悄然抛弃,几近于不可能之事。关于我们这个学科的著述何其繁多,然而,当前美国冲突法依然在混战的迷局中无法自拔。如果说,柯里所言尚有值得认真对待之处,那便是他的如下告诫:"对于那些制造虚假问题、搅浑真实问题本质的制度,应清除之。"(179—180)

学者与法官们东拼一点,西凑一点,便创制出自己的混

---

[5] 29 PEPPERDINE L. REV. 7 (2001) [hereinafter Shoe]. 荣格对管辖权规则的早期批评:*A Shoe Unfit for Globetrotting*, 28 U. C. DAVIS L. REV. 1027 (1995),该文重刊于:SELECTED ESSAYS ON THE CONFLICT OF LAWS 71 (2001).

* 有意接受(purpose availment)是美国民事诉讼法新近出现的一个术语,通常写为:"purposeful availment"。在1980年的"国际大众公司诉伍德森"案中,最高法院将"有意接受"作为判定"最低联系"的一个基本标准:即如果被告为自己的利益有目的地利用法院地的商业或其它条件,以取得在法院地州从事某种活动的权利,进而得到该州法律上的利益与保护,则该法院可以行使管辖权。这种标准实际上是强调行为的目的性和可预见性。最高法院在以后的案件中将这一标准限定在3个方面:(1) 被告是否有意地利用法院地州的有利条件;(2) 原告的诉因是否产生于被告在法院地州的行为;(3) 管辖权的行使是否公正合理。——译者注

合方法。他们认为,与任何一种平庸的法律选择方法相比,混合方法的吸引力都要远胜之。借百家之长,再以一种协调的方式组合之,从而创制出新方法,这一做法固无错误;然而,名目繁多的"大杂烩"(mish-mash)式或"厨房水槽"(kitchen sink)式方法的使用者或倡导者,他们往往忽视了一个重要问题,即这四种基本方法反映出迥异的理念与扞格不入的目标,它们形同炭冰,殊难融合。无论如何,至少从分析的角度出发,这些迥异方法的独立存在,似乎是适宜的;即便在我们这个学科的历史中,也从未出现一种特定方法独占鳌头或一种方法完全排除其他方法的情况。(189)

以此方式,很多因素共同促成冲突法形成了本地中心主义的奇怪特质。早在25年前,一位著名德国学者就得出结论:美国人"正搬起石头砸自己的脚"。此话凿凿,绝非危言。我们给自己强加枷锁,其结果便是陷入与世界隔绝的危险之中。冲突法理论界的故步自封,并没有取悦司法实务界。美国学者精心雕琢出的理论无异于作茧自缚,对处理国际与州际案件,它们并非完全无益;事实是,法官们似乎根本没把它们当回事。(198)

"国际私法"这个术语已经引发了很多讨论。实际上,每个对此进行探讨的人所持的观点都是:此名称多有不当。(205)

在俄勒冈州法典化项目的合同阶段[6],弗里茨的影响已经彰显。他坚持倡导实质正义,这对俄勒冈制定法基本规则的形成起到了重要作用。该州新制订的法律规则既不仰赖单边主义技术,也不援用多边主义技术,而是引导法官和其他司法者依规定在法律规则中的实体政策的指示,适用"适宜的法律"。尽管这些政策并非完全新鲜,但是,它们摆脱了政府利益分析的束缚,跳

---

[6] See supra note 4.

出了评估法律规则与主权地域之间连结因素的相对重要性的窠臼,从这个意义上说,它们是崭新的。弗里茨的著述影响深远,对俄勒冈州的法律从关注主权转向注重实体具有积极意义。

判决承认

> 为满足国际便利之急需,有必要制定判决的域外承认规则。达成此共识的可能性,今天不再遥不可及。主权概念已经风光不再,与日俱增的国际交易要求对判决的承认问题善加解决,而这个问题的本质决定其解决途径不能局限于特定地域。国内法与条约法实践的发展趋势,联邦及准联邦法律体系的标准,这一切都使观察到呼之欲出的国际标准成为可能。(319)

《海牙判决公约》的圣杯尚遥不可及。弗里茨对统一判决承认规则所持的乐观态度因而似有误导之嫌。在"脚踏破履赴海牙"一文中[7],弗里茨对美国法院的碌碌无为深感失望。历史上,美国法院并非如此,甚至在19世纪,它们还对国外的发展动向甚为关注。另一方面,美国法学会的"国际管辖权与判决"项目规划[8]给观念狭隘的美国法院提供了一个具有国际视野的可选路径。美国法学会的项目研究了大量的外国案例,这对法官和律师"观察到呼之欲出的国际标准"并将之适用于美国颇有助益。对美国法学会在此项目中采取的开放性思维,弗里茨甚为欣慰。

冲突法公约

> 我们正迎来新千年。在此历史阶段,我们很有可能将再一次见证比较法传统的重新回归,须知该传统曾是美国冲突

---

[7] *See* Shoe, *supra* note 5.
[8] American Law Institute, INTERNATIONAL JURISDICTION AND JUDGMENTS PROJECT, Tentative Draft (Revised) (2004).

法的标志。昆廷·阿方辛（Quintin Alfonsin）认为，现存的冲突法方法，如当事人属人法、缔约地法或合同履行地法，均无法解决本质为实体涉外的问题。他进一步提出，支配国际交易的法律应该是具有国家外性质（extra-national）的真正的"国际私法"（他的用语）。依其之见，这种超国家的合同法形成的最大障碍是缺乏具有足够精确性的法律规则。

不过，我认为，如果比较[《墨西哥城公约》与《罗马公约》]，美洲国家拥有充足的理由致力于用比较法方法创制一个更好的公约。（389）

在法律选择规则上达成全球性共识，要胜于最好的地区性公约。弗里茨对《国际商事合同通则》非常欣赏，他的这一态度对"俄勒冈州制定法评述"的制订影响很大。"评述"两次鼓励国际交易的当事人考虑通过在合同中援引《国际商事合同通则》的方式，将"通则"融入合同。[9] 先是借法典化项目报告人之口，最终通过俄勒冈法律委员会与立法机关，弗里茨发出了他理性的声音。

---

[9] *See Conflicts Law Applicable to Contracts*, 2001 OR. LAWS CH. 164, O. R. S. §§81. 120—135（2003），评论重刊于 Nafziger, *supra* note 4, at 421—424.

弗里德里希·荣格著作中的世界观

雅各布·多林格(Jacob Dolinger)

弗里德里希·荣格教授对美国冲突法的贡献彪炳史册,这集中体现为在他的代表作——《法律选择与涉外司法》之上。他是一个光辉榜样,显示出美国式的法律思想所具有的深刻洞见;同时也告诉我们,面对当时主流思潮的强大压力时,一个强健有力、特立独行、卓尔不群的思想家是如何进行有效抵御的。

1982年,欧洲与美国的主要冲突法学者在波伦亚(Bologna)大学——欧洲最古老的大学——有过一次著名的论战。当时,荣格对其同行说道:"你们欧洲人把法律称为科学。"此言表明,他已经放弃了早年在德国所接受的法律的哲学性概念,并同霍姆斯、卡多佐、庞德等美国早期大法学家分道扬镳,转而接受了美国的现实主义法学思想,故而将法律从科学世界中剥离开来。

荣格也不与欧洲国际私法中的统一主义主流思潮同路。统一主义依然恪守萨维尼的观点,即认为世界是个宏大的法律共同体,在这个共同体中,必须寻找最合适的法律规则,以适用于每个跨国法律关系。依此方法,若某外国法律与案情之间的关联紧密,则自然适用该外国法。

另一方面,荣格也没有与美国的主流思潮——极端单边主义共舞。极端单边主义所倡导的是几近排他性的适用法院地法。

在本书以及其他著述中,荣格独立思考,对这两种思潮均予以驳斥,认为它们缺点甚多、自相矛盾,无法产生公正的结果。

荣格教授力倡第三条道路,他称之为"实体法方法"。他期望法官能相互协调,判决统一,从而创制出新普通法。他甚至从罗马法中找到灵感,因为在欧洲的不少地区,罗马法盛行长达好几个世纪,从而产生法制统一局面。

与他对多边主义与单边主义展开的论战相比,荣格教授在本书所提出的解决方法也许并不那么重要——甚至他本人亦如此认为。他的尖锐批判使我们每个人都不禁陷入这样的沉思:我们究竟是多边主义者,还是单边主义者,抑或属于其他什么流派?

从一位学者——不接受他在波伦亚的默示否认——以及一位法律科学家那里,我们所能获得的最宝贵财富便是:引发深思、接受挑战,反思并重新分析法律的基本要义,重估流传了数个世纪的理论。这需要深度思考、仔细分析,也需要思想上的诚实与勇气。而这些恰恰是弗里德里希·荣格所具有的美德。这是一个博大精深的法律领域,关乎世界各国人民及各种法律事项,本书即以该法律领域的要义为主题,集中体现了他一生著述的主要思想。所以,我们借本书再版之际,汇聚于此,纪念、缅怀他。

许多学者不赞同荣格乌托邦式的观点,因为他主张通过实体主义来达到判决结果一致,而其实现途径是法官在每个跨国案件中找寻公正的解决方法。然而,必须强调的是,正是这位加州大学戴维斯法学院的杰出教授在美国重新引发了一场大讨论,而在欧洲,这场讨论已延续了数个世纪。从这个意义上说,他实现了毕生追求的目标:使国际私法这个复杂的法律学科为美国法官、学者和学生所关注。

荣格认为,摆在他面前的有两种解决法律冲突的方法。关于此点,J.吉塔在《国际私法之方法》(La Méthode du Doit International Privé)一文中阐述甚明:统一化(uniformization)与和谐化(harmonization)。前者旨在实现各国国内法律规则的统一,从而彻底消除冲突;而后者并无意彻底消除冲突,只是为每一类法律问题选择连结因素,进而从两个(或更多)相冲突的法律中指引出准据法。荣格选择了前者,一种更难、更理想化的解决方法,即通过统一法律、汇集实体解决方法的途径,使全世界各民族的正义观趋同。

lv 　　在其著述中,包括本书和其他许多论著,荣格强调达成判决一致的重要性,敦促各国法院对跨国事项作出一致的裁判。他主要以萨维尼为其基础。我并不认为这位德国教授的著述对此种类型的一致具有特别重要的意义;不过,经典著作被予以不同的解读是常有之事,故对萨维尼作如是理解,亦不足为奇。同理,尽管乌尔里克·胡伯(Ulrich Huber)著名的三原则使他成为一名属地主义者,这似乎可以将他归为单边主义者,但是,荣格将这位17世纪的杰出荷兰法学家视为一位多边主义者。

　　适用外国法是国际私法的主要信条。在欧洲,作出裁决的是法官;而在美国,是陪审团作裁决。因此,对两者在实践上的可比性,荣格丝深表怀疑。我理解这种反应,它源于美国法院适用外国实体法时所遇到的巨大困难。很多国家对外国法采用开放态度,在其冲突规范指向外国法时即予适用;一部分国家对外国法的学习与理解已建立起一套制度,这让我们对荣格的保守态度不以为然。然而,不容否认的是,从美国的法律文化角度来看,适用外国法确实为一项艰难的任务,因此,荣格亦无法想象外国法院如何适用美国法。

　　荣格的"美国化"(Americanization)程度相当高,以至于他以一种怀疑的态度来审视外国法:他将某些外国法归类为"低标准的法"(substandard law),甚至称其为"蛮荒的法"(the law of the jungle)。对于欧洲法学家来说,这种态度固然直白、奇怪、挑衅性十足;但是,它亦有好处,即在美国法律界与学术界引发了一场范围广泛的大讨论,以重新评估整个外国法领域,以及实体法各种不同的实质性表征。

荣格非常喜欢引用维尔纳·戈尔德施密特(Werner Goldschmidt)的话。这位伟大的国际主义者逃脱了纳粹德国和法西斯西班牙的魔爪,到阿根廷执教,最终也使我们所有人得到教诲。他指出,国际私法是"一套法律制度,依此制度,若一个涉外案件与某一国的关联度超过另一国,则每个国家都应适用前一国的法律。这套制度即为国际私法,其基础是对外国人格(包括集体人格或个体人格)的尊重。……这就是法律国际主义,与法律沙文主义针锋相对。"

荣格的观点远远超出了以上哲理。也许他是在故意激将我们,在他理想化的世界里,其真正的意图实现法律趋同,当然亦接受统一。1994 年,他在墨西哥城成功说服参加第 5 届美洲国际私法会议的美国代表团在《美洲国际合同准据法公约》中提出第 9 条。该条规定了趋同原则——法官亦应考虑被各国际组织认可的国际商事法原则。如此一来,他为这种折中的方法作出了巨大贡献。该公约第 10 条也援用国际商法的指导原则、惯例和原则,以及被广泛接受的商业惯例。[lvi]

美国法律界认识到,整体而言,对国际私法的本质哲理,全世界均予以恪守,即在各个国家之上,存在一个国际共同体,或国际社会(*la société internationale*)。这个国际共同体信奉这样一种方法:合同当事人选择外国法时,或者法律要求适用外国法时,外国法应得到强制性适用;国际私法的最大贡献即在于此,它能增进组成国际共同体的各民族的相互理解。这一点非常重要。

多年前,在玛尔特·西蒙·德皮特莱(Marthe Simon Depitre)辞世时,海伦妮·戈德梅·塔隆(Hélène Gaudemet Tallon)在 1977 年《国际法学刊》(*Journal de Droit International*)上发表了一篇悼

文。在杂志的第 5 到第 7 页,她写道:

> Avec elle, après la disparition de Batiffol, de Francescakais, de Goldman, s'éteint une generation d'internationalistes parisiens don't les étudiants sont, pour certains, déja à la veille da la retraite, generation que nous devons remercier pur nous avoir fait aimer le droit international privé et delà de cette disciple, la richesse de la diversité du monde. *

所谓 *la richesse de la diversité du monde*——世界多样性的宝贵财富,这就是我们应如何从广义上(*lato sensu*)审视国际法。

弗里德里希·荣格认识到世界多样性是笔宝贵财富,这一点少有人做到。他不但精通多种语言,而且深谙多种法律体系。他领悟到国际私法或国际冲突法的复杂、精深与瑰丽。荣格的著述,乍看上去也许消极而悲观,却为美国法律界提供了一把开启国际私法历史大门的钥匙。其著述具有的多面性内涵,以及对我们这个丰富多彩的法律世界的深刻洞见,都使其熠熠生辉。荣格的著述最终将会使美国法学界做好准备:接受趋同原则、将"最密切联系"有效实质化,并创制现代普通法、充实商事法。如此一来,两种方法——和谐化与统一化——都可以导致各民族的趋同,并为他们的和平共处作出贡献。

---

* 这段法语的大意是:与她同时期的学者还有巴迪福尔、弗朗西斯卡西斯和古特曼,在他们去世之后,巴黎的(实指法国)国际主义学派销声匿迹了,现在就连他们的许多学生也快到退休的年龄了。但是,我们应该感谢他们,正是他们让我们爱上了国际私法,并在这门学科之外,发现了世界的多样性这一宝贵财富。——译者注

失去一场战役,赢得一场战争:荣格对利益分析的批判

帕特里克·J.博尔歇斯(Patrick J. Borchers)

弗里茨·荣格在海牙国际法学院的演讲成书出版已有十年了。我认为,这本名为《法律选择与涉外司法》的著作是我们这个学科最独树一帜、最具影响力的文献之一。

我说其"独树一帜",系因为荣格的理论对美国冲突法的两种主要正统理论都进行了鞭挞。第一种正统理论是体现在《第一次冲突法重述》和约瑟夫·比尔著述中的早期理论。从这个意义上说,荣格的方法称不上"独树一帜",因为大部分法院与冲突法学者与他意见一致,都对这种硬性适用地域连结因素的方法表示反对。

荣格理论独树一帜的部分在于其对新正统理论即利益分析说富有洞见的挑战。依我之见,《法律选择与涉外司法》最具说服力的部分是荣格对美国冲突法革命,尤其是对经典的理论利益分析的批判。利益分析说由布雷纳德·柯里(Brainerd Currie)教授最早提出,其大部分重要论文收集在1963年出版的《冲突法

文选》(Selected Essays on the Conflict of Laws)中。荣格教授的批判也主要围绕该书所体现的利益分析而展开。

在批驳柯里的方法论时,荣格提出了几个相互关联的论点。首先,他指出,柯里关于州(国家)对于案件结果有"利益"的观点类似于人类的"自私"情节,这与比尔的观点并无二致。后者认为,事件最后发生地"赋予"权利并创设责任。所以,荣格质疑,柯里的主张不过是法律规则一般解释过程中的一个分支而已。尽管对能创设出利益的关联的准确性质,柯里语焉不详,但他的体系仍然仰赖一些连结因素。所以,柯里最后不得不用属人性连结因素——如当事人的本国法,来代替属地性连结因素——如侵权损害发生地法。

第二,荣格指出,柯里的方法论与数世纪之前的单边主义学派有诸多雷同。的确,荣格雄辩的论证,柯里的方法与德国学者韦希特尔的观点十分近似。他还将柯里的努力与法则区别说学者进行了比较,并指出,柯里的方法在某些方面还不如其思想先辈复杂。荣格尤其质疑柯里的基础性观点,即在每一条法律规则背后,均能发现州(国)的利益;特别是在汽车乘客法则这样的法律规则背后,州可能更没有站得住脚的利益。对所有利益,荣格均予以同样的关注,如此,他得出结论,这种冠以"分析"之名的方法,其实经不起分析。

第三,荣格批评,柯里的方法是狭隘的地方本位主义。对于所谓"真实"冲突的案件,即法院所在地州与另一州都有利益时,柯里主张适用法院地法,以达到快刀斩乱麻的目的。对于所谓"虚假"冲突的案件,即只有一个州有利益时,柯里认为,应适用该有利益的州的法律。对于"无法律规定"或"无利益"的案件,柯里再一次倡导适用法院地法。正如荣格指出,柯里方法的最终结果是法院地法得以适用,法院地完全没有利益且有另一州有利益的情况除外。考虑到法院对一个案件行使管辖权时,这种例外情况十分罕见,荣格一针见血地指出,政府利益分析几近于赤裸裸的法院地法本位主义。

　　质言之,荣格的批驳集中在利益分析的如下假设上,即私人当事方的诉讼实际上是主权者之间的冲突。有人认为,荣格不相信利益,这种观点不正确。从对结果有利害关系的角度来说,利益是一个普遍性的法律表述。荣格所怀疑的只是州(国家)对于私人当事方的普通侵权及合同纠纷的解决拥有利益,或者至少对州(国家)的利益大于诉讼当事人的利益的观点表示严重质疑,须知当事人对可预见性的、公正的解决其纠纷具有明显的利害关系或利益。我认为,荣格的批判,其核心似主要体现在《法律选择与涉外司法》第135页上。他写道:"[柯里]相信,政府对施行其法律规则具有深层次的关切;并认为,实现这种关切是一种重要的主权属性。然而柯里也好,他的追随者也罢,都没有为这种假设提供经验性证据……"换言之,柯里认为,在缺乏经验性证据支持的情况下,就将主权者的利益凌驾于诉讼当事人之上是没有理由的。[lxi]

　　现在,再看看我的第二个评价:是否有证据表明,荣格对政府利益分析的批判已产生重大影响? 从表层上看,否定的回答似乎是正确的。确实,只有为数不多的几个州——纽约、加利福尼亚、新泽西是最好的例证——公开宣布遵循利益分析,而体现纽约州方法的那3条法律规则与柯里的学说相差相当大。绝大部分州宣称遵循《第二次冲突法重述》,但该"重述"充斥着对"利益"的援引,如其第6条将"其他利害关系州的相关政策以及在决定特定问题时这些州的有关利益",作为裁判冲突法案件的主要标准。甚至是莱弗拉尔提出的影响选择的5点考虑,也将"促进法院地的政府利益"作为其中考虑之一。莱弗拉尔的观点被几个州采纳,荣格对他直率的提出适用"更好的法律规则"的观点倾慕有加。因此,柯里根本性的改变了美国冲突法的词汇,这一点几乎不容质疑。

　　当然,并不是所有的法官都热情追随利益分析。在宝马北美公司诉高尔(BMW of North America, Inc. v. Gore, 517 U. S. 559, 602(1996))案的判决中,斯卡利亚法官作出反对意见,他对多数意见表示担忧,认为多数意见用"'利益分析'的元素污染了损害赔偿法,糟蹋了原本可理解的冲突法领域"。在《法理学问题》的第429页,波斯纳法官把利益分析比作一场"流产的法律改革"。还有一些学者对利益分析提出批判,尤其是带有经济分析或经验主义学派背景的学者,他们指摘利益分析因其具有的法院地偏见,会导致在适用时缺乏经济效率与确定性。不过,总体而言,明确表示反对柯里理论的还占少数。

尽管柯里利益分析的词汇受到法院采纳,我们还是不能小觑这一现象,即荣格提出的许多判决原则已经走入了实际案例中。如纽约与加利福尼亚州法院就援用了荣格著述中的冲突法方法。还有许多情况是,法院虽声称适用利益分析法,但在实际操作中与荣格站在一个立场上。

举例为证,《法律选择与涉外司法》出版同年,纽约州终审上诉法院对库内诉乌斯库特机械公司案(Cooney v. Osgood Machinery, Inc. 612 N. E. 2d 277(1993))作出判决。该案虽被定性为"真实冲突案件",即纽约州与密苏里州在劳工赔偿法的适用上存在利益冲突,且无法协调,纽约州终审上诉法院仍决定适用密苏里州法律,而置柯里的建议于不顾(柯里提倡,在这种情况下,应适用法院地法)。值得一提的是,纽约州终审上诉法院拒绝将法院地法凌驾于密苏里州法之上的理由之一是,纽约州的规则"显然是少数意见……612 N. E. 2d at 283, n2."由此可见,纽约州高等级法院虽标榜遵循柯里学说,但其在判决案件时的推理以及结果均反映了荣格所倡导的务实的、不带狭隘地方观念的分析方法。

新泽西州最高法院所判决的付诉付案(Fu v. Fu, 733 A. 2d 1133(1999)),也是标榜适用利益分析的一个判例。这是一个在冲突法判例书中一个常见的汽车事故案,涉及纽约州与新泽西州的法律冲突。纽约州的制定法规定,汽车所有人若允许他人驾驶车辆,则必须对驾驶者的侵权行为负责;而依据新泽西州的普通法规则,汽车所有者对此不负责任。在该案中,汽车的租赁地点在新泽西,当事人均为新泽西居民,事故发生在纽约。最后,新泽西法院适用了纽约州法,并且有论述如下:"发现免责规则背后的目的,殊难为之。"(*Id.* at 1141) 对此判决结果,荣格定会十分欣慰。

荣格还经常提到加利福尼亚州最高法院稍早前的一个判例:近海租赁公司诉大陆石油公司(*Offshore Rental Co. v. Continental Oil Co.*, 583 P. 2d 721 (1978))案。该案亦被定性为真实冲突案例。不过,这次发生冲突的是加利福尼亚州法律与路易斯安那州法律。依据加利福尼亚州法律,企业的主要雇员由于第三方疏忽而受伤,并导致其无法继续工作时,企业可以要求第三方赔偿因此而产生的损失。路易斯安那州有类似制定法,但路易斯安那州排除由企业雇主提起的诉讼。加利福尼亚州最高法院没有理会柯里适用法院地法的主张,适用了路易斯安那州法。理由是路易斯安那州法是"通行与进步的",而称加利福尼亚州法"不再通用,早已过时",因此,应适用前者。

综上可见,这3个州的高等级法院在真实冲突的案件中虽适用利益分析法,但均以所涉及的法律的实体质量为由,选择了外国法,而非法院地法。因此,这些判决虽然在字面上使用了柯里的术语,但在推理上与荣格的学理相一致。职是之故,我认为,在短期内柯里的利益分析说不会从美国冲突法的词汇库中消失。从这个意义上说,荣格失去了一场战役。但是,荣格倡导务实主义,摒弃狭隘的地方主义,这种理念已经深入人心;即便是那些标榜遵循柯里学说的法院,其方法论亦受到潜移默化的影响。所以,从深层次上说,他赢得了这场战争。

一位多边主义者的感言:我惭愧,我坚持

马赛厄斯·雷曼(Mathias Reiman)

首先,必须承认,我是一位多边主义者;还要承认,十年后重读弗里德里希·荣格的著作,我倍感惭愧,因为他对传统法律选择方法的批判如此深刻而犀利。然而,我坚持我的理念。虽然荣格对传统的法律选择规则不假辞色,虽然他热切倡导用实体主义方法取而代之,我仍然认为,多边主义经完善可扬长避短。

I. 三点说明

《法律选择与涉外司法》博大精深,它值得颂扬,亦引发批评。由于称颂价廉,而且弗里茨·荣格视论战为享受,故我将秉承其精神,在此发表批判性意见。不过,在谈论本书存在的问题之前,先容我作几点说明,以免我的话有被误解之虞。

首先需要指出,本书有三个主要部分构成,我只对第三个部分存有异议。第一部分是冲突法演进过程的历史回顾(第一章)。这一部分写的非常好,堪称恒久贡献。以下两类人尤其需

要阅读之：一类是治学严谨的冲突法学者（这一类人数量有限）；一类是受惑于一种普遍性错误观点的律师们（这一类人数量庞大），这种观点认为法律能永远产生新的深刻见解。美国人迷恋新奇事物，共通的弱点是历史知识贫乏且盲目自大。在第二部分中，本书对现存的法律选择方法进行了无情的鞭挞（第二章与第三章）。虽然荣格所描绘的画卷明显带有悲观和片面的色彩，我仍然不得不承认，他对单边主义与多边主义的批判归根到底是正确的，至少其核心观点如此：正如有人已经注意到的那样，在解决跨国（州）界的案件时，选择某一国（州），而非另一国（州）的国内法，不论选择如何作出，其结果永远不会尽如人意。毕竟，"冲突法调整的法律问题涉及多国（州）并超越国家（州）——从定义来看——是超越国家主权的"（p. 136）。所以，作为一名多边主义的追随者，我感到羞愧。在第三部分中，荣格热切提倡实体方法（第四章与第五章），他要求在决定跨国界案件的准据法时，法官不应仅通过法律选择原则追求"冲突法正义"（葛哈德·凯热尔（Gerhard Kegel）使用的词汇），而应通过挑选或创制实体规则来公开追求"实体正义"。我正是对这一观点持有异议，以下，谨就这一部分展开详细探讨。

具体而言，荣格的实体主义立场也有3个元素构成，我仍只对其中之一有不同见解。第一个元素主张选择性冲突规则（alternative reference rule），这种规则允许法院为达到某一特定目的进行法律选择（see, e. g. pp. 195—197）。我不评述这一元素，原因有二：一是，这种规则当前被广泛接受；二是，实体主义于此处仍在传统框架中运作，即通过（一种特殊类型的）法律选择规则来运作。第二个元素是，实体主义蕴含了这样一个理念：法官应选择他们认为在实体上更可取，亦即更"公正"的法律规则。对于这一元素，我也不触及，因为其本质就是马吉斯特·阿德瑞克斯（Magister Aldricus）提出的"优法"方法（see p. 12），而且在现代又与罗伯特·莱弗拉尔"提出的影响选择的5点考虑"相关联。

换言之，这一元素并非荣格所独创，他亦没有如是主张。在书中，他独创的思想是实体主义的第三种方式：提议法院应创制新的、特殊的实体规则来裁判跨国界案件。此处，荣格直击冲突法的心脏，因为这种国际私法会使法律选择规则被抛弃。正是在这种实体主义上，我发现了问题。

最后，即便是在此处，即实体主义的第三种方式，我也与荣格有意见一致之处。最重要的是，为跨国（州）界的案件创制特别、超国家的规则，在本质上是一个很有道理的观点，因为这些案件尤其是国际案件，确实不同于纯内国案件，确实产生了特殊需求。在一些领域，我们已经拥有了这样的超国家规则，其表现形式如国际公约、示范法原则，或贸易惯例等。法院应尽全力适用这些规则，这样一来便可回避法律选择事项。然而，超国家规则仍只是例外，绝大部分领域并不存在，这甚为可惜。荣格认为，在极其复杂的纠纷中，尤其是涉及多方当事人与多个管辖权的案件时，如"橙剂"案[1]，传统的法律选择分析方法立刻显得黔驴技穷。仅从这一点上说，把其他考量搁在一边，创制特殊的、统一的解决方式也是非常必要的。

II. 三点批判

对现存的超国家规则表示欢迎并对非常情况下创制超国家规则予以接受是一回事，建议法官在审理跨国界案件的日常司法实践中创制特殊的实体规则，则是另一回事。我认为，这一建议存在三个基本问题：理论上有瑕疵，实践上不可行，甚至会威胁到荣格所孜孜以求的核心价值。

1. 理论："正义"成为个人偏好

在跨国界纠纷中，如果由法官来选择或创制法律规则以保证"正义"，那么，他们不可避免地要面对如何做决定的问题。在某

---

[1] *See* In re Agent Orange Product Liability Litigation, 580 F. Supp. 690 (E.D.N.Y. 1984).

些情况下,正义的标准可能从不断涌现的州际与国际准则中找到,或是从被广泛认可的趋势上窥见,抑或可能从明显的实用需要中推演而得。本书所举的3个案例便是这些情形。然而,诚如安德瑞斯·洛温菲尔德(Andreas Lowenfeld)在其撰写的书评中指出的,"荣格所选择的例子,正义与不公对比鲜明,过于简单"。[2] 在跨国界案件中,"正义"显而易见的摆在那里的情况少之又少;大部分的情况是缺少足够的共识,缺乏明显的趋势,亦无实用需要的指引。当有关法域的法律规则彼此不同的原因仅为其反映了不同的价值判断、经济或立法政策时,我们又如何能在"正义"与"不公"间作出区分呢?这里,问题的症结不是"价值判断缺乏稳定性"[3](在纯内国案件中亦为如此),而是在跨国界案件中,究竟适用什么法律取决于哪一法域的价值观作数。[4] 若是从相关法域的法律中择一适用,我们等于回到起点;而若允许法官在无任何可靠标准的情况下作出独立选择,我们又会茫然若失。

对于这一重大问题,本书毫无触及。书中反复谈及"正义的判决"(p. 96)、"低标准的外国法"(p. 110, 118)或"标准规则"(p. 201),尤其强调"优等侵权法规则"(p. 147)不能受制于"劣等抗辩规定"(p. 146)。但是,荣格从未真正解释:我们如何知道哪些判决是"正义的",那些规则是"低标准的",或那些抗辩规定是"劣等的"。也许我们可以寻找到在州际或国际层面上已经被广泛认可的标准,法官可凭良知援用之,而且荣格在少数场合也触及这一观点(see, e. g., p. 207)。然而,他并没有论述我们如何才能发现这些标准,在考量这些标准时的顺序又是如何;也没有论证选择了不同于这些标准的特定法域的法律规则,为什么就不应得到尊重。

对著作进行进一步审视,可以发现荣格未将"正义"的概念

---

[2] Andreas Lowenfeld, *Book Review*, 88 AM. J. INT'L LAW 184, 186 (1994).

[3] Joachim Zekoll, *Book Review*, 69 TUL. L. REV. 1099, 1110 (1995).

[4] *See id.*

视为重大问题的缘由。实际上,他在书中自始至终有一个假定:提高赔偿额度的法律规则优于限制赔偿额度的规则,至少在侵权案件中如此(see, e.g. pp. 95, 117—118, 149)。[5] 当然,如果我们已经认为正义在原告一方,那么,为跨国界案件选择确当的法律,或创制超国家的规则即为拱手之易。如此,荣格的"正义"最终就沦为个人的偏好——既可能是荣格自己(支持赔偿)的偏好,也可能是法官的偏好;换言之,法官可以在不受任何标准束缚的情况下凭自己的喜好创制超越国界的法律规则。

2. 实践:裁判跨国界诉讼的现实掣肘

本书突显作者对法官的信任,相信他们有能力创制出不仅"正义",而且能满足跨国界案件特殊需要的超国家法律规则。荣格指出,"在评估相冲突的法律规则的优点时,法官运用其评判能力不应特别困难"(p. 192),他们所创制的特殊实体规则将能"确保在涉外案件中取得合理的结果"(p. 192)。对于以上观点,我有不同意见,理由如下:

首先,荣格似乎将注意力集中在由几位享有崇高威望的法官所作的判决上。在这些判例中,他们创制了一些超越州之上的法律规则。然而,我非常担心普通的承审法官或上诉法院法官在面临此种任务时是否能胜任。如果所有的法官都如富勒、斯托里、特雷纳和温斯顿那样,我当然会很赞成允许他们依案件创设特别的法律规则。然而,现实情况是,绝大部分法官能力平平,时间与可资利用的资源均很有限,亦缺乏处理跨国界事项的经验。如果对如何适当适用传统法律选择规则,这些法官都无法理解(恰如荣格所认言);恕我直言,我实在不愿意看到他们在没有任何指导的情况下,仅以实现缥缈的"正义"或"合理结果"为目标,就为跨国界案件创设新的实体法律。

---

[5] 据我观察,书中只有一处对此表示谨慎,即罗布尼格(Drobnig)在产品责任法律选择规则中提出"无限制的有利于受害者"的观点,对此,荣格提出质疑。p. 197.

此外,对此项工作的难度,我与荣格也有不同的认识。在审视美国冲突法革命时,本书提出:"大多数案件表明,发生的冲突不过是两条法律规则之间的简单冲撞,其中的一条明显优于另一条。"(p.206)我们所读到的大部分法律选择判例,它们"涉及实体问题的事项非常有限……法院对之进行价值判断,不过拱手之易。"(p.206)在美国冲突法革命期间,对于那几个著名案例而言,情况可能如此;但是,从广义上说,这绝非实情。不容质疑,从世界范围内来看,法律在实体上的区别所引发的法律冲突非常剧烈,法院所面临的价值判断亦极其艰难。即便我们相信,荣格所称的乘客法则、责任限额,或免责规则是明显"可恶的",我们还是要考虑困扰法院的冲突法事项。特别是欧盟的法院,在家庭法语境下,它们承认面临的问题极其复杂与敏感。比如说,当西方家庭观念与伊斯兰观念发生碰撞时,谁还能鲁莽地说所涉及的选择是"拱手之易"?

3. 价值观:确定性、可预见性以及判决一致

最后,荣格指出,与正统的法律选择方法相比,司法实践所创制的跨国界的实体法能更加有效的"提高确定性、可预见性以及判决一致"(p.193)。毫无疑问,这些都是非常重要的价值观。如果荣格的主张确能实现这些价值,那么,尚有足够理由接受其方法的理论瑕疵及其在实践上的缺陷。然而,问题是他从未令人信服的解释其方法为什么,以及如何能保证实现这些价值观。而且,我们也看不出来。

荣格指摘,传统法律选择规则在追求这些价值目标时乏善可陈。在这一点上,他确实没错。但是,为什么让法官(他们大部分并不专长于此)依判例法的传统,即个案裁判,来裁判跨国界纠纷(通常很复杂)就会更好呢?与依一般法律规则审判相比,普通法方式审判虽然具有诸多优势,但"确定性、可预见性以及判决一致"显然不在其中。在无法定义的"正义"大旗下,个案审判只会与这些价值追求背道而驰;换言之,降低而非提高审判结果的可

预见性与一致性。

在国际诉讼中，情况更是如此，这是因为判例法体系中起稳定作用的主要元素，即一套可靠的、可触及的先例制度，在可预见的未来尚不太可能形成：不同法域的法院不会因循彼此的判例，语言繁杂、障碍重重，世界各国的法律传统差异甚大，还缺少一个接受上诉的共同司法机构。这些都会使形成一套实体判例法规则的希望归于渺茫，这套规则至少能为大部分案例提供有说服力的法律根据（persuasive authority）。* 换言之，能从先例中得到的指导少之又少，或者根本就不存在。如此一来，即便是一位热切追求可预见性与判决一致的法官，也会发现提升这些价值观何其困难，遑论确保实现之。

III. 相互制衡，相互补充

荣格认为，即便在冲突法案件中，对实体正义的追求也是最终目标。需要强调的是，这一观点是正确的。不过，这又提出另一重大问题：是通过法律选择规则实现之，即依据一套合理的标准（我们希望如此），从数个国家的内国法中选择其一适用，还是直接由法官为跨国界案件挑选或创设实体法律来实现之呢（在个案中，法官认为"正义"即可）？

我坚信，在为跨国界纠纷确定准据法时，我们的主要工具应该是合理、可预见、统一性不断加强的多边法律选择规则。我持此观点，并不是因为我无法赞同实体主义会消灭我们这个学科的观点（我的事业并不依赖它，我还由其他很多领域教授和写作）；也不是因为我眷恋复杂的技术要求与法律选择领域的玄奥术语（我认为这既可笑，又有潜在危害）；亦不是因为我否认法律选择规则在实践中存在问题（荣格在书中已将这些问题淋漓尽致地揭

---

* "persuasive authority"是指对法庭没有拘束力，但按照法庭在具体情况下对其价值的评价，对判决的作出具有参考、借鉴意义及某种说服力的判例或其他法律根据，区别于"有约束力的法律根据"（binding authority）。——译者注

露出来);而是因为我相信,不同法域的选择在原则上都应得到平等的尊重,而多边法律选择规则虽然并非完美,却最能保证这种尊重。

我曾说过,我相信实体主义在冲突法仍有一席之地。对实体正义的追求不仅不可避免,而且令人向往。并不像奥托·克恩·弗罗因德(Otto Kahn-Freund)所言,追求实体正义"是人性的弱点"[6],相反,这是项适当、崇高的努力。不过,由于通往地狱之路也是好心铺成的*,对实体"正义"的追求应成为更加宏观的法律选择过程的一部分,在这个过程中,多边冲突规则与实体考量应当以健康的竞争关系共存。制定良好的冲突规则在大多数案件中能产生令人接受的实体结果。这并不经常困扰我,因为在实践中,这不可避免的要求灵活处置,只要法官不故弄玄虚。在一些案件中,坚持"正义"甚至要求与法律选择规则相脱离,这或许是法院地强制性规则的要求,或许是依其公共政策,法律选择规则指向的准据法无法令人接受。对此,我并不反感,只要法院能公开承认之并提供合适理由。[7] 因此,就像普通法制度中的法与衡平,以及民法典中的具体规则与一般条款,多边法律选择规则与实体主义可以相互制衡,互为补充。换言之,在冲突法中,实体"正义"是一个必要的考虑因素,但并非一个可资信赖的独立方法。

荣格的著作比其他任何一部冲突法著作都使我更加坚定了对多边主义的信念,这也许有些具有讽刺意义。但是,这不是因为他对传统法律选择规则的批判孱弱无力,也不是因为他对实体

---

[6] Otto Kahn-Freund, *General Course*, 143 COLLECTED COURSES 139 (1974-Ⅲ), p. 466.

  * "The Road to Hell is paved with good intentions"是英国诗人萨谬尔·约翰逊的名言,现多指徒有良好意图,但不付诸实施,亦毫无价值。——译者注

[7] 我认为,著名的保尔诉国民人寿案(Paul v. National Life, 352 S. E. 2d 550(W. Va. 1986))是一个典型的例子。法院宣称乘客法则违反了西弗吉尼亚的公共政策,并论证这是一项长期的政策,已被先前的许多案例所证实。

主义方法的倡导缺乏力度;恰恰相反,他不但使法律选择规则存在的问题得到极大的化解,而且对实体主义作了目前为止最好的诠释。如果《法律选择与涉外司法》不能改变我,那么,再没有什么能改变我了。

索　引

（本索引页码为原书页码，本书边码）

Adaptation 适应 86,159,192

Admiralty 海事法 2,22,23—24,25, 60,165,167—169,190,206, 211,213—214,216—218

Aldricus 阿德瑞克斯 12,15,43, 170,172

Alternative reference rules 选择性冲突规则 50,67,114,172,178—179, 183—184, 188—189, 195—199, 200—202, 206—208,213,221,231

Arbitration 仲裁 60,135,160,218, 220

Automobile accidents 汽车交通事故 50, 52, 54, 68, 76, 97, 107—108, 112—113, 117—119, 133—134, 144—145, 146, 148, 174—175,205

Aviation accidents 航空事故 2,48—52, 111, 116, 137, 145, 166, 190,208—213,220

Bartolus 巴托鲁斯 1,13—19,28,30, 37,44,53,79,132,170

Beale 比尔 27,31—32,55,90—93, 95—96, 106, 120, 123, 135, 198—199

Better law principle 优法原则；更好法原则

　　see Substantive law approach

"Cadi justice" 卡迪司法 199, 203

"Center of gravity" 重力中心 57—58, 121, 128—131, 140, 154

Characteristic performance 特征性履行 59—60, 61

Characterization 识别 4, 51, 71—74, 75—77, 79, 92, 96, 129, 138, 148, 156, 173—175, 195, 222, 235

Children 子女 67, 164, 177, 181—182, 183—185, 188—189, 196, 201, 222

Choice-influencing considerations 影响法律选择的考虑因素 15, 103—105, 117, 119—120, 142—143, 147, 172—173, 178—179, 191, 200—202

Choice-of-law clauses 法律选择条款 10, 17, 26, 54—57, 59, 135, 181, 216—217, 219, 220

Cicero 西塞罗 9, 24, 30

Citizenship 公民身份
　　see National law principle

Classification 分类
　　see Characterization

Closest connection 最密切联系 17, 40, 57—58, 60, 69, 96—97, 104, 128—131, 176, 179—180, 186—187, 231

Codification 法典化 18—19, 41—42, 71, 139, 179—190, 191, 198, 229—230

Comity 礼让 20—21, 26, 28—33, 38—39, 42, 44, 56, 79, 90, 109, 115, 132, 141, 148, 189

Common domicile 共同住所 37, 50—51, 61, 63, 76, 97, 101, 107—109, 112—113, 137, 176, 226

Community property 夫妻共同财产
　　see Marital property

"Comparative impairment" 比较损害 105, 113—114, 140—141

"Conflicts revolution" 冲突法革命 31, 40, 43, 46, 87, 92, 96—150, 151—152, 155, 166, 172, 176—177, 188, 196, 199, 201, 204, 234

"Conflicts justice" 冲突法正义 47, 69—70, 81, 85, 126—127, 154—157, 171, 174, 199—200, 222

Connecting factors 连结因素 8, 36—37, 39, 41, 47—48, 50—51, 53—55, 57—61, 62—63, 67—68, 79, 88—91, 96—98, 99—101, 102—103, 106—108, 121, 128—131, 135, 137, 145—146, 154—157, 167, 175—177, 179—184, 186—189, 195—198, 200, 225, 231, 233

Constitution 宪法 93—96, 100, 102, 118, 124—126, 134, 139—140, 145, 147, 159—160, 164, 168,

175,207,210,223—230,235

Construction and interpretation 解释 99—101,132—135

Contacts 联系,连结

    see Connecting factors

Contracts 合同 2,7,11,13,22,25—26,37,51—61,67—68,71,74,87,89,91,93,97,115—117,119,129,130—131,135,160,163—164,178,180—181,183—184,186—188,195—196,198—199,202,213—220

Conventions 公约 39,42,52,64,66—67,185—191,193,196—198,201,206,208,228—229,233

"Copernican revolution" 哥白尼革命 38,146,151

Cover-up devices 掩饰手段

    see Escape devices

"Crisis" 危机 15,87,126,235

D'Argentré 达让特莱 1,17—18,44,56

Decisional harmony 判决一致 21,36,39,42,44,45,47—49,51—52,54,56,59—60,63—67,69,71,74—75,78—81,86,90,95—97,108—109,121,125—130,135—136,141—142,148,156—157,161,170,174—175,182,185—186,190,193,204,208,214,219,220—232,236—237

De Coquille 德·科基耶 18—19,132

Dépeçage 分割法 4,74,76—77,79,138—139,159,192,197

Descent and distribution 法定继承制和遗产分配

    see Succession

Discrimination 歧视 110,124,139,144,167,169,173,185,205,207,210,223—231

"Disinterested forum" 无利益的法院地 102—103,108—109,112,138,210

Divorce 离婚 3,61—69,75,84,87,161,163,174—175,179,182—183,193—194,205—206,220—231,235

Domestic relations 家事关系

    See Family law

Domicile 住所 18,33,37,41—42,48,59,61—63,69,72,74,76—78,88,97,100—102,107—109,111—112,116,121,124,126,131,136—138,139,147,148,155—156,174—176,182,184,188—189,196,200,202,205,209—210,222—223,225,226,229,231

Dumoulin 杜摩兰 16—18,26,44,56—57,77—78,89,91,176

Eclecticism 折中主义 13,15,44,

104,105—107,109,112,115,
117,119,140—147,153,173,
177,235

Erie doctrine 艾利案原理 30,83,
165—166,168,170,210

Escape devices 逃避工具 73—86,
96,110,112,116,123—125,
148—149,173—179,184,189,
192,194,199,202,204,210,
212,222,228—229,233

"False conflicts" 虚假冲突 101,112

Family law 家庭法 3,18,25,37—38,
56,61—68,71—75,84—85,
87,89,115,129,158,161,
163—164,173—175,177—
186,188—189,191,193—195,
205—206,220—232,235

Favor divortii 有利离婚原则 65,67,
182—183,229

Favor laesi 有利受害人原则 111,
114,124,178,184,189,197—
198,201—202,210—213,234

Favor matrimonii 有利婚姻成立原则
67,189,229,231

favor negotii 支持协议原则 198—
199,201

Favor pueri 有利于扶养请求人原则
188—189

Favor testamenti 有利遗嘱成立原则
188,197

Federal courts 联邦法院 83,110—
111,122,136,160—161,165—
169,192,194—195,210—215

Fictions,推定,假定 10,17,22—24,
27,38,56—58,60,72,176,200

Foreign law 外域法 8,20,24—25,
43—45,65,69,74,77—81,
83—87,89—90,93,99,110,
120,124,129,133—134,144—
148,157—159,163,167,170,
174,176—177,182—183,
187—188,191—193,197,200,
201—207,213,217,222,224,
228—229,236—237

Forum bias 法院地法偏向
see Lex fori

Forum law 法院地法
see Lex fori

Forum-selection clauses 选择法院条
款 2,8,53,56—57,60,135,
160,213—220

Forum shopping 挑选法院 4,24,36,
39,45,48—49,50,52,62—63,
67,83—84,90,95,108—109,
112,127,136,141,147,157,
161—162,177,184,188—190,
200,208,236

"Fraud on the law" 法律欺诈 86

"General Part" 总论,概论 43,70—
86,88,92,96,173,184,205

"Gimmicks" 花招
see Escape devices

"Governmental interests" 政府利益
　　see Interest analysis
"Grouping of contacts" 连结聚集
　　see "Most significant relationship"
Guest statutes 乘客法则 107—111,117—118,120,123,133—134,144—148,194,203,205,231,235

Hague conventions 海牙公约
　　see Conventions
Huber 胡伯 20—21,26—32,38—39,44,56,79,90,115

Immovables 不动产
　　see Property
Incidental question 附带问题 74—77,79,156,175,222,235
Interest analysis 利益分析 19,33—34,62,94—95,97—117,119—126,131—148,150—163,167,170,172,177,179,183,187,188,199,200,201,210—215,219,223,235
Interpersonal law 配偶间法律 10,124,131,137
Intrafamily immunity 家庭成员间豁免 73,76,80,116,118,148—149,175,194,205
Issue splitting 问题分割 97,102,106,138—139,159,197

Iura novit curia 法官知法
　　see Foreign law
Ius gentium 万民法 8—10,12,16,20,23—26,30,56,142,165,167,185,193,204,216,218—220

Jingoism 沙文主义
　　see Parochialism
Judgments recognition 判决的承认 3—5,22,62—66,184,188—189,194,221,223—224,229,230—231
Judicial notice 法院通知
　　see Foreign law
"Jurisdiction-selecting" rules 管辖权选择规则 13,89,92,102,213
Jury 陪审团 22,49,83,85,211

Klaxon rule Klaxon 案规则 165—166,210

Last-event rule 最后事件规则
　　see Restatement (First)
Law merchant 商人法
　　see Lex mercatoria
Law reform 法律改革 66—67,120,133,146—150,179—185,191,193—199,201,205—206,212—213,221,224—232,234—236
Laws of immediate application 直接适

用的法
　　see Mandatory rules
"Legal impressionism" 法律印象主义,法律主观主义 57—58,60—61,96—97,119—120,125,128—131,146,152,177,179—181,186—187,189,219,233
Legal positivism 法律实证主义 16,32—34,139,159—161,165,192,193,219,236
Legal realists 法律现实主义者 92—93
Legislation 立法
　　see Codification
"Legislative jurisdiction" 立法管辖权 90,95,103,137,154,163—165,169
Lex fori 法院地法 3—4,7,18,23—24,33—34,36,39,42—43,50,55,60—64,66,69,73,79—80,89,92—94,101—105;107—108,113—114,116,119—120,125,132,137—144,147—148,150,156—157,159,163—164,175,177,181—183,186—189,192,196,201—203,210—211,216—217,220—229,237
Lex loci celebrationis 婚姻缔结地法 25,62,74,178,225
Lex loci contractus 合同缔结地法 13,53,55—57,89,91,98,117

Lex loci delicti 侵权行为地法 50—51,53,73,89—91,93,107—109,111—112,116—118,121,123,146—147,152,167,175—178,196,205,208—209
Lex loci solutionis 合同履行地法 13,53—55,97
Lex mercatoria 商法 16,23—24,46,153,165,167,171,181,204,216,220
Lex patriae 本国法
　　see National law principle
Lex rei sitae 物之所在地法
　　see Property
Livermore 利弗莫尔 28—30,38
Local law theory 本地法理论 43—44,159—160
Locus regit actum 场所支配行为 13,37,178,198
Lois de police 警察法
　　see Mandatory rules

Maintenance 扶养
　　see Support
Mancini 孟西尼 41—42,63,69,79—80,88,155,185,228
Mandatory rules 强制性规则 35,49—50,63,69—70,81—82,152—153,181—184,187—188,202
Manipulation 操纵
　　see Escape devices
Mansfield 曼斯菲尔德 23—24,26—

28,30,56

Marital property 婚姻财产 56,62—63,71—72,74—75,158,176,186,226—228,230

Maritime law 海事法
    see Admiralty

Marriage 婚姻
    see Family law

Methodological pluralism 方法多元论
    see Pluralism of Methods

Most significant relationship 最密切联系 17,40,57—58,60—61,96—97,106—107,111,117—121,128—131,140—142,147,177,179—181

Movables 动产
    see Property

Multilateralism 多边主义 13—15,30,35,39—40,42—43,46—49,51,54,61,63,67,69—90,92,95,96—98,105,107,118,120,129—131,137—138,140—143,151—163,170—171,177—178,181,183,191—192,198—201,204—205,219,236—237

National law principle 本国法原则 37,41—42,63—66,69,74,77—79,84—85,88—89,101,137,155,175,182,184—185,188—189,196,200,205,220—228

Negligence 过失
    see Torts

Nihilism 虚无主义 123,150,181

Nonresidents 在本法域无住所的人
    see Domicile

Nonrules 非僵化规则
    see Legal impressionism

Obfuscation 困惑 1,4,21,73,87,110—112,122,124—125,130,146,148—150,153,162—163,174,179,189,193—195,199—200,202,211—212,222,233—235

Ordre public 公共秩序
    see Public policy

Pactum tacitum 默示协议
    see Fiction

Parochialism 本地主义 32—33,98,103,123,126,136,141,143,146,148,160,164—165,192,201,218—219

Party autonomy 当事人意思自治 8,10,17,33,37,41,54—56,59—60,91,135,176,183—184,195,213—220

Personal law 属人法 10,13—14,17,41—42,54,59,91,95,97—98,100—102,105,107—109,121,124,131—132,135—137,

154—156, 205, 209—210, 220—221, 223—227
Pillet 皮耶 132, 141, 143, 151—152
Place of contracting 合同缔结地
 see Lex loci contractus
Place of performance 合同履行地
 see Lex loci solutionis
Place of wrong 侵权行为地
 see Lex loci delicti
Plaintiff-favoring approaches 有利于原告的方法
 see Favor laesi
Pluralism of methods 方法多元论 15, 43—44, 46, 82, 105—106, 112, 115, 117, 119, 140—146, 153, 171
Porter, J. 波特 28, 44, 45, 56—57
Positivism 实证主义
 see Legal positivism
Praetor peregrinus 外事裁判官 8—9, 12, 24, 165, 169, 195, 207, 237
Predictability 可预见性
 see Decisional harmony
Preliminary question 先决问题
 see Incidental question
Presumed intent 推定的意图
 see Fictions
Prestidigitation 变戏法
 see Escape devices
"Principles of preference" 优先选择原则 108, 140
"Private international law" "国际私法" 4, 6, 9, 16, 26, 30—31, 47, 66, 86, 160—164, 175, 179—180, 184, 186, 194, 196, 201, 204—205, 216, 218, 222, 225
Procedure 程序 3—5, 14, 48—49, 52—53, 62—63, 71, 73—74, 85—86, 89, 158, 174—175, 179, 222, 229, 234
Products liability 产品责任 49—50, 116—117, 145—146, 166—167, 189—190, 195—198, 205, 208, 210, 213
Professio iuris 法律选择权 10, 17, 54, 71
Proof of foreign law 外域法的证明
 see Foreign law
Proper law approach 自体法方法 17, 26—27, 40, 57—58, 61, 96—99, 104—105, 107, 118, 128—131, 143, 146—147, 152, 176—177, 179—181, 186, 189
Property 财产 13—14, 18, 22, 33, 37, 41, 48, 56, 62, 67—72, 74—75, 77—78, 88, 93, 97, 129, 155, 158, 188, 199, 226—227
Prorogation 服从管辖
 see Forum—selection clauses
Provincialism 地方风尚
 see Parochialism
Public law 公法
 see Mandatory rules
Public policy 公共政策 21, 41—42,

70,79—80,89,96,109—110,115—116,119,123,148,156—157,170—171,174—175,183,187,192,199,214—215,219,229

Qualification 识别
    see Characterization

Rabel 拉贝尔 53,67,92,134,174,228

Recognition 承认
    see Judgments recognition

Renvoi 反致 4,70,77—79,86,92,96,129,138,148,156,173—175,179,193,201,235

Residence 居所
    see Domicile

Restatement (First) of Conflict of Laws《第一次冲突法重述》27,57,89—92,95—97,103,106,108,116—117,135,147,173

Restatement (Second) of Conflict of Laws《第二次冲突法重述》57,97,104—106,117—119,123,128—130,142—143,162,167,169,172,179,196

Result-selective rules 结果选择规则
    see Substantive law approach

Savigny 萨维尼 1,31—32,34—42,44,46—50,53—54,57,59,61,63,68—72,76,79,81—83,86,88,90—92,126,128—129,131—132,141,146,151,185,198,200,228—230

"Seat" 本座 36—38,40,43,47,54,57,69,90—91,126,128—131,154—155,193,236

"Settled residence" 确定的住所
    see Domicile

Situs 本座
    see Property

Sovereignty 主权 3,19—21,32—34,41,55,67,98—99,115,123,126,131—132,135—136,139,148,150,159—161,165,187,192,211—212,214—215,219,236

Statuta odiosa 令人厌恶的法则 15,79,148,192,204—205,228,237

Statutists 法则区别说学者 14—15,18—21,26,29—30,32,35—36,38,43,46,82,98,131—132,146,151—153,155—156,198

Story 斯托里 1,4,29—32,34,37—39,44,48—49,53,56,61,63,79,83,88,150,165,167,170—171

Substance and procedure 实体与程序
    see Procedure

Substantive law approach 实体法方法

6—10, 12, 23—24, 43, 45, 61, 65—68, 73—76, 79—82, 104—105, 107, 110—111, 114—115, 117—120, 140—143, 146—151, 153—154, 157, 161—162, 164—208, 212—213, 215—220, 222—237

Succession 继承 14, 18, 33, 37, 49, 68, 70, 71—72, 74—75, 77—78, 88, 158, 173, 176, 188—189, 195—197, 199, 206, 220

Support 扶养 49, 62—63, 67, 183, 188—189, 195, 206

Supranational law 超国家法 6—10, 12, 15—16, 23—25, 30, 46, 153, 159—161, 164—165, 168, 171, 185—187, 190, 193—194, 204, 206, 218—220

Swift v. Tyson 斯威夫特诉泰森案 30, 165, 167

Teleology 目的论

   see Substantive law approach

Territoriality 地域性 12—14, 17—18, 21, 41, 67—68, 88, 90—91, 95, 97—98, 100—101, 102, 105—106, 121, 130—132, 135, 154—155, 163, 175, 191, 236

Torts 侵权 2, 22, 37, 48—52, 54, 61, 67, 69, 71, 73—74, 76, 80, 85, 87, 89—91, 96—97, 100—101, 102, 106—120, 128—129, 133—134, 144—150, 152, 157, 161, 163—167, 175, 177—178, 180, 184, 190—191, 194—201, 203—213, 234—235

Transnational law 跨国法

   see Supranational law

Treaties 条约

   see Conventions

"True conflicts" "真实冲突" 101—102, 105, 113—115, 137—138, 141, 156, 160, 193, 199, 205, 210, 235

Trusts 信托 72, 176, 186, 188, 199

Uniform Commercial Code 统一商法典 68, 116—117, 181—182

Uniformity 统一

   see Decisional harmony

Unilateralism 单边主义 13—15, 30, 33—36, 40, 45—46, 70, 81—82, 94, 98—103, 105, 107, 119—120, 131—132, 136—138, 140—143, 151—163, 171, 177, 179, 182—183, 187—188, 192—193, 198—200, 205, 223, 236—237

"Unprovided-for-case" 无法律规定的案例 102—103, 137—138, 156, 160, 195, 199, 205, 235

Vested rights doctrine 既得权理论 21, 27, 31—32, 38, 43—44,

90—93,95,115,135,140,154,
159—160,172,198—200,236

Wächter 韦希特尔 18,32—34,36,
38,42,44,49,90—91,98,
131—132,139,159

Warsaw Convention《华沙公约》2,
49—50,52,190,208

Wills 遗嘱 *see* Succession

Worker's compensation 劳工赔偿
93—95,98,103,120,147,177,
181

Wrongful death 不当致人死亡 101,
108,111—113,116—119,134,
146,148—149,166,181,190,
194,203,205,208—213

译后记

（一）

几经反复,春天总算牢牢地控制了北美大地。几乎是在一夜之间,树木葱荣,百花怒放,莺飞草长。在这个绚烂的季节里,我总算迎来了译著杀青的日子。下午,打完最后一个字,我揉了揉肿胀发红的眼睛,抬头向窗外望去:这片青青世界啊,一定是上天对我两年来伏案劳作的赐赏了。

我说不清此时的心情。似乎没有太多的欣喜,也没有如释重负的轻松。合上书卷的那一刻,我倒是忽然想起中国政法大学教授张守东先生的一句话。在《卡多佐》的译后记中,张教授说,学术是一条窄路。[1]这些年来,随着自己踏上学术道路,开始学术人生,才慢慢体会到这句话的分量和作者心中的万般感慨。

---

[1] 〔美〕A.L.考夫曼:《卡多佐》,张守东译,法律出版社2001年版,第790页。

这是一个物欲横流的时代。在这个时代中,真正在这条窄路上行走的人越来越少。所以,走在其中的人必定感到愈加孤独;当然,这也是一个盛产"学者"与"著述"的时代;然而,坦率地说,在当代中国,值得我们从心底景仰的学者与值得我们用心去阅读的著述却在迅速减少。

这个悖论是时代的悲哀。

当然,我并非意指本译著就是出淤泥而不染,也不能担保它完全反映了一代冲突法大师——荣格的深邃思想;相反,它必定是稚嫩和错误百出的。然而,我唯一可以问心无愧的是,我深深地热爱着自己的事业,痴痴地迷恋着这本冲突法杰作。几年来,我是用心在阅读、在翻译、在书写。所以,它即便不是完美的,也一定是虔诚的。

还记得多年前第一次读到这本书的情景。那时,我还在珞珈山。可以说,这本书是学生时代唯一一本曾让我感到过激动的国际私法原著了。从那时起,我就萌生了一定要翻译它的梦想。所以,在历经曲折与艰辛之后,在三十而立梦竟成的今天,我终究对自己有了交代。

再过几天,就要踏上俄亥俄的土地了,这本初生的书稿会伴我左右;在那里,我会继续审校、修改;希望在美丽的5月,在湛蓝的伊利湖畔,它会变得越来越成熟和丰腴。

霍政欣
2007年4月27日下午6时
于美国明尼苏达双城
密西西比河畔

(二)

在烂漫的仲春时节,在遥远的大洋彼岸,这本译著的初稿呱呱坠地。半年后的一天,我应邀到北京大学出版社领取译著的校正稿。那一天,恰好是 2007 年的中秋佳节。时空变换、季节更替,不由让人体会到几分"春华秋实"的意境。

译事终于告一段落。这本被誉为"当代冲突法典范之作"的《法律选择与涉外司法》终于要和读者见面了。作为本书的主要译者,在其中文版行将付梓之际,我虽感欣喜,又不免心生忐忑:唯恐译文粗陋,令原著蒙羞,更让读者失望;纵使依我本意,无论如何,我都会使出十二分的力气来维护这辛苦而得的文字。此中情形,好比父母:孩子再愚顽,也无法削减骨肉之爱;孩子再平庸,也不愿在外人面前流露出半点失望。每每想到这里,我就有一种无法释怀之感。于是,只好借"后记"这片感性空间,来回顾一下从初识原著到完成译著的整个过程,权当是对自己的慰藉,也算是给读者的交代吧。

与这本书相逢于珞珈山。当时,我正在攻读国际私法专业的博士学位。依据博士生培养计划,我们必须精读若干本国际私法原著。于是,我以几本被奉为经典的国际私法著作为起点,开始了阅读历程。然而,在硬着头皮读罢了《戴雪和莫里斯论冲突法》[2]以及《戚希尔和诺斯论国际私法》[3]以后,我竟无奈地发现,我的学习热情几乎被这两本大部头无情的耗尽了。我不得不承认,冗长而晦涩的语言,拖沓而无生气的体例以及说教式的论述,让我迷茫无助,甚至让我一度怀疑自己天资至愚,抑或过于鲁莽,误闯国际私法这片"阴郁的沼泽"。[4]苦闷之中,只有借卡里马卡(Callimachus)的那句名言来寻求自我解脱。这位亚历山大诗人曾感叹到:"一部大书,就是一个大的祸害。"[5]此言凿凿,甚

---

[2] Lawrence Collins (ed.), Dicey & Morris on The Conflict of Laws (13th ed. 1999).
[3] Peter North & J. J. Fawceet, Cheshire and North's Private International Law (13th ed. 1999).
[4] 参见本书"导论"。
[5] 〔英〕伯特兰·罗素:《西方的智慧——从社会政治背景对西方哲学所作的历史考察》,温锡增译,商务印书馆 1999 年版,第 5 页。

合我当时心境。

此后一段时间,我一直拒绝阅读任何国际私法原著。逆反之心,绝不亚于处于青春期的少年,直到有一天,我与这本"Choice of Law and Multistate Justice"不期而遇。

记得当时我正在准备博士论文的选题。为论证选题是否恰当、可行,我需要翻阅大量的英文资料。那一段日子,我几乎每一天都是在武大的人文图书馆里度过的。一日,在例行寻找资料时,我从一个角落里发现了这本装帧并不华贵的著作。乍看该书书名,似与我的博士学位论文选题关系甚微,故打算随意翻翻,便书归原处。然而,未曾想到的是,从打开这本书的第一刻起,我就被它深深吸引,以至无法自拔。那情形颇有"一见钟情"的味道。

这本书缘何能在顷刻之间将我对国际私法著作的抵触化为痴迷?我想,原因之一,在于其激荡的文字和充满叛逆色彩的开篇。该书"导论"气势磅礴,开篇即言明当代冲突法已陷入迷途,并一针见血地指出,其原委在于理论过于繁芜。对此,作者深感忧虑,因为"现实生活本有许多问题召唤着本学科去解决",但无限扩张的理论却使之有沦为"纯学术游戏"之虞。所言所语,精辟犀利,掷地有声,可谓道尽其中关捩。紧接着,为佐证其论点,作者看似随意的信手捻来3个真实发生的悬疑冲突法案例并一一作出点评。从而达到环环相扣,引人入胜,发人深省的效果。[6]

需要指出,该书的魅力不仅仅在于其致密而不失幽默的文风,更在于其深邃而不玄奥的思想。与《戴雪和莫里斯论冲突法》以及《戚希尔和诺斯论国际私法》不同,本书并非一部微观性的参考性文献,而是一部注重思想性的史诗性巨著。尽管篇幅并不算长,但其内容博大精深,展现在读者面前的,是一面绚丽的国际私法之发展与演变的巨幅画卷。这幅画卷浓墨重彩,空间上横

---

[6] 参见本书"导论"。

跨大西洋两岸，时间上更是从古希腊一直横亘至20世纪后半叶，可谓超越时空，跌宕起伏。本书体系闳阔，除国际私法外，还涉及法理学、法哲学、法制史等诸多领域。可以说，本书的思想性与启发性，是其他任何一本当代国际私法著作都难以企及的。我想，这才是这本书的最大亮点与魅力。

此外，值得一提的是，尽管荣格是国际私法学界公认的天才与巨擘，但在论述时，他毫无高高在上的说教语气，不论破、立，均用亲和而自信的语气娓娓道来，言之有据，行文凝练。这使得本书一方面以思想精深、内容淹博而著称；另一方面毫无腐儒之气，更无拒人千里之外的冷漠，可谓激情而不矫情，自信而不自傲，深刻而不深奥。

需要说明，我无意在此赘述本书的具体内容与观点；否则，"后记"便有沦为"导论"之嫌，而"经典著作的作者通常具有说理明畅的能力"，[7]故不需导论为其蛇足。因此，一半是基于这点考虑，一半是为了藏拙，面对这本时间纵深千余年、关照层面不仅涉及国际私法的巨著，还是请读者自行涵泳浸润吧。

弹指一挥间，从初识原著到完成译著，已经五年有余。这期间，我顺利地从武汉大学毕业，并进入中国政法大学执教。因此，本书恰好见证了我从学生到老师的转变过程。武大法学院肖永平教授将我领入法学殿堂，正是肖老师多年来的悉心指导，我才得以初窥法学堂奥。尤须提及，毕业以后，我们虽然难得见面，但恩师对我依然关怀备至，并对本书的翻译提出了许多具体的意见与建议，孺慕感佩之情，沛然沸腾胸怀。此外，一向以治学严谨而闻名的宋连斌教授亦对本书的翻译贡献良多，心感之余，并此致谢。

到中国政法大学执教以后，我很快发现，一个温馨而自由的学术与生活氛围环绕着我。莫世健教授、宣增益教授和杜新丽教

---

[7]〔德〕卡尔·拉伦茨：《法学方法论》，陈爱娥译，商务印书馆2003年版，第3页。

授等前辈对我提携有加,各位同仁相互支持,法大学子更给了我热情的鼓励。正是因为有这么多的助成,我才能全心投入,译完这本当代冲突法的典范之作。

本书的顺利翻译、出版,还得益于多位国外专家、学者惠助。美国跨国出版社社长海珂·范顿(Heike Fenton)女士将本书的独家翻译权免费授予译者,令人感佩万分。荣格先生的挚友——美国比较法学会现任会长西蒙·C. 西蒙尼德斯(Symeon C. Symeonides)教授欣然接受我的请求,在百忙之中为中文版作序,为译著添色不少。在翻译的过程中,美国明尼苏达大学法学院阿兰·俄伯森(Allan Erbsen)教授、玛莉迪·梅奎(Meredith McQuid)教授、弗里德曼·莫里森(Fredman Morrison)教授、玛丽·瑞赛(Mary Rumsey)教授,德国汉堡马普所杰哈德·雷姆(Gerbhard Rehm)博士多次惠施援手,予以点拨。诚深铭感,谨此致谢。

还要感谢北京大学出版社,尤其是王晶编辑;她的耐心、细致和宽容让我倍感温暖。北京大学一直是我最仰慕的学府,可惜我生性愚拙,无缘迈进北大校门。这次译著有幸在北大出版社出版,算是圆了我的"北大梦"吧!

最后要提及本书的另一位译者——徐妮娜。徐妮娜是我的同门师妹,对她的人品、学识,我深为信任。所以,当年决意翻译这本巨著时,我便邀请她参与其中。这样,大家可以共同探讨、相互切磋,从而有助于将原著风貌更逼真的呈现出来。本书的具体翻译分工如下:我负责翻译中文版序、再版序、前言、原版序、导论、第一章、第二章、第三章以及全部9篇书评;她则负责第四章、第五章及结语的翻译。各自完稿之后,由我负责整合、校正译稿,以确保翻译精准度以及译风统一。特别要交代的是,在翻译工作开始后不久,我便获悉徐师妹有身孕在身;尽管如此,她仍然不辞劳苦,倾力翻译,毫无懈怠;在即将临产之前,还在我的"逼迫"下修改译稿,这令我至今深感内疚。不过,令人宽慰的是,在本书即将付梓之际,传来了她喜得千金、母女平安的佳讯。我想,本书的出版，一定会让初为人母的她感受到另一种收获与幸福吧！

霍政欣

2007 年 11 月 5 日下午 4 时

于北京海淀寓所

昆玉河畔

世界法学译丛

1. 法律:一个自创生系统
   〔德〕贡塔·托依布纳著　张骐译(已出)
2. 东西方的法观念比较
   〔日〕大木雅夫著　华夏　战宪斌译(已出)
3. 合同法理论
   〔加拿大〕Peter Benson 主编　易继明译(已出)
4. 法律的道路及其影响——小奥利弗·温德尔·霍姆斯的遗产
   〔美〕斯蒂文·J.伯顿主编　张芝梅、陈绪刚译(已出)
5. 公司法与商法的法理基础
   〔美〕乔迪·克劳斯 & 史蒂文·沃特主编　金海军译(已出)
6. 哲学与侵权行为法
   〔美〕格瑞尔德·J.波斯特马主编　陈敏、云建芳译(已出)
7. 官僚的正义——以社会保障中对残疾人权利主张的处理为例
   〔美〕查里·L.马萧著　何伟文、毕竞悦译(已出)
8. 法官、立法者与大学教授
   〔比〕R.C.范·卡内冈著　薛张敏敏译(已出)
9. 《联合国国际货物销售合同公约》评释
   〔德〕彼得·施莱希特罗姆著　李慧妮编译(已出)
10. 欧洲人权法
    〔英〕克莱尔·奥维　罗宾·怀特著　何志鹏　孙璐译(已出)
11. 陪审员的内心世界
    〔美〕里德·黑斯蒂主编　刘威、李恒译(已出)
12. 权利话语:穷途末路的政治言辞
    〔美〕玛丽·安·格伦顿著　周威译(已出)

13. 制定法时代的普通法
    〔美〕卡拉布雷西著　周林刚、翟志勇、张世泰译(已出)
14. 欧盟立法(第16版)(上下卷)
    〔英〕尼格尔·福斯特著　何志鹏等译(已出)
15. 欧盟法律体系
    〔法〕德尼·西蒙著　赵海峰等译(已出)
16. 法律选择与涉外司法(特别版)
    〔美〕弗里德里希·荣格著　霍政欣、徐妮娜译(已出)
17. 成文宪法:通过计算机进行的比较研究
    〔荷〕亨克·马尔塞文、格尔·唐著　陈云生译(已出)
18. 规制及其改革(中译本第二版)
    〔美〕史蒂芬·布雷耶著　李洪雷、宋华琳、苏苗罕、钟瑞华译(即将出版)
19. 大国与法外国家
    〔英〕杰弗里·辛普森著　朱利江译(已出)
20. 英格兰律师职业的起源
    〔英〕保罗·布兰德著　李红海译(已出)
21. 比较法研究:传统与转型
    〔法〕皮埃尔·勒格朗等著　李晓辉译　齐海滨校(已出)
22. 何谓法律:美国最高法院中的宪法
    〔美〕查尔斯·弗瑞德著　胡敏洁等译(已出)
23. 司法的过程:美国、英国和法国法院评介(第七版)
    〔美〕亨利·亚伯拉罕著　泮伟江译(已出)

2021年09月更新